地铁联络通道机械法建造技术

丁修恒　刘干斌　著

中国铁道出版社有限公司

2020 年·北　京

内容简介

本书结合宁波市轨道交通联络通道工程项目，系统介绍了机械法联络通道建造技术研发过程。首先通过技术经济比较确定了机械法联络通道最优断面，设计了联络通道管片及联络通道影响范围内正线隧道玻璃纤维筋混凝土钢管片；其次研发制作了国内首台机械法联络通道盾构整机，开发了既有隧道内始发与接收端头密封系统、可切削混凝土管片结构的仿形刀盘、高功率密度模块化主机系统、高性能狭小空间管片拼装机系统、自适应隧道快速内支撑体系等，研发了盾构机始发接收套筒，形成了管片切削、掘进、管片拼装、高精度导向、壁后注浆等机械法联络通道施工成套技术；最后系统开展了机械法联络通道监测及有限元分析，为机械法联络通道施工的应用提供了技术保障。

全书内容翔实、资料丰富，较为全面地介绍了机械法联络通道建造成套技术，可供建设、设计、施工、监理等相关方面的人员学习和研究院校的师生参考。

图书在版编目（CIP）数据

地铁联络通道机械法建造技术/丁修恒，刘干斌著．—北京：中国铁道出版社有限公司，2020.7

ISBN 978-7-113-27057-5

Ⅰ.①地… Ⅱ.①丁… ②刘… Ⅲ.①地下铁道-隧道施工 Ⅳ.①U231

中国版本图书馆CIP数据核字（2020）第118373号

书　　名：地铁联络通道机械法建造技术
作　　者：丁修恒　刘干斌

策　　划：傅希刚
责任编辑：陈小刚　　　**编辑部电话：**（010）51873193
封面设计：刘　莎
责任校对：焦桂荣
责任印制：高春晓

出版发行：中国铁道出版社有限公司（100054，北京市西城区右安门西街8号）
网　　址：http://www.tdpress.com
印　　刷：中国铁道出版社印刷厂
版　　次：2020年7月第1版　2020年7月第1次印刷
开　　本：787 mm×1 092 mm　1/16　印张：18　字数：418千
书　　号：ISBN 978-7-113-27057-5
定　　价：100.00元

版权所有　侵权必究

凡购买铁道版图书，如有印制质量问题，请与本社读者服务部联系调换。电话：（010）51873174

打击盗版举报电话：市电（010）51873659，路电（021）73659，传真（010）63549480

前言

现行《地铁设计规范》(GB 50157—2013)明确规定“两条单线区间隧道应设联络通道,相邻两个联络通道之间的距离不应大于600 m”。目前该类型联络通道大多采用矿山法开挖等隧道施工技术,同时辅以注浆或冻结加固保证隧道开挖时围岩稳定。由于盾构是一种采用机械法的集机械、电子、液压、激光和控制等技术于一体的高度机械化和自动化的掘进衬砌成套设备,采用机械法开挖联络通道,将在很大程度上提高联络通道施工的安全性,提高施工效率,减小因施工对环境造成的不良影响,尤其是在极软、破碎等不良地层内施工时,其优越性更加得到充分的体现。同时,机械设备使用寿命长,可周转使用,施工过程投入相对较低,所以联络通道越多,施工成本越低,经济效益愈加明显,安全、经济、环保效益显著。目前,国内外机械法(盾构法)联络通道设计、装备、施工技术等尚属空白,为此需要系统地开展联络通道和影响范围内正线隧道管片结构设计、机械法联络通道盾构机设计、机械法联络通道施工技术等的研发和应用。

本书就在这样的背景下,通过几年来的工程实践,总结了机械法联络通道断面选型和结构设计,国内首台机械法联络通道盾构整机的研发和制造,主隧道钢混复合管片制作、防水及拼装技术及盾构机始发、接收套筒,管片切削、掘进、拼装,高精度导向技术等施工技术,分析评估了列车振动荷载、地震作用对不同连接形式正线隧道和联络通道的影响,可以为机械法联络通道隧道的安全施工和运行提供了支持支撑。

本书共14章,第1章首先介绍了机械法联络通道技术的研究背景及意义;第2~5章系统介绍了机械法联络通道断面及结构选型,联道通道管片结构设计、防水设计以及对应位置正线隧道的受力及管片弱化分析;第6~7章介绍了机械法联络通道盾构整机研发设计及盾构机掘进关键技术;第8~12章系统介绍了主隧道钢混复合管片施工技术,机械法联络通道始发、掘进、接收等全过程施工技术以及施工过程的监测;第13~14章采用数值模拟的方法分别研究了列

车荷载、地震荷载作用下联络通道—隧道动力响应问题，为机械法联络通道工程设计、施工和运营提供技术支撑。

本书的撰写得到了宁波市轨道交通集团有限公司、上海市隧道工程轨道交通设计研究院、中铁工程装备集团有限公司、宁波大学、同济大学等单位的支持和帮助，在此一并表示感谢。

由于撰写时间紧张，书中欠妥之处难免，恳请读者指正。

作者于上海

2020年6月

目录

第1章 研究背景及意义

1.1 研究背景

在经济高速发展的21世纪，隧道及地下工程的开发与应用逐渐成为现代交通发展的主要方向，城市地下空间开发逐步向空间化、网络化方向发展。为实现地下空间的互联互通，需要建设大量的联络通道工程，如地铁和公路区间联络通道、地铁出入口及风井、市政管廊检修井、长隧道中间风井、水务隧道连接线等。以城市地铁联络通道的需求为例，现行《地铁设计规范》(GB 50157—2013)中规定"两条单线区间隧道应设联络通道，相邻两个联络通道之间的距离不应大于600 m"。据不完全统计，全国规划建设地铁城市58个，规划总里程7 305 km以上，待建联络通道数量异常庞大。

联络通道一般设置在两条隧道中间，成为设置在两个隧道之间的一条通道，起连通、排水及险情疏散等作用。若一条隧道整体出现问题，行人可通过连接通道转移到另外一条隧道，行人的安全系数也将大大增加，因此有"逃生通道"之称。同时，一条隧道出现问题的时候，可以保证救援人员从另一条隧道通过联络通道进入需要救援的地方，达到快速救援的目的。

目前该类型联络通道大多采用矿山法开挖等隧道施工技术，同时辅以注浆或冻结加固保证隧道开挖时围岩稳定，但该工法在加固施工或开挖施工等方面存在天然缺陷。常规冷冻法存在"工期长、造价高、质量隐患"等问题，但在含水量较低地层无法应用；若改用液氮冻结，造价将更为高昂。常规注浆加固存在"占用地面空间、安全隐患、工期长、质量隐患"等问题，城市轨道交通施工多在主干路下方，车流量较大，缺乏空间条件。矿山法施工主要利用天然的或加固处理后的土体自稳性保证开挖安全，工艺要求较高，施工过程管理要求更高，且应急保障措施繁琐，容易出现坍塌等事故，如上海地铁4号线渗水流砂事故等。

如果采用机械法开挖联络通道，将极大程度提高联络通道施工的安全性，提高施工效率，减小因施工对环境造成的不良影响，尤其是在极软、破碎等不良地层内施工时，其优越性得到更加充分的体现。同时，机械设备使用寿命长，可周转使用，施工过程投入相对较低。

盾构、顶管设备是一种采用机械法的集机械、电子、液压、激光和控制等技术于一体的高度机械化和自动化的掘进衬砌成套设备，其施工技术以自动化程度高、施工安全度高、施工进度快、污染小、成本低等优势，因此在城市地下铁路施工中逐步得到广泛应用。目前国内外已有部分采用机械法进行旁通道施工，以顶管法居多，且大多应用于较大隧道内的旁通道施工；国内暂无将盾构法/顶管法应用于城市轨道交通联络通道施工的案例。

随着盾构法施工技术的成熟、机械设备制造能力的提高、装配式结构的发展，盾构法/顶管法施工将是联络通道施工的发展趋势，同时也可以应用于各类地下空间侧接施工。为此，本书结合宁波市轨道交通联络通道工程项目，系统地开展联络通道结构设计、联络通道影响范围的正线隧道结构设计、适应联络通道结构的盾构机研发、机械法联络通道施工和变形控制技术，以及联络通道主隧道结构安全评估成套技术的开发和研究。

在城市轨道交通中，由于线路多位于道路和建筑物下方，不具备明挖和地面加固条件，因此国内外联络通道施工主要采用煤炭矿井中的冷冻法作为加固方法，采用矿山法暗挖进行联络通道的施工。但是由于冷冻法工艺的局限性，机械法已经在国内外引起了高度的重视。欧洲、日本以及中国香港等地已相继开展了联络通道掘进机的研究。对比国内外类似施工案例，既有机械法联络通道施工一般用于地层条件相对较好或采用相应的加固工艺对地层进行加固，主隧道直径较大，具有较大的施工空间。工艺上虽有一定的借鉴意义，但均无法完全解决传统工艺在软土地层施工中存在的问题。

目前国内联络通道的施工主要采用冷冻法加固、矿山法开挖的施工工法，相关的研究主要针对冷冻法施工工艺、冷冻法施工过程中管片受力变化和矿山法开挖联络通道过程中正线隧道管片受力研究等方面，在机械法修建联络通道领域仅进行了两个项目的格栅式顶管机施工工法，其他方面的机械法联络通道施工技术的研究寥寥无几。

1999 年，上海隧道工程股份有限公司在上海地铁 2 号线陆家嘴至东昌路区间联络通道施工工程中提出使用网格式顶管机进行联络通道开挖施工，这也是国内历史上首次提出并成功应用的联络通道施工工艺，开创了联络通道施工技术研究的新纪元。

2004 年，上海隧道工程股份有限公司联合南京地下铁道有限责任公司在南京地铁1 号线珠江路至新街口站区间联络通道施工中开展网格式顶管机施工工法的探索。该联络通道内净空宽 2 m，高 2.14 m，上部呈圆拱形，不设泵房，与两环钢管片相交处断面尺寸为 1.4 m×2.1 m。钢管片厚 350 mm，宽 1 200 mm，共两环，可拆卸处断面尺寸为（单环）0.85 m×2.82 m。管节采用钢管节，内墙填充 C30 混凝土，结构厚度 200 mm，单节长 1.4 m。施工主要地层$③_1$粉质黏土，微—不透水，自立性好，强度高。该工程为成功应用机械法施工的联络通道施工工程，为国内探索联络通道机械法施工提供了宝贵经验。

上述两项联络通道施工工程均采用格栅式顶管机施工工法。该工法在设备上研发难度大，在施工中对进出洞口和后座衬砌外侧均进行了大量的土体注浆加固，与传统的冷冻加固或注浆加固、矿山法开挖的施工工法相比，无法达到降低施工成本的目的，故未在国内推广应用。

此外，中国香港屯门至赤鱲角连接线工程为 ϕ17.6 m 大直径公路隧道。隧道内径设计 14 m，两个隧道之间的 44 个连接横通道均采用海瑞克顶管机技术进行施工，为联络通道机械法施工的又一应用实例。但该工程正线隧道为大直径公路隧道，在目前普遍采用 6 m 或 6.2 m 直径管片建造的城市轨道交通中缺少实际的借鉴意义。

1.2 国外研究现状

国外已有部分企业开展了机械法联络通道施工研发和工程实践，以顶管法居多，可大幅度提升掘进效率，但均无法在微加固土体的情况下应用于软弱土层中的小直径区间隧道联络通道。德国汉堡易北河第四隧道，采用海瑞克敞口盾构进行联络通道施工，主要穿越地层云母、砂、淤泥、黏土等地层。墨西哥城 Emisor Oriente 隧道联络通道工程，采用一台海瑞克顶管机施工。

日本大阪御筋堂综合管廊采用了朝上顶进盾构工法与 RSF（钢纤维增强钢筋混凝土）管片的设计施工，从既有的主体隧道内部出发，向上进行竖直盾构隧道修建，隧道始发在隧道内进行，在地上进行盾构机的回收，对周边环境影响较小。意大利 Palmieri 集团与 SWS 工程公司联合开发的联络通道智能掘进机用于轨道交通及公路隧道通道施工，目前尚属概念设计阶段，尚未取得实际应用。国内外全机械法联络通道工程统计详见表 1.1。

表 1.1　钢管片焊接参数表

施工方法	现场照片	工程案例	穿越地层	加固情况	工　效
顶管法		德国汉堡易北河第四救援通道	云母、砂、淤泥、黏土、泥灰	—	
顶管法		墨西哥 Emisor Oriente 污水隧道联络通道	砂土、黏土	—	11 d 掘进 103 m
顶管法		香港屯门至赤鱲角连接线联络通道	花岗岩、沉积岩砂砾层	未加固	20 d
顶管法		上海 2 号线陆家嘴至东昌路区间	灰色黏土、灰色粉质黏土	进出洞口、后座衬砌外侧土体注浆加固	—

续上表

施工方法	现场照片	工程案例	穿越地层	加固情况	工　效
顶管法		南京地铁 1 号线珠江路站—新街口站	粉质黏土	进出洞口、后座衬砌外侧土体注浆加固	14 d 完成 12.76 m
盾构法		日本大阪御筋堂综合管廊	砂土、黏土	—	

根据宁波地区地质条件和联络通道建造设计，联络通道常规建造方法为冷冻法加固、矿山法开挖的施工工法。参考宁波地区施工经验发现，该工法存在施工工期长、工程造价高、地面后期沉降大等显著问题，对地铁整体建设进度和城市环境均存在非常大的影响。为此，研发一种高效率、低影响的联络通道施工技术迫在眉睫。宁波市轨道交通集团有限公司联合中铁上海工程局集团有限公司率先提出联络通道机械法建造理念，并联合其他单位开展实体建造理论与施工技术研究。

为确保联络通道机械法建造技术研究顺利开展科研、设计研究，并安全、优质、高效、按期完成工程修建，由中铁上海工程局集团有限公司牵头，组建科研团队开展结构设计、结构试验、设备研发、工程施工设计等方面的研究，充分保证了科研项目的高效、有序开展，同时开创了科研项目合作研究的新模式。

1.3　工程概况

联络通道机械法建造成套技术研究依托宁波轨道交通 3 号线一期、奉化线、4 号线、2 号线二期共规划 26 座机械法联络通道，如图 1.1 所示。由科研联合体负责联络通道的设计和关键技术攻关，并将 3 号线南部商务区站—鄞州区政府、儿童公园站—樱花公园站区间联络通道设立为本次科研项目的试验段，通过开展研究、设计和施工，过程中充分采集试验、施工数据，完善建造设备和施工技术，改善联络通道结构设计，经行业专家充分论证后完成剩余 24 座联络通道的正常施工，并在全国范围内推广应用。

图 1.1　宁波轨道交通联络通道分布图

1. 工程地质条件

轨道交通工程范围内均为第四纪松散沉积物，地质时代为第四纪全新世 Q_4^3 ~ 上更新世 Q_3^1，属第四系滨海平原沉积层，主要由饱和黏性土、粉性土以及砂土组成。线路穿越及下卧的土层主要包括：②2 层淤泥质黏土、③1 层黏质粉土、③2 层粉质黏土、④1 层淤泥质粉质黏土、④2 层黏土、⑤1 层黏土、⑤2 层粉质黏土、⑤3 层粉质黏土等，各土层含水率变化大。涉及土层描述详见表 1.2。

表 1.2　联络通道主要涉及土层描述

代　号	土 层 名 称	土 层 描 述
①1 层	杂填土（Q^{ml}）	杂色；松散—稍密；成分杂，主要由混凝土路面、碎块石、砖瓦片、黏性土及建筑垃圾等组成
①2 层	黏土（$Q_4^{3al\text{-}l}$）	灰黄色；可塑，下部渐变成软塑；厚层状构造；韧性高；干强度高；无摇振反应
①3 层	淤泥质黏土（Q_4^{3m}）	灰色，流塑，厚层状，韧性高，干强度高，无摇振反应
②1 层	黏土（Q_4^{2m}）	灰色，软塑，厚层状，韧性高，干强度高，无摇振反应
②2a 层	淤泥（Q_4^{2m}）	灰色，流塑，厚层状，土质尚均匀，韧性高，干强度高，无摇振反应
②2b 层	淤泥质黏土（Q_4^{2m}）	灰色，流塑，厚层状，土质不均，韧性高，干强度高，无摇振反应
③2 层	粉质黏土（Q_4^{1m}）	灰色，流—软塑，鳞片状或厚层状，土质不均，局部粉粒含量较高，韧性中等，干强度中等，无摇振反应
④1 层	淤泥质粉质黏土（Q_4^{1m}）	灰色，流塑，鳞片状或厚层状构造，土质不均，韧性中等，干强度中等，无摇振反应

续上表

代　号	土 层 名 称	土 层 描 述
④2 层	黏土(Q_4^{1m})	灰色,软—流塑,细鳞片状,土质均,韧性高,干强度高,无摇振反应
⑤1 层	粉质黏土($Q_3^{2al\text{-}l}$)	灰绿色、灰黄色、灰褐色;可塑,局部硬塑,少数呈软塑状;厚层状构造;黏塑性较好;韧性高;干强度高;无摇振反应
⑤1a 层	黏质粉土($Q_3^{2al\text{-}l}$)	灰黄色、褐黄色;稍—中密;很湿;层状构造,层间夹少量黏性土薄层;韧性软;干强度低;摇振反应迅速
⑤2 层	粉质黏土($Q_3^{2al\text{-}l}$)	灰黄色、褐黄色;软塑—可塑;层状构造,层间夹粉土薄膜,局部为黏土;黏塑性中等;韧性中等;干强度中等;无摇振反应
⑤3 层	黏质粉土($Q_3^{2al\text{-}l}$)	灰黄色、棕黄色;中密;很湿;层状构造;粒含量较高,含较多粉细砂和黏性土薄层;韧性低;干强度低;摇振反应
⑤4 层	粉质黏土(Q_3^{2m})	灰色、褐灰色;软塑,局部可塑;厚层状构造;黏塑性中等;韧性中等;干强度中等;无摇振反应
⑤5 层	黏质粉土($Q_3^{2al\text{-}m}$)	灰色;中密;很湿;层状构造;粉粒含量较高,含较多粉细砂;韧性低;干强度低;摇振反应迅速
⑤5a层	中砂(Q_3^{2al})	灰黄、灰褐色;中密;饱和;砂质不均,土质不均,局部含少量砾石
⑤6 层	砾砂(Q_3^{2al})	灰黄、灰褐色;中密;饱和;砂质不均,砾石含量 25%～50%,砾径一般 2～30 mm,大者达 50 mm 以上,呈次圆状,内充填大量中粗砂,局部含黏性土较多;土质不均,局部为含黏性土砾砂
⑥2 层	粉质黏土(Q_3^{2m})	灰色;软塑,局部可塑;薄层状构造;土质不均一,局部夹粉土或粉砂;韧性中等;干强度中等;无摇振反应;局部相变为黏土
⑥3 层	粉质黏土(Q_3^{2m})	灰色;可塑;厚层状构造;局部粉粒含量较高,夹大量粉土团块或薄层,含少量植物残骸,土质不均;韧性中等;干强度中等;无摇振反应;局部相变为黏土

2. 水文地质条件

据勘探资料揭露,场地埋藏分布有浅层承压含水层和深部第Ⅰ含水层组(Q_3)、第Ⅱ含水层组(Q_2)孔隙承压含水层,其中第Ⅰ含水层组又分为$Ⅰ_1$和$Ⅰ_2$承压水。

第$Ⅰ_1$层孔隙承压水主要赋存于⑤3 层粉土、⑤5 层粉土、⑤6 层砾砂或⑤5a 层中砂,含水层厚 2.0～4.0 m。

其中,⑤3 层粉土、⑤5 层粉土,透水性较差,涌水量小,单井涌水量一般小于50 m^3/d,渗透系数为 3.05×10^{-5}～3.34×10^{-5} cm/s;水位埋深在 2.72 m 左右;水质为咸水;为微承压含水层。

⑤5a 层中砂,透水性好,涌水量大,单井涌水量为 50～100 m^3/d,渗透系数为2.80×10^{-3}～3.10×10^{-3} cm/s;水位埋深在 2.55 m 左右;水质为咸水。

⑤6 层砾砂透水性好,涌水量大,单井涌水量为 100～200 m^3/d,局部黏性土含量较高,透水性一般,渗透系数为 1.81×10^{-2}～4.26×10^{-3} cm/s;水位埋深在 1.8～2.0 m;水质为咸水。

第$Ⅰ_2$层孔隙承压水赋存于⑧层砂土中,透水性好,渗透系数约 1.81×10^{-2}～2.07 ×

10^{-2} cm/s；水量丰富，单井开采量为 1 500 ~ 1 800 m^3/d，系市区地下水主要开采层之一；水温为 19.5 ~ 20.0 ℃；水质为微咸水；静止水位埋深一般为 5.0 ~ 5.5 m 左右，因受长期高强度开采的影响，目前已形成区域水位降落漏斗，并且随季节而变化，一般冬季用水量减少，水位相对较高，与本试验工程关系较为密切。

第Ⅱ层孔隙承压水赋存于⑨$_2$层圆砾、卵石层中，透水性较好；水量较大，单井开采量一般为 1 000 ~ 1 500 m^3/d，是市区主要淡水开采层之一；水温为 20.5 ~ 21.0 ℃，原始水位略高于第Ⅰ含水层，因长期开采，目前亦已形成区域降落漏斗，动水位埋深一般为 10 ~ 20 m。

试验段两个联络通道均位于宁波市区，地表为无建筑物开阔地带，其中儿童公园站与樱花公园站区间联络通道周边存在楼体建筑，但距离较远，影响较小。联络通道埋深 17 ~ 22 m，均处于黏土性质土层中，渗透性低，自稳性较差，且土体较软，非常适合作为机械法联络通道建造的试验段。两处联络通道所在的正线隧道均为宁波轨道交通通常使用的 6.2 m 外径、5.5 m 内径、1.2 m 环宽钢筋混凝土管片衬砌拼装，内部空间小，施工难度大，对施工设备的集约化程度要求非常高。

3. 南部商务区站—鄞州区政府站区间联络通道

本书主要以南部商务区站—鄞州区政府站（以下简称“南鄞”）区间联络通道为依托，介绍机械法联络通道设计、施工关键技术开发和研究等内容。南鄞区间起点里程 ZDK7 + 794.800，终点里程为 ZDK8 + 754.100（图 1.2、图 1.3），隧道长度约 959.3 m。联络通道里程为 ZDK8 + 214.377，该处埋深为 16.94 m、线间距为 17 m。该联络通道是宁波地区第一条采用机械法施工的联络通道，主隧道设计直径 6 200 mm，管片厚 350 mm，联络通道开挖直径 3 290 mm，小管片直径 3 150 mm，环宽 550 mm。南鄞区间工程场地表部除河道等局部地段外，一般均分布有厚 0.5 ~ 2.0 m 的硬壳层或人工填土；联络通道施工涉及地层为②$_{2b}$层灰色淤泥质黏土、③$_2$层灰色粉质黏土、④$_1$层灰色淤泥质粉质黏土及④$_2$层灰色黏土。联络通道埋深为 17.803 m，两隧道中心距离为 17.4 m。联络通道与主隧道夹角为 0.1°，主要穿越地层为②$_{2b}$淤泥质黏土、③$_2$粉质黏土，如图 1.4 所示。

图 1.2　项目位置

南鄞区间工程所涉地层主要以松散岩类孔隙潜水为主。表部填土富水性、透水性及渗

图 1.3　联络通道位置地面情况

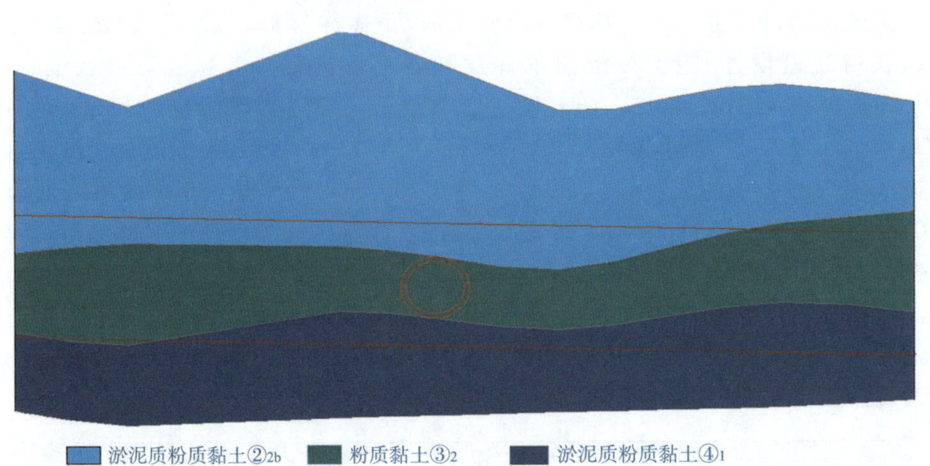

图 1.4　工程地质剖面图

透性均较好，地表水联系密切，主要接受地表水、管节渗漏水和大气降水的补给。松散岩类孔隙潜水主要赋存于场区表部填土和浅部黏土、淤泥质土层中。赋存于表部填土中的孔隙潜水，由于其岩性的不均匀性，岩性以砖块碎石为主时，其富水性、透水性及渗透性均较好，地表水联系密切，主要接受地表水、管道渗漏水和大气降水的补给。赋存于表部黏土、淤泥质土层中的孔隙潜水，富水性及透水性均较差，渗透系数为 $5.0\times10^{-6}\sim4.07\times10^{-7}$ cm/s，水量贫乏，主要接受大气降水的竖向入渗补给和地表水的侧向入渗补给，多以蒸发方式排泄。水位受气候条件等影响，季节性变化明显，潜水位变幅一般在 1.0 m 左右。勘察期间测的各勘探孔潜水位埋深为 0.9～2.4 m，相应标高为 0.44～2.16 m，潜水最低水位按本次勘察实测水位向下 1.0 m。

1.4　工程难点分析

南鄞区间工程联络通道机械法建造技术研究为国内首次提出，尽管有部分地区使用格栅顶管机施工的先例，但在微加固、小空间条件下对联络通道机械法建造技术研究的参考意义不是很大。南鄞区间项目无论从设备、结构，还是从施工技术角度看，均为世界首例，科研无参考先例，设计无计算依据，施工无借鉴方法，技术难度较大。主要体现在如下几个方面：

(1)宁波地区普遍使用内径 5.5 m 管片建造地铁区间隧道，联络通道施工空间小，施工难度大，对施工机械设备结构和电气化集约程度要求非常高，且施工设备在性能上需满足管片切削和施工防水性能，对设备的研发要求较高。

(2)联络通道传统建造均为钢筋混凝土现浇结构，施工灵活性大，经过多年的发展进步，结构设计形式趋于模式化、规范化，施工流水化和结构安全性均受到了自然检验。联络通道机械法建造主要以预制拼装结构为主，配合衬砌块连接技术和施工缝防水技术，以提高预制衬砌结构的整体性和安全性。但该领域在国内地下工程建造设计中均以类比研究法为主，开展实际模拟计算研究和实地试验研究的先例相当匮乏，尤其在正线隧道与联络通道隧道结构连接区域的受力分布研究和结构研究尚属空白，此为联络通道机械法建造技术研究的又一重点和难点。

(3)施工空间小为南鄞区间工程特点之一，且施工设备较重，安装和隧道内运输难度大，机械设备定位安装调整难度大，对施工带来较大挑战。此外，机械法施工中，需要破除高强度混凝土结构，并穿越隧道间黏土区域，施工难度大，精度要求高，以往施工经验可借鉴性较低，为南鄞区间工程重难点之一。

目前，国内外联络通道施工普遍采用矿山法开挖，通过注浆、冻结等工法对开挖周边一定范围土体进行加固。矿山法存在工期长、造价高、质量隐患等问题，地面注浆加固存在占用地面空间、安全隐患等问题，洞内注浆存在工期长、质量隐患等问题，这些问题成为制约轨道交通快速发展的难题，因此开展盾构法联络通道技术的研发是十分迫切和必要的。

盾构法联络通道关键技术可拓展成为适用不同地层和各种工况下的连接工程施工技术，可以解决随着城市化进程加快，地下空间高度开发但地下空间缺少联通而形成的“地下孤岛”问题。针对宁波市轨道交通联络通道项目情况，拟采用开挖直径 3 290 mm 的联络通道掘进机进行机械法施工。课题组通过组织攻克该联络通道掘进机始发与接收端头密封系统、可切削混凝土管片结构的仿形刀盘设计、高功率密度模块化主机系统设计、高性能狭小空间管片拼装机系统、自适应隧道快速内支撑体系、高效率物料运输系统、集约空间适应性联络通道整机系统集成设计以及狭小空间内盾构始发、接收姿态调整体系研究等一系列关键技术，实现联络通道施工一次成型。

南鄞区间项目是国内首次在非加固条件下进行机械法联络通道的施工，对今后联络通道掘进机用于各类型“T 接”隧道工程，起到一个很好的示范作用。

1.5 应用前景

盾构法联络通道施工工法的应用在国际上尚属首次，在满足联络通道建造要求的基础上，努力开发更为简便、安全性更高的机械法施工技术，改变了传统联络通道矿山法开挖的施工传统，在施工工期和施工安全上占有巨大优势；同时，微加固施工理念和施工工法较传统的冻结法加固、注浆加固施工工法节约大量的施工成本和工期。据初期测算，盾构法联络通道平均工期 15 d，为传统冻结法加固或注浆法加固、矿山法开挖施工工法节约工期约80%，工期成本节约量巨大；此外，盾构法联络通道施工工法采用微加固施工技术，较传统土层加固工法，节约成本约 70%。据初期综合测算，平均单个联络通道施工盾构法较传统施工工法节约成本近 73%，经济效益巨大，为企业、为行业、为国民生产均创造巨大效益。

此外，盾构法施工技术为建筑行业公认的安全性高的隧道施工技术，本次实际应用于联络通道施工，改变传统矿山法开挖模式，消除了矿山法施工存在的安全问题，从根本上保证了施工的安全性，节约了巨大的安全风险成本，保证了企业的安全生产，为企业和社会创造巨大的经济效益。

目前，全球共有上万公里隧道正在建造，仅中国就有五千多公里的地铁隧道正在建造中，公路、铁路隧道建设数量同样巨大，如按照行业和规范要求的 600 m 建设一座联络通道的标准，联络通道建设工程量巨大。由于机械法联络通道技术可以解决冷冻法联络通道施工不足之处，其工法在安全性、建设工期以及造价方面可有较大的优势，因此系统地开展机械法联络通道技术研发对推动行业发展，提升地下工程技术水平具有积极意义，同时拥有极强的推广前景和生命力。随着盾构法施工技术的成熟、机械设备制造能力的提高、装配式结构的发展，盾构法施工将是联络通道施工的发展趋势，同时也可应用于各类地下空间旁出施工。

第 2 章　机械法联络通道断面及结构选型

2.1　概　　述

常规联络通道断面形式为直墙无仰拱式,但其断面形式较难应用盾构法施工。为此,本章结合宁波市轨道交通工程第一条采用机械法施工的联络通道,通过分析联络通道疏散净空要求,并考虑施工误差、测量误差、设计拟合误差、不均匀沉降等因素,推选出特定条件下的最优盾构法联络通道断面形式及结构形式。

2.2　联络通道断面选型

2.2.1　断面形式选择

常见的隧道断面形式可分为圆形断面、矩形断面、直墙式断面、曲墙式断面四种类型。隧道断面形式的选择要收到来自主客观两个方面多种因素的制约,如建筑限界、使用功能、周围介质、支护结构、初始应力场等。

实践经验表明,隧道开挖空间越大,围岩受力的稳定性就越差,应力分布也就越不均匀,整个工程对支护结构的要求就越高。因此对隧道断面形状的选择以及对不同断面形状隧洞围岩稳定性的评价是整个隧道工程设计必不可少的环节,同时也是最重要的内容。理论上圆形断面是最优断面形状。

传统的盾构多以圆形断面为主,这是因为圆形隧道衬砌结构具有受力均匀、内力较小、设备制造简单、推进轴线容易控制、施工方便等优点。结合设备切削能力,首个盾构法联络通道选用常规单圆盾构。

机械法联络通道施工根据机械设备设计条件、隧道受力分析结果和联络通道空间限界要求,选定联络通道开挖断面为圆形,开挖直径 3 310 mm,管片外径 3 150 mm,管片内径 2 650 mm。若依据宁波地区 1.2 m 环宽的传统管片选择联络通道开口位置,则至少需连续破坏 4 环正线隧道管片原有稳定结构,对正线隧道主体结构受力产生较大影响。因此,减少正线隧道破坏数量,降低因联络隧道开孔对正线隧道主体结构受力产生的影响。

2.2.2　疏散净空分析

我国现行标准《地铁设计规范》(GB 50157—2013)第 28.2.4 条第 2 款规定,“两条单线区间隧道应设联络通道,相邻两个联络通道之间的距离不应大于 600 m,联络通道内应设并列反向开启的甲级防火门,门扇的开启不得侵入限界”。在《地铁设计规范》(GB 50157—2013)条文说明中对该条文进行说明,“列车在两条单线区间隧道内发生火灾

时，首先应使列车开进车站，进行疏散。两条单线区间隧道之间规定设置联络通道，且相邻联络通道之间的距离不应大于 600 m，是考虑当列车失去动力无法驶向站台而被迫停留在区间隧道内时，乘客可就近通过联络通道进入非火灾区间隧道，再疏散至安全地区。”即，联络通道主要作为疏散通道而发挥作用，并须安装防火门。

针对城市轨道交通的疏散通道尺寸，《建筑设计防火设计规范(2018 年版)》(GB 50016—2014)第 12.1.7 条第 4 款有明确规定，“人行横通道或人行疏散通道的净宽度不应小于 1.2 m，净高度不应小于 2.1 m。”在中德合作《中国地铁与轻轨技术标准研究》中规定了乘客的安全疏散空间：“安全空间的尺寸必须达到 0.7 m 宽，2 m 高，隧道断面非矩形断面时，安全空间的顶部和底部的宽度允许稍微紧缩一些；横断面不是直角形的隧道，安全空间的宽度在站立面上方 0.3 ~1.5 m 范围内至少必须为 0.7 m，其宽度在下部容许限制至 0.6 m，上面限制至 0.5 m。”浙江省地方标准《建筑工程消防验收规范》(DB 33/1067—2011)中未对疏散通道尺寸进行特殊要求。

按照《地铁设计规范》(GB 50157—2013)中要求“联络通道内应设并列反向开启的甲级防火门”及《建筑设计防火设计规范(2018 年版)》(GB 50016—2014)中要求“人行横通道或人行疏散通道的净宽度不应小于 1.2 m，净高度不应小于 2.1 m”，参考《中国地铁与轻轨技术标准研究》的结论，初步选定联络通道疏散通道净空尺寸为 1.4 m 宽、2.1 m 高。

2.2.3 防火门尺寸选择

《防火门新标准》(GB/T 12955—2008)第 4.5.3 条规定，“防火门规格用洞口尺寸表示，洞口尺寸应符合 GB/T 5824 的相关规定，特殊洞口尺寸可由生产厂方和使用方按需要协商确定”。《建筑门窗洞口尺寸系列》(GB/T 5824—2008)第 4.1 条规定，建筑门洞口尺寸系列应符合表 2.1 的规定。通过市场调查防火门尺寸，选择门扇宽度尺寸为 0.7 m 的双开防火门，其门洞尺寸需求为 1.6 m 宽、2.1 m 高，即联络通道断面净空尺寸为1.6 m×2.1 m。原联络通道多为直墙无仰拱式断面形式；综合考虑疏散净空、防火门尺寸需求、盾构法联络通道施工的特殊性及施工便利性等原因，选定联络通道断面为圆形断面，内径 $\sqrt{1.6^2+2.1^2}\approx 2.65$(m)，如图 2.1 所示。

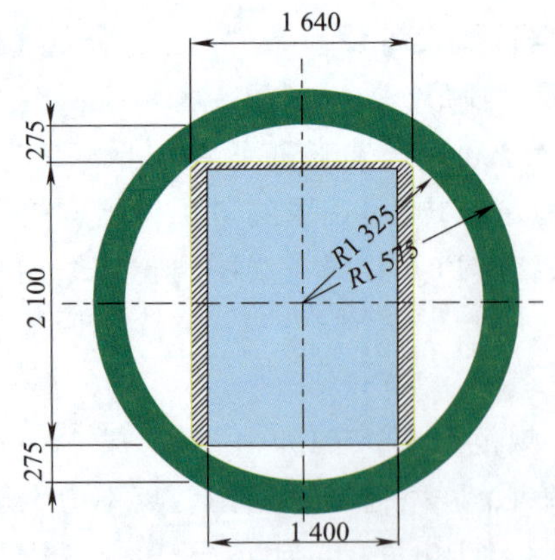

图 2.1　盾构法联络通道断面(单位：mm)

表 2.1　建筑门洞口尺寸

标志尺寸(mm) 参数级差			100				200	100		300							600						洞口数量(个)
参数级差	洞高 \ 洞宽	序号	700*	800*	900	1 000*	1 200	1 400*	1 500	1 600*	1 800	2 100	2 400	2 700	3 000	3 300	3 600	3 900*	4 200	4 500*	4 800	5 400	6 000	
			1	2	3	4	5	6	7	8	9	10	11	12	13	14	15	16	17	18	19	20	21	
	1 500	1	□̲	□̲																				0+2
	1 800	2	□	□																				0+2
	2 000*	3	□	□	□	□	□	□	□	□	□													0+9
	2 100	4	□	□	□	□	□	□	□	□	□	□	□	□										7+5
200	2 200*	5	□	□	□	□	□	□	□	□	□	□	□	□										0+12
	2 300*	6	□	□	□	□	□	□	□	□	□	□	□	□										0+12
100	2 400	7	□	□	□	□	□	□	□	□	□	□	□	□	□	□	□							10+5
300	2 500*	8	□	□	□	□	□																	0+5
200	2 700	9		□	□	□	□		□	□	□	□	□	□	□	□	□							10+3
	3 000	10			□	□	□		□	□	□	□	□	□	□	□	□		□					10+3
	3 300	11													□	□	□							3+0
	3 600	12													□	□	□	□	□		□			4+2
300	3 900*	13														□	□	□	□					0+4
	4 200	14															□	□	□	□	□	□		4+2
600	4 800	15																	□	□	□	□	□	4+1
300	5 100*	16																	□	□	□			0+3
	5 400	17																	□	□	□	□	□	4+1
	6 000	18																	□	□	□	□	□	4+1
洞口数量(个)			0+8	0+9	4+4	0+8	4+4	0+5	4+3	0+7	4+3	4+2	4+2	4+2	5+0	5+1	6+1	0+3	5+3	0+5	4+2	4+0	3+0	60+72

注：1. “□̲”表示门洞口竖向下方定位线高于楼地面（建筑完成面）。

2.建筑门洞口标志高度2 000 mm、2 500 mm两个辅助参数系列的14个辅助规格，系供城乡居住建筑和条件相当的其他建筑选用的。

3.建筑门洞口标志高度小于1 800 mm的两个基本规格，仅适用于门洞口的竖向下方定位线高于楼地面（建筑完成面）标高的情况。

*　表示门洞口标志宽、高的辅助参数。

2.3 盾构法联络通道结构选型

2.3.1 衬砌的比较

试验段联络通道隧道所穿越的土层为松软含水地层，与宁波市轨道交通 1 号线、2 号线地铁区间穿越地层类似。根据上述区间隧道的施工经验，证明采用有一定接头刚度的单层柔性衬砌是合理的、成功的。衬砌环的变形、接缝张开及混凝土裂缝开展等，均控制在预期的要求内，完全满足了联络通道隧道的设计要求。且采用单层衬砌，施工工艺单一、工程实施周期短、投资省，可确保工程如期贯通的目标。因此，联络通道隧道亦选用拼装式单层衬砌。

2.3.2 管片拼装形式比较

衬砌环的拼装形式有错缝、通缝两种。从设计角度看，错缝拼装能使衬砌圆环接缝刚度分布趋于均匀，减少结构变形，可取得较好的空间刚度。采用通缝拼装其变形相对较大，环向螺栓受力较大。

从施工角度看，错缝拼装对管片制作精度及施工中管片拼装要求较高，但拼装质量较好；相对来说，通缝拼装施工难度小。而目前深圳、广州、南京等地的施工经验表明，错缝拼装技术已日臻成熟，其管片制作精度及拼装要求是完全可以达到的。

错缝拼装条件下，环、纵缝相交处呈丁字形式，而通缝拼装时则为十字形式，在接缝防水上丁字缝比十字缝较易处理。

综合以上因素，考虑目前的施工技术水平，宁波、深圳、广州、南京地区已有的成熟的设计、施工经验，盾构法联络通道管片采用错缝拼装。

2.3.3 衬砌环分块、环宽及厚度

1. 管片分块

常规盾构衬砌环由 6 块组成（1 块封顶块、2 块邻接块、3 块标准块）。联络通道盾构机共有 10 组推进油缸，其中双缸 5 组，单缸 5 组；适用于 10 个拼装点位的管片，同时考虑到管片直径较小，选用 4 +1 分块形式，分别由 1 块$(F)^G$，2 块$(L_1)^G$、$(L_2)^G$，2 块$(B_1)^G$、$(B_2)^G$ 组成。各分块角度均依据盾构推进油缸分布设计，同时考虑拼装机抓取极限高度 430 mm，避免单块管片运输进拼装区后无法被拼装机抓取。选用管片的分块为$2\times80°+2\times68°+64°$。因联络通道盾构机受正线隧道空间限制，推进缸最大伸长量为700 mm，而管片环宽 550 mm；为减小推进缸行程，缩短盾构机长度，减小封顶块楔形角，使封顶块可实现先搭接 450mm 环宽径向推上，再行纵向插入，如图 2.2 所示。

2. 管片的宽度

从管片搬运、拼装以及曲线段的施工角度出发，管片宽度应取较小值；但是从结构防水、加快施工进度角度考虑，则应取较大值。国内地铁盾构隧道的管片宽度经历了一个长期的发展过程，从上海地铁的 1 m 宽逐步加宽到广州地铁 2 号线的 1.5 m 宽。其中南京地铁 1 号线、广州地铁 1 号线、深圳地铁和北京地铁 5 号线等又均采用了 1.2 m 的宽度。国内

地铁盾构隧道管片宽度与直径的比值基本维持在 0.2～0.25 之间，按照比例相似原则，外径 3.15 m 管片宽度应为 0.63～0.78 m。考虑到联络通道长度较短，兼顾在内径 5.5 m 的正线隧道中采用的联络通道盾构掘进机主机长度、管片运输空间及施工安全间隙，管片宽度选用 0.55 m。在环宽上，主要约束于正线隧道空间有限，在正线隧道内径变大的条件下，管片的宽度可以适当增大，如图 2.3 所示。

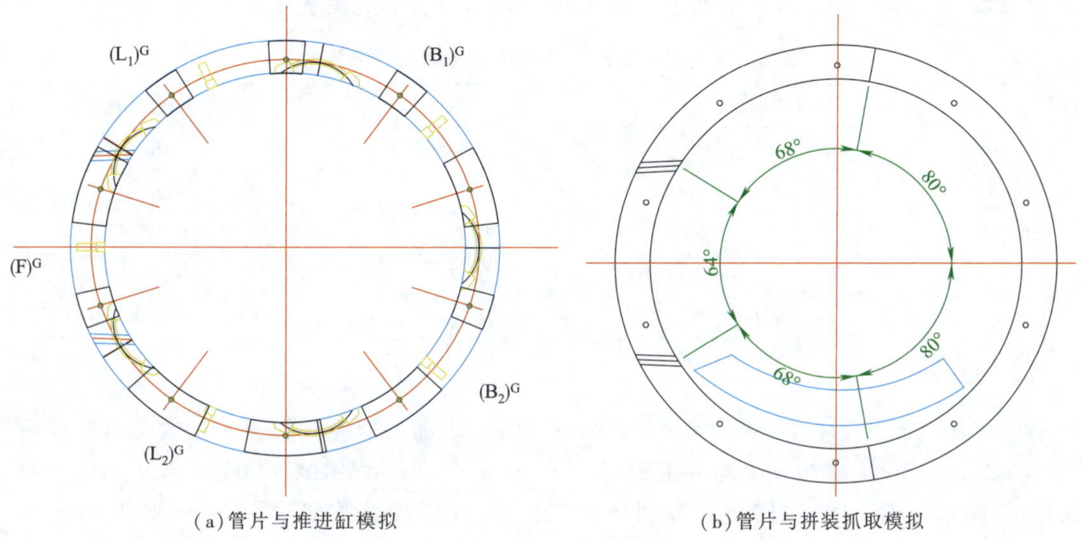

(a) 管片与推进缸模拟　　(b) 管片与拼装抓取模拟

图 2.2　管片模拟

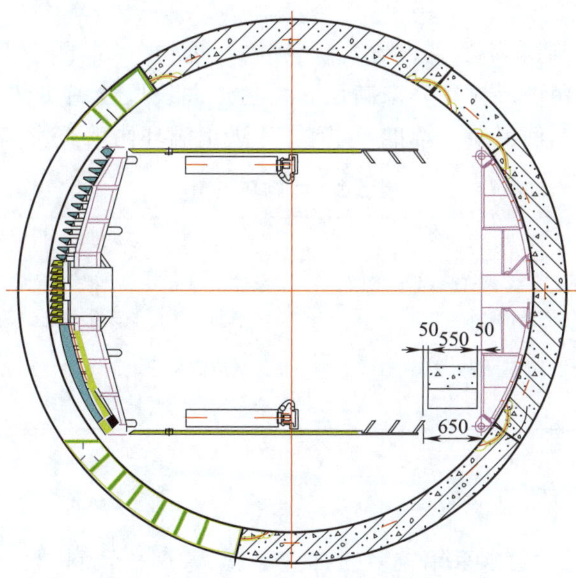

图 2.3　盾构法联络通道管片宽度选择（单位：mm）

3. 管片的厚度

结合联络通道断面净空尺寸1.6 m×2.1 m，将联络通道衬砌内径确定为2.65 m。管片厚度与隧道直径的比值取决于覆土深度、周围环境、工程地质条件。如果管片厚度设计得过小，则导致盾构隧道的变形量很大，对施工中的拼装和竣工后的使用都有影响，同时对结构的防水也有影响；如果管片厚度设计得过大，则导致隧道开挖洞径增大，结构不经济，总体上说会增加工程造价。国内地铁盾构隧道的内径与厚度情况见表2.2。

表2.2 国内地铁盾构隧道的内径与厚度情况分析

城　　市	管片外径(m)	管片厚度(m)	厚度与内径比值(%)
上海	5.5	0.35	6.36
天津	5.5	0.35	6.36
杭州	5.5	0.35	6.36
宁波	5.5	0.35	6.36
北京	5.4	0.3	5.56
广州	5.4	0.3	5.56

管片厚度与其内径比值为5.56%～6.36%，根据比例相似原则，2.65 m内径管片厚度应为0.147～0.169 m。根据《地下工程防水技术规范》(GB 50108—2008)第4.1.7条第1款规定，防水混凝土结构厚度不应小于0.25 m，故盾构法联络通道衬砌厚度暂定为0.25 m。

2.3.4 衬砌环类型

根据宁波市轨道交通联络通道设置现状，存在长度约30 m的联络通道。为满足线路线形及施工需要，采用通用楔形衬砌环来满足联络通道曲线段及施工纠偏之需。按其功能用途、材质不同又可分为钢筋混凝土标准环、钢管片进出洞环两大类，见表2.3。

表2.3 衬砌环类型

衬砌环类型	用　　途	设计说明
钢筋混凝土标准环	用于直线、平曲线段、竖曲线段及施工纠偏	通过采用施工轴线拟合计算程序，必要时在衬砌环环面粘贴不同厚度的腻子来进行线路的最佳拟合
钢管片进、出洞环	分别用于盾构进、出工作井洞门	为适应盾构进出洞的防水及连接构造需要，采用钢管片方便与主隧道特殊管片连接

2.3.5 环、纵向螺栓及环、纵缝构造

管片采用螺栓连接时通常采用较多的有直螺栓、弯螺栓及斜螺栓等形式。这三种螺栓连接形式国内均有工程实例，而且使用的效果都比较好，其优缺点对比分析见表2.4。

表 2.4　常用管片螺栓连接优缺点对比分析表

螺栓形式	优点	缺点
弯螺栓连接	占用手孔较小	刚度小,较易变形;螺栓较长,材料消耗较大;且在螺栓预紧力、高水土压力和地震作用下对端头混凝土产生较大的挤压作用,易造成混凝土破坏,对结构的长期安全不利
直螺栓连接	抵抗弯矩的能力较大	手孔大,对管片的削弱也较大,并且施工中螺栓的安装工序较复杂
斜螺栓连接	在结构上加强了构件的连接,防止接头两边错动,可有效地承担接头处的剪力和弯矩	对管片厚度要求较高,对于小直径隧道,薄壁管片不适用

根据宁波市轨道交通 1、2 号线的工程经验,本次投标联络通道管片外弧侧设防水密封垫,内弧侧设嵌缝槽。整个环面及分块面密贴,环与环、块与块以弯螺栓连接,既能适应一定的环、纵向变形,又能将隧道环、纵向变形控制在满足列车运行及防水要求的范围内。便于施工中快速拼装,准确定位,提高施工效率。环、纵向螺栓均采用无铬锌铝片涂层及其复合涂层作防腐蚀处理。管片环、纵缝构造如图 2.4 所示。

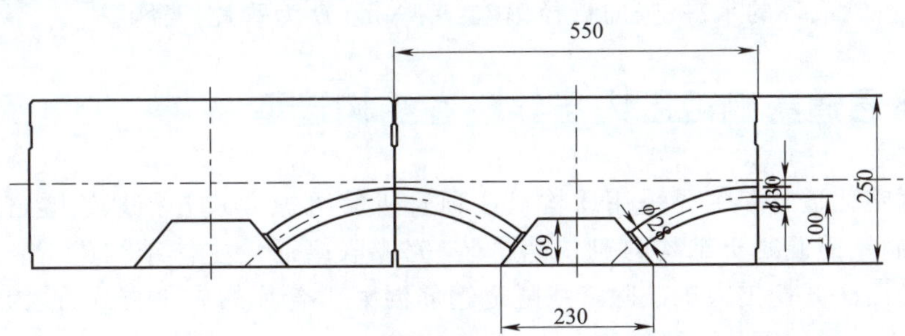

图 2.4　管片环、纵缝构造设计图(单位:cm)

2.3.6　螺栓孔及手孔

常规螺栓孔孔径设计应考虑到脱模工艺及模具加工精度。螺栓孔预埋件脱模方法为从接缝处拔出,故接缝处螺栓孔径较手孔处螺栓孔径较大,形成楔形,便于脱模。同时考虑模具的加工精度与螺栓插入的可操作性,常规设计为,接缝处螺栓孔径较螺栓直径大 9 mm,手孔处螺栓孔径较螺栓直径大 6 mm,如图 2.5 所示。随着模具加工工艺的发展,目前的模具加工误差已可控制在毫米级以下。通过与管片加工厂、施工单位沟通,一致认为可将南鄞区间项目允许误差降低,确定接缝处螺栓孔径为 30 mm,手孔处螺栓孔径为 28 mm,如图 2.6 所示。

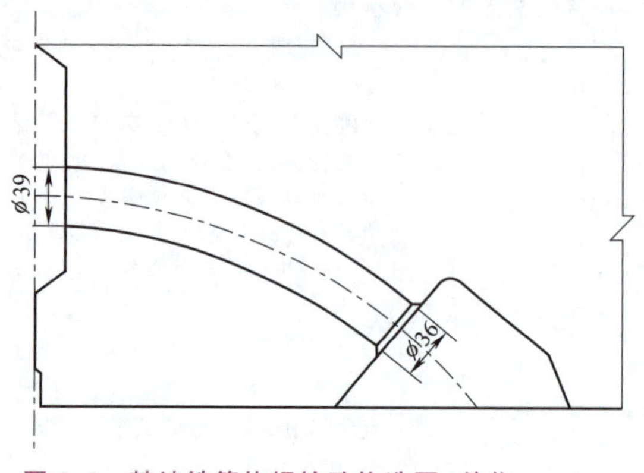

图 2.5　某地铁管片螺栓孔构造图(单位:mm)

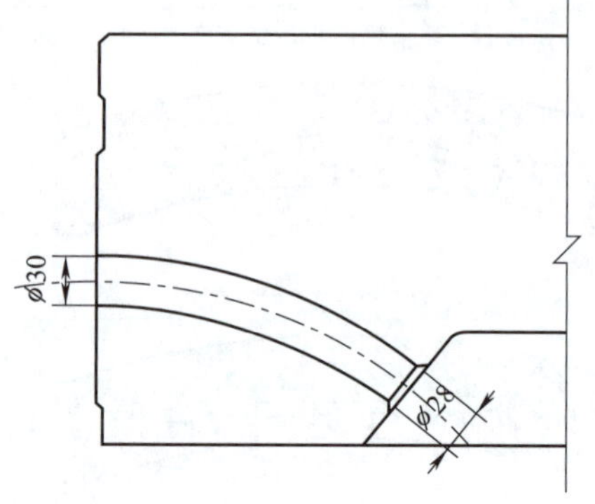

图 2.6　联络通道管片螺栓孔构造图(单位:mm)

2.4　联络通道衬砌制作精度要求

为保证装配式结构良好的受力性能,提供符合计算假定的结构工作条件,衬砌制作和拼装须达到下列精度:

(1)单块管片制作的允许误差:宽度 ±0.4 mm;弧、弦长 ±1.0 mm;外半径 $^{+2}_{0}$ mm;内半径 ±1 mm;环向螺栓孔孔径及孔位 ±1.0 mm。

(2)整环拼装的允许误差:相邻环的环面间隙≤0.8 mm;纵缝相邻块块间间隙≤1.0 mm;衬砌对应的环向螺栓孔不同轴度 <1 mm。

(3)推进时轴线误差:≤50 mm。

(4)衬砌拼装成环的水平、竖向直径偏差:≤3‰D(D 为管片外径)。

2.5　联络通道影响范围内正线隧道结构选型

机械法联络通道施工主要采用盾构机或顶管机等机械方式开挖地铁隧道间联络通道土体,配合预制钢筋混凝土结构衬砌快速拼装,完成联络通道主体结构施工。该种施工工法改变传统矿山法开挖需人工破除正线隧道钢筋混凝土管片的施工方式,改为机械设备顶进破除,提高正线隧道管片破除效率,保证施工安全。

宁波市轨道交通运营列车采用中国中车设计的 B 型列车。地铁隧道设计考虑到地质条件因素、区间隧道线型、地铁运行限界和施工效率等问题,统一设计采用外径 6 200 mm、内径 5 500 mm、环宽 1 200 mm 的钢筋混凝土管片,管片拼装方式采用整体刚度大的错缝拼装形式,并在管片块与块之间设置凹凸榫,以进一步提高隧道的整体性和管片连接的刚度。该种设计使隧道在淤泥质土层中具有良好的稳定性。

机械法联络通道施工根据机械设备设计条件、隧道受力分析结果和联络通道空间限界要求,选定联络通道开挖断面为圆形,开挖直径为 3 310 mm,管片外径为 3 150 mm,管片内径为 2 650 mm。若依据宁波地区 1.2 m 环宽的传统管片选择联络通道开口位置,则至少需连续破坏 4 环正线隧道管片原有稳定结构,对正线隧道主体结构受力产生较大影响。因此,减少正线隧道破坏数量,降低因联络隧道开孔对正线隧道主体结构受力产生的影响,为课题组首要解决的问题。

基于上述论述，经过初步计算分析，拟将联络通道开口处正线隧道摒弃宁波地区原有 1.2 m 环宽的管片拼装设计，改用 1.5 m 环宽的管片拼装，螺栓孔布置、凹凸榫设计和防水设计等均遵循原设计理念，保证正线隧道结构的统一性和受力的整体性，由原正线隧道 4 环破坏改为 3 环破坏，确定上下行正线隧道中间环管片径向中线为联络通道中线对应线，上下行隧道联络通道处中线水平，中点对应。此设计即降低因联络通道开挖对正线隧道主体结构稳定的影响，又严格控制联络通道处管片拼装中的水平位置偏差，符合机械法联络通道当前设计和施工要求。

为保证机械法联络通道施工始发与接收过程中洞门密封性，本工法始发和接收过程均采用具有良好防渗水功能的套筒装置。该装置在始发端与机械设备一同安装加固，接收端于机械设备接收前安装定位，以保证施工安全性。

因套筒装置的适用和联络通道开口区域未进行地层土体强加固，使联络通道开口区域正线隧道混凝土无法提前凿除，所以研发一种既满足可切削条件又能保证正线隧道整体受力的正线隧道管片，是南鄞区间工程的必然选择。

原正线隧道管片采用钢筋混凝土结构设计，混凝土强度 C50，钢筋为热轧螺纹钢筋，且钢筋为切削区与非切削区整体连接布置，如图 2.7 所示。该种设计形式无论采用盾构法或顶管法施工，均无法由设备自带刀盘完成切削区管片破除工作。经过课题组对特殊施工工艺下的材料特性要求分析，最终从三个方向解决切削区管片结构设计问题：一是将原有整体混凝土结构改为钢管片结合可切削、低强度混凝土的复合管片结构，保证切削区的易破坏性和非切削区的完整性，管片螺栓孔位置、凹凸榫设计和防水设计不做改变；二是将原热轧螺纹钢筋整体布置改为管片切削区采用易破坏、强度高的玻璃纤维筋布置，混凝土与钢管片间同样采用玻璃纤维筋连接，提高切削区混凝土与钢管片的整体性，保证管片运输、拼装和切削前的安全；三是改变原管片螺栓长度设计，使新设计的连接螺栓满足钢管片与正线隧道管片结构的连接，如图 2.8 所示。

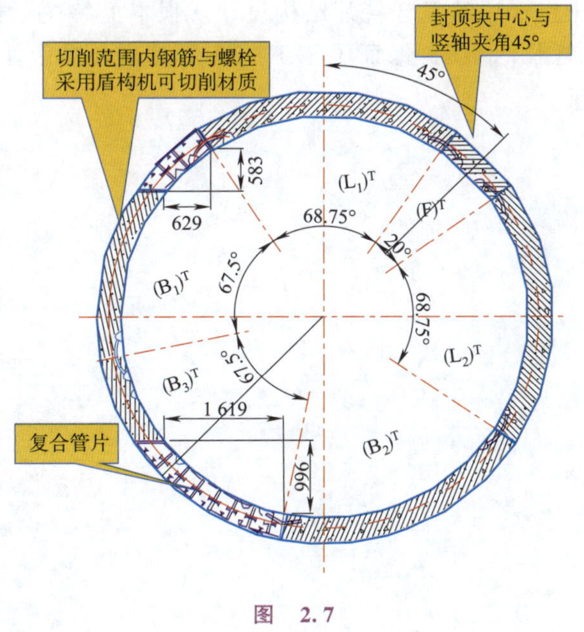

图　2.7

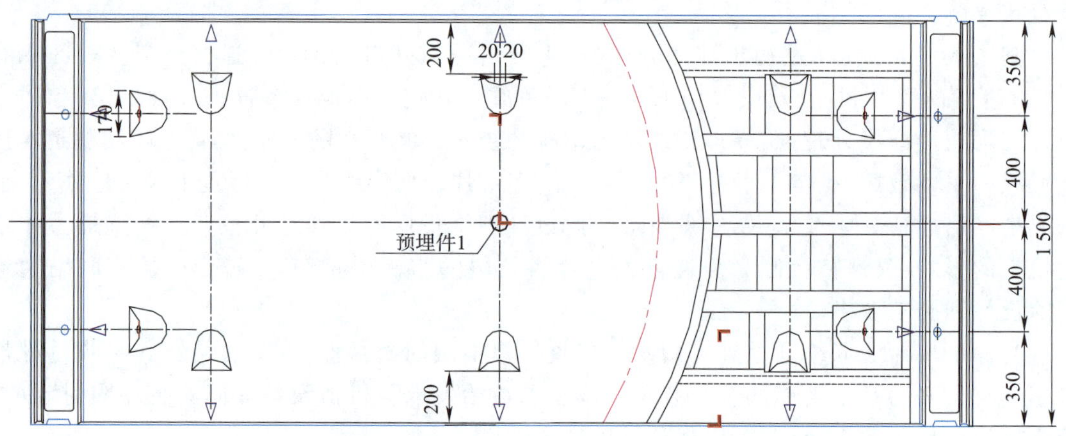

图 2.7　复合管片结构设计(单位:mm)

图 2.8　复合管片结构图

玻璃纤维筋混凝土钢管片的复合管片结构设计从根本上解决了机械法联络通道施工中刀盘破除正线隧道管片的难题,保证了施工的安全性和可操作性,推进了施工工法的进步。

第3章　联络通道盾构隧道管片结构设计计算

3.1 概　　述

目前采用的隧道结构设计模型分为四种:连续体或不连续体模型,作用—反作用模型(基础梁模型)、收敛—约束模型、工程类比法(经验方法)。本章根据国家标准运用结构定律与有限元程序进行模拟,以获得弹塑性状态下的应力和应变。本章主要介绍管片—接缝力学模型、管片接头设计计算、荷载计算、配筋计算和校核相关理论。

3.2 管片—接缝系统力学模型

在荷载结构法中,依据对管片接头力学上的处理方法,可以分为惯用计算法、修正惯用计算法、多铰圆环计算法、梁弹簧计算模型与梁接头模型。

1. 修正惯用计算法

惯用计算法和修正惯用计算法的管片截面内力计算式见表3.1。

表3.1　惯用计算法和修正惯用计算法的管片截面内力计算式

荷　载	弯　矩	轴　力	剪　力
垂直荷载 $(P_{e1}+P_{w1})$	$M=\frac{1}{4}(1-2\sin^2\theta)(P_{e1}+P_{w1})R_c^2$	$N=(P_{e1}+P_{w1})R_c\sin^2\theta$	$Q=-(P_{e1}+P_{w1})R_c\sin\theta\cos\theta$
水平荷载 $(q_{e1}+q_{w1})$	$M=\frac{1}{4}(1-2\sin^2\theta)(q_{e1}+q_{w1})R_c^2$	$N=(q_{e1}+q_{w1})R_c\cos^2\theta$	$Q=(q_{e1}+q_{w1})R_c\sin\theta\cos\theta$
水平三角形荷载 $(q_{e2}+q_{w2}-q_{e1}-q_{w1})$	$M=\frac{1}{48}(6-3\cos\theta-12\cos^2\theta+4\cos^3\theta)(q_{e2}+q_{w2}-q_{e1}-q_{w1})R_c^2$	$N=\frac{1}{16}(\cos\theta+8\cos^2\theta-4\cos^3\theta)(q_{e2}+q_{w2}-q_{e1}-q_{w1})R_c$	$Q=\frac{1}{16}(\sin\theta+8\sin\theta\cos\theta-4\sin\theta\cos^2\theta)(q_{e2}+q_{w2}-q_{e1}-q_{w2})R_c$
地基抗力 $(q_r=k\delta)$	$0\leqslant\theta<\frac{\pi}{4}$时, $M=(0.2346-0.3536\cos\theta)k\delta R_c^2$; $\frac{\pi}{4}\leqslant\theta\leqslant\frac{\pi}{2}$时, $M=(-0.3487+0.5\sin^2\theta+0.2357\cos^3\theta)k\delta R_c^2$	$0\leqslant\theta<\frac{\pi}{4}$时, $N=0.3536k\delta R_c\cos\theta$; $\frac{\pi}{4}\leqslant\theta\leqslant\frac{\pi}{2}$时, $N=(-0.7071\cos\theta+\cos^2\theta+0.7071\sin^2\theta\cos\theta)k\delta R_c$	$0\leqslant\theta<\frac{\pi}{4}$时, $Q=0.3536k\delta R_c\sin\theta$; $\frac{\pi}{4}\leqslant\theta\leqslant\frac{\pi}{2}$时, $N=(\sin\theta\cos\theta-0.7071\cos^2\theta\sin\theta)k\delta R_c$

续上表

荷　　载	弯　　矩	轴　　力	剪　　力
自重 ($P_{g1}=\pi g$)	$0\leqslant\theta<\frac{\pi}{2}$时， $M=\left(\frac{3}{8}\pi-\theta\sin\theta-\frac{5}{6}\cos\theta\right)gR_c^2$； $\frac{\pi}{2}\leqslant\theta\leqslant\pi$ 时， $M=\left[-\frac{1}{8}\pi+(\pi-\theta)\sin\theta-\frac{5}{6}\cos\theta-\frac{1}{2}\pi\sin^2\theta\right]gR_c^2$	$0\leqslant\theta<\frac{\pi}{2}$时， $N=\left(\theta\sin\theta-\frac{1}{6}\cos\theta\right)gR_c$； $\frac{\pi}{2}\leqslant\theta\leqslant\pi$ 时， $N=\left(-\pi\sin\theta+\theta\sin\theta+\pi\sin^2\theta-\frac{1}{6}\cos\theta\right)gR_c$	$0\leqslant\theta<\frac{\pi}{2}$时， $Q=-\left(\theta\cos\theta+\frac{1}{6}\sin\theta\right)gR_c$； $\frac{\pi}{2}\leqslant\theta\leqslant\pi$ 时， $Q=\left[(\pi-\theta)\cos\theta-\pi\sin\theta\cos\theta-\frac{1}{6}\sin\theta\right]gR_c$
管片环的水平直径点的水平方向位移 (δ)	不考虑衬砌自重引起的地基抗力： $\delta=\frac{[2(P_{e1}+P_{w1})-(q_{e1}+q_{w1})-(q_{e2}+q_{w2})]R_c^4}{24(\eta\cdot EI+0.045\,4k\cdot R_c^4)}$ 考虑衬砌自重引起的地基抗力： $\delta=\frac{[2(P_{e1}+P_{w1})-(q_{e1}+q_{w1})-(q_{e2}+q_{w2})+\pi g]R_c^4}{24(\eta\cdot EI+0.045\,4k\cdot R_c^4)}$ EI 为单位宽度的弯曲刚度		

2. 梁弹簧计算模型

使用梁弹簧计算模型，如图 3.1 所示，可通缝拼装(B-B-B)、错缝拼装(A-B-A)、错缝拼装(A-B-C)。A 环与 B 环相对转角：输入 A 环与 B 环相对转动几个螺栓。C 环与 B 环相对转角：输入 C 环与 B 环相对转动几个螺栓。

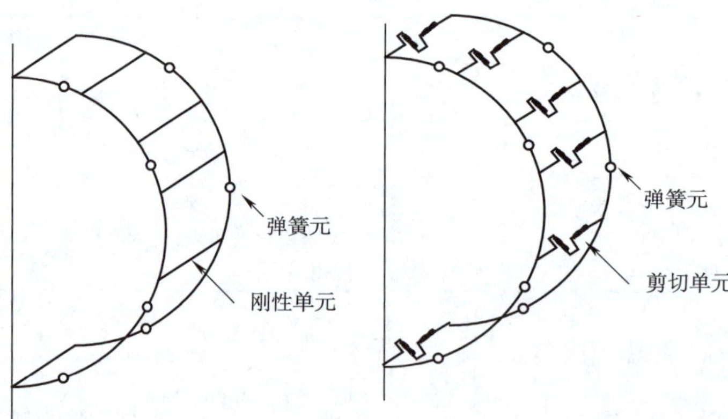

图 3.1　梁弹簧两种计算模型

如图 3.1 所示的曲梁—弹簧模型系统，考虑其上任意点 A 的内力可以表示为

$$\begin{cases}N=N_1\cos\varphi+Q_1\sin\varphi\\Q=-N_1\sin\varphi+Q_1\cos\varphi\\M=M_1+N_1R(1-\cos\varphi)-Q_1R\sin\varphi\end{cases}\tag{3.1}$$

式中　R——半径；

φ——任意点 A 与结点的圆心夹角。

同理可建立结点力 $\{F_1\}$、$\{F_2\}$ 与结点位移 $\{\delta_1\}$ 的关系式：

$$\begin{cases}\{F_1\}=[k_{11}]\{\delta_1\}\\ \{F_2\}=[k_{21}]\{\delta_1\}\end{cases} \tag{3.2}$$

对于结点固定的情形，类似地有

$$\begin{cases}\{F_2\}=[k_{22}]\{\delta_2\}\\ \{F_1\}=[k_{12}]\{\delta_2\}\end{cases} \tag{3.3}$$

式中　$[k_{11}]=[C_{11}]^{-1}$；

$[k_{22}]=[C_{22}]^{-1}$；

$[k_{12}]=[A][k_{11}]$ 或 $[k_{12}]=[A]^{-1}[k_{22}]$；

$[C_{11}]$，$[C_{22}]$——柔度矩阵，分别表示成 $[C_{11}]=[\delta_{ij}^1]_{3\times3}$，$[C_{22}]=[\delta_{ij}^2]_{3\times3}$，而且

$$[A]=\begin{bmatrix}-\cos\beta & -\sin\beta & 0\\ \sin\beta & \cos\beta & 0\\ R(\cos\beta-1) & R\sin\beta & 1\end{bmatrix}$$

式中　β——曲梁的圆心角。

3.3　荷载计算

3.3.1　围岩压力

1. 太沙基松弛土压力

因地层存在拱效应，故竖直土压选用松弛土压力。具体地讲，对砂性土或硬质黏土（标准贯击试验锤击数 $N\geqslant8$），当 $H>D$（D 为管片外径）时，竖直土压力应选用松弛土压力；对中等固结黏土（$4\leqslant N\leqslant8$）或比其更软的黏土而言，当 $H>D$ 时，竖直土压力应选用全部覆盖土的压力。

松弛土压力计算方法一般采用太沙基公式，如图 3.2 所示，计算公式如下：

$$\sigma_v=\frac{B_1(\gamma-c/B_1)}{K_0\tan\varphi}\cdot(1-\mathrm{e}^{-K_0\tan\varphi\cdot H/B_1})+p_0\cdot\mathrm{e}^{-K_0\tan\varphi\cdot H/B_1} \tag{3.4}$$

$$B_1=R_0\cdot\cot\left(\frac{\pi/4+\varphi/2}{2}\right) \tag{3.5}$$

式中　σ_v——Terzaghi 的松弛土压力（kN/m^2）；

B_1——松动带宽度（m）；

R_0——隧道半径（m）；

H——上覆土层厚度（m）；

K_0——侧向土压力与垂直土压力之比（一般取 1.0，软件中固定为 1.0）；如选择分层计算时，采用每层土体侧压系数；

φ——土的内摩擦角（°），取各土层的加权平均值；如选择分层计算时，采用每层土

体内摩擦角；

p_0——上覆荷载（$\mathrm{kN/m^2}$）；

γ——土体重度（$\mathrm{kN/m^3}$），取各土层的加权平均值；如选择分层计算时，采用每层土体重度；

c——土的黏聚力（$\mathrm{kN/m^2}$），取各土层的加权平均值；如选择分层计算时，采用每层土体黏聚力。

松弛层的换算高度 h_0 的计算公式：

$$h_0=\frac{\sigma_{\mathrm{v}}}{\gamma}=\frac{B_1[1-c/(B_1\gamma)]}{K_0\tan\varphi}\cdot\left(1-\mathrm{e}^{-K_0\tan\varphi\cdot H/B_1}\right)+\frac{p_0\cdot\mathrm{e}^{-K_0\tan\varphi\cdot H/B_1}}{\gamma}\tag{3.6}$$

但是，当 p_0/γ 小于 h_0 时可使用如下公式，即不考虑上覆荷载的影响。

$$\sigma_{\mathrm{v}}=\frac{B_1(\gamma-c/B_1)}{K_0\tan\varphi}\cdot\left(1-\mathrm{e}^{-K_0\tan\varphi\cdot H/B_1}\right)\tag{3.7}$$

水平方向的侧向压力大小：

$$\sigma_{\mathrm{h}}=\sigma_{\mathrm{v}}\times K_0\tag{3.8}$$

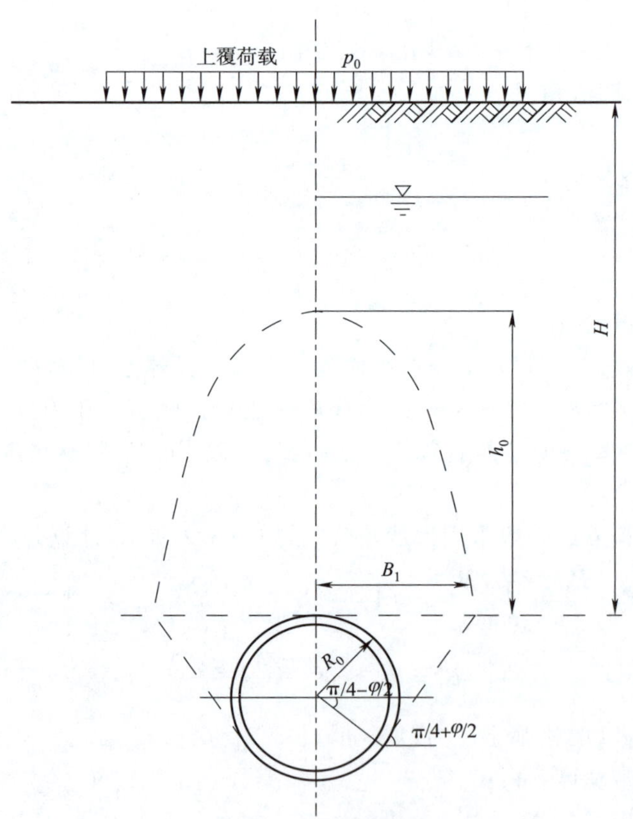

图 3.2　松弛土压力示意图

2. 土柱法

因地层无拱效应，其竖直土压力选用全部覆盖土的压力，其计算公式如下：

$$\sigma = p_0 + \sum h_i\gamma_i + \sum h_j\gamma_j \tag{3.9}$$

式中　σ——竖直土压力（kN/m²）；

p_0——地面超载，一般取 20 kN/m²；

h_i——处于地下水位以上第 i 层覆土的厚度（m）；

γ_i——处于地下水位以上第 i 层覆土的重度，取湿重度，也即天然重度（kN/m³）；

h_j——处于地下水位以下第 j 层覆土的厚度（m）；

γ_j——处于地下水位以下第 j 层覆土的重度，合算时取饱和重度，分算时取浮重度（kN/m³）。

3.3.2　注浆荷载

采用盾构施工时，在盾尾脱开阶段，管片和地层之间存在着建筑间隙。为了填补间隙，通常采用壁后注浆的方法。壁后注浆的目的可以分为三类：①防止隧道周围地基变位，主要由于盾尾空隙引起；②提高隧道的止水性能；③确保管片衬砌的早期稳定性，使外加荷载更均匀地作用在结构上。注浆根据施工方法分为：同时注浆，半同时注浆，即时注浆，后方注浆。向盾尾空隙进行注浆时，由于注浆压力在管片注浆孔周围形成一个暂时作用的偏心荷载，在此荷载作用下，容易出现管片面板的损伤、半径方向插入的K 型管片会向隧道内错移、接头螺栓破损、管片环变形等现象。壁后注浆压力一般以根据隧道覆土厚度计算出的土压力、水压力为基准，采用 100～300 kN/m²的压力。为了防止地表面下沉，有时在施工过程中采用高达 500 kN/m²的注浆压力。在此压力作用下，需要验算结构的承载力。

对单孔情况，假设单孔注浆压力对称分布在注浆孔的周围，成等腰三角形或矩形分布形式作用于管片环的周围，如图 3.3 和图 3.4 所示。设计中根据实际注浆孔的位置和数量将荷载对应施加在结构上。

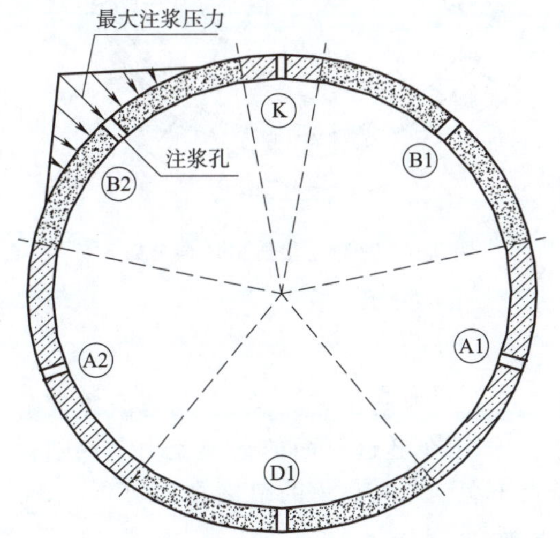

图 3.3　单孔注浆压力三角形分布简图

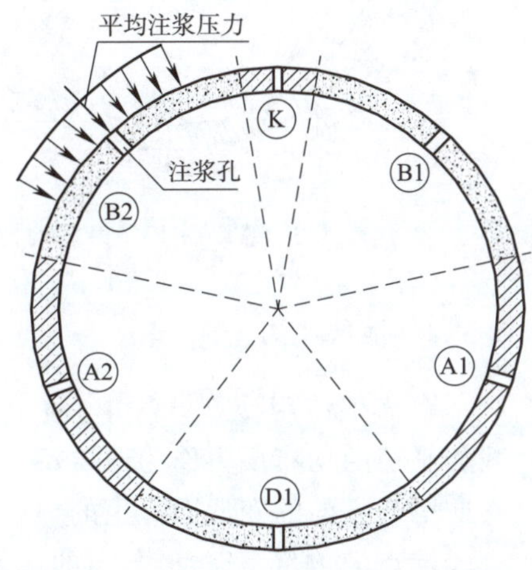

图 3.4　单孔注浆压力矩形分布简图

对于整环隧道断面的注浆压力分布可以假设为非均匀分布与均匀分布，对于非均匀分

布隧道断面上有两个注浆孔，且关于 z 轴对称，任意点 A 的注浆压力为

$$P(\theta)=P_S+(P_L-P_S)\frac{1-\sin\theta}{2}\quad(0\leqslant\theta\leqslant 2\pi)\tag{3.10}$$

式中 P_S, P_L——管片环最低点与最高点处注浆压力；

θ——A 点径向与 x 轴的夹角。

在计算中，假设任意两点 β_1,β_2 的注浆压力值分别为 P_1,P_2，通过线性分布，可以分别得到管片环在最高点和最低点的注浆压力值 P_L,P_S。

$$P_S=P_1+\frac{P_2-P_1}{\sin\beta_2-\sin\beta_1}(1-\sin\beta_1)\quad(\beta_1\neq\beta_2\text{ 且 }\beta_1+\beta_2\neq\pi)\tag{3.11}$$

$$P_L=P_1-\frac{P_2-P_1}{\sin\beta_2-\sin\beta_1}(1+\sin\beta_1)\quad(\beta_1\neq\beta_2\text{ 且 }\beta_1+\beta_2\neq\pi)\tag{3.12}$$

在式(3.11)与式(3.12)中的限定条件主要是保证线性插值能够顺利进行，要进行线性插值必须提供两个不同测点的压力值，且这两个测点不能位于对称位置上。通过管片单孔注浆压力与整环注浆压力的假设，可以实现在偏心荷载作用下管片内力的计算，如图 3.5 ~ 图 3.7 所示。

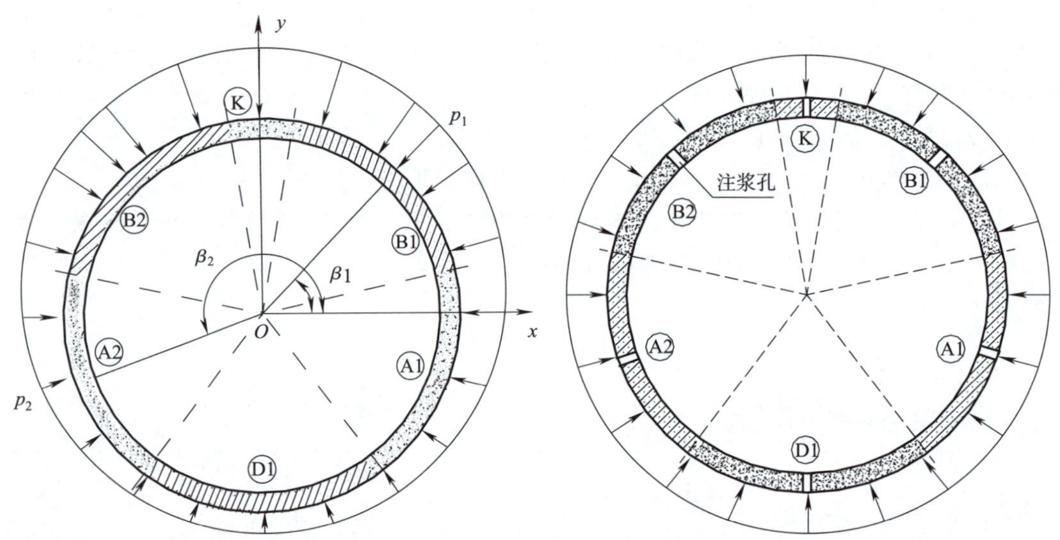

图 3.5 整环注浆压力非均匀分布

图 3.6 整环注浆压力均匀分布

3.3.3 地层反力

在修正惯用计算方法中，假定垂直方向的地层反力与地基位移无关，取与垂直方向荷载相平衡的均布反力作为地层反力。在水平方向上，作用在隧道侧面的地层反力是伴随衬砌向围岩方向的变形而产生的。在衬砌水平直径上下各 45°中心角的范围内，采用以水平直径端点为顶点，三角形分布的地层反力，如图 3.8 所示。

在分布范围内：

$$p_\phi=p_{\max}(1-\sqrt{2}\,|\cos\varphi|)\quad\left(\frac{\pi}{4}\leqslant\varphi\leqslant\frac{3\pi}{4}\right)\tag{3.13}$$

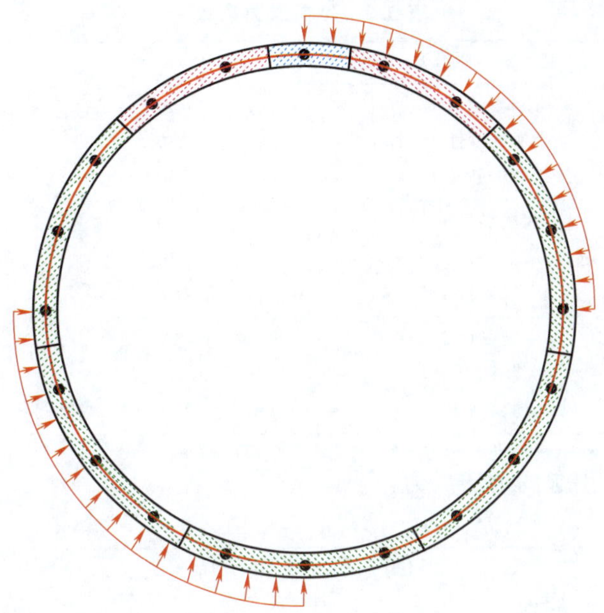

图 3.7　注浆压力任意分布

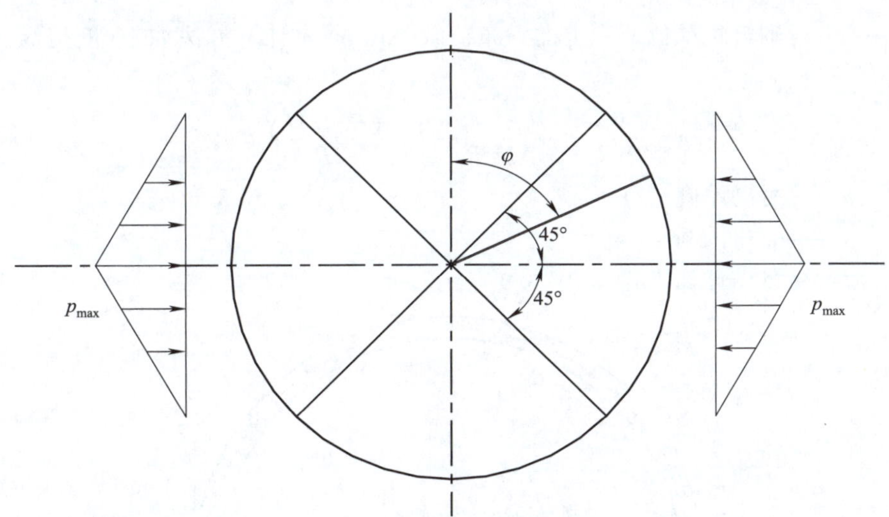

图 3.8　地层反力假设为三角形分布图

$$p_{\max} = k\delta \tag{3.14}$$

式中　k——地层反力系数,取值见表 3.2;

δ——管片环水平直径端点处变形(m),计算方法如下。

表 3.2　地层反力系数 k

土与水的考虑	土　的　种　类	k(MN/m³)	N 值的大致范围
水土分离	非常密实的砂性土	30～50	$30 \leqslant N$
	密实的砂性土	10～30	$15 \leqslant N < 30$
	松散的砂性土	10～30	$N < 15$
	固结黏性土	30～50	$25 \leqslant N$
	硬的黏性土	10～30	$8 \leqslant N < 25$
	中硬黏性土	0～10	$4 \leqslant N < 8$
水土一体	中硬黏性土	5～50	$4 \leqslant N < 8$
	软黏土	0～5	$2 \leqslant N < 4$
	超软性土	0	$N < 2$

不考虑衬砌自重引起的地层反力：

$$\delta = \frac{[2(P_{e1} + P_{w1}) - (q_{e1} + q_{w1}) - (q_{e2} + q_{w2})]R_c^4}{24(\eta \cdot EI + 0.045\,4k \cdot R_c^4)} \tag{3.15}$$

考虑衬砌自重引起的地层反力：

$$\delta = \frac{[2(P_{e1} + P_{w1}) - (q_{e1} + q_{w1}) - (q_{e2} + q_{w2}) + \pi g]R_c^4}{24(\eta \cdot EI + 0.045\,4k \cdot R_c^4)} \tag{3.16}$$

式中　g——取衬砌自重单位面积上的均布荷载(kN/m²)，计算方法如下(隧道纵向为单位长度)：

$$g = \frac{W}{2\pi R_c} = \frac{\pi(R^2 - r^2)\gamma}{2\pi R_c} = \frac{(R + r)h\gamma}{2R_c} = h\gamma \tag{3.17}$$

其中　h——衬砌厚度(m)；

π——3.141 596；

R_c——衬砌计算半径，如图 3.9 所示；

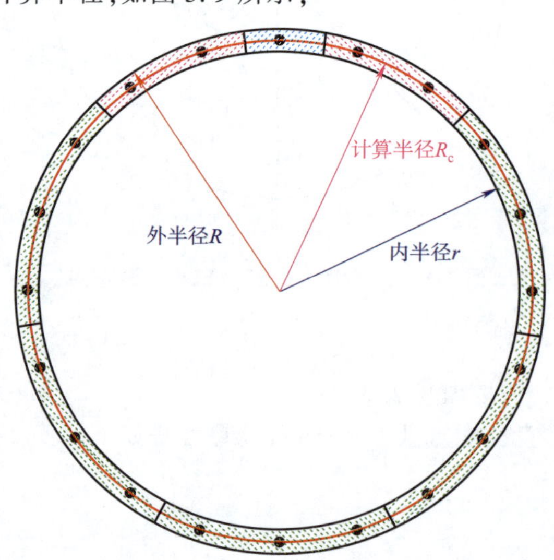

图 3.9　管片示意图

E——衬砌材料弹性模量(Pa);

I——单位宽度的管片截面惯性矩(m^3);

η——抗弯刚度有效率,惯用计算法中取 $\eta=1$,修正惯用计算法中取 $\eta<1$;

P_{e1}——管片环顶端垂直土压力(kN/m^2);

P_{w1}——管片环顶端垂直水压力(kN/m^2);

q_{e1}——衬砌计算外半径顶端处的侧向土压力(kN/m^2);

q_{e2}——衬砌计算外半径底端处的侧向土压力(kN/m^2);

q_{w1}——衬砌计算外半径顶端处的水平水压力(kN/m^2);

q_{w2}——衬砌计算外半径底端处的水平水压力(kN/m^2)。

3.3.4　地层弹簧

用地层弹簧模拟围岩或土层对盾构隧道管片的抵抗作用。单一地层法:无论断面位置有几种土层,都使用一种地层弹簧,如图 3.10(a)所示。复杂地层法:将会自动判断隧道断面位于哪些土层中,每一种土层都可以设置不同的地层弹簧,如图 3.10(b)所示。

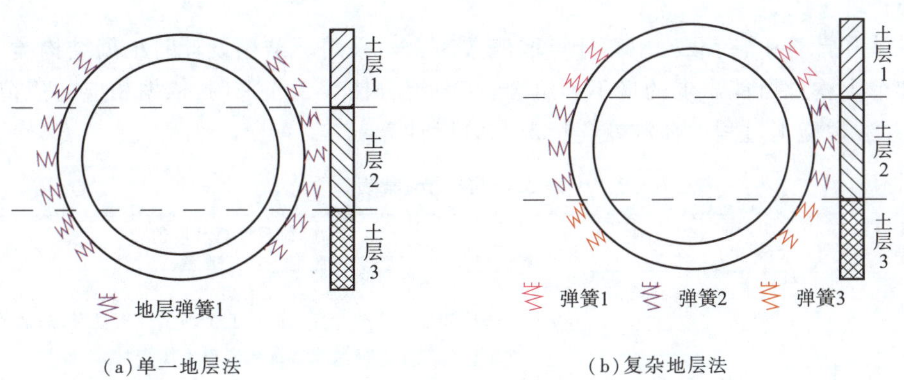

图 3.10　地层弹簧计算模型

3.3.5　管片配筋计算

1. 配筋计算

管片配筋量的确定主要是通过荷载结构法计算的截面弯矩 M、轴力 N 和剪力值 Q,选取最不利截面,依据《混凝土结构设计规范》(GB 50010)进行配筋设计,混凝土强度设计值见表 3.3。

表 3.3　混凝土强度设计值(单位:MPa)

强度等级 / 强度种类	C15	C20	C25	C30	C40	C50	C60	C70
抗压 R_a	7.2	9.6	11.9	14.3	19.1	23.1	27.5	31.8
抗拉 R_l	0.91	1.10	1.27	1.43	1.71	1.89	2.04	2.14

2. 抗浮验算

作用在隧道顶部的垂直荷载(不包括水压)与衬砌自重的和比浮力小时,在隧道的顶部地层会产生反向的土压力,由于浮力的作用隧道会发生自浮。在浅埋土高地下水位的情况下,由于浮力的作用容易受到损害。

考虑抵抗上浮的荷载包括隧道上部土荷载、隧道自重、内部荷载、永久常荷载以及可以预测的地面超载,浮力为隧道体积与水的重度之积。另外,在此情况下要对施工时及完成后地下水位及土重度的确定加以充分的注意。安全率处于1以下的情况时,隧道会发生上浮,需要采取防止隧道上浮的措施。

3.4 联络通道管片结构计算分析

机械法联络通道开挖直径3 310 mm,管片外径3 150 mm,管片内径2 650 mm。根据第2章确定的衬砌环分块,环宽及厚度,衬砌环类型,环、纵向螺栓及环、纵缝构造,螺栓孔及手孔等结构形式和尺寸,并利用第3.3节中的相关理论,对机械法联络通道管片结构进行设计和计算分析。

在设计和计算中,荷载类型和计算取值按表3.4采用。结构设计时根据结构类型,按结构整体和单个构件可能出现的最不利组合,荷载组合按表3.5采用,依据相应的规范要求进行分析,并考虑施工过程中荷载变化情况分阶段计算。

表3.4 结构荷载表

荷载类型	荷载名称	荷载计算及取值
永久荷载	结构自重	按构件实际重量计算
	竖向地层压力	明挖隧道一般按计算截面以上全部土柱重量考虑;盾构隧道黏性土层中的竖向地层压力按全部覆土压力计算,砂性土中可根据具体情况(地层性质、隧道埋深等)按卸载拱理论或全部覆土压力计算
	隧道上部和破坏棱体范围内的设施及建筑物压力	根据实际情况计算
	侧向地层土压力	主、被动土压力按朗金土压力公式计算
	静水压力及浮力	按最不利地下水位计算静水压力及浮力
	混凝土收缩及徐变影响力	混凝土收缩的影响按降低温度的方法计算,对整体浇筑的钢筋混凝土结构相当于降低温度15 ℃。对于装配式钢筋混凝土相当于降低温度5~10 ℃。混凝土徐变的影响按提高温度的方法计算
	设备荷载	设备荷载标准值不得小于8 kPa,对于重要设备按实际设备重量考虑,对动力设备考虑动力系数
	地基下沉影响力	考虑地基不均匀下沉引起的结构受力
	侧向地层抗力及地层反力	按结构形式及其在荷载作用下的变形、结构与地层刚度、施工方法等情况及土层性质,根据所采用的结构计算简图和计算方法加以确定

续上表

荷载类型	荷载名称		荷载计算及取值
可变荷载	基本可变荷载	地面车载	按 20 kPa 的均布荷载考虑
		地面车载引起的侧向力	按 20 kPa 的均布荷载作用于地层上考虑
		地铁车辆荷载	按地铁车辆荷载所采用的车辆轴重、排列和制动力计算，并按通过重型设备车辆考虑
		人群荷载	按 4 kPa 计算
	其他可变荷载	施工荷载	施工机具、地面堆材料堆载按 20 kPa 考虑
		温度荷载	使用阶段温度变化根据宁波地区实际温度情况考虑。施工期间按混凝土内部峰值考虑
偶然荷载	地震作用		7 度地震荷载
	人防荷载		6 级人防荷载

表 3.5　荷载组合表

荷载组合	基本组合	荷载系数 1.35×永久荷载＋荷载系数 1.4×活载
	裂缝宽度验算	荷载系数 1.0×永久荷载＋荷载系数 1.0×活载
	构件变形计算	荷载系数 1.0×永久荷载＋荷载系数 1.0×活载
	抗震偶然组合	荷载系数 1.2×永久荷载＋荷载系数 1.3×偶然荷载
	人防荷载组合	荷载系数 1.2×永久荷载＋荷载系数 1.0×附加荷载
	抗浮稳定验算	荷载系数 1.1×永久荷载

3.4.1　修正惯用法计算

修正惯用法是在惯用法的基础上引入弯曲刚度有效率 η（$\eta \leqslant 1$，表征刚度的降低程度，以体现环向接头的影响）和弯矩提高率 ζ，不具体考虑接头的位置，管片环为具有 ηEI 刚度的均质圆环。考虑到管片接头存在铰的部分功能，将向相邻管片传递部分弯矩，使错缝拼装管片间进行内力重分配，因此在计算过程中引入小于 1.0 的弯矩提高率 ζ 来表达错缝拼装引起的附加内力值。本节考虑施工工况和运营工况，采用修正惯用法对联络通道管片进行结构受力计算分析。根据本书第 2 章确定的机械法联络通道结构尺寸，分别按施工工况和运营工况进行结构设计和配筋计算、校核。

1. 施工工况

(1)计算参数

①断面参数

根据联络通道开挖断面选择型结果，拟定的联络通道隧道断面形式如图 3.11 所示。衬砌外直径 D_1 为 3.150 m，衬砌内直径 D_2 为 2.650 m。

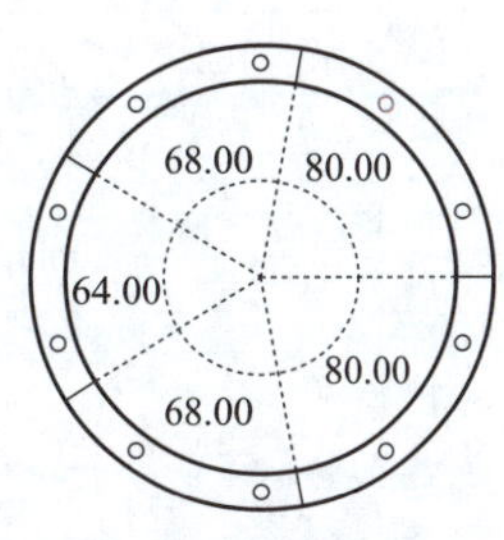

图 3.11　隧道断面示意图

由图 3.11 可以得到管片纵向螺栓位置参数见表 3.6，隧道断面基本几何参数见表 3.7。其中管片总数为 5 片；第一管片块的

右侧与 Y 轴的夹角 θ_s 为 10.00°;螺栓总数为 10;相邻螺栓(组)间夹角为 36.00°;顶部螺栓偏角 β 为 36.00°;隧道圆心坐标 $X=0.000$ m,$Y=0.000$ m。

表 3.6　管片纵向螺栓位置参数

编　号	角度(°)	X 坐标(m)	Y 坐标(m)	编　号	角度(°)	X 坐标(m)	Y 坐标(m)
1	54.00	0.852	1.173	6	234.00	-0.852	-1.173
2	90.00	0.000	1.450	7	270.00	-0.000	-1.450
3	126.00	-0.852	1.173	8	306.00	0.852	-1.173
4	162.00	-1.379	0.448	9	342.00	1.379	-0.448
5	198.00	-1.379	-0.448	10	18.00	1.379	0.448

表 3.7　管片几何参数

编　号	起始角(°)	终止角(°)	夹角(°)
1	80.00	148.00	68.00
2	148.00	212.00	64.00
3	212.00	280.00	68.00
4	280.00	360.00	80.00
5	360.00	80.00	80.00

②土层参数

根据宁波轨道交通 3 号线一期工程南鄞区间联络通道位置岩土工程勘察报告,地表至联络通道隧道顶部的距离 H 为 13.82 m,地下水面至隧道顶部的距离 H_w 为 11.53 m。土层参数见表 3.8,联络通道主要位于淤泥质黏土层。

表 3.8　土层参数表

土层	土层名称	土类型	厚度(m)	天然重度 γ (kN/m³)	饱和重度 γ_{sat} (kN/m³)	内聚力 c (kPa)	内摩擦角 φ(°)	侧压力系数 λ	水平基床系数 K (kPa/m)	计算方式	标贯试验锤击数 N	泊松比	弹性模量(kPa)
1	①2 黏土	黏土	3.000	18.10	19.00	28.00	11.60	0.70	8 600.00	合算	2	0.36	3 400.00
2	①3 淤泥质黏土	淤泥	3.300	17.60	18.00	18.60	9.30	0.70	5 100.00	合算	1	0.40	2 710.00
3	②1 淤泥	淤泥	3.700	17.00	17.10	16.40	8.30	0.72	4 000.00	合算	1	0.42	2 300.00
4	②2 淤泥质黏土	淤泥质黏土	4.700	18.00	18.50	18.80	10.00	0.40	7 600.00	合算	1	0.35	3 000.00
5	③2 粉质黏土	淤泥质粉质黏土	4.900	18.70	19.00	22.60	12.30	0.47	9 500.00	合算	4	0.31	4 400.00
6	④1 淤泥质粉质黏土	淤泥质粉质黏土	4.400	18.20	18.50	20.60	11.30	0.54	7 200.00	合算	3	0.34	3 500.00

依据规范:《混凝土结构设计规范》(GB 50010—2010);设计方法:极限状态法;计算模型:修正惯用法(有限元)。根据宁波市轨道交通 1 ~ 5 号线设计经验,弯曲刚度的有效率 η 为 0.70,弯矩增加率 ξ 为 0.30,网格大小为 0.18 m。接头采用普通螺栓 5.6 级,盾构机千斤顶数量 $N=10$。

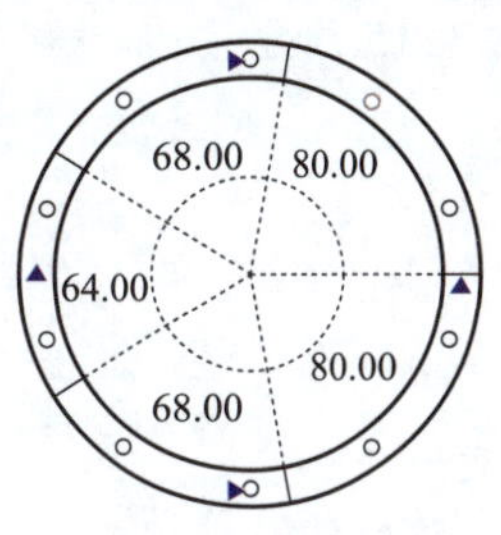

图 3.12　节点约束

③点位移约束

节点约束示意如图 3.12 所示。节点位移约束施加位置:水平右端——竖向点位移约束;水平左端——竖向点位移约束;竖向顶端——水平向点位移约束;竖向底端——水平向点位移约束。

④地层压力——土柱法

利用本书第 3.3 节有关围岩压力计算中的土柱法理论及表 3.9 的有关参数,计算得到地层压力如图 3.13 所示(荷载单位:kPa)。

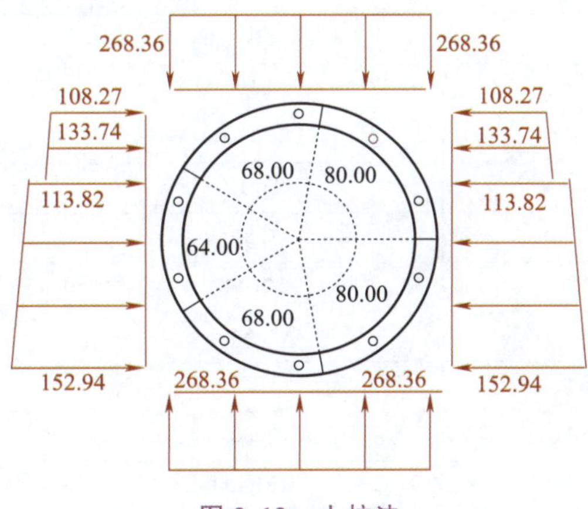

图 3.13　土柱法

表 3.9　计算参数表

参　数　名	参　数　值	参　数　名	参　数　值
地面超载(kN/m^2)	20.00	侧向土压力系数	0.50
是否考虑底部土压力	是	土压力计算方法	常规
水压力分布方式	规范分布	侧向水压力分布方式	梯形
是否考虑拱肩土压力	否		

⑤地层抗力

按地层弹簧进行计算分析,地层抗力采用均一地层弹簧方式。地层弹簧的剪切刚度 k_s 为 5 000.000 kN/m^2;弹性抗力系数法向 k_n(受压)为 15 000.000 kN/m^2;弹性抗力系数法向 k_n(受拉)为 7 500.000 kN/m^2。计算结果如图 3.14 所示。

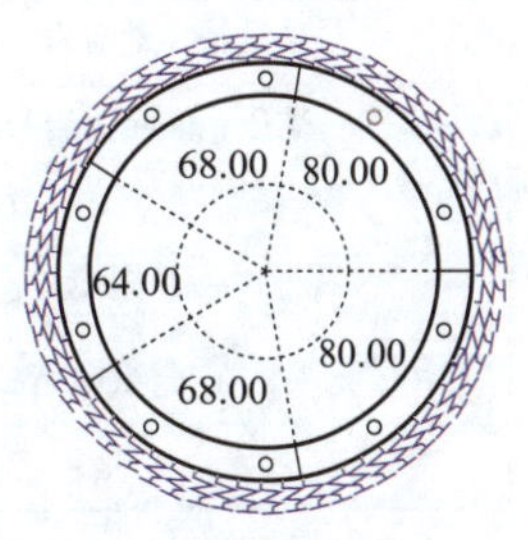

图 3.14　地层弹簧

⑥注浆荷载

注浆压力类型为均匀分布,注浆压力值为 0.50 kN/m^2,如

图 3.15 所示。

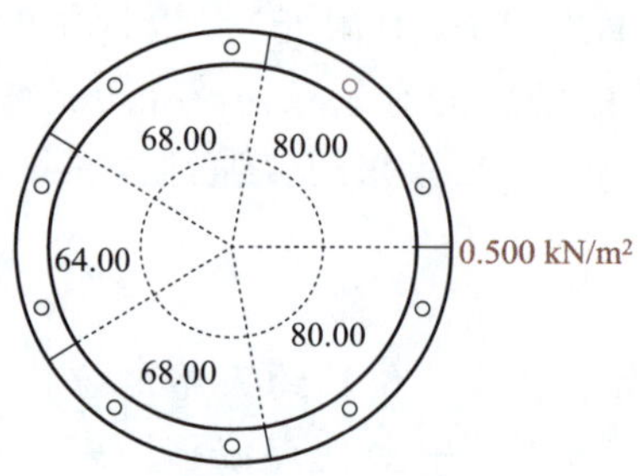

图 3.15 注浆荷载

⑦规范参数

管片结构采用钢筋混凝土结构,材料参数见表 3.10,配筋计算参数见表 3.11。

表 3.10 材料参数

参 数 名	参 数 值	折 减 系 数
混凝土等级	C50	—
混凝土弹性模量(MPa)	34 500.00	0.900
混凝土轴心抗压设计值(MPa)	23.10	0.900
混凝土轴心抗拉设计值(MPa)	1.89	0.900
混凝土轴心抗压标准值(MPa)	32.40	1.000
混凝土轴心抗拉标准值(MPa)	2.64	1.000
等效矩形应力图的强度折减系数	1.00	—
等效矩形应力图的高度折减系数	0.80	—
钢筋型号	HRB400	—
钢筋弹性模量(MPa)	200 000.00	0.900
抗压强度设计值(MPa)	360.00	1.000
抗拉强度设计值(MPa)	360.00	1.000
钢筋直径(mm)	20	—
钢筋类型	螺纹	—

表 3.11 配筋设计参数

参 数 名	参 数 值
受拉(远离围岩)钢筋保护层的厚度(mm)	35
受压(贴近围岩)钢筋保护层的厚度(mm)	35
荷载组合	永久荷载+基本可变荷载
配筋方式	对称配筋
纵向弯曲计算长度(m)	1.000
是否考虑附加偏心矩	考虑

抗裂参数最大允许裂缝宽度为 0.200 mm。

(2)计算结果

①地层压力——土柱法

水土压力计算结果见表 3.12。

表 3.12 水土压力计算结果

参 数 名	参数值(kN/m^2)	参 数 名	参数值(kN/m^2)
顶部水土压力 P_1	268.36	底部水土压力 P_2	268.36
侧向顶部水土压力 Q_1	108.27	侧向底部水土压力 Q_2	152.94

②抗浮验算计算结果

根据相关要求,盾构隧道在不考虑侧壁摩阻力时,其抗浮安全系数不得小于 1.050。按照受力平衡,只考虑向上浮力、向下的管片自重及上覆土重力(如果土在水位以下,须采用浮重),对每延米隧道进行抗浮验算。

上覆土重:$P = \left[\sum \gamma h_i + \sum (\gamma_{sat} - g)h_j\right] \times R_{out} = 845.342(kN)$

结构自重:$G = \gamma_c \cdot \pi \cdot (R^2 - r^2) \cdot l = 52.386(kN)$

水的浮力:$F_浮 = \rho gV = 76.373(kN)$

抗浮安全系数:$K = (P + G)/F_浮 = 11.755 > 1.050$,满足抗浮要求。

③内力位移

采用地层弹簧模式计算结果如图 3.16 和表 3.13 所示。由图 3.16 和表 3.13 可知:最大轴力 217.13 kN,剪力 47.94 kN,正弯矩 45.06 kN · m,负弯矩 43.96 kN · m,位移 1.462 mm。接头张开角计算结果见表 3.14,最大张开角 0.011°,最大张开 0.046 mm。

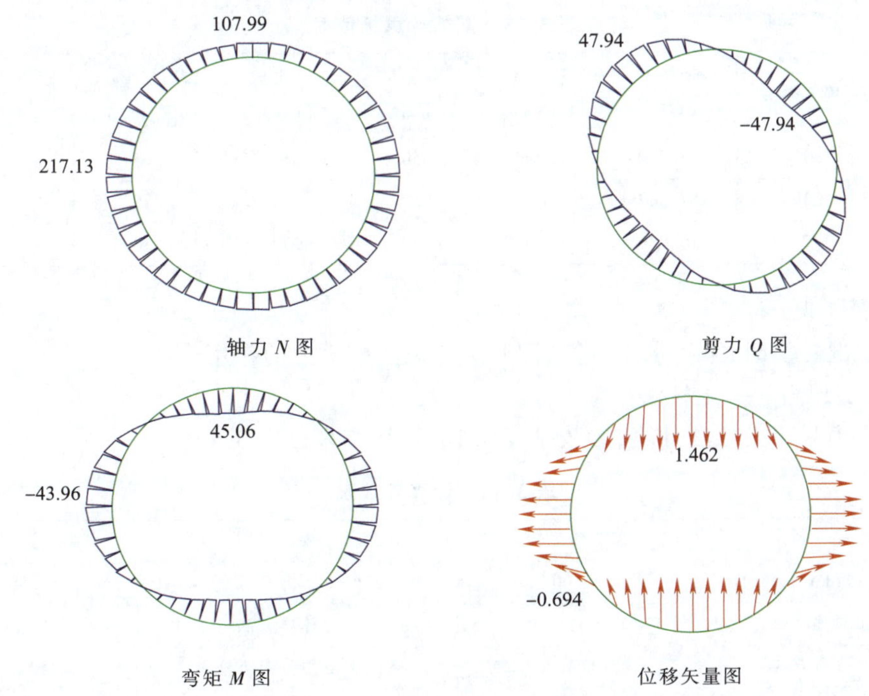

图 3.16 内力位移结果(地层弹簧)

注:轴力、剪力单位为 kN,弯矩单位为 kN · m,位移单位为 mm。

表 3.13　内力位移极值表

极　值　名	角度(°)	弯矩(kN·m)	轴力(kN)	剪力(kN)	位移(mm)	ID
轴力最大值	0.00	-43.96	217.13	2.12	1.297	0
轴力最小值	90.00	45.06	107.99	-0.57	1.462	12
剪力最大值	135.00	-1.79	164.10	47.94	0.703	18
剪力最小值	45.00	-1.79	164.46	-47.94	0.703	6
弯矩最大值	90.00	45.06	107.99	-0.57	1.462	12
弯矩最小值	180.00	-43.96	217.12	-0.09	1.297	24
位移最大值	90.00	45.06	107.99	-0.57	1.462	12
位移最小值	180.00	-0.21	170.47	45.79	0.694	42

注:位移最大值、位移最小值的 ID 是指节点 ID,其他项表示单元 ID。

表 3.14　接头张开角计算结果表

编号	所处位置(°)	张开角(°)	张开量(mm)	编号	所处位置(°)	张开角(°)	张开量(mm)
1	80.00	0.011	0.046	4	280.00	0.010	0.044
2	148.00	-0.006	-0.024	5	360.00	-0.010	-0.046
3	212.00	-0.005	-0.022				

(3)配筋验算结果

配筋计算极值见表 3.15。

表 3.15　配筋计算极值表

极值名	单元编号	轴力 N (kN)	弯矩 M (kN·m)	宽度 b (mm)	厚度 h (mm)	受拉钢筋 A_g(mm²)	受压钢筋 A'_g(mm²)
弯矩最大值	12	108.982	44.244	550	250	565	565
剪力最大值	17	157.082	4.134	550	250	275	275
轴力最大值	23	216.086	-43.370	550	250	436	436

2. 运营工况

运营工况计算时,采用水土分算,同时不考虑注浆压力的作用。

(1)地层压力——土柱法

地层压力采用土柱法计算,参数见表 3.16,计算结果见表 3.17。

表 3.16　计算参数表

参　数　名	参　数　值	参　数　名	参　数　值
地面超载(kN/m²)	20.00	侧向土压力系数	0.50
是否考虑底部土压力	是	土压力计算方法	常规
水压力分布方式	规范分布	侧向水压力分布方式	梯形
是否考虑拱肩土压力	否		

表 3.17 水土压力计算结果

参 数 名	参数值(kN/m²)	参 数 名	参数值(kN/m²)
顶部水土压力 P_1	155.42	底部水土压力 P_2	155.42
侧向顶部水土压力 Q_1	62.60	侧向底部水土压力 Q_2	85.92

(2)抗浮验算计算结果

根据相关要求,盾构隧道在不考虑侧壁摩阻力时,其抗浮安全系数不得小于 1.050。按照受力平衡,只考虑向上浮力、向下的管片自重及上覆土重力(如果土在水位以下,须采用浮重),对每延米隧道进行抗浮验算。

上覆土重:$P = \left[\sum \gamma h_i + \sum(\gamma_{sat} - g)h_j\right] \times R_{out} = 489.565(\text{kN})$

结构自重:$G = \gamma_c \cdot \pi \cdot (R^2 - r^2) \cdot l = 52.386(\text{kN})$

水的浮力:$F_{浮} = \rho g V = 76.373(\text{kN})$

抗浮安全系数:$K = (P + G)/F_{浮} = 7.096 > 1.050$,故满足抗浮要求。

(3)内力位移

采用地层弹簧模式计算结果如图 3.17 和表 3.18 所示,可以看出:最大轴力 218.36 kN,剪力 25.12 kN,正弯矩 23.25 kN · m,负弯矩 22.56 kN · m,位移 0.798 mm。接头张开角计算结果见表 3.19,最大张开角 0.005°,最大张开 0.024 mm。

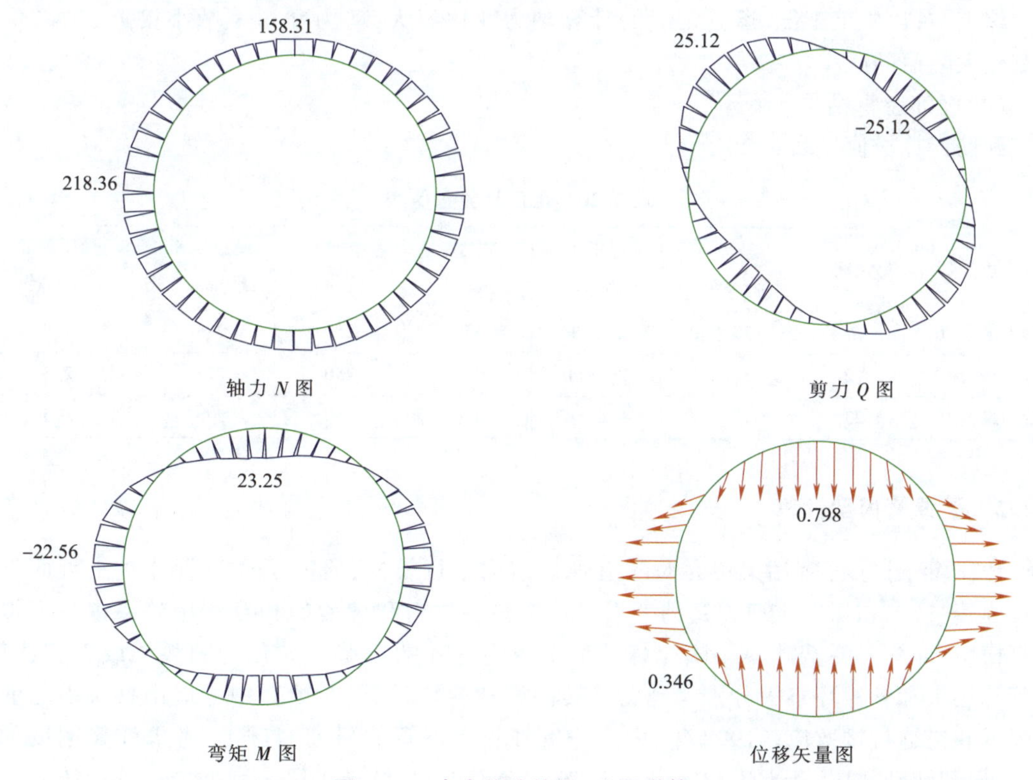

图 3.17 内力位移结果(地层弹簧)

注:轴力、剪力单位为 kN,弯矩单位为 kN · m,位移单位为 mm。

表 3.18　内力位移极值表

极　值　名	角度(°)	弯矩(kN·m)	轴力(kN)	剪力(kN)	位移(mm)	ID
轴力最大值	0.00	-22.56	218.36	2.05	0.610	0
轴力最小值	90.00	23.25	158.31	-0.31	0.798	12
剪力最大值	135.00	-1.71	189.72	25.12	0.366	18
剪力最小值	52.50	4.52	181.94	-25.12	0.434	7
弯矩最大值	90.00	23.25	158.31	-0.31	0.798	12
弯矩最小值	180.00	-22.56	218.35	-1.09	0.610	24
位移最大值	90.00	23.25	158.31	-0.31	0.798	12
位移最小值	180.00	-5.45	202.36	-22.00	0.346	29

注:位移最大值、位移最小值的 ID 是指节点 ID,其他项表示单元 ID。

表 3.19　接头张开角计算结果表

编号	所处位置(°)	张开角(°)	张开量(mm)	编号	所处位置(°)	张开角(°)	张开量(mm)
1	80.00	0.005	0.024	4	280.00	0.005	0.022
2	148.00	-0.003	-0.013	5	360.00	-0.005	-0.023
3	212.00	-0.002	-0.011				

综上,对比施工工况,运营工况的计算轴力变化不大,剪力和弯矩减小接近 50%,位移也有较大幅值的减小。

(4)配筋验算结果

配筋计算极值见表 3.20。

表 3.20　配筋计算极值表

极　值　名	单元编号	轴力 N (kN)	弯矩 M (kN·m)	宽度 b (mm)	厚度 h (mm)	受拉钢筋 A_g(mm^2)	受压钢筋 A_g'(mm^2)
剪力最大值	7	178.080	7.500	550	250	275	275
弯矩最大值	12	158.875	22.811	550	250	275	275
轴力最大值	23	217.762	-22.387	550	250	275	275

3.4.2　梁弹簧模型计算

1978 年,小泉淳等用梁单元对隧道管片结构进行模拟,研究了通过管片接头端面设置抗拉弹簧、径向和切向抗剪弹簧的变形对接头垫层材料和螺栓的相互作用效果进行模拟的计算模型,即梁—弹簧模型。该计算模型采用将管片的主截面简化为圆弧梁或者直线梁、将管片接头和管片环接头分别考虑为旋转弹簧和剪切弹簧,在计算中考虑由接头引起的刚度降低和错缝拼接效应。1998 年,朱合华等在村上博智的研究基础上,考虑弹簧刚度的轴向、切向和转动效应,从卡氏(Castiglano)第二定理出发,推导了梁—弹簧模型的矩阵式。本节之后地层反力均采用地层弹簧进行计算,考虑管片间的通缝和错缝拼装形式。

1. 通缝拼装(*B-B-B*)

(1)施工工况

①接头刚度

利用管片弯螺栓参数,计算得到接头的转动刚度:分离前转动 $K_{\theta(-)}=292\ 736.107$ kN · m/rad,分离前转动 $K_{\theta(+)}=217\ 584.246$ kN · m/rad;分离后转动 $K_{\theta(-)}=10\ 442.000$ kN · m/rad,分离后转动 $K_{\theta(+)}=13\ 821.000$ kN · m/rad。正弯矩下分离前最大回转角度 $\theta_{sep+}=0.057$ kN · m/rad;负弯矩下分离前最大回转角度 $\theta_{sep-}=0.057$ kN · m/rad。

管片接头平动刚度值:拉压 $K_{s(-)}=1\ 000\ 000\ 000.000$ kN/m,拉压 $K_{s(+)}=1\ 000\ 000\ 000.000$ kN/m;剪切 $K_{n(-)}=1\ 000\ 000\ 000.000$ kN/m,剪切 $K_{n(+)}=1\ 000\ 000\ 000.000$ kN/m。管片环接头刚度值:拉压 $K_{s(-)}=100\ 000.000$ kN/m,拉压 $K_{s(+)}=132\ 900.000$ kN/m,切向 $K_{sz}=30\ 000.000$ kN/m,径向 $K_{sy}=30\ 000.000$ kN/m。

依据规范为《混凝土结构设计规范》(GB 50010—2010);设计方法为极限状态法;计算模型为梁弹簧模型;管片拼装模式为通缝拼装;网格大小为 0.18 m。

地层抗力采用地层弹簧,地层压力采用土柱法,计算结果见表 3.21。

表 3.21　水土压力计算结果

参　数　名	参数值(kN/m²)	参　数　名	参数值(kN/m²)
顶部水土压力 P_1	60.24	底部水土压力 P_2	60.24
侧向顶部水土压力 Q_1	24.19	侧向底部水土压力 Q_2	29.48

②抗浮验算计算结果

根据相关要求,盾构隧道在不考虑侧壁摩阻力时,其抗浮安全系数不得小于 1.050。按照受力平衡,只考虑向上浮力、向下的管片自重及上覆土重力(如果土在水位以下,须采用浮重),对每延米隧道进行抗浮验算。

上覆土重:$P=\left[\sum \gamma h_i+\sum(\gamma_{sat}-g)h_j\right]\times R_{out}=189.761(\mathrm{kN})$

结构自重:$G=\gamma_c\cdot\pi\cdot(R^2-r^2)\cdot l=52.386(\mathrm{kN})$

水的浮力:$F_{浮}=\rho gV=76.373(\mathrm{kN})$

抗浮安全系数:$K=(P+G)/F_{浮}=3.171>1.050$,故满足抗浮要求。

③内力位移计算结果

在施工工况,采用梁—弹簧模型计算结果如图 3.18 和表 3.22 所示,可以看出:最大轴力 153.72 kN,剪力 29.22 kN,正弯矩 10.26 kN · m,负弯矩 10.26 kN · m,位移 0.241 mm。接头张开角计算结果见表 3.23,最大张开角 0.002°,最大张开 0.009 mm。

表 3.22　内力位移极值表

极　值　名	角度(°)	弯矩(kN · m)	轴力(kN)	剪力(kN)	位移(mm)	ID
轴力最大值	180.00	−5.96	153.72	−18.65	0.137	23
轴力最小值	0.01	10.26	−121.95	12.20	0.175	48
剪力最大值	0.01	10.26	−121.95	28.04	0.175	48
剪力最小值	37.50	−2.35	124.62	−29.22	0.107	4

续上表

极　值　名	角度(°)	弯矩(kN·m)	轴力(kN)	剪力(kN)	位移(mm)	ID
弯矩最大值	0.01	10.26	-121.95	12.20	0.175	48
弯矩最小值	0.00	-10.26	121.95	12.18	0.175	47
位移最大值	80.01	7.08	101.95	-18.45	0.241	12
位移最小值	0.00	-2.08	129.87	-8.88	0.088	20

注:位移最大值、位移最小值的ID是指节点ID,其他项表示单元ID。

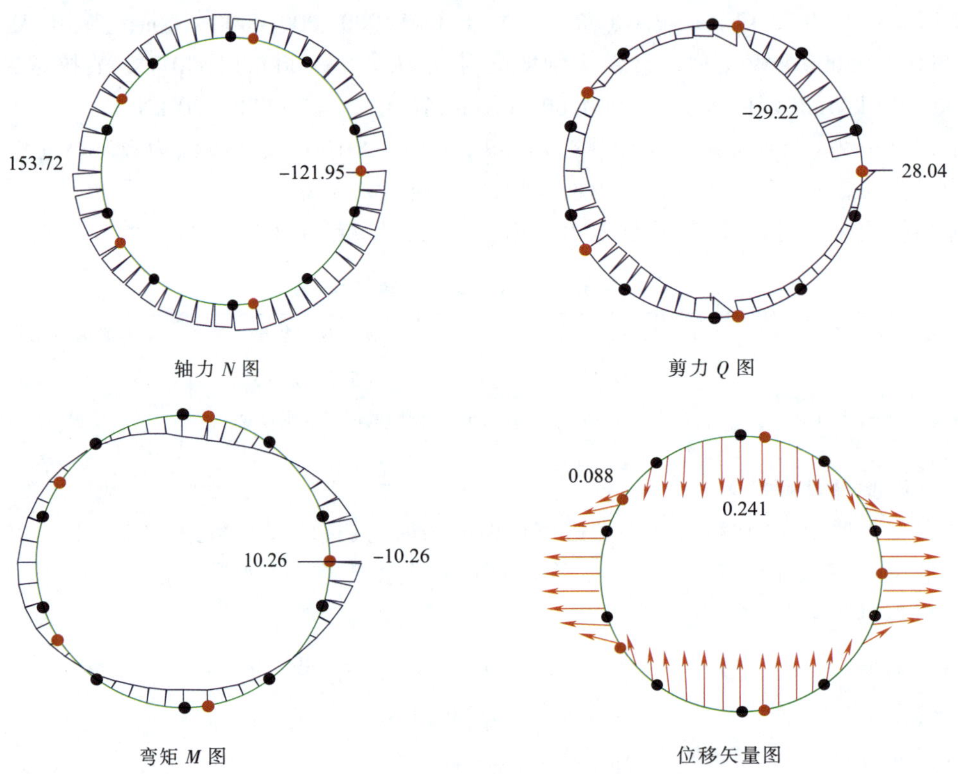

图 3.18　内力位移结果(地层弹簧)

注:轴力、剪力单位为kN,弯矩单位为kN·m,位移单位为mm。

表 3.23　环向接头张开角计算结果表

编号	所处位置(°)	张开角(°)	张开量(mm)	编号	所处位置(°)	张开角(°)	张开量(mm)
1	80.00	0.002	0.008	4	280.00	0.001	0.006
2	148.00	-0.001	-0.003	5	360.00	-0.002	-0.009
3	212.00	-0.001	-0.003				

④配筋验算结果

配筋计算极值见表3.24。

表 3.24　配筋计算极值表

极　值　名	单元编号	轴力 N (kN)	弯矩 M (kN·m)	宽度 b (mm)	厚度 h (mm)	受拉钢筋 A_g (mm^2)	受压钢筋 A'_g (mm^2)
剪力最大值	3	127.246	-3.527	550	250	275	275
轴力最大值	23	152.322	-6.048	550	250	275	275
弯矩最大值	47	121.946	-10.254	550	250	275	275

(2)运营工况

①荷载计算结果

水土压力计算见表 3.25。

表 3.25　水土压力计算结果

参　数　名	参数值(kN/m^2)	参　数　名	参数值(kN/m^2)
顶部土压力 P_1	55.25	顶部水压力 P_{w1}	112.95
底部土压力 P_2	55.25	底部水压力 P_{w2}	112.95
侧向顶部土压力 Q_1	22.20	侧向顶部水压力 Q_{w1}	114.17
侧向底部土压力 Q_2	27.32	侧向底部水压力 Q_{w2}	142.59

②抗浮验算计算结果

根据相关要求，盾构隧道在不考虑侧壁摩阻力时，其抗浮安全系数不得小于 1.050。按照受力平衡，只考虑向上浮力、向下的管片自重及上覆土重力（如果土在水位以下，须采用浮重），对每延米隧道进行抗浮验算。

上覆土重：$P = \left[\sum \gamma h_i + \sum (\gamma_{sat} - g) h_j\right] \times R_{out} = 174.053(\text{kN})$

结构自重：$G = \gamma_c \cdot \pi \cdot (R^2 - r^2) \cdot l = 52.386(\text{kN})$

水的浮力：$F_{浮} = \rho g V = 76.373(\text{kN})$

抗浮安全系数：$K = (P + G)/F_{浮} = 2.965 > 1.050$，故满足抗浮要求。

③内力位移计算结果

在运营工况，采用梁—弹簧模型计算结果如图 3.19 和表 3.26 所示，可以看出：最大轴力 154.83 kN，剪力 30.55 kN，正弯矩 11.24 kN·m，负弯矩 11.24 kN·m，位移 0.269 mm。接头张开角计算结果见表 3.27，最大张开角 0.002°，最大张开 0.010 mm。

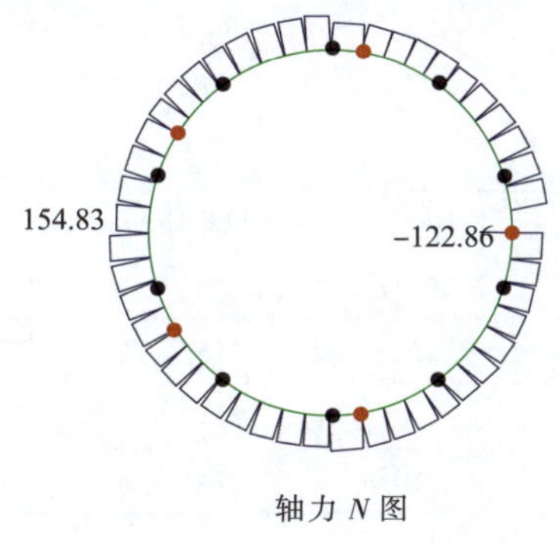

轴力 N 图

-30.55

28.02

剪力 Q 图

图　3.19

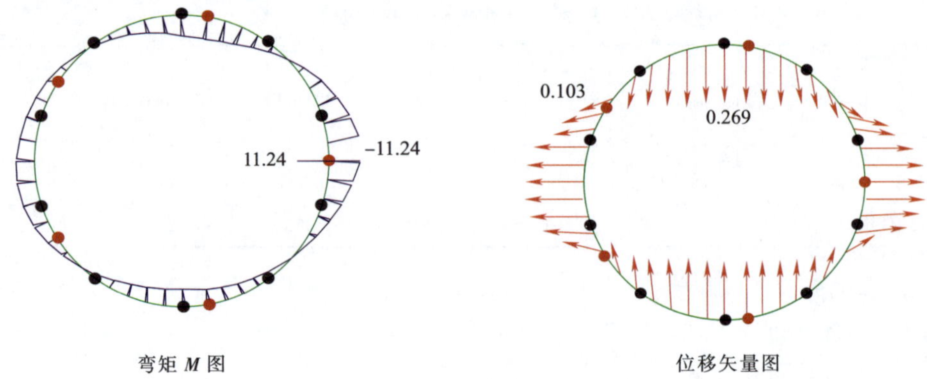

弯矩 M 图　　　　　　位移矢量图

图 3.19　内力位移结果(地层弹簧)

注:轴力、剪力单位为 kN,弯矩单位为 kN·m,位移单位为 mm。

表 3.26　内力位移极值表

极　值　名	角度(°)	弯矩(kN·m)	轴力(kN)	剪力(kN)	位移(mm)	ID
轴力最大值	180.00	-6.94	154.83	-18.77	0.166	23
轴力最小值	0.01	11.24	-122.86	12.06	0.203	48
剪力最大值	0.01	11.24	-122.86	12.06	0.203	48
剪力最小值	37.50	-2.66	124.61	-30.55	0.123	4
弯矩最大值	0.01	11.24	-122.86	12.06	0.203	48
弯矩最小值	7.50	-11.24	145.11	-25.86	0.203	0
位移最大值	90.00	7.44	127.31	-11.64	0.269	13
位移最小值	7.50	-2.29	129.72	-7.51	0.103	20

注:位移最大值、位移最小值的 ID 是指节点 ID,其他项表示单元 ID。

表 3.27　环向接头张开角计算结果表

编号	所处位置(°)	张开角(°)	张开量(mm)	编号	所处位置(°)	张开角(°)	张开量(mm)
1	80.00	0.002	0.009	4	280.00	0.002	0.007
2	148.00	-0.001	-0.003	5	360.00	-0.002	-0.010
3	212.00	-0.001	-0.003				

④配筋验算结果

配筋计算极值见表 3.28。

表 3.28　配筋计算极值表

极　值　名	单元编号	轴力 N (kN)	弯矩 M (kN·m)	宽度 b (mm)	厚度 h (mm)	受拉钢筋 A_g (mm^2)	受压钢筋 A'_g (mm^2)
剪力最大值	3	127.402	-3.957	550	250	275	275
轴力最大值	23	153.358	-7.010	550	250	275	275
弯矩最大值	47	122.861	-11.240	550	250	275	275

综上,采用梁—弹簧模型计算时,施工工况和运营工况计算相差较小,运营工况内力位移计算结果有一定的增大。对比修正惯用法和梁—弹簧模型计算结果,修正惯用法计算的最大轴力 218.36 kN,剪力 25.12 kN,正弯矩 23.25 kN · m,负弯矩 22.56 kN · m,位移 0.798 mm;梁—弹簧模型计算的最大轴力 154.83 kN,剪力 30.55 kN,正弯矩11.24 kN · m,负弯矩 11.24 kN · m,位移 0.269 mm,各变量的计算结果有一定的减小。

2. 错缝拼装(*A*-*B*-*A*)

(1)内力位移计算结果

本节仅分析施工工况,采用梁—弹簧模型 *A* 环计算的内力位移计算结果如图 3.20 和表 3.29 所示,可以看出:最大轴力 128.07 kN,剪力 30.49 kN,正弯矩 21.88 kN · m,负弯矩 21.83 kN · m,位移 0.676 mm。接头张开角计算结果见表 3.30,最大张开角 0.004°,最大张开 0.018 mm。

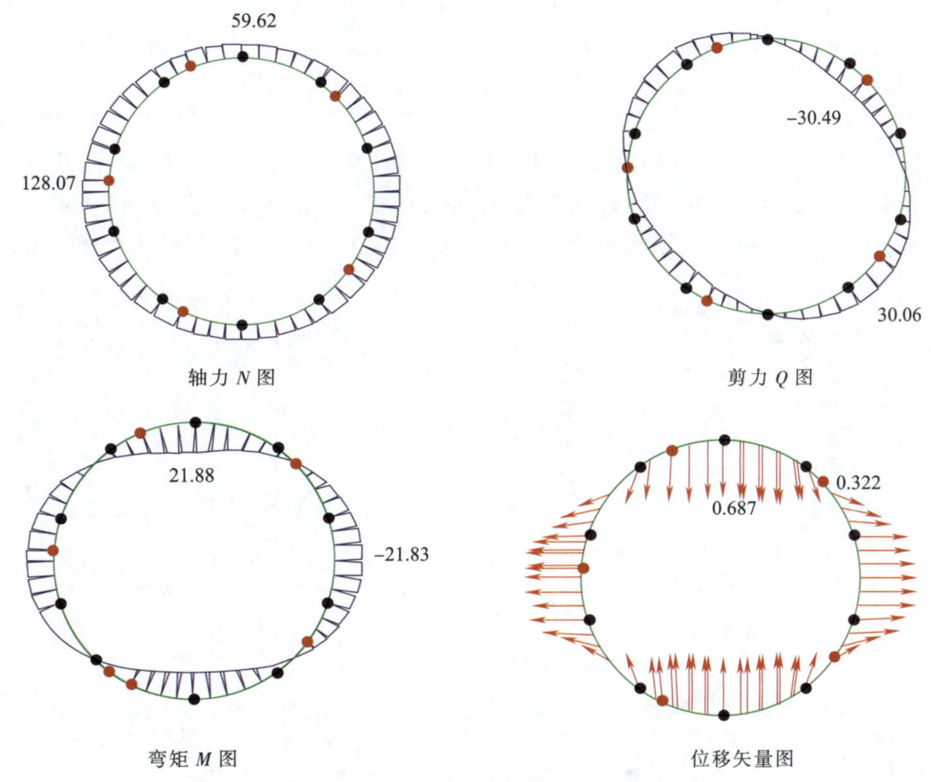

图 3.20　*A* 环内力位移结果(地层弹簧)

注:轴力、剪力单位为 kN,弯矩单位为 kN · m,位移单位为 mm。

表 3.29　*A* 环内力位移极值表

极　值　名	角度(°)	弯矩(kN · m)	轴力(kN)	剪力(kN)	位移(mm)	ID
轴力最大值	180.00	-21.37	128.07	0.72	0.637	27
轴力最小值	90.00	21.88	59.62	0.07	0.676	14
剪力最大值	315.00	0.04	97.81	30.06	0.323	46

续上表

极 值 名	角度(°)	弯矩(kN·m)	轴力(kN)	剪力(kN)	位移(mm)	ID
剪力最小值	45.00	-0.74	94.35	-30.49	0.323	8
弯矩最大值	90.00	21.88	60.35	0.07	0.676	14
弯矩最小值	0.00	-21.83	127.90	0.87	0.602	0
位移最大值	90.00	21.88	60.35	0.07	0.687	15
位移最小值	0.00	-1.50	95.43	-30.38	0.322	7

注:位移最大值、位移最小值的 ID 是指节点 ID,其他项表示单元 ID。

表 3.30 *A* 环接头张开角计算结果表

编号	所处位置(°)	张开角(°)	张开量(mm)	编号	所处位置(°)	张开角(°)	张开量(mm)
1	44.00	-0.000	-0.001	4	244.00	0.003	0.015
2	112.00	0.004	0.018	5	324.00	-0.001	-0.006
3	176.00	-0.004	-0.018				

在施工工况,采用梁—弹簧模型 *B* 环计算结果如图 3.21 和表 3.31 所示,可以看出:最大轴力 139.57 kN,剪力 46.52 kN,正弯矩 23.86 kN·m,负弯矩 23.86 kN·m,位移 0.687 mm。接头张开角计算结果见表 3.32,最大张开角 0.005°,最大张开 0.024 mm。

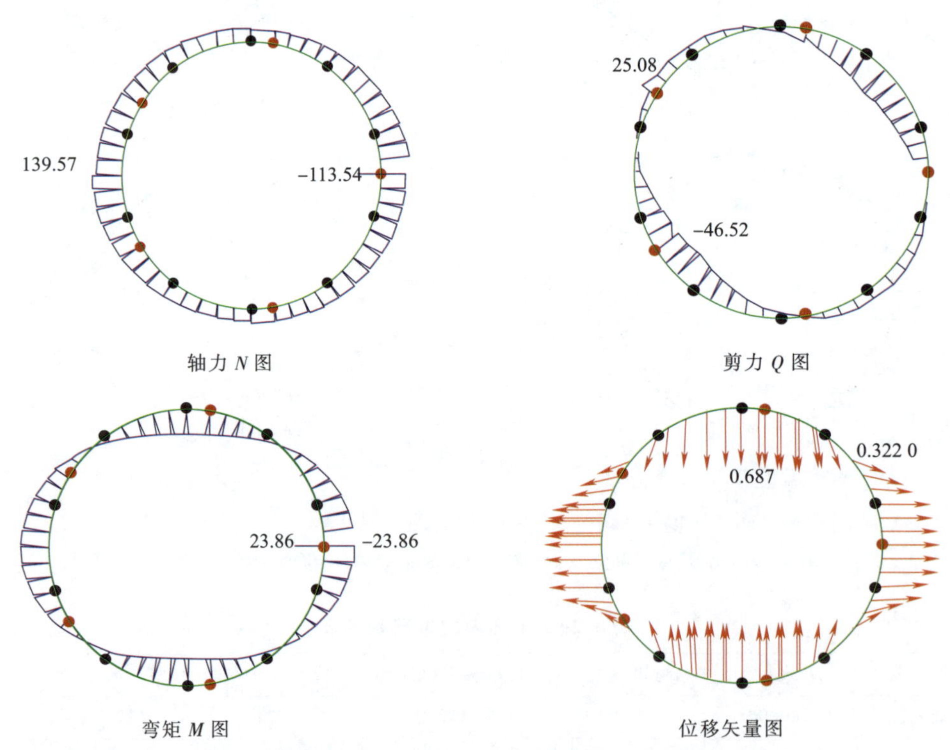

图 3.21 *B* 环内力位移结果(地层弹簧)

注:轴力、剪力单位为 kN,弯矩单位为 kN·m,位移单位为 mm。

表 3.31　*B* 环内力位移极值表

极　值　名	角度(°)	弯矩(kN·m)	轴力(kN)	剪力(kN)	位移(mm)	ID
轴力最大值	180.00	-21.55	139.57	-11.56	0.608	78
轴力最小值	0.01	23.86	-113.54	5.76	0.618	105
剪力最大值	148.00	-9.41	103.16	25.08	0.391	166
剪力最小值	225.00	0.24	94.09	-46.52	0.330	85
弯矩最大值	0.01	23.86	-113.54	5.76	0.618	105
弯矩最小值	0.00	-23.86	113.55	5.72	0.618	104
位移最大值	90.00	21.53	62.39	-7.15	0.687	72
位移最小值	0.00	-0.35	93.08	18.61	0.322	78

注:位移最大值、位移最小值的 ID 是指节点 ID,其他项表示单元 ID。

表 3.32　*B* 环接头张开角计算结果表

编号	所处位置(°)	张开角(°)	张开量(mm)	编号	所处位置(°)	张开角(°)	张开量(mm)
1	80.00	0.005	0.024	4	280.00	0.005	0.022
2	148.00	-0.002	-0.008	5	360.00	-0.005	-0.020
3	212.00	-0.002	-0.008				

在施工工况,采用梁—弹簧模型 *A*-*B*-*A* 计算时,*C* 环和 *A* 环内力位移相同,*B* 环内力位移较 *A*、*C* 环大。*AB* 环间环接头内力位移计算结果、*BC* 环间环接头内力位移计算结果分别见表 3.33、表 3.34。

表 3.33　*AB* 环间环接头内力位移计算结果表

角度(°)	弯矩(kN·m)	轴力(kN)	剪力(kN)	位移(mm)	角度(°)	弯矩(kN·m)	轴力(kN)	剪力(kN)	位移(mm)
18.0	0.00	0.00	0.75	0.520	198.0	0.00	0.00	-0.19	0.535
54.0	0.00	0.00	-0.16	0.379	234.0	0.00	0.00	0.27	0.394
90.0	0.00	0.00	-0.34	0.676	270.0	0.00	0.00	-0.37	0.671
126.0	0.00	0.00	0.49	0.396	306.0	0.00	0.00	0.03	0.380
162.0	0.00	0.00	-0.45	0.542	342.0	0.00	0.00	0.40	0.518

表 3.34　*BC* 环间环接头内力位移计算结果表

角度(°)	弯矩(kN·m)	轴力(kN)	剪力(kN)	位移(mm)	角度(°)	弯矩(kN·m)	轴力(kN)	剪力(kN)	位移(mm)
18.0	0.00	0.00	-0.75	0.545	198.0	0.00	0.00	0.19	0.527
54.0	0.00	0.00	0.16	0.391	234.0	0.00	0.00	-0.27	0.388
90.0	0.00	0.00	0.34	0.687	270.0	0.00	0.00	0.37	0.684
126.0	0.00	0.00	-0.49	0.380	306.0	0.00	0.00	-0.03	0.384
162.0	0.00	0.00	0.45	0.524	342.0	0.00	0.00	-0.40	0.532

(2)配筋验算结果

配筋计算极值见表 3.35。

表 3.35 配筋计算极值表

极 值 名	单元编号	轴力 N (kN)	弯矩 M (kN·m)	宽度 b (mm)	厚度 h (mm)	受拉钢筋 A_g (mm^2)	受压钢筋 A'_g (mm^2)
轴力最大值	78	138.404	-21.483	550	250	275	275
剪力最大值	85	89.024	3.726	550	250	275	275
弯矩最大值	105	-112.933	23.863	550	250	667	667

采用梁—弹簧模型 *A-B-A* 计算时,*A* 环和 *C* 环内力位移相同,*B* 环内力位移较 *A*、*C* 环大。

3. 错缝拼装(*A-B-C*)

(1)内力位移计算结果

在施工工况,*A* 环内力位移计算结果如图 3.22 和表 3.36 所示,可以看出:最大轴力 128.07 kN,剪力 30.49 kN,正弯矩 21.88 kN·m,负弯矩 21.83 kN·m,位移 0.676 mm。接头张开角计算结果见表 3.37,最大张开角 0.004°,最大张开 0.018 mm。

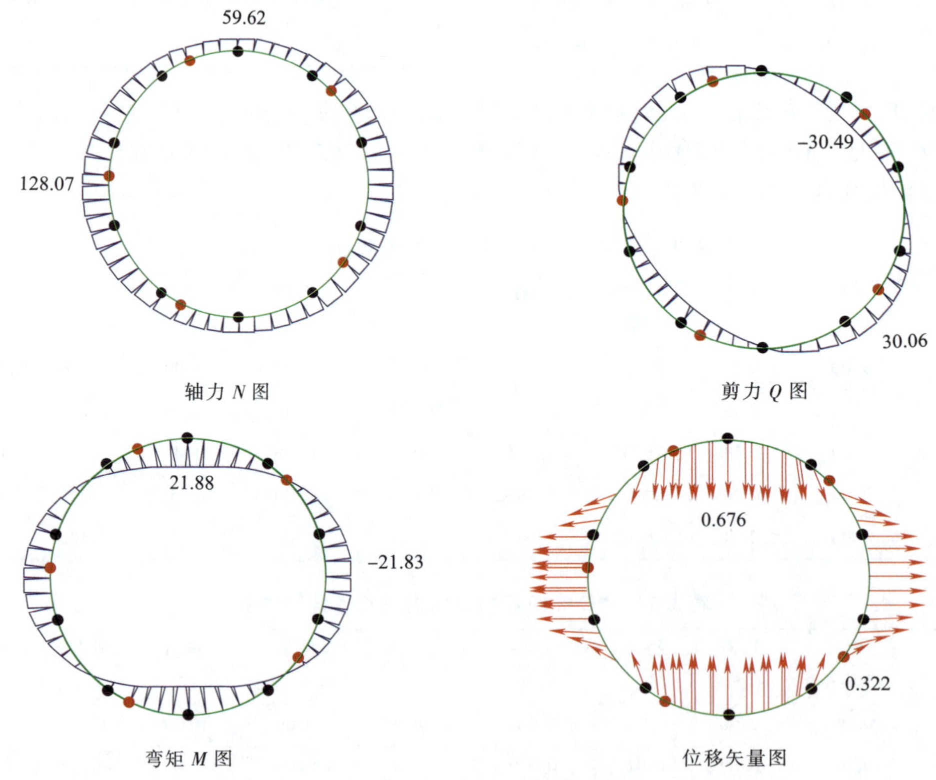

图 3.22 *A* 环内力位移结果(地层弹簧)

注:轴力、剪力单位为 kN,弯矩单位为 kN·m,位移单位为 mm。

表 3.36　*A* 环内力位移极值表

极　值　名	角度(°)	弯矩(kN·m)	轴力(kN)	剪力(kN)	位移(mm)	ID
轴力最大值	180.00	-21.38	128.07	0.73	0.637	27
轴力最小值	90.00	21.88	60.35	0.07	0.676	14
剪力最大值	315.00	0.04	97.81	30.03	0.323	46
剪力最小值	45.00	-0.74	94.35	-30.49	0.323	8
弯矩最大值	90.00	21.88	60.35	0.07	0.676	14
弯矩最小值	0.00	-21.83	127.90	0.87	0.602	0
位移最大值	90.00	21.88	60.35	0.07	0.676	15
位移最小值	0.00	-1.50	95.43	-30.38	0.322	7

注:位移最大值、位移最小值的 ID 是指节点 ID,其他项表示单元 ID。

表 3.37　*A* 环接头张开角计算结果表

编号	所处位置(°)	张开角(°)	张开量(mm)	编号	所处位置(°)	张开角(°)	张开量(mm)
1	44.00	-0.000	-0.001	4	244.00	0.003	0.015
2	112.00	0.004	0.018	5	324.00	-0.001	-0.006
3	176.00	-0.004	-0.018				

在施工工况,采用梁—弹簧模型 *B* 环计算结果如图 3.23 和表 3.38 所示,可以看出:最大轴力 139.65 kN,剪力 46.58 kN,正弯矩 23.87 kN·m,负弯矩 23.87 kN·m,位移 0.687 mm。接头张开角计算结果见表 3.39,最大张开角 0.005°,最大张开 0.024 mm。

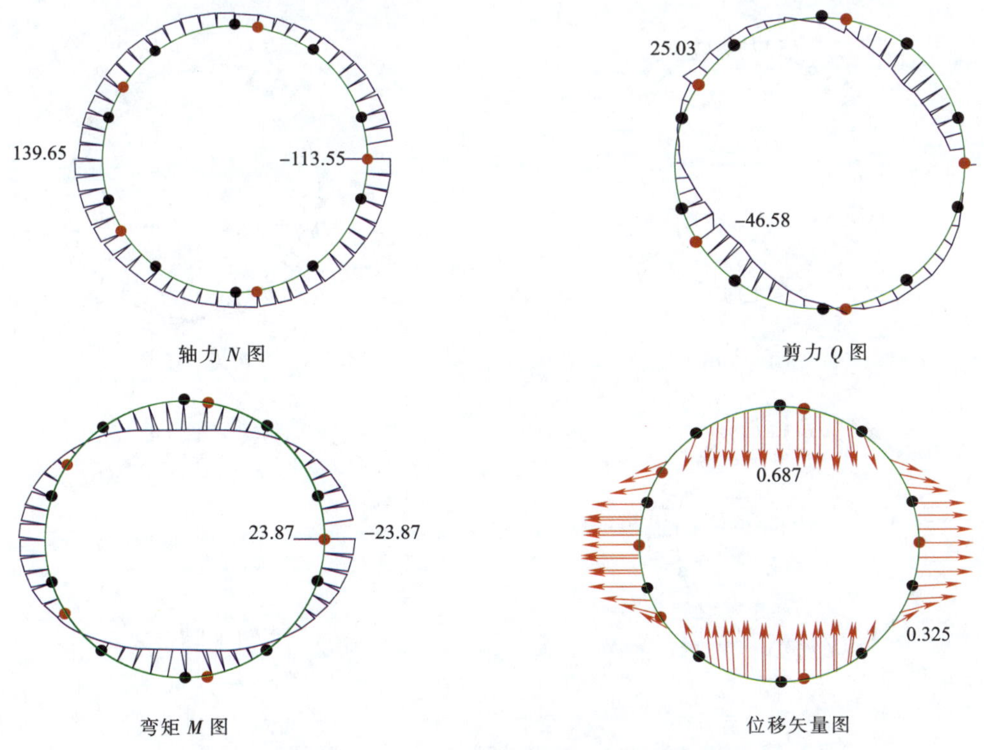

图 3.23　*B* 环内力位移结果(地层弹簧)

注:轴力、剪力单位为 kN,弯矩单位为 kN·m,位移单位为 mm。

表 3.38　*B* 环内力位移极值表

极　值　名	角度(°)	弯矩(kN·m)	轴力(kN)	剪力(kN)	位移(mm)	ID
轴力最大值	180.00	-21.56	139.65	-11.47	0.608	78
轴力最小值	0.01	23.87	-113.55	5.73	0.618	105
剪力最大值	148.00	-9.39	103.14	25.22	0.391	166
剪力最小值	225.00	0.24	94.09	-46.58	0.330	85
弯矩最大值	0.01	23.87	-113.55	5.73	0.618	105
弯矩最小值	0.00	-23.87	113.55	5.73	0.618	104
位移最大值	90.00	21.52	62.46	-7.14	0.687	72
位移最小值	0.00	-0.35	93.07	18.55	0.325	78

注:位移最大值、位移最小值的 ID 是指节点 ID,其他项表示单元 ID。

表 3.39　*B* 环接头张开角计算结果表

编号	所处位置(°)	张开角(°)	张开量(mm)	编号	所处位置(°)	张开角(°)	张开量(mm)
1	80.00	0.005	0.024	4	280.00	0.005	0.022
2	148.00	-0.002	-0.008	5	360.00	-0.005	-0.020
3	212.00	-0.002	-0.008				

在施工工况,采用梁—弹簧模型 *C* 环计算结果如图 3.24 和表 3.40 所示,可以看出:最大轴力 127.96 kN,剪力 30.62 kN,正弯矩 22.12 kN·m,负弯矩 21.84 kN·m,位移 0.687 mm。C 环接头张开角计算结果见表 3.41,最大张开角 0.004°,最大张开 0.018 mm。

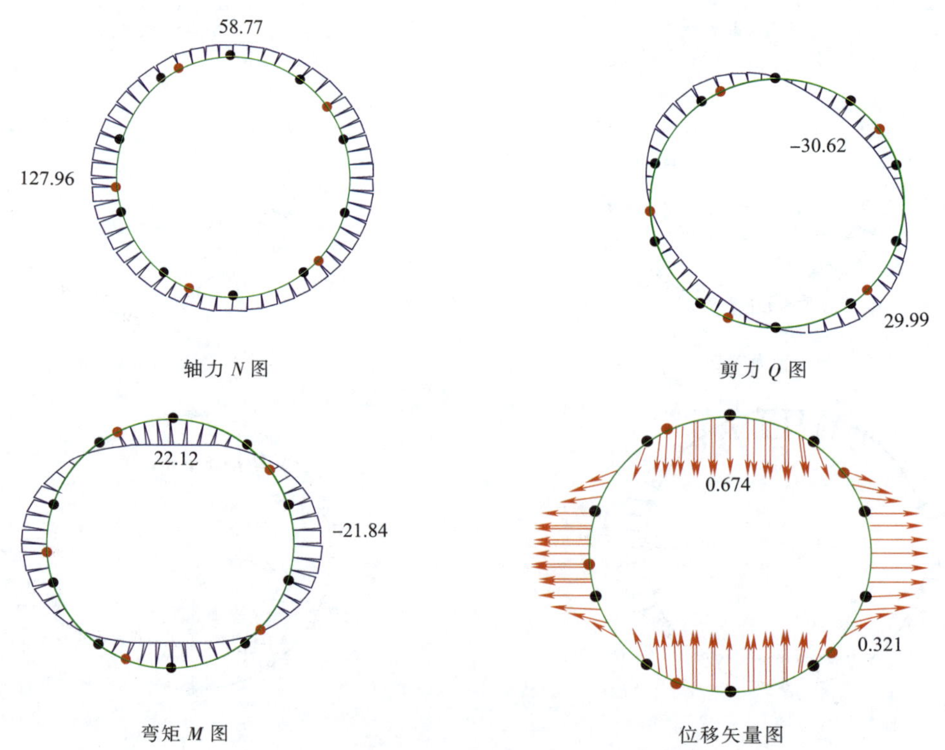

图 3.24　*C* 环内力位移结果(地层弹簧)

注:轴力、剪力单位为 kN,弯矩单位为 kN·m,位移单位为 mm。

表 3.40　*C* 环内力位移极值表

极　值　名	角度(°)	弯矩(kN·m)	轴力(kN)	剪力(kN)	位移(mm)	ID
轴力最大值	354.00	-21.41	127.63	6.19	0.592	158
轴力最小值	82.80	21.49	59.81	-7.64	0.657	118
剪力最大值	315.00	-0.44	98.79	29.98	0.322	151
剪力最小值	45.00	-0.25	93.30	-30.62	0.325	113
弯矩最大值	90.00	22.12	60.76	0.71	0.674	119
弯矩最小值	0.00	-21.84	127.25	0.14	0.603	106
位移最大值	90.00	22.12	60.76	0.71	0.674	130
位移最小值	0.00	-1.20	99.80	29.92	0.321	167

注:位移最大值、位移最小值的 ID 是指节点 ID,其他项表示单元 ID。

表 3.41　*C* 环接头张开角计算结果表

编号	所处位置(°)	张开角(°)	张开量(mm)	编号	所处位置(°)	张开角(°)	张开量(mm)
1	116.00	0.003	0.015	4	316.00	-0.000	-0.001
2	184.00	-0.004	-0.018	5	36.00	-0.001	-0.006
3	248.00	0.004	0.018				

AB 环间接头内力位移计算结果、*BC* 环间接头内力位移计算结果分别见表 3.42、表 3.43。

表 3.42　*AB* 环间接头内力位移计算结果表

角度(°)	弯矩(kN·m)	轴力(kN)	剪力(kN)	位移(mm)	角度(°)	弯矩(kN·m)	轴力(kN)	剪力(kN)	位移(mm)
18.0	0.00	0.00	0.75	0.520	198.0	0.00	0.00	-0.19	0.535
54.0	0.00	0.00	-0.17	0.379	234.0	0.00	0.00	0.26	0.394
90.0	0.00	0.00	-0.34	0.676	270.0	0.00	0.00	-0.38	0.671
126.0	0.00	0.00	0.49	0.396	306.0	0.00	0.00	0.03	0.380
162.0	0.00	0.00	-0.46	0.542	342.0	0.00	0.00	0.41	0.518

表 3.43　*BC* 环间接头内力位移计算结果表

角度(°)	弯矩(kN·m)	轴力(kN)	剪力(kN)	位移(mm)	角度(°)	弯矩(kN·m)	轴力(kN)	剪力(kN)	位移(mm)
18.0	0.00	0.00	-0.71	0.545	198.0	0.00	0.00	0.33	0.527
54.0	0.00	0.00	0.11	0.391	234.0	0.00	0.00	-0.30	0.388
90.0	0.00	0.00	0.37	0.687	270.0	0.00	0.00	0.33	0.684
126.0	0.00	0.00	-0.46	0.380	306.0	0.00	0.00	0.01	0.384
162.0	0.00	0.00	0.33	0.524	342.0	0.00	0.00	-0.43	0.532

(2)配筋验算结果

配筋计算极值见表 3.44。

表 3.44　配筋计算极值表

极　值　名	单元编号	轴力 N (kN)	弯矩 M (kN·m)	宽度 b (mm)	厚度 h (mm)	受拉钢筋 A_g (mm^2)	受压钢筋 A'_g (mm^2)
轴力最大值	78	138.483	-21.493	550	250	275	275
剪力最大值	85	89.021	3.730	550	250	275	275
弯矩最大值	104	113.552	-23.868	550	250	295	295

(3)配筋验算结果——校核

利用本书第 3.2 节相关理论,对管片配筋进行校核。考虑管片的截面尺寸为 550 mm × 250 mm,受拉钢筋截面积 A_g 为 1 885 mm^2,受压钢筋截面积 A'_g为 1 885 mm^2,受拉钢筋最小配筋率 ρ'_{min}为 0.20%,受压钢筋最小配筋率ρ'_{min}为 0.20%,允许裂缝宽度为 0.2 mm,安全系数规范值为 1.00。计算结果如图 3.25 和表 3.45、表 3.46 所示,结果表明配筋满足规范要求。

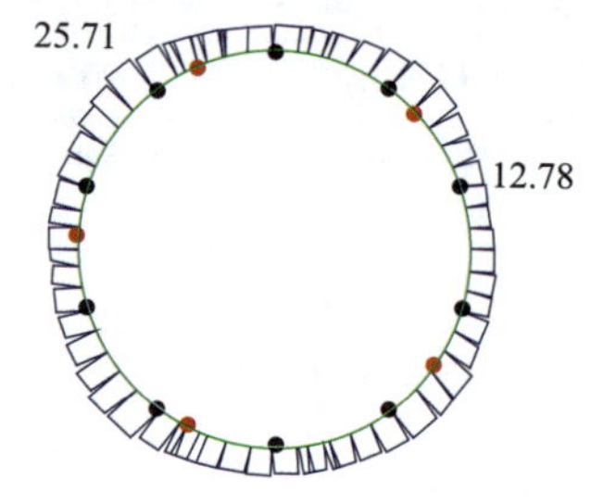

图 3.25　安全系数图

表 3.45　配筋表

单元编号	轴力 N (kN)	弯矩 M (kN·m)	安全系数	外侧混凝土应力 σ_c (MPa)	内侧混凝土应力 σ'_c (MPa)	外侧钢筋应力 σ_s (MPa)	内侧钢筋应力 σ'_s (MPa)	裂缝宽度 W_r (mm)
59	118.209	1.400	24.877	0.907	0.576	5.259	-0.001	0.000
78	153.177	-6.885	14.159	1.775	0.147	10.289	-0.001	0.000
105	-124.083	9.780	13.381	1.759	0.000	10.194	9.648	0.017

表 3.46　配筋计算极值表

极值名	单元编号	轴力 N (kN)	弯矩 M (kN·m)	安全系数	外侧混凝土应力 σ_c (MPa)	内侧混凝土应力 σ'_c (MPa)	外侧钢筋应力 σ_s (MPa)	内侧钢筋应力 σ'_s (MPa)	裂缝宽度 W_r (mm)
剪力最大值	59	118.209	1.400	24.877	0.907	0.576	5.259	-0.001	0.000
轴力最大值	78	153.177	-6.885	14.159	1.775	0.147	10.289	-0.001	0.000
弯矩最大值	105	-124.083	9.780	13.381	1.759	0.000	10.194	9.648	0.017

综上,采用梁—弹簧模型 *A-B-C* 计算时,*A* 环和 *C* 环内力接近,*B* 环内力较 *A*、*C* 环大。

第 4 章　机械法联络通道正线隧道受力及管片弱化分析

4.1　概　　述

由于在联络通道小盾构顶进开始切削正线隧道 7 环复合管片时，该时刻为正线隧道最不利的受力工况。为此，本章考虑集中荷载和均布线性荷载两种顶推力，采用修正惯用法和梁弹簧模型计算正线隧道的受力情况；对切削区域复合管片强度进行弱化分析，以在确保隧道安全的前提下，提高管片的切削效率；考虑地震力的作用，采用修正惯用法和梁弹簧模型进行正线隧道的抗震分析。

4.2　正线隧道顶推受力分析

4.2.1　修正惯用法

1. 集中荷载

根据盾构装备设计切削试验，初步估算得到小盾构顶进切削时的力约 1 500 kN，且其作用面积较小。本节先将该集中力分解成两个 750 kN 的集中力开展正线隧道结构的内力和位移计算。考虑始发进洞和出洞接收两种工况。

(1) 始发进洞

小盾构始发时，正线隧道结构计算模型如图 4.1 所示（荷载单位为 kN），荷载参数见表 4.1。材料、配筋设计参数取值同第 3 章。

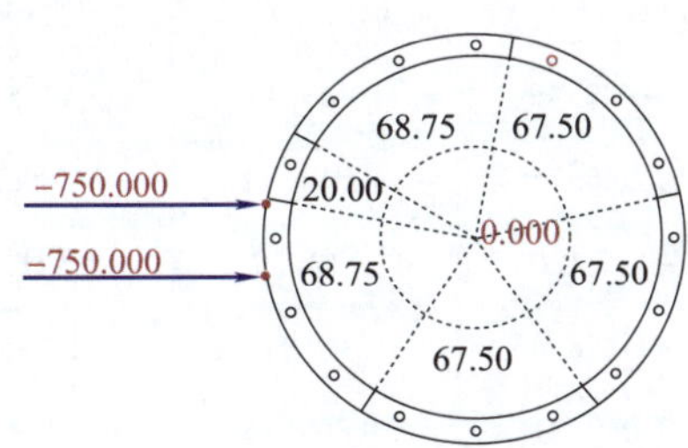

图 4.1　集中荷载

表 4.1　荷载参数

序　　号	荷载角度 θ_1（°）	荷载值 F_x（kN）	荷载值 F_y（kN）
1	170.00	-750.000	0
2	190.00	-750.000	0

在施工工况，采用地层弹簧模型计算结果如图 4.2 和表 4.2 所示，可以看出：最大轴力 1 423.11 kN，剪力 1 521.86 kN，弯矩 1 920.56 kN · m，位移 19.406 mm。接头张开角计算结果见表 4.3，最大张开角 0.055°，最大张开 0.333 mm。

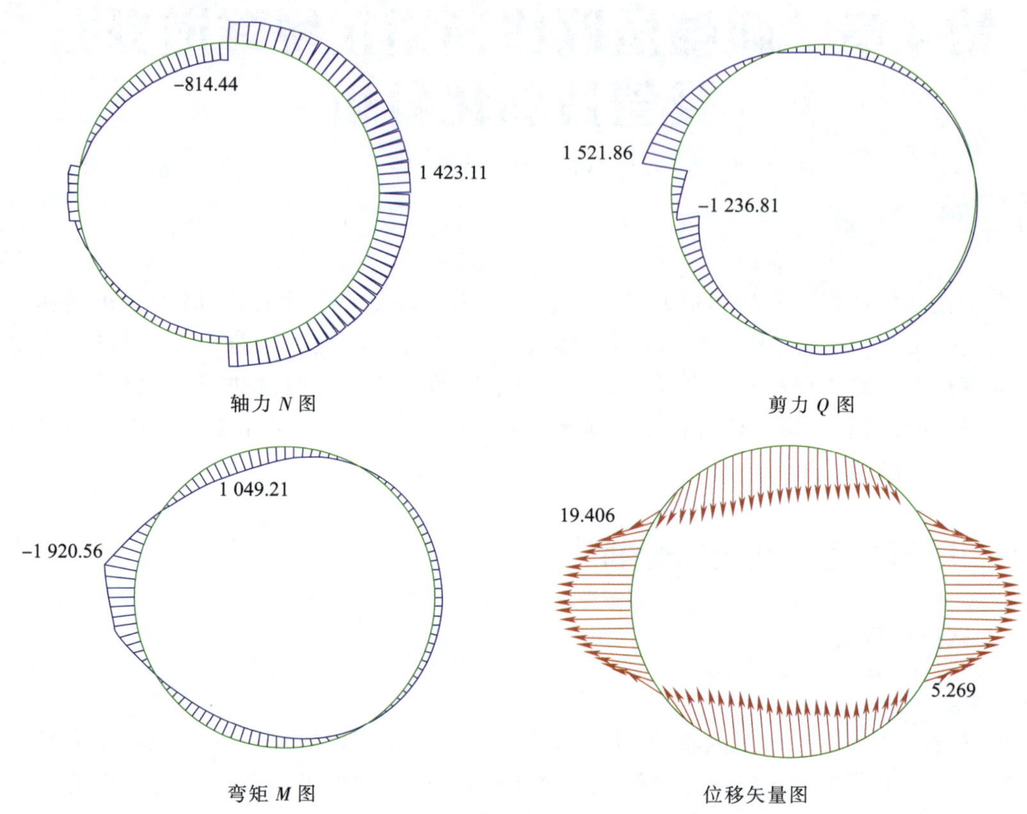

图 4.2　内力位移计算结果

注：轴力、剪力单位为 kN，弯矩单位为 kN · m，位移单位为 mm。

表 4.2　内力位移极值表

极　值　名	角度(°)	弯矩(kN · m)	轴力(kN)	剪力(kN)	位移(mm)	ID
轴力最大值	3.46	-443.49	1 423.11	49.58	9.727	1
轴力最小值	107.31	1 046.76	-814.44	-66.28	14.734	31
剪力最大值	166.50	-1 571.06	-13.39	1 521.86	17.788	48
剪力最小值	190.00	-1 378.43	248.91	-1 236.81	17.592	55
弯矩最大值	110.77	1 049.21	-809.85	17.95	14.319	32
弯矩最小值	170.00	-1 920.56	472.60	-621.91	18.663	49
位移最大值	176.67	-1 665.70	411.41	-454.91	19.406	51
位移最小值	170.00	-180.28	1 227.33	158.31	5.269	91

注：位移最大值、位移最小值的 ID 是指节点 ID，其他项表示单元 ID。

表 4.3　接头张开角计算结果表

编号	所处位置(°)	张开角(°)	张开量(mm)	编号	所处位置(°)	张开角(°)	张开量(mm)
1	80.00	0.013	0.081	4	237.50	0.025	0.154
2	148.75	-0.006	-0.034	5	305.00	-0.002	-0.010
3	168.75	-0.055	-0.333	6	12.50	-0.014	-0.083

(2)出洞接收

小盾构接收时,正线隧道结构计算模型如图 4.3 所示(荷载单位为 kN),荷载参数见表 4.4。

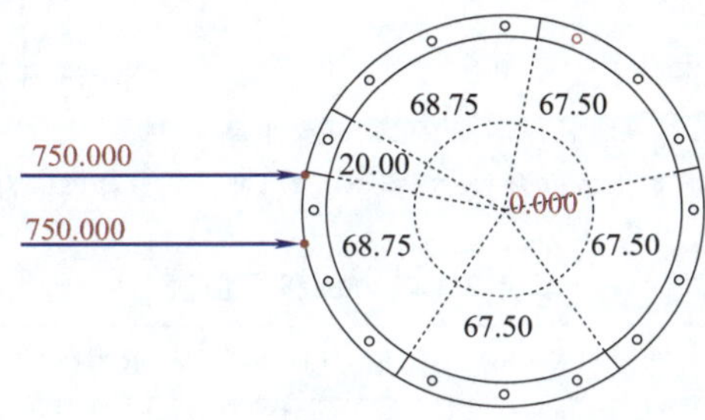

图 4.3　集中荷载

表 4.4　荷载参数

序　　号	荷载角度 θ_1 (°)	荷载值 F_x (kN)	荷载值 F_y (kN)
1	170.00	750.000	
2	190.00	750.000	

在施工工况,采用地层弹簧模型计算结果如图 4.4 和表 4.5 所示,可以看出:最大轴力 2 554.07 kN,剪力 1 539.13 kN,弯矩 1 532.14 kN · m,位移 12.584 mm。接头张开角计算结果见表 4.6,最大张开角 0.043°,最大张开 0.263 mm。

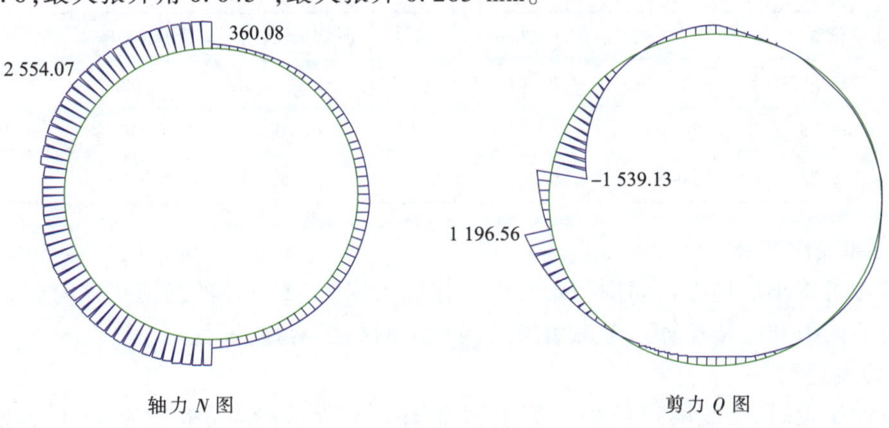

图　4.4

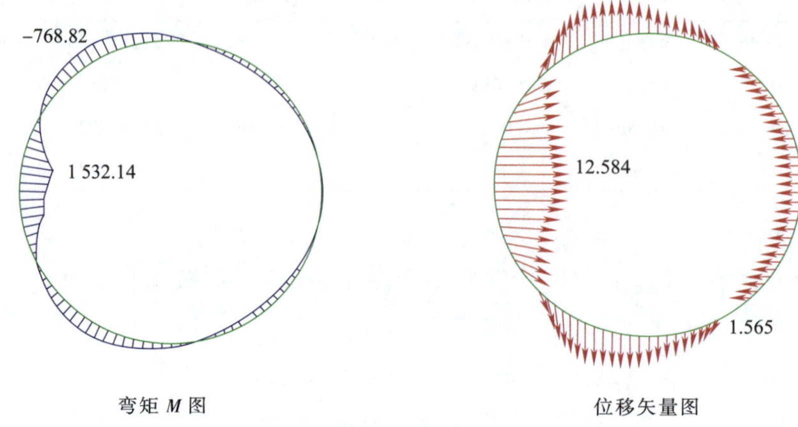

弯矩 *M* 图　　　　位移矢量图

图 4.4　内力位移计算结果

注:轴力、剪力单位为 kN,弯矩单位为 kN·m,位移单位为 mm。

表 4.5　内力位移极值表

极　值　名	角度(°)	弯矩(kN·m)	轴力(kN)	剪力(kN)	位移(mm)	ID
轴力最大值	138.50	-529.83	2 554.07	-444.39	5.177	40
轴力最小值	72.69	152.89	360.08	197.55	2.966	21
剪力最大值	190.00	1 028.27	2 023.65	1 196.56	11.175	55
剪力最小值	166.50	1 186.01	2 274.84	-1 539.13	11.332	48
弯矩最大值	170.00	1 532.14	1 803.58	653.47	12.016	49
弯矩最小值	121.15	-768.82	2 489.73	10.35	7.006	35
位移最大值	176.67	1 279.59	1 882.84	462.45	12.584	51
位移最小值	121.15	205.71	602.21	3.56	1.565	88

注:位移最大值、位移最小值的 ID 是指节点 ID,其他项表示单元 ID。

表 4.6　接头张开角计算结果表

编号	所处位置(°)	张开角(°)	张开量(mm)	编号	所处位置(°)	张开角(°)	张开量(mm)
1	80.00	0.001	0.007	4	237.50	-0.020	-0.121
2	148.75	-0.003	-0.018	5	305.00	0.006	0.038
3	168.75	0.043	0.263	6	12.50	0.001	0.007

2. 局部线性荷载

本节考虑将小盾构刀盘切削初始时刻的作用力视为 750 kN 的局部线性荷载,开展正线隧道结构的内力和位移计算。考虑始发进洞和出洞接收两种工况。

(1)始发进洞

小盾构始发时,正线隧道结构计算模型如图 4.5 所示(荷载单位为 kN),荷载参数见表 4.7。

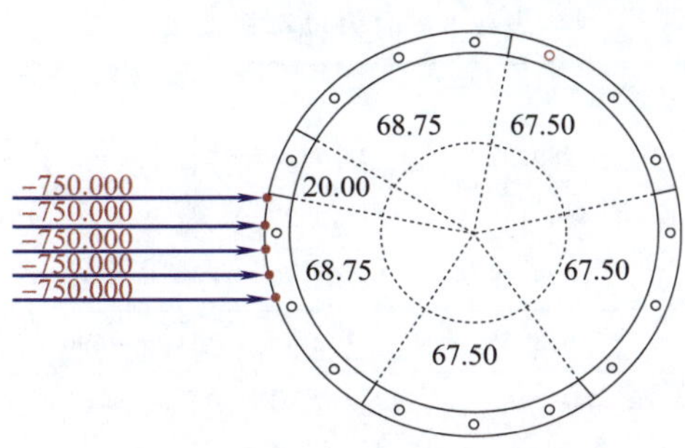

图 4.5　局部线性荷载(始发进洞)

表 4.7　荷载参数

序　号	荷载角度 θ_1 (°)	荷载值 F_{x1} (kN)	荷载值 F_{y1} (kN)	荷载角度 θ_2 (°)	荷载值 F_{x2} (kN)	荷载值 F_{y2} (kN)
1	170.00	-750.000	0.000	190.00	-750.000	0.000

采用地层弹簧模型计算结果如图 4.6 和表 4.8 所示,可以看出:最大轴力 1 164.35 kN,剪力 501.20 kN,弯矩 835.03 kN · m,位移 9.332 mm。接头张开角计算结果见表 4.9,最大张开角 0.02°,最大张开 0.122 mm。

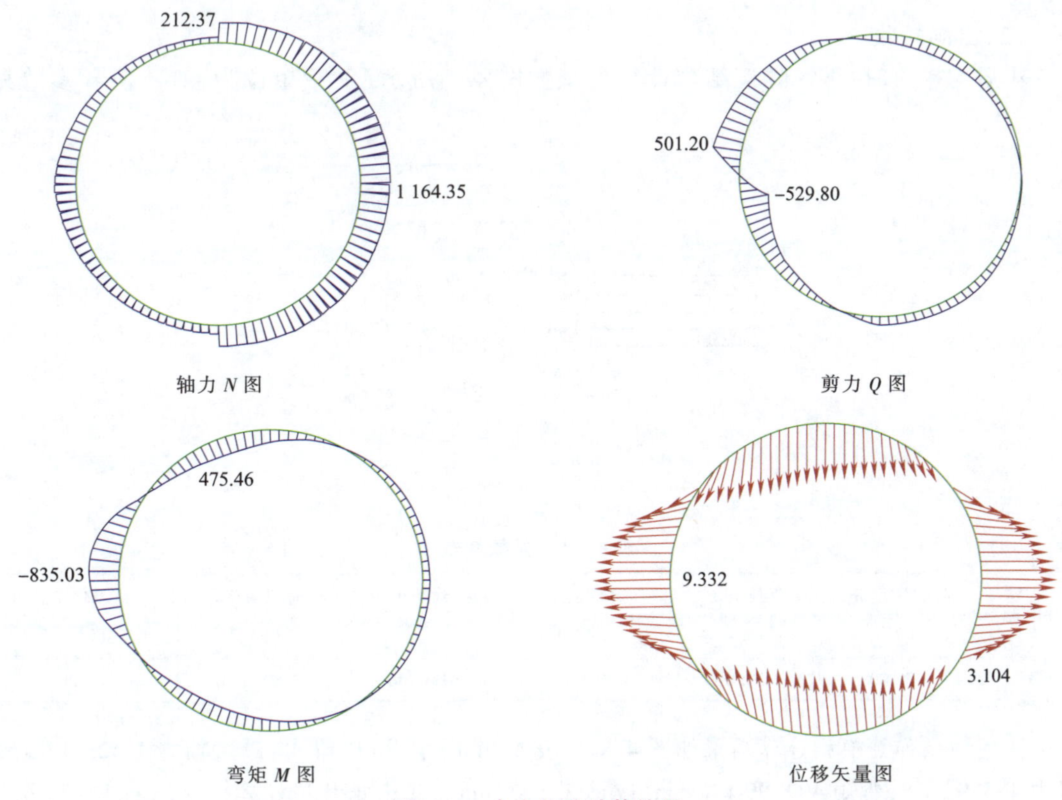

图 4.6　内力位移计算结果

注:轴力、剪力单位为 kN,弯矩单位为 kN · m,位移单位为 mm。

表 4.8　内力位移极值表

极　值　名	角度(°)	弯矩(kN·m)	轴力(kN)	剪力(kN)	位移(mm)	ID
轴力最大值	356.54	-289.37	1 163.87	36.34	5.708	103
轴力最小值	96.92	459.13	212.37	-80.01	7.738	28
剪力最大值	170.00	-678.18	732.84	501.20	8.773	49
剪力最小值	190.00	-658.55	742.15	-496.42	8.657	55
弯矩最大值	103.85	475.46	217.94	-6.49	7.587	30
弯矩最小值	180.00	-835.03	836.30	2.90	9.332	52
位移最大值	180.00	-835.03	836.30	2.90	9.332	52
位移最小值	180.00	-71.82	1 037.73	128.01	3.104	91

注:位移最大值、位移最小值的 ID 是指节点 ID,其他项表示单元 ID。

表 4.9　接头张开角计算结果表

编号	所处位置(°)	张开角(°)	张开量(mm)	编号	所处位置(°)	张开角(°)	张开量(mm)
1	80.00	0.009	0.055	4	237.50	0.011	0.070
2	148.75	-0.003	-0.019	5	305.00	0.001	0.004
3	168.75	-0.020	-0.122	6	12.50	-0.009	-0.053

(2)出洞接收

小盾构接收时,正线隧道结构计算模型如图 4.7 所示(荷载单位为 kN),荷载参数见表 4.10。

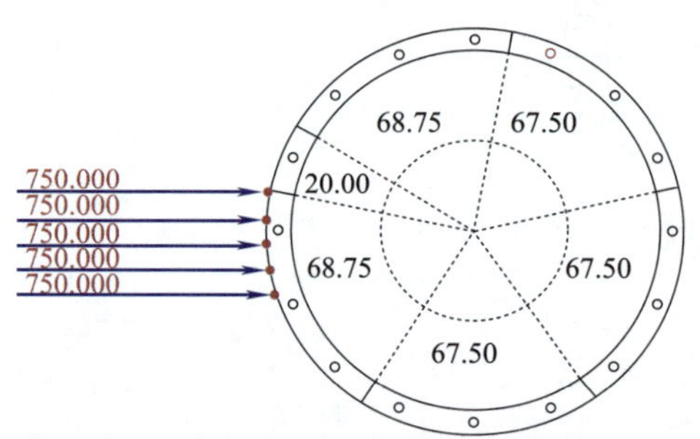

图 4.7　局部线性荷载(出洞)

表 4.10　荷载参数

序　号	荷载角度 θ_1 (°)	荷载值 F_{x1} (kN)	荷载值 F_{y1} (kN)	荷载角度 θ_2 (°)	荷载值 F_{x2} (kN)	荷载值 F_{y2} (kN)
1	170.00	750.000	0.000	190.00	750.000	0.000

采用地层弹簧模型计算结果如图 4.8 和表 4.11 所示,可以看出:最大轴力 1 421.17 kN,剪力 455.92 kN,弯矩 409.99 kN·m,位移 2.177 mm。接头张开角计算结果见表 4.12,最大张开角 0.007°,最大张开 0.046 mm。

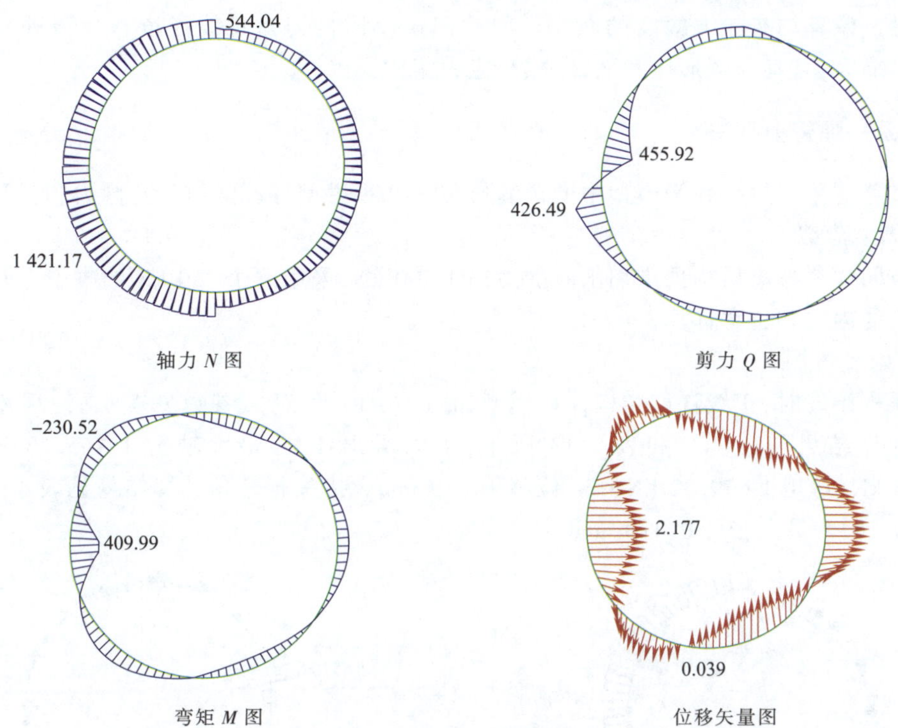

图 4.8　内力位移计算结果

注：轴力、剪力单位为 kN，弯矩单位为 kN · m，位移单位为 mm。

表 4.11　内力位移极值表

极　值　名	角度(°)	弯矩(kN · m)	轴力(kN)	剪力(kN)	位移(mm)	ID
轴力最大值	207.50	-84.13	1 421.17	195.78	0.817	60
轴力最小值	83.08	150.73	544.04	89.78	1.210	24
剪力最大值	190.00	273.21	1 366.51	426.49	1.934	55
剪力最小值	170.00	253.07	1 357.84	-455.92	1.817	49
弯矩最大值	180.00	409.99	1 283.36	-17.40	2.177	52
弯矩最小值	135.00	-230.52	1 325.22	2.32	0.754	39
位移最大值	180.00	409.99	1 283.36	-17.40	2.177	52
位移最小值	135.00	-41.04	1 246.37	-131.52	0.039	75

注：位移最大值、位移最小值的 ID 是指节点 ID，其他项表示单元 ID。

表 4.12　接头张开角计算结果表

编号	所处位置(°)	张开角(°)	张开量(mm)	编号	所处位置(°)	张开角(°)	张开量(mm)
1	80.00	0.005	0.031	4	237.50	-0.005	-0.033
2	148.75	-0.005	-0.030	5	305.00	0.004	0.025
3	168.75	0.007	0.046	6	12.50	-0.004	-0.024

综上，采用修正惯用法计算时，考虑线性荷载作用较之考虑集中作用计算得到的最大

弯矩、剪力、位移均有较大幅度的减小。因此建议小盾构刀盘正线隧道管片顶进时的接触面应尽可能大,且宜为圆形接触面,以减小应力集中。

4.2.2 梁—弹簧模型法

本节考虑采用梁—弹簧模型中的错缝拼装 *A-B-C* 模型计算隧道管片内力和位移。

1. 集中荷载

本节同样考虑小盾构顶进切削时的力约 1 500 kN,采用两个 750 kN 的集中力开展正线隧道结构的内力和位移计算。

(1)始发进洞

小盾构始发时,正线隧道结构计算模型如图 4.1 所示,荷载参数见表 4.1。采用地层弹簧模型计算结果如图 4.9 和表 4.13 所示,可以看出:*A* 环最大轴力 1 465.76 kN,剪力 1 557.36 kN,弯矩 1 659.52 kN · m,位移 16.59 mm。接头张开角计算结果见表 4.14,最大张开角 0.067°,最大张开 0.410 mm。

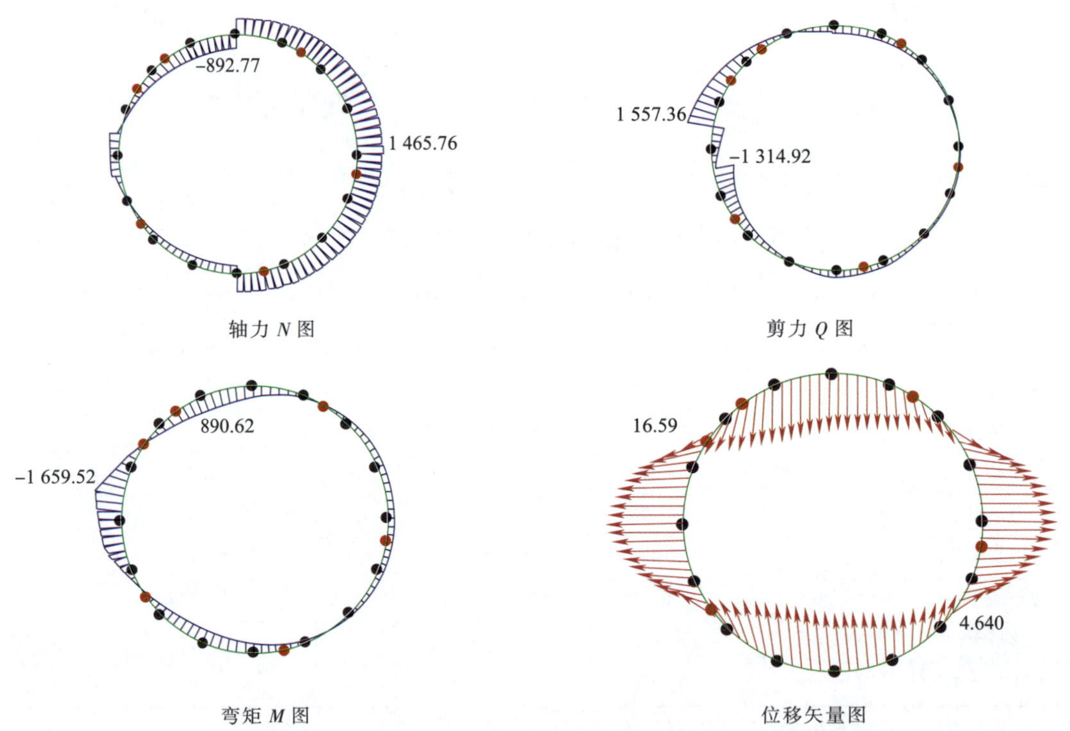

图 4.9 *A* 环内力位移计算结果

注:轴力、剪刀单位为 kN,弯矩单位为 kN · m,位移单位为 mm。

表 4.13 *A* 环内力位移极值表

极　值　名	角度(°)	弯矩(kN · m)	轴力(kN)	剪力(kN)	位移(mm)	ID
轴力最大值	3.75	-422.22	1 465.76	49.04	8.861	1
轴力最小值	105.00	888.09	-892.77	-76.46	12.520	29
剪力最大值	166.88	-1 413.25	54.59	1 557.36	14.925	46

续上表

极　值　名	角度(°)	弯矩(kN·m)	轴力(kN)	剪力(kN)	位移(mm)	ID
剪力最小值	190.00	－1 217.42	247.11	－1 314.92	14.656	53
弯矩最大值	108.75	890.62	－887.48	24.65	12.234	30
弯矩最小值	170.00	－1 659.52	532.90	－601.78	15.533	47
位移最大值	176.67	－1 467.01	473.66	－466.86	16.59	52
位移最小值	170.00	－147.01	1 237.60	205.12	4.64	94

注:位移最大值、位移最小值的 ID 是指节点 ID,其他项表示单元 ID。

表 4.14　*A* 环接头张开角计算结果表

编号	所处位置(°)	张开角(°)	张开量(mm)	编号	所处位置(°)	张开角(°)	张开量(mm)
1	57.50	－0.001	－0.008	4	215.00	0.012	0.072
2	126.25	0.067	0.410	5	282.50	0.034	0.207
3	146.25	－0.008	－0.050	6	350.00	－0.030	－0.181

采用地层弹簧模式计算结果如图 4.10 和表 4.15 所示,可以看出:*B* 环最大轴力 1 473.12 kN,剪力 1 610.68 kN,弯矩 1 480.85 kN·m,位移 16.599 mm。接头张开角计算结果见表 4.16,最大张开角 0.107°,最大张开 0.653 mm。

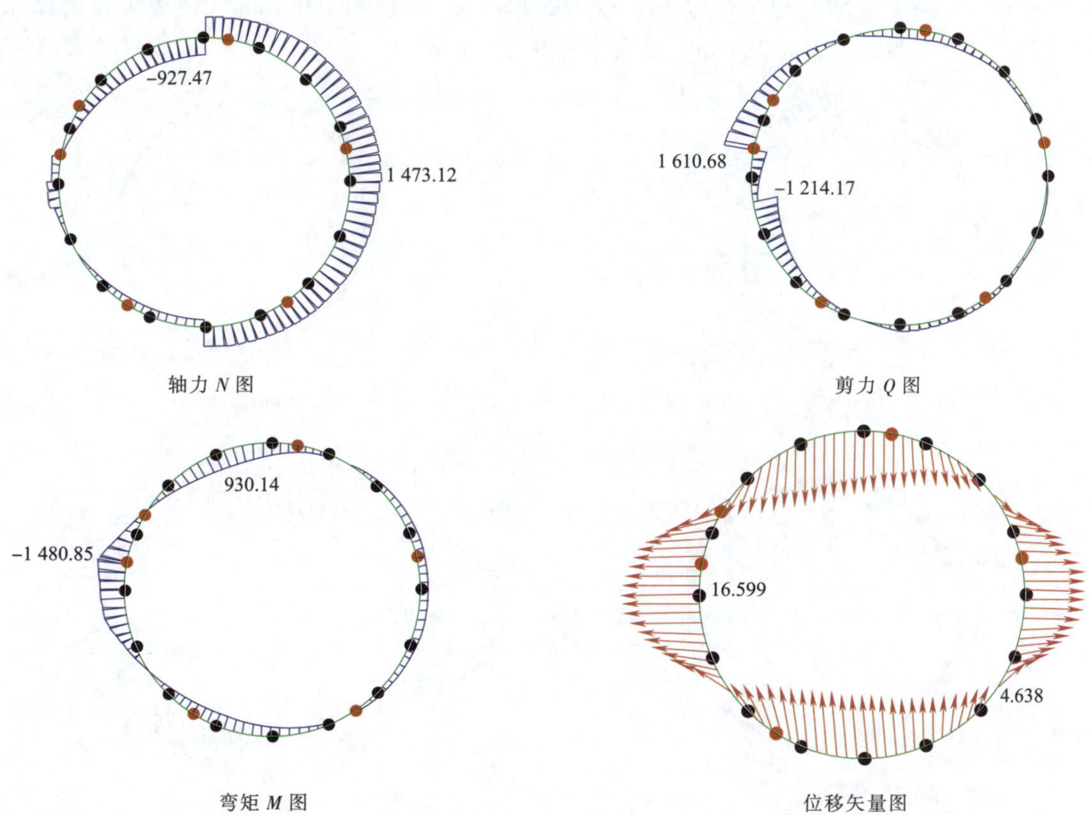

图 4.10　*B* 环内力位移计算结果

注:轴力、剪刀单位为 kN,弯矩单位为 kN·m,位移单位为 mm。

表 4.15　*B* 环内力位移极值表

极　值　名	角度(°)	弯矩(kN · m)	轴力(kN)	剪力(kN)	位移(mm)	ID
轴力最大值	3.12	-419.88	1 473.12	48.63	9.004	103
轴力最小值	105.00	916.09	-927.47	-137.81	12.883	132
剪力最大值	168.76	-1 379.32	-33.44	1 610.68	16.174	149
剪力最小值	190.00	-1 118.76	300.21	-1 214.17	14.787	156
弯矩最大值	108.75	930.14	-926.32	-34.95	12.560	133
弯矩最小值	170.00	-1 480.85	392.01	-562.94	16.322	150
位移最大值	176.67	-1 304.78	338.25	-407.37	16.599	162
位移最小值	170.00	-128.19	1 204.68	216.02	4.638	204

注:位移最大值、位移最小值的 ID 是指节点 ID,其他项表示单元 ID。

表 4.16　*B* 环接头张开角计算结果表

编号	所处位置(°)	张开角(°)	张开量(mm)	编号	所处位置(°)	张开角(°)	张开量(mm)
1	80.00	0.043	0.261	4	237.50	0.066	0.405
2	148.75	-0.005	-0.031	5	305.00	-0.000	-0.002
3	168.75	-0.107	-0.653	6	12.50	-0.033	-0.201

采用地层弹簧模型计算结果如图 4.11 和表 4.17 所示,可以看出:*C* 环最大轴力 1 470.56 kN,剪力 1 578.57 kN,弯矩 1 630.95 kN · m,位移 16.599 mm。接头张开角计算结果见表 4.18,最大张开角 0.045°,最大张开 0.272 mm。

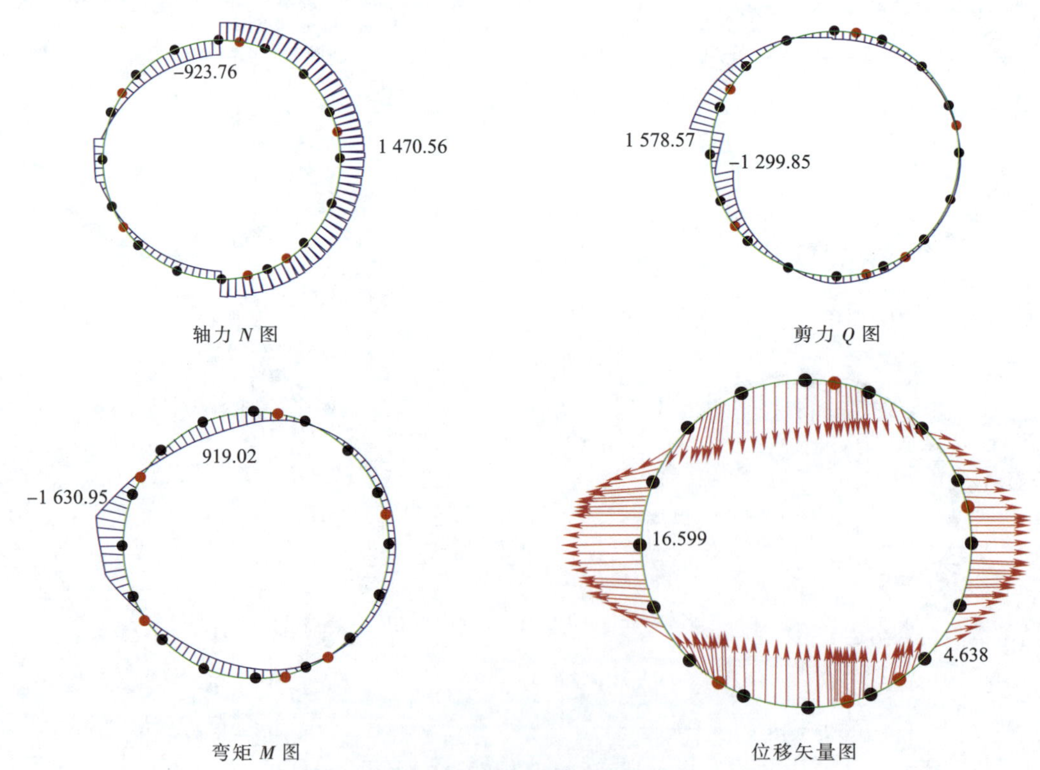

图 4.11　*C* 环内力位移计算结果

注:轴力、剪刀单位为 kN,弯矩单位为 kN · m,位移单位为 mm。

表 4.17　*C* 环内力位移极值表

极　值　名	角度(°)	弯矩(kN·m)	轴力(kN)	剪力(kN)	位移(mm)	ID
轴力最大值	3.12	－421.68	1 470.56	46.56	9.095	205
轴力最小值	105.00	910.45	－923.76	－109.05	12.636	234
剪力最大值	166.88	－1 381.43	21.70	1 578.57	14.768	252
剪力最小值	190.00	－1 209.23	261.33	－1 299.85	14.517	259
弯矩最大值	108.75	919.02	－920.64	－5.89	12.275	235
弯矩最小值	170.00	－1 630.95	501.16	－581.18	15.369	253
位移最大值	176.67	－1 445.95	444.53	－443.98	16.599	270
位移最小值	170.00	－150.40	1 238.94	208.80	4.638	312

注:位移最大值、位移最小值的 ID 是指节点 ID,其他项表示单元 ID。

表 4.18　*C* 环接头张开角计算结果表

编号	所处位置(°)	张开角(°)	张开量(mm)	编号	所处位置(°)	张开角(°)	张开量(mm)
1	215.00	0.011	0.070	4	12.50	－0.033	－0.202
2	283.75	0.032	0.193	5	80.00	0.045	0.272
3	303.75	－0.001	－0.007	6	147.50	－0.009	－0.058

(2)出洞接收

小盾构接收时,正线隧道结构计算模型如图 4.3 所示,荷载参数见表 4.4。采用地层弹簧模型计算结果如图 4.12 和表 4.19 所示,可以看出:*A* 环最大轴力 2 519.17 kN,剪力 1 549.93 kN,弯矩 1 299.08 kN·m,位移 10.467 mm。接头张开角计算结果见表 4.20,最大张开角 0.043°,最大张开 0.264 mm。

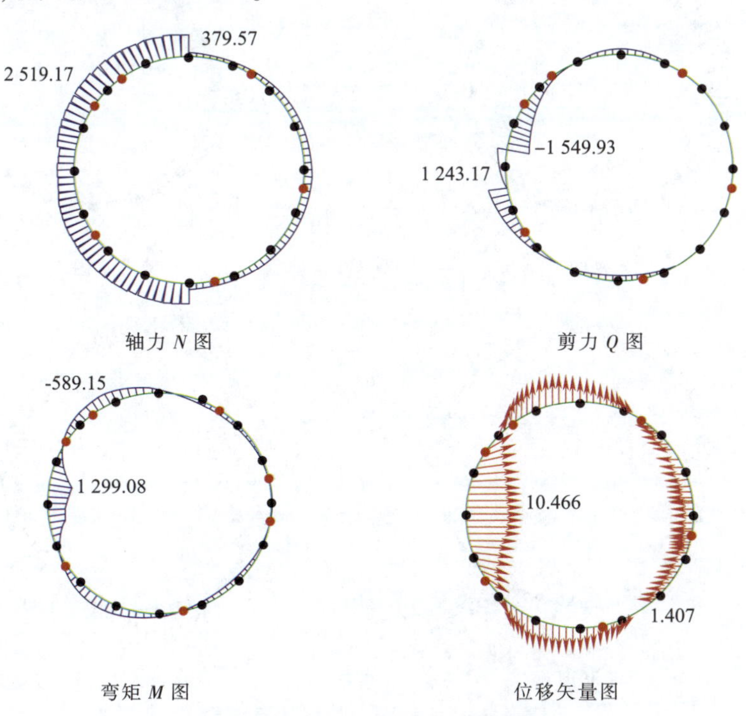

图 4.12　*A* 环内力位移计算结果

注:轴力、剪刀单位为 kN,弯矩单位为 kN·m,位移单位为 mm。

表 4.19　A 环内力位移极值表

极　值　名	角度(°)	弯矩(kN·m)	轴力(kN)	剪力(kN)	位移(mm)	ID
轴力最大值	135.00	-431.57	2 519.17	-399.57	4.431	37
轴力最小值	71.25	96.32	379.57	191.90	2.518	20
剪力最大值	190.00	890.83	2 001.76	1 243.17	9.020	53
剪力最小值	166.88	1 058.47	2 195.70	-1 549.93	9.246	46
弯矩最大值	170.00	1 299.08	1 731.67	648.16	9.709	47
弯矩最小值	119.37	-589.15	2 468.39	-7.28	5.958	33
位移最大值	176.67	1 104.43	1 810.56	474.68	10.467	52
位移最小值	119.37	160.85	593.74	-1.30	1.407	92

注:位移最大值、位移最小值的 ID 是指节点 ID,其他项表示单元 ID。

表 4.20　A 环接头张开角计算结果表

编号	所处位置(°)	张开角(°)	张开量(mm)	编号	所处位置(°)	张开角(°)	张开量(mm)
1	57.50	0.018	0.107	4	215.00	-0.019	-0.116
2	126.25	-0.043	-0.264	5	282.50	0.002	0.011
3	146.25	-0.008	-0.049	6	350.00	0.004	0.026

采用地层弹簧模型计算结果如图 4.13 和表 4.21 所示,可以看出:B 环最大轴力 2 606.26 kN,剪力 1580.79 kN,弯矩 1 159.21 kN·m,位移 10.467 mm。接头张开角计算结果见表 4.22,最大张开角 0.110°,最大张开 0.670 mm。

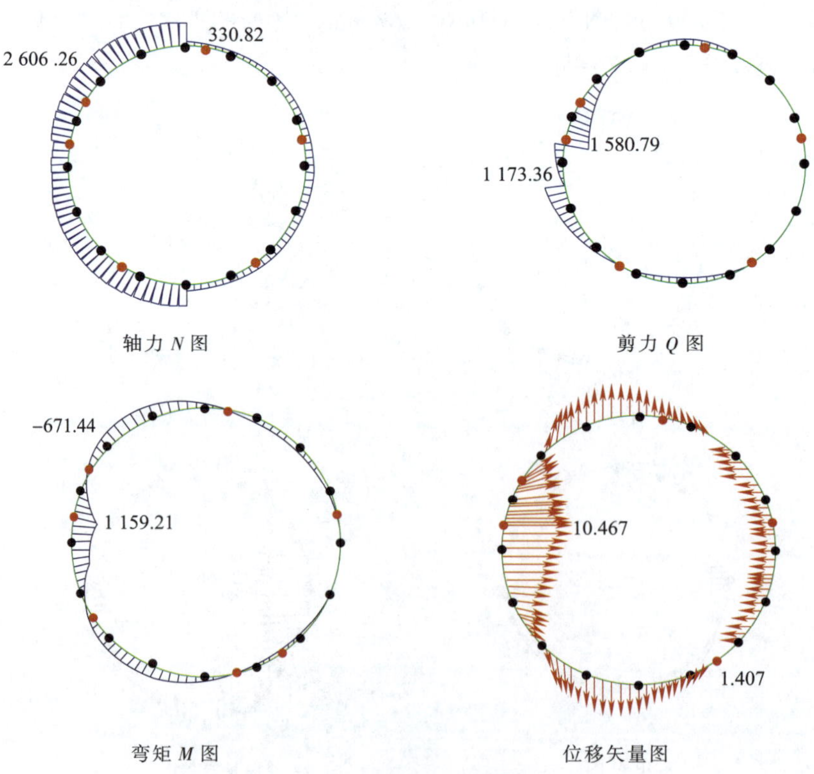

图 4.13　B 环内力位移计算结果

注:轴力、剪刀单位为 kN,弯矩单位为 kN·m,位移单位为 mm。

表 4.21　*B* 环内力位移极值表

极　值　名	角度(°)	弯矩(kN·m)	轴力(kN)	剪力(kN)	位移(mm)	ID
轴力最大值	138.44	−474.69	2 606.26	−462.34	4.371	141
轴力最小值	70.63	125.21	330.82	203.89	2.561	122
剪力最大值	190.00	805.90	1 977.59	1 173.36	9.112	156
剪力最小值	168.76	1 060.26	2 261.61	−1 580.79	10.143	149
弯矩最大值	170.00	1 159.21	1 841.15	621.76	10.257	150
弯矩最小值	120.00	−671.44	2 536.72	31.30	6.009	136
位移最大值	176.67	975.77	1 916.24	434.70	10.467	162
位移最小值	120.00	141.06	620.43	−8.72	1.407	200

注:位移最大值、位移最小值的 ID 是指节点 ID,其他项表示单元 ID。

表 4.22　*B* 环接头张开角计算结果表

编号	所处位置(°)	张开角(°)	张开量(mm)	编号	所处位置(°)	张开角(°)	张开量(mm)
1	80.00	−0.000	−0.002	4	237.50	−0.039	−0.239
2	148.75	−0.011	−0.067	5	305.00	0.015	0.089
3	168.75	0.110	0.670	6	12.50	0.006	0.036

采用地层弹簧模型计算结果如图 4.14 和表 4.23 所示,可以看出:*C* 环最大轴力 2 560.18 kN,剪力 1 572.76 kN,弯矩 1 274.02 kN·m,位移 10.467 mm。接头张开角计算结果见表 4.24,最大张开角 0.018°,最大张开 0.112 mm。

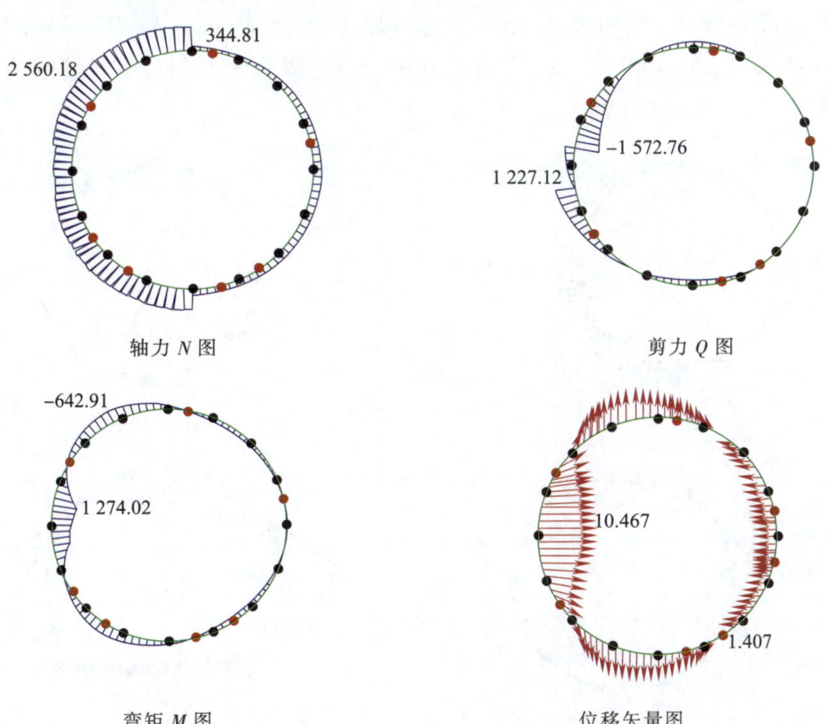

图 4.14　*C* 环内力位移计算结果

注:轴力、剪刀单位为 kN,弯矩单位为 kN·m,位移单位为 mm。

表 4.23　*C* 环内力位移极值表

极　值　名	角度(°)	弯矩(kN·m)	轴力(kN)	剪力(kN)	位移(mm)	ID
轴力最大值	131.25	-555.42	2 560.18	-292.03	4.609	241
轴力最小值	70.63	113.66	344.81	203.29	2.549	224
剪力最大值	190.00	887.58	1 978.72	1 227.12	8.899	259
剪力最小值	166.88	1 029.89	2 222.60	-1 572.76	9.050	252
弯矩最大值	170.00	1 274.02	1 757.33	625.68	9.515	253
弯矩最小值	120.00	-642.91	2 514.05	-8.68	5.714	238
位移最大值	176.67	1 087.45	1 833.42	450.07	10.467	270
位移最小值	120.00	139.08	596.02	-26.50	1.407	308

注:位移最大值、位移最小值的 ID 是指节点 ID,其他项表示单元 ID。

表 4.24　*C* 环接头张开角计算结果表

编号	所处位置(°)	张开角(°)	张开量(mm)	编号	所处位置(°)	张开角(°)	张开量(mm)
1	215.00	-0.018	-0.112	4	12.50	0.006	0.036
2	283.75	0.002	0.012	5	80.00	-0.001	-0.007
3	303.75	0.014	0.088	6	147.50	-0.008	-0.048

2. 线性均布荷载

(1)始发进洞

小盾构始发时,正线隧道结构计算模型如图 4.5 所示,荷载参数见表 4.7。采用地层弹簧模型计算结果如图 4.15 和表 4.25 所示,可以看出:*A* 环最大轴力 1 310.25 kN,剪力 1 051.53 kN,弯矩 1 255.08 kN·m,位移 12.666 mm。接头张开角计算结果见表 4.26,最大张开角 0.047°,最大张开 0.285 mm。

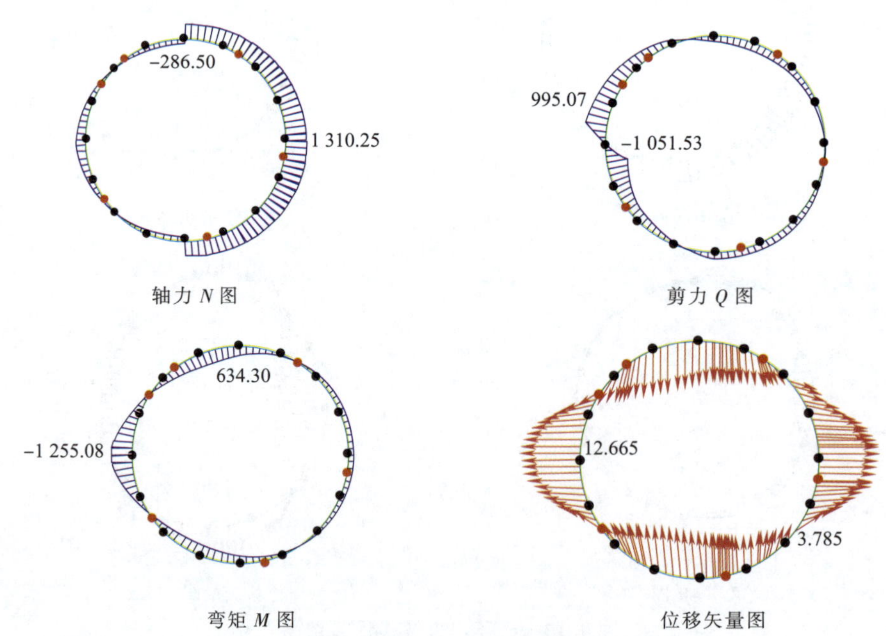

图 4.15　*A* 环内力位移计算结果

注:轴力、剪刀单位为 kN,弯矩单位为 kN·m,位移单位为 mm。

表 4.25　*A* 环内力位移极值表

极　值　名	角度(°)	弯矩(kN·m)	轴力(kN)	剪力(kN)	位移(mm)	ID
轴力最大值	0.00	-345.54	1 310.25	35.30	7.185	0
轴力最小值	101.25	624.46	-286.50	-95.49	9.543	28
剪力最大值	170.00	-1 012.37	474.11	995.07	11.667	47
剪力最小值	190.00	-981.29	442.07	-1 051.53	11.519	53
弯矩最大值	105.00	634.30	-283.85	-27.29	9.422	29
弯矩最小值	180.00	-1 255.08	632.22	-11.86	12.665	50
位移最大值	180.00	-1 255.08	632.22	-11.86	12.665	53
位移最小值	180.00	-135.91	1 109.16	-219.11	3.785	12

注:位移最大值、位移最小值的 ID 是指节点 ID,其他项表示单元 ID。

表 4.26　*A* 环接头张开角计算结果表

编号	所处位置(°)	张开角(°)	张开量(mm)	编号	所处位置(°)	张开角(°)	张开量(mm)
1	57.50	0.002	0.015	4	215.00	0.006	0.038
2	126.25	0.047	0.285	5	282.50	0.029	0.177
3	146.25	-0.004	-0.022	6	350.00	-0.025	-0.154

采用地层弹簧模型计算结果如图 4.16 和表 4.27 所示,可以看出:*B* 环最大轴力 1 311.92 kN,剪力 1 023.00 kN,弯矩 1 163.18 kN·m,位移 12.666 mm。接头张开角计算结果见表 4.28,最大张开角 0.065°,最大张开 0.397 mm。

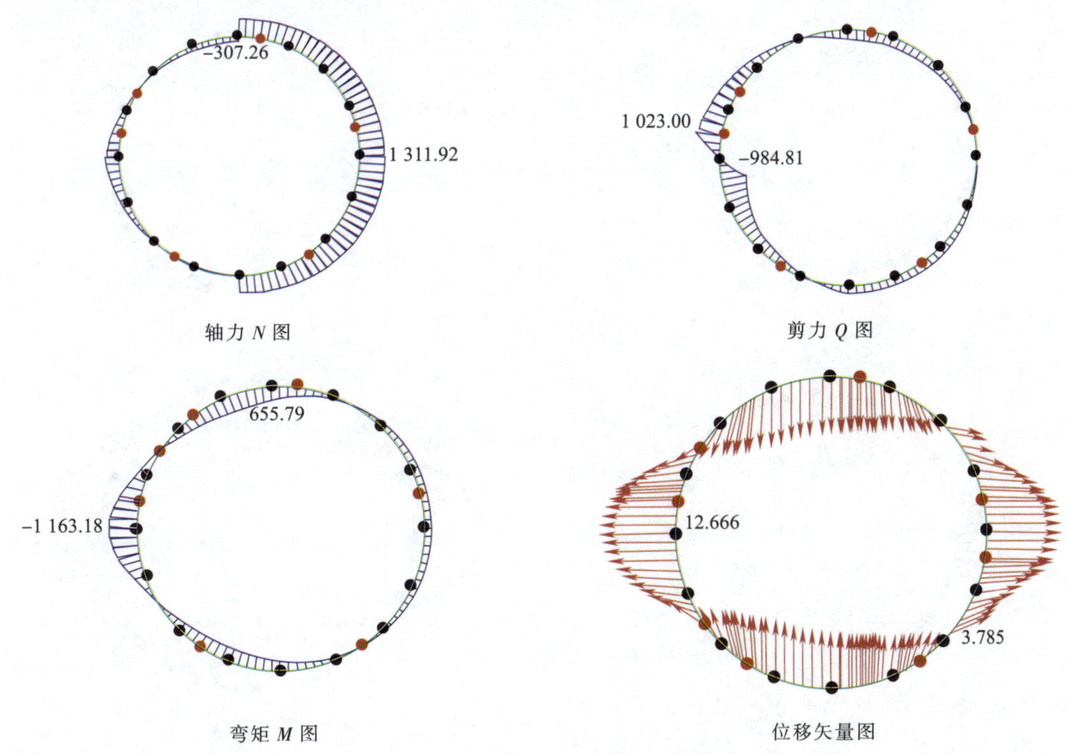

图 4.16　*B* 环内力位移计算结果

注:轴力、剪刀单位为 kN,弯矩单位为 kN·m,位移单位为 mm。

表 4.27　*B* 环内力位移极值表

极　值　名	角度(°)	弯矩(kN·m)	轴力(kN)	剪力(kN)	位移(mm)	ID
轴力最大值	0.00	-346.38	1 311.92	29.27	7.191	102
轴力最小值	105.00	651.09	-307.26	-68.64	9.670	132
剪力最大值	170.00	-901.41	383.18	1 023.00	12.151	150
剪力最小值	190.00	-924.68	482.35	-984.81	11.615	156
弯矩最大值	108.75	655.79	-301.41	-0.07	9.400	133
弯矩最小值	180.00	-1 163.18	660.32	59.23	12.666	153
位移最大值	180.00	-1 163.18	660.32	59.23	12.666	163
位移最小值	180.00	-106.12	1 149.14	193.31	3.785	204

注:位移最大值、位移最小值的 ID 是指节点 ID,其他项表示单元 ID。

表 4.28　*B* 环接头张开角计算结果表

编号	所处位置(°)	张开角(°)	张开量(mm)	编号	所处位置(°)	张开角(°)	张开量(mm)
1	80.00	0.035	0.213	4	237.50	0.052	0.315
2	148.75	-0.002	-0.009	5	305.00	0.000	0.002
3	168.75	-0.065	-0.397	6	12.50	-0.026	-0.161

采用地层弹簧模型计算结果如图 4.17 和表 4.29 所示,可以看出:*C* 环最大轴力 1 312.15 kN,剪力 1 041.33 kN,弯矩 1 243.35 kN·m,位移 12.665 mm。接头张开角计算结果见表 4.30,最大张开角 0.036°,最大张开 0.221 mm。

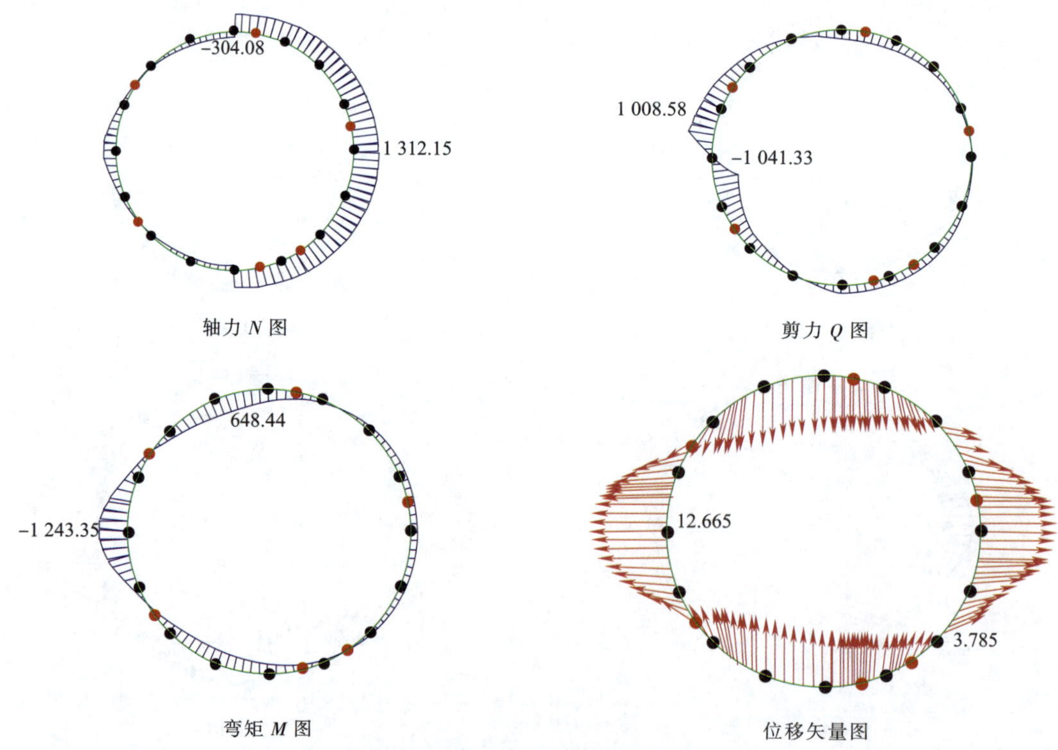

图 4.17　*C* 环内力位移计算结果

注:轴力、剪刀单位为 kN,弯矩单位为 kN·m,位移单位为 mm。

表 4.29　C 环内力位移极值表

极　值　名	角度(°)	弯矩(kN·m)	轴力(kN)	剪力(kN)	位移(mm)	ID
轴力最大值	356.25	-343.75	1 312.15	42.19	7.176	305
轴力最小值	101.25	633.15	-304.08	-118.84	9.695	233
剪力最大值	170.00	-993.06	453.15	1 008.58	11.559	253
剪力最小值	190.00	-975.33	450.79	-1 041.33	11.422	259
弯矩最大值	108.75	648.44	-295.85	19.01	9.225	235
弯矩最小值	180.00	-1 243.35	639.01	0.50	12.328	256
位移最大值	180.00	-1 243.35	639.01	0.50	12.665	271
位移最小值	180.00	-124.71	1 175.70	186.29	3.785	312

注:位移最大值、位移最小值的 ID 是指节点 ID,其他项表示单元 ID。

表 4.30　C 环接头张开角计算结果表

编号	所处位置(°)	张开角(°)	张开量(mm)	编号	所处位置(°)	张开角(°)	张开量(mm)
1	215.00	0.006	0.037	4	12.50	-0.026	-0.162
2	283.75	0.027	0.165	5	80.00	0.036	0.221
3	303.75	-0.000	-0.003	6	147.50	-0.004	-0.026

(2)出洞接收

小盾构接收时,正线隧道结构计算模型如图 4.7 所示,荷载参数见表 4.10。

采用地层弹簧模型计算结果如图 4.18 和表 4.31 所示,可以看出:A 环最大轴力 1 963.36 kN,剪力 944.62 kN,弯矩 883.62 kN·m,位移 6.386 mm。接头张开角计算结果见表 4.32,最大张开角 0.027°,最大张开 0.167 mm。

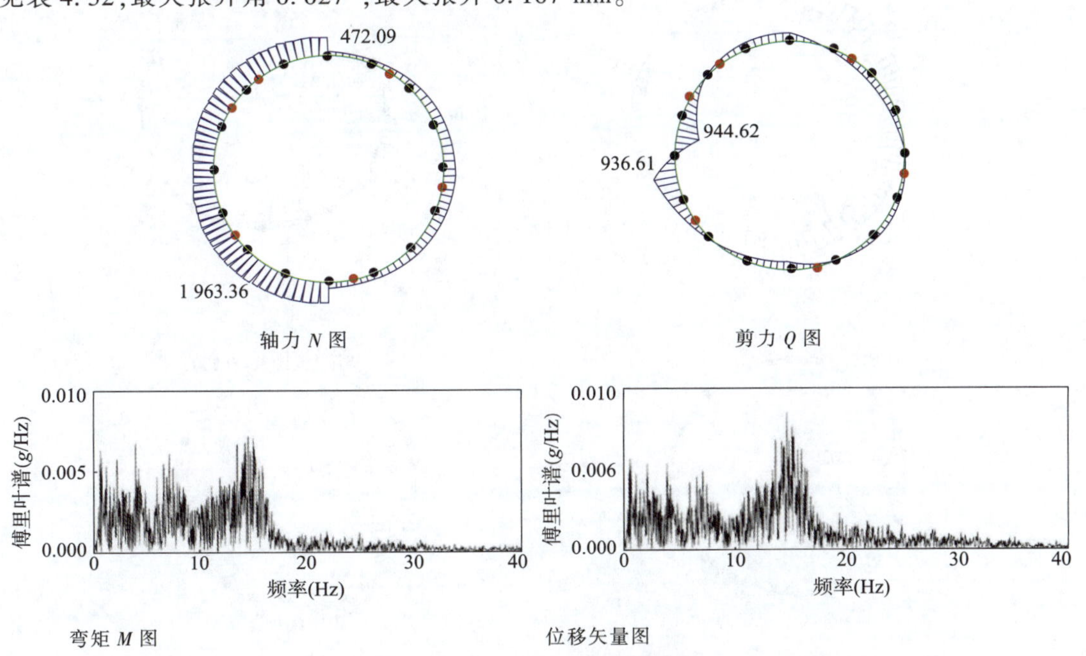

图 4.18　A 环内力位移计算结果

注:轴力、剪刀单位为 kN,弯矩单位为 kN·m,位移单位为 mm。

表 4.31　A 环内力位移极值表

极　值　名	角度(°)	弯矩(kN·m)	轴力(kN)	剪力(kN)	位移(mm)	ID
轴力最大值	221.67	-292.84	1 963.36	252.37	2.401	63
轴力最小值	78.75	74.36	472.09	164.24	1.175	22
剪力最大值	190.00	644.43	1 749.07	944.62	5.806	53
剪力最小值	170.00	641.02	1 712.93	-944.62	5.767	47
弯矩最大值	180.00	883.62	1 571.94	-6.94	6.382	50
弯矩最小值	236.25	-388.94	1 931.23	24.90	3.095	67
位移最大值	180.00	883.62	1 571.94	-6.94	6.386	53
位移最小值	236.25	136.75	502.81	15.30	0.500	19

注:位移最大值、位移最小值的 ID 是指节点 ID,其他项表示单元 ID。

表 4.32　A 环接头张开角计算结果表

编号	所处位置(°)	张开角(°)	张开量(mm)	编号	所处位置(°)	张开角(°)	张开量(mm)
1	57.50	0.014	0.084	4	215.00	-0.014	-0.088
2	126.25	-0.027	-0.167	5	282.50	0.006	0.038
3	146.25	-0.012	-0.075	6	350.00	-0.001	-0.009

采用地层弹簧模型计算结果如图 4.19 和表 4.33 所示,可以看出:*B* 环最大轴力 1 932.45 kN,剪力 960.08 kN,弯矩 822.63 kN·m,位移 6.486 mm。接头张开角计算结果见表 4.34,最大张开角 0.053°,最大张开 0.323 mm。

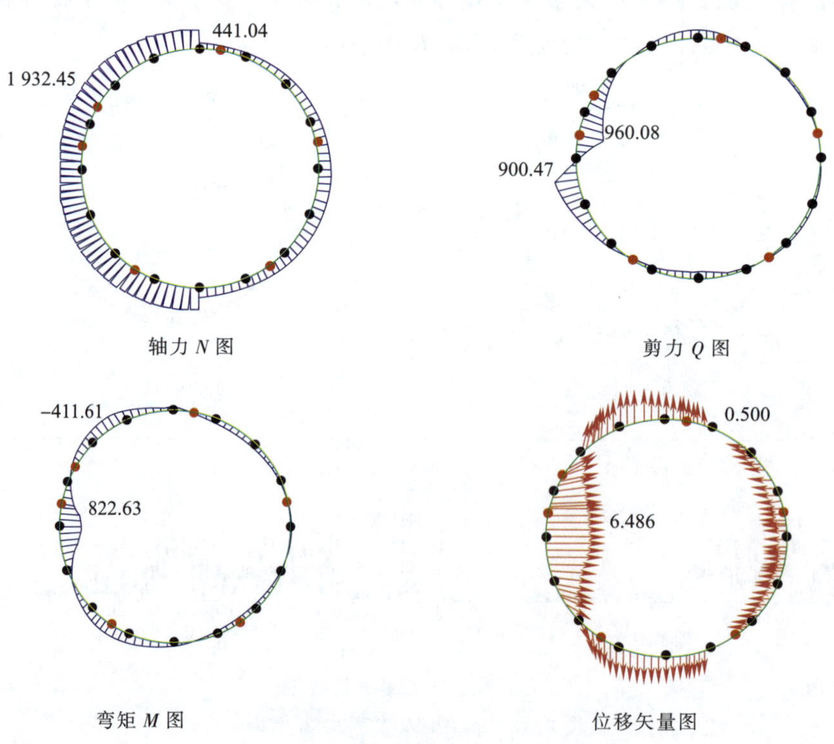

图 4.19　B 环内力位移计算结果

注:轴力、剪刀单位为 kN,弯矩单位为 kN·m,位移单位为 mm。

表 4.33　*B* 环内力位移极值表

极　值　名	角度(°)	弯矩(kN·m)	轴力(kN)	剪力(kN)	位移(mm)	ID
轴力最大值	145.31	-250.04	1 932.45	-355.38	2.460	143
轴力最小值	76.88	93.65	441.04	162.37	1.054	124
剪力最大值	190.00	602.40	1 736.55	960.08	5.862	156
剪力最小值	170.00	569.65	1 769.45	-960.08	6.003	150
弯矩最大值	180.00	822.63	1 565.91	-44.89	6.486	153
弯矩最小值	127.50	-411.61	1 869.76	-19.30	2.976	138
位移最大值	180.00	822.63	1 565.91	-44.89	6.486	163
位移最小值	127.50	152.68	470.90	22.71	0.500	127

注:位移最大值、位移最小值的 ID 是指节点 ID,其他项表示单元 ID。

表 4.34　*B* 环接头张开角计算结果表

编号	所处位置(°)	张开角(°)	张开量(mm)	编号	所处位置(°)	张开角(°)	张开量(mm)
1	80.00	0.007	0.041	4	237.50	-0.028	-0.169
2	148.75	-0.014	-0.086	5	305.00	0.014	0.086
3	168.75	0.053	0.323	6	12.50	-0.002	-0.014

采用地层弹簧模型计算结果如图 4.20 和表 4.35 所示,可以看出:*C* 环最大轴力 1 944.89 kN,剪力 959.77 kN,弯矩 876.54 kN·m,位移 6.486 mm。接头张开角计算结果见表 4.36,最大张开角 0.014°,最大张开 0.085 mm。

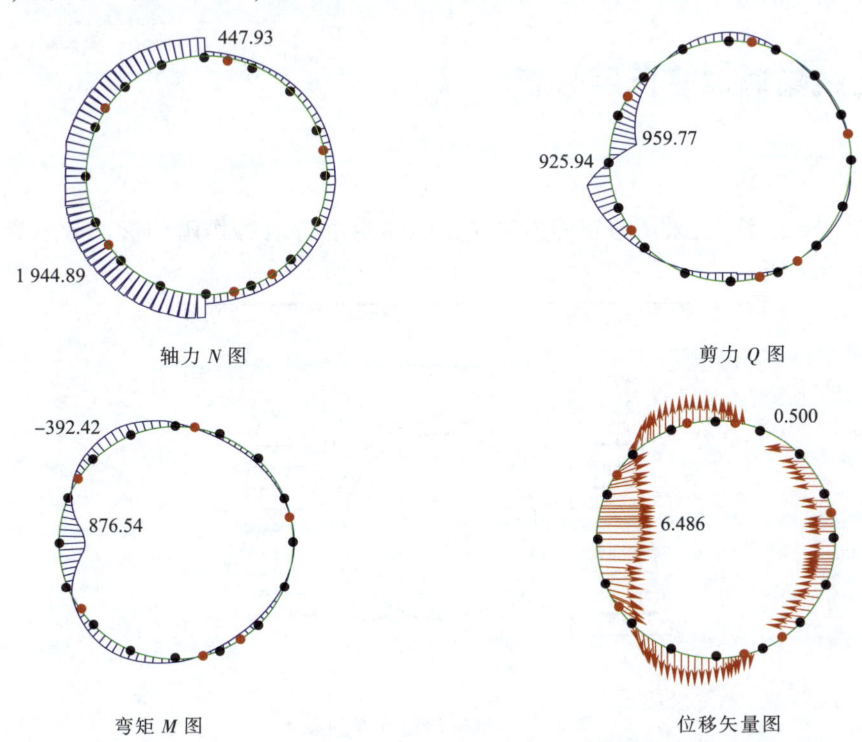

图 4.20　*C* 环内力位移计算结果

注:轴力、剪刀单位为 kN,弯矩单位为 kN·m,位移单位为 mm。

表 4.35 *C* 环内力位移极值表

极 值 名	角度(°)	弯矩(kN·m)	轴力(kN)	剪力(kN)	位移(mm)	ID
轴力最大值	225.00	-323.42	1 944.89	194.44	2.484	270
轴力最小值	76.87	88.67	447.93	160.72	1.030	226
剪力最大值	190.00	643.60	1 732.30	959.77	5.732	259
剪力最小值	170.00	625.65	1 728.97	-959.77	5.634	253
弯矩最大值	180.00	876.54	1 557.27	-20.72	6.273	256
弯矩最小值	123.75	-392.42	1 833.04	16.15	2.991	239
位移最大值	180.00	876.54	1 557.27	-20.72	6.486	271
位移最小值	123.75	147.41	476.98	23.81	0.500	235

注:位移最大值、位移最小值的 ID 是指节点 ID,其他项表示单元 ID。

表 4.36 *C* 环接头张开角计算结果表

编号	所处位置(°)	张开角(°)	张开量(mm)	编号	所处位置(°)	张开角(°)	张开量(mm)
1	215.00	-0.014	-0.085	4	12.50	-0.002	-0.014
2	283.75	0.006	0.037	5	80.00	0.006	0.038
3	303.75	0.014	0.084	6	147.50	-0.013	-0.078

综上,采用梁—弹簧模型计算时,考虑线性荷载较之考虑集中作用时,最大弯矩、剪力、位移有较大幅度的减小。

4.3 正线隧道地震作用分析

4.3.1 计算理论

针对宁波地区软土,采用修正静力法对正线隧道进行地震作用分析。考虑隧道为圆形结构,如图 4.21 所示。

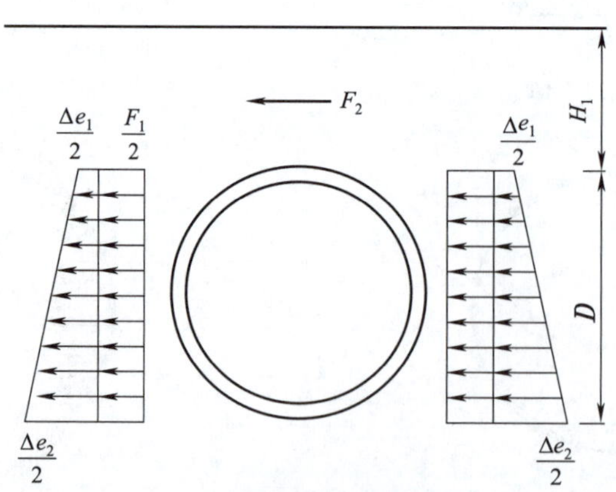

图 4.21 盾构隧道地震荷载图

其均布的水平惯性力为

$$F_1 = \eta_c K_h \frac{mg}{D} \tag{4.1}$$

式中　F_1——地震水平惯性力（kN/m²）；

η_c——综合影响系数，与工程重要性、隧道埋深、土层特性有关；

K_h——水平地震系数；

m——衬砌质量（kg）；

D——衬砌外直径（m）。

主动侧向土压力增量的确定。地震时地层的内摩擦角要发生变化，由原来的 φ 值减小为 $\varphi-\beta$，其中 β 为地震角，因此结构一侧的主动侧向土压力增量为

$$\Delta e_i = (\lambda_a - \lambda'_a) q_i \quad (i=1,2)$$

$$\lambda_a = \tan^2\left(\frac{\pi}{4} - \frac{\varphi}{2}\right)$$

$$\lambda'_a = \tan^2\left(\frac{\pi}{4} - \frac{\varphi-\beta}{2}\right) \tag{4.2}$$

式中　Δe_i——主动侧向土压力增量（kN/m²）；

q_1——隧道顶部所受垂直土压力（kN/m²）；

q_2——隧道底部所受地层抗力（kN/m²）。

4.3.2　修正惯用法

按设计工况计算。修正静力法计算模型和设计参数如图 4.22、表 4.37 所示。

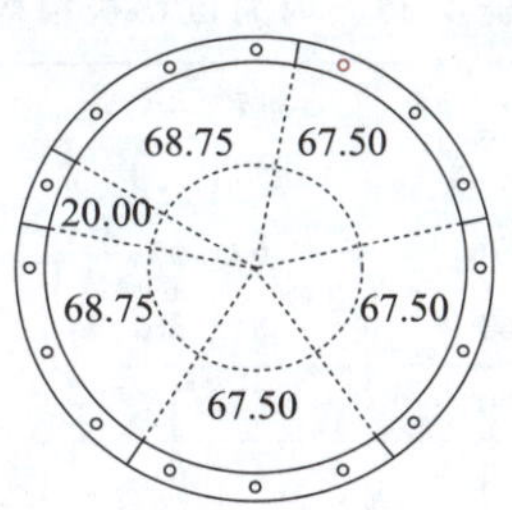

图 4.22　修正静力法

表 4.37　设计参数列表

参　数　名	地震烈度	综合影响系数	地震角度(°)	水平地震系数	地震作用方向
参数值	7	0.250	1.50	0.10	水平向左

地震荷载计算结果：地震水平惯性力 F_1 为 0.89 kN/m²，主动侧向土压力增量 ΔE_1 为 6.99 kN/m²，主动侧向土压力增量 ΔE_2 为 6.99 kN/m²。

利用修正惯用法计算得到隧道管片结构内力和位移增量如图 4.23 所示，不同位置内力位移极值和张开角见表 4.38 和表 4.39，可以看出：最大轴力 1 056.39 kN，剪力 140.23 kN，弯矩 254.76 kN · m，位移 4.277 mm。

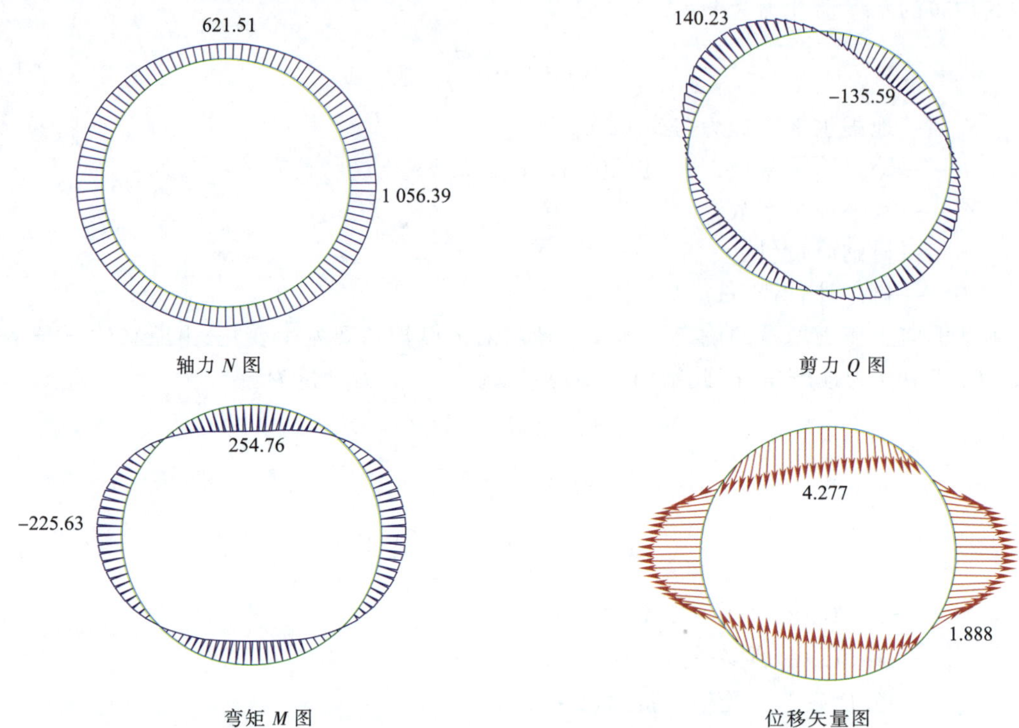

图 4.23　内力位移计算结果

注：轴力、剪刀单位为 kN，弯矩单位为 kN · m，位移单位为 mm。

表 4.38　内力位移极值表

极　值　名	角度(°)	弯矩(kN · m)	轴力(kN)	剪力(kN)	位移(mm)	ID
轴力最大值	356.54	-210.84	1 056.39	32.99	3.573	103
轴力最小值	90.00	254.76	621.51	-10.66	4.277	26
剪力最大值	131.54	10.63	812.36	140.23	2.119	38
剪力最小值	51.92	35.00	817.36	-135.59	2.232	15
弯矩最大值	90.00	254.76	621.51	-10.66	4.277	26
弯矩最小值	176.54	-225.63	1 038.87	4.63	3.700	51
位移最大值	90.00	254.76	621.51	-10.66	4.277	26
位移最小值	176.54	-23.72	940.16	106.56	1.888	92

注：1. 位移最大值、位移最小值的 ID 是指节点 ID，其他项表示单元 ID。

2. 修正惯用法常数 $\eta=0.70$，$\zeta=0.300$。

表 4.39　接头张开角计算结果表

编号	所处位置(°)	张开角(°)	张开量(mm)	编号	所处位置(°)	张开角(°)	张开量(mm)
1	80.00	0.007	0.043	4	237.50	0.003	0.020
2	148.75	-0.004	-0.024	5	305.00	0.002	0.014
3	168.75	-0.007	-0.040	6	12.50	-0.006	-0.038

4.3.3 梁弹簧模型法

利用梁弹簧模型法计算得到隧道管片结构内力和位移增量如图 4.24 所示，不同位置内力位移极值和张开角见表 4.40 和表 4.41，可以看出：最大轴力 1 067.46 kN，剪力 153.20 kN，弯矩 221.74 kN · m，位移 3.822 mm。B 环内力位移计算结果如图 4.25 所示，内力位移极值、接头张开角计算结果分别见表 4.42、表 4.43。C 环内力位移计算结果如图 4.26 所示，内力位移极值、接头张开角计算结果分别见表 4.44、表 4.45。

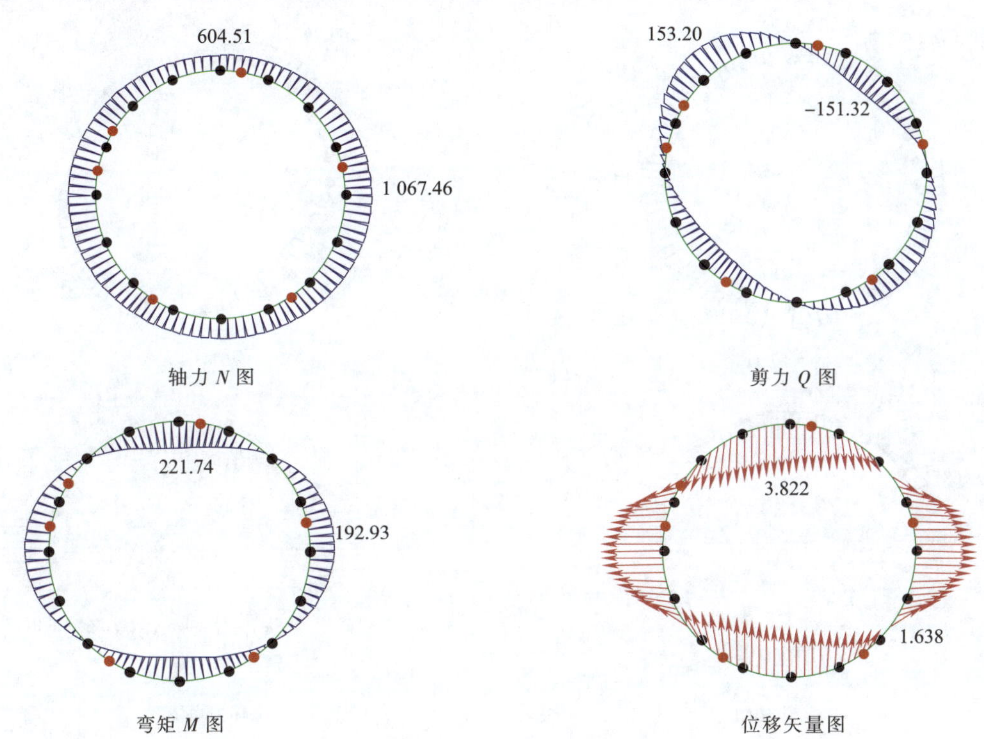

图 4.24 A 环内力位移计算结果

注：轴力、剪刀单位为 kN，弯矩单位为 kN · m，位移单位为 mm。

表 4.40 A 环内力位移极值表

极 值 名	角度(°)	弯矩(kN · m)	轴力(kN)	剪力(kN)	位移(mm)	ID
轴力最大值	0.00	-191.13	1 067.46	23.23	3.271	0
轴力最小值	90.00	221.51	604.51	-17.15	3.822	26
剪力最大值	131.25	26.30	798.53	153.20	1.891	37
剪力最小值	52.50	33.29	813.62	-151.32	2.034	15
弯矩最大值	93.75	221.74	605.53	6.46	3.781	27
弯矩最小值	3.12	-192.93	1 065.74	11.20	3.296	1
位移最大值	90.00	221.51	604.51	-17.15	3.822	28
位移最小值	3.12	-20.33	936.62	123.82	1.638	95

注：位移最大值、位移最小值的 ID 是指节点 ID，其他项表示单元 ID。

表 4.41 A 环接头张开角计算结果表

编号	所处位置(°)	张开角(°)	张开量(mm)	编号	所处位置(°)	张开角(°)	张开量(mm)
1	80.00	0.021	0.127	4	237.50	0.009	0.052
2	148.75	-0.008	-0.047	5	305.00	0.007	0.042
3	168.75	-0.014	-0.086	6	12.50	-0.014	-0.088

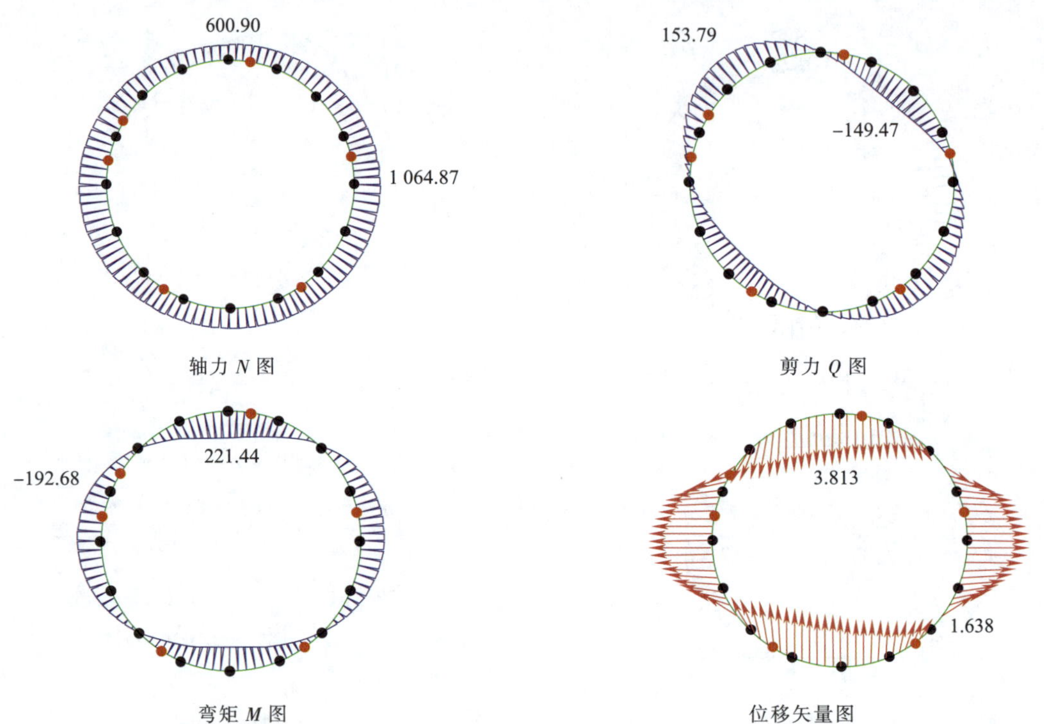

图 4.25 B 环内力位移计算结果

注:轴力、剪刀单位为 kN,弯矩单位为 kN·m,位移单位为 mm。

表 4.42 B 环内力位移极值表

极　值　名	角度(°)	弯矩(kN·m)	轴力(kN)	剪力(kN)	位移(mm)	ID
轴力最大值	0.00	-188.93	1 064.87	22.73	3.256	100
轴力最小值	90.00	220.58	600.90	-20.55	3.813	126
剪力最大值	131.25	28.44	794.30	153.79	1.897	137
剪力最小值	52.50	31.76	815.55	-149.47	2.022	115
弯矩最大值	93.75	221.44	601.71	3.31	3.776	127
弯矩最小值	180.00	-192.68	1 059.51	0.41	3.303	150
位移最大值	90.00	220.58	600.90	-20.55	3.813	134
位移最小值	180.00	-22.95	940.63	122.90	1.638	201

注:位移最大值、位移最小值的 ID 是指节点 ID,其他项表示单元 ID。

表 4.43　*B* 环接头张开角计算结果表

编号	所处位置(°)	张开角(°)	张开量(mm)	编号	所处位置(°)	张开角(°)	张开量(mm)
1	80.00	0.021	0.126	4	237.50	0.009	0.053
2	148.75	-0.008	-0.047	5	305.00	0.007	0.041
3	168.75	-0.014	-0.086	6	12.50	-0.014	-0.087

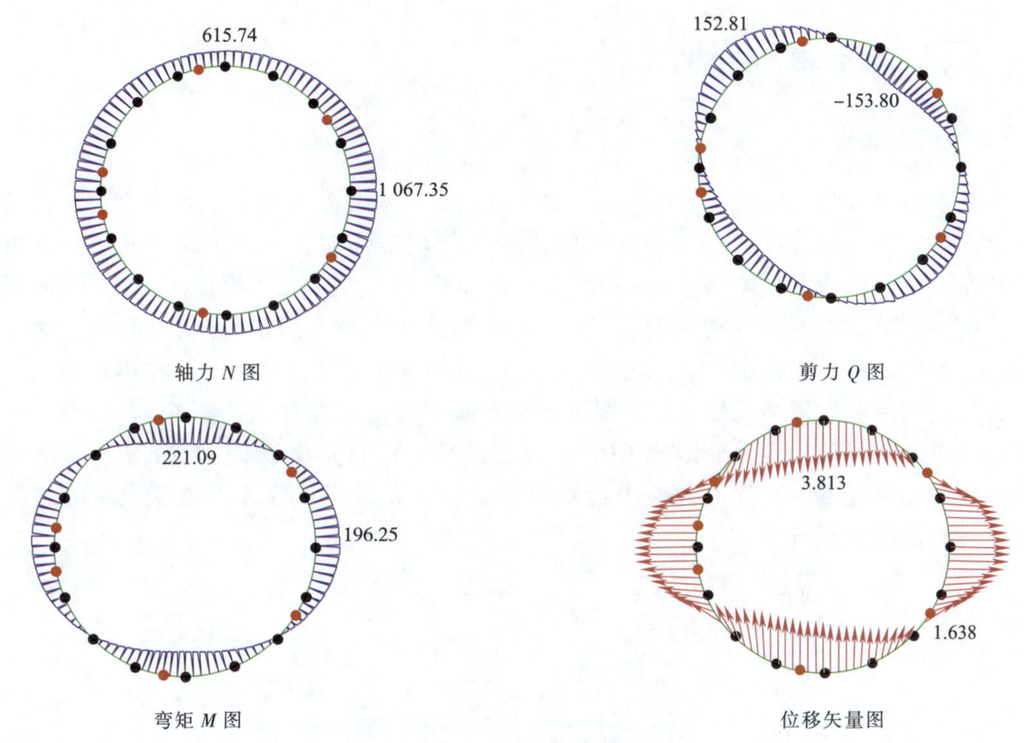

图 4.26　*C* 环内力位移计算结果

注：轴力、剪刀单位为 kN，弯矩单位为 kN · m，位移单位为 mm。

表 4.44　*C* 环内力位移极值表

极　值　名	角度(°)	弯矩(kN · m)	轴力(kN)	剪力(kN)	位移(mm)	ID
轴力最大值	0.00	-194.84	1 067.35	21.55	3.125	200
轴力最小值	90.00	221.09	615.74	-4.09	3.753	225
剪力最大值	131.25	12.87	813.72	152.81	1.920	237
剪力最小值	52.50	40.63	805.15	-153.80	1.935	215
弯矩最大值	90.00	221.09	615.74	-4.09	3.753	225
弯矩最小值	3.75	-196.25	1 064.93	6.62	3.124	201
位移最大值	93.13	219.68	616.99	15.01	3.813	239
位移最小值	3.75	-15.54	933.56	124.61	1.638	305

注：位移最大值、位移最小值的 ID 是指节点 ID，其他项表示单元 ID。

表 4.45　*C* 环接头张开角计算结果表

编号	所处位置(°)	张开角(°)	张开量(mm)	编号	所处位置(°)	张开角(°)	张开量(mm)
1	102.50	0.020	0.125	4	260.00	0.018	0.113
2	171.25	-0.014	-0.087	5	327.50	-0.006	-0.035
3	191.25	-0.012	-0.076	6	35.00	-0.007	-0.043

4.4　正线隧道管片弱化分析

4.4.1　有限元建模

本节根据复合管片的结构尺寸,利用 ANSYS 有限元软件进行建模。本模型采用荷载结构法,将土体等效为土体弹簧 Combin39,隧道管片使用实体单元 Solid185 单元。为分析隧道管片在土荷载作用下整体结构的受力情况,本模型采用分离式建模形式,将高强混凝土管片和钢—玻璃纤维混凝土管片分别建立,总模型共建立 5 个隧道管片,再利用接触单元 Conta173 和目标单元 Target169 将其连接到一起,进而分析管片之间的相互作用影响。

为考虑钢—玻璃纤维混凝土管片强度变化对隧道管片的整体受力影响,本模型实体单元本构采用多线性随动强化准则(MKIN)对混凝土管片进行定义,如图 4.27 所示。通过改变钢—玻璃纤维混凝土管片的弹性模量和应力—应变关系模拟管片强度变化对隧道管片的整体受力情况的影响。

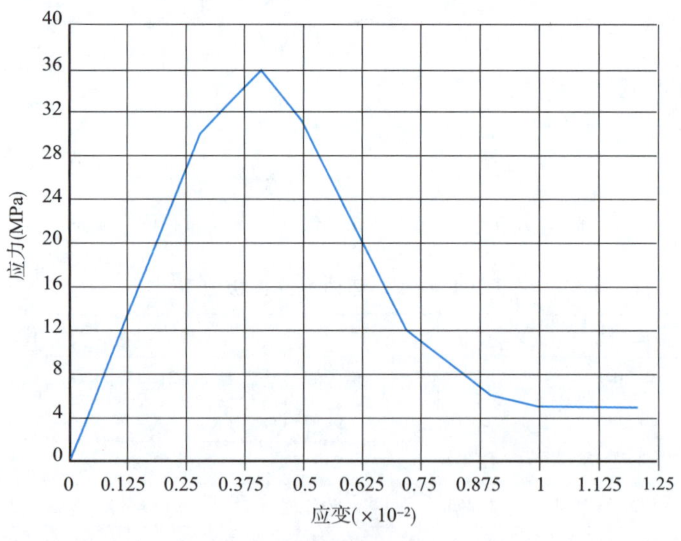

图 4.27　多线性随动强化准则的应力—应变关系曲线

本模型采用非线性弹簧单元 Combin39 取代实体土层的方式,建立四周土体对隧道管片边界位移的约束,对隧道两端的管片边界上采取固定约束的形式,以更好地模拟出两端其他管片对模型管片的约束影响。通过降低玻璃纤维混凝土管片的强度,测试隧道管片整体受力情况的变化。本模型在确保实体不变的前提下,施加等效土体压力,如图 4.28 所示。

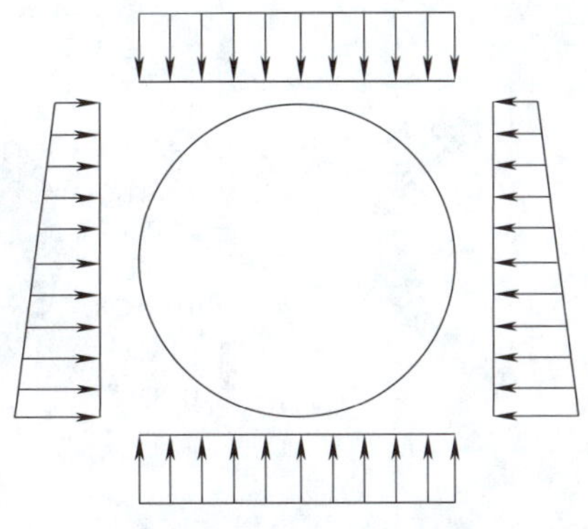

图 4.28　隧道管片外荷载施加

4.4.2　结果分析

采用 ANSYS 有限元软件自带的静力求解器进行计算,输出隧道管片结构的位移云图、位移矢量图、von-Mises 应力云图,进行结构受力分析。本次模拟分析了切削洞口为不同强度的正线隧道,处在 15 m 深土层围压下的变形以及受力情况。

图 4.29 为切削洞口在不同强度下正线隧道的位移矢量图及位移云图。由图 4.29 可知,切削洞口为 C50 强度下的位移最大值是最小的,其值为 1.225 94 mm;随着切削洞口强度的降低,正线隧道位移的最大值一直在增大,但是变化的位移值不大,其中切削洞口为 C25 强度下的位移最大值为 1.285 04 mm。说明改变洞口的强度值对正线隧道整体变形有影响,但是影响不大。

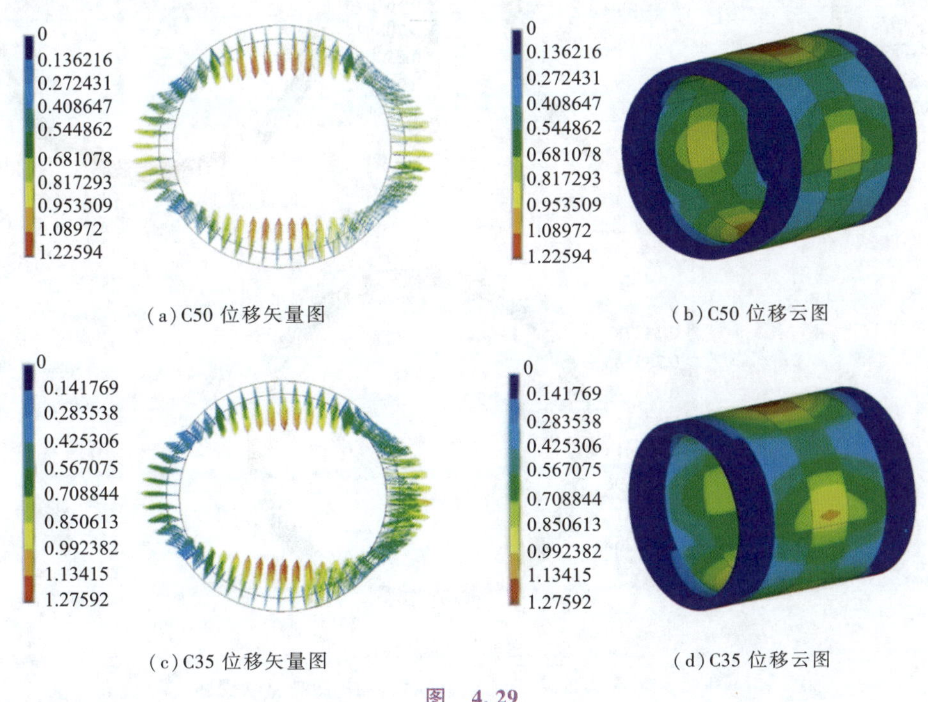

(a)C50 位移矢量图　(b)C50 位移云图

(c)C35 位移矢量图　(d)C35 位移云图

图　4.29

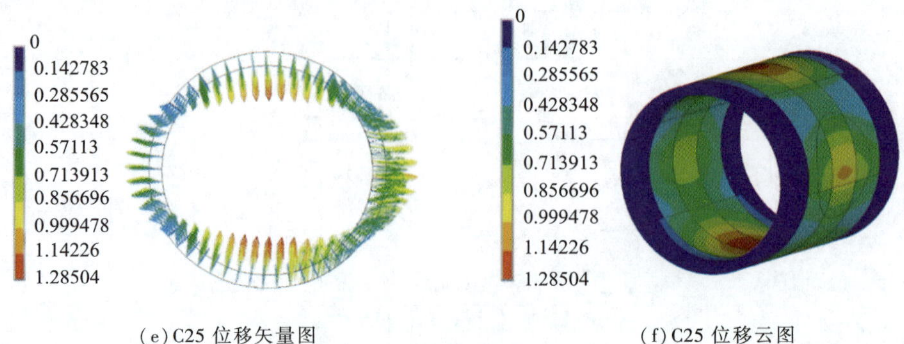

(e) C25 位移矢量图　　(f) C25 位移云图

图 4.29　切削洞口在不同强度下正线隧道的位移矢量图及位移云图(单位:mm)

从上述云图中还可以看出,改变了切削洞口强度后洞口处的位移会适当增大一些,位移最大值仍出现在隧道顶部和底部处。说明在 15 m 深处的地层内改变切削洞口管片的强度对于隧道的变形影响很小,这对于复合管片强度要求可以提供一定的参考。

图 4.30 为切削洞口在不同强度下正线隧道的切削中心剖面位移图。由图 4.30 可知,在改变了切削洞口强度后,洞口管片所受的位移增大,但是影响量比较小,说明结构还是比较安全的。

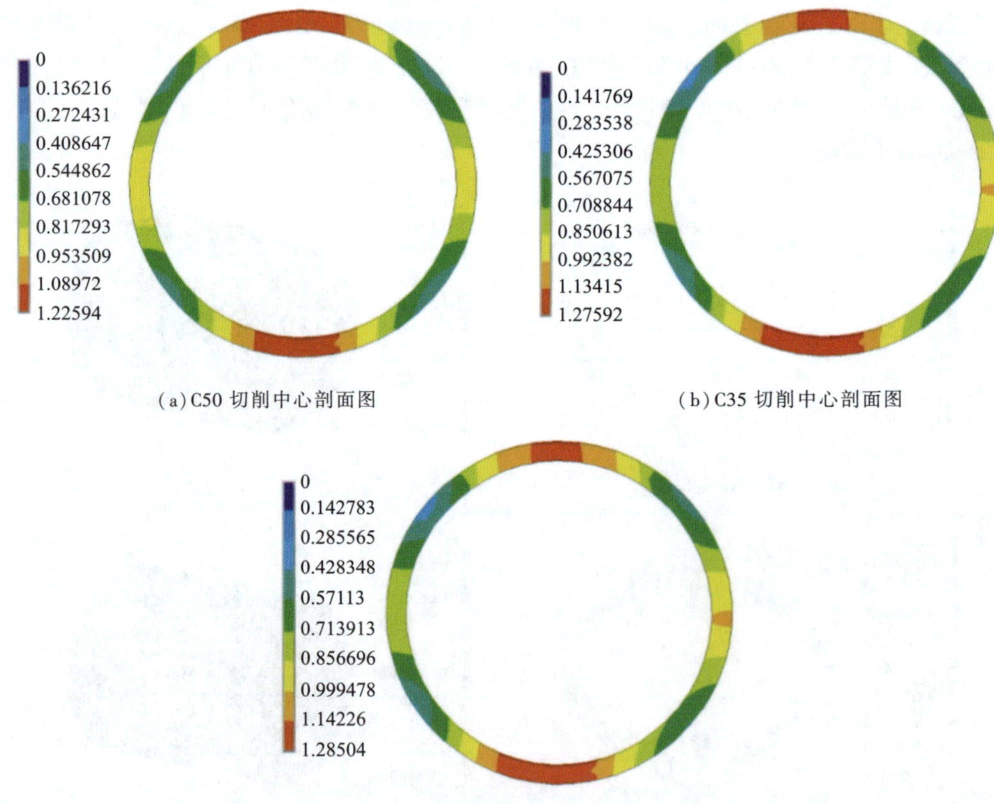

(a) C50 切削中心剖面图　　(b) C35 切削中心剖面图

(c) C25 切削中心剖面图

图 4.30　切削洞口在不同强度下正线隧道的切削中心剖面位移图(单位:mm)

图 4.31 为切削洞口在不同强度下正线隧道的应力云图。由图 4.31 可知，随着切削洞口混凝土的降低，隧道上的应力最大值有所增大，但是增幅较小影响不大。其中当切削洞口混凝土强度为 C25 时，应力最大值为 5.662 41 MPa，不足以破坏混凝土，但是由于管片之间的连接采用的是螺栓连接，所以需要注意是否会引起螺栓的变形过大。

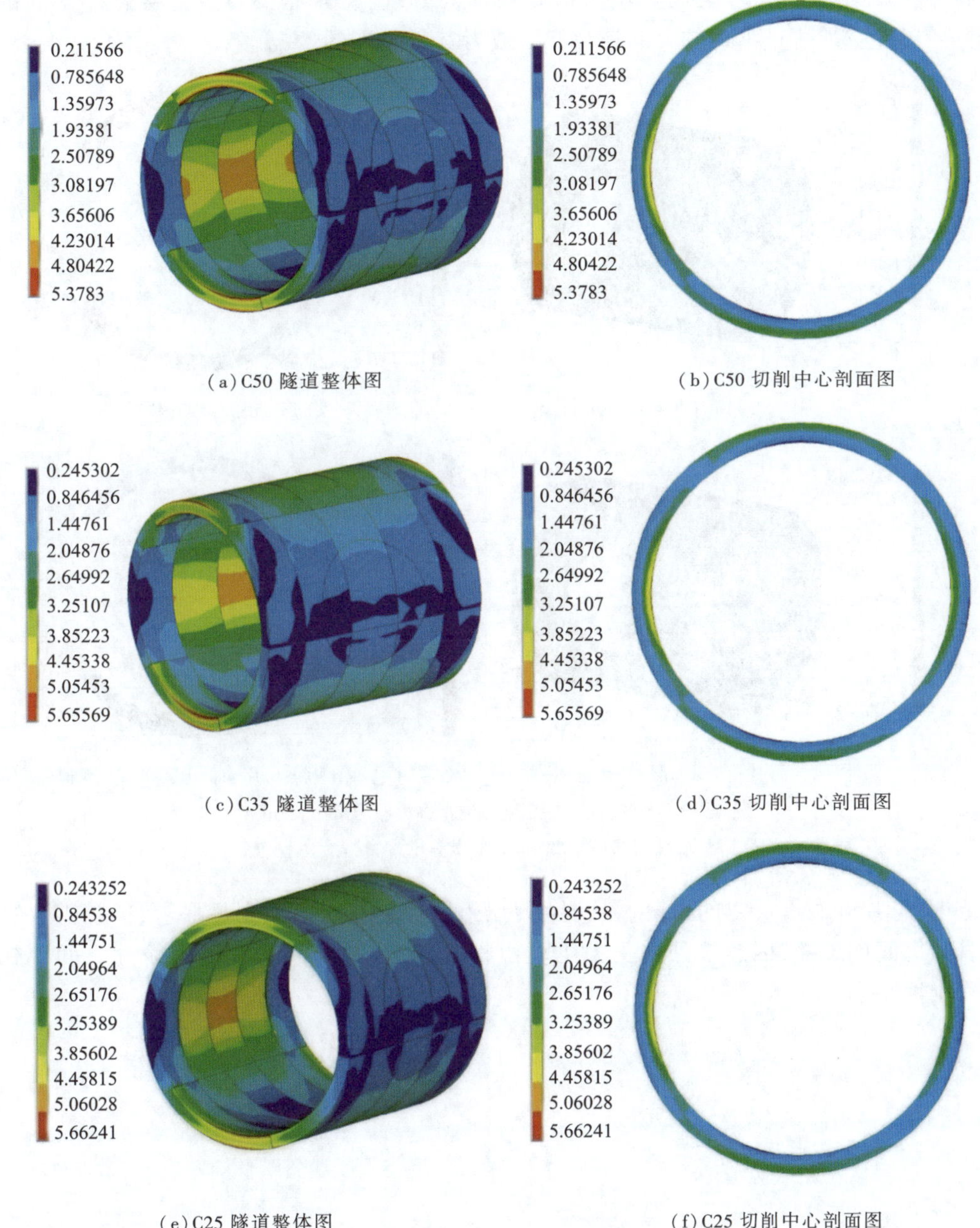

(a) C50 隧道整体图　(b) C50 切削中心剖面图

(c) C35 隧道整体图　(d) C35 切削中心剖面图

(e) C25 隧道整体图　(f) C25 切削中心剖面图

图 4.31　切削洞口在不同强度下正线隧道的 von-Mises 应力云图(单位:MPa)

图 4.32 为洞口切除之后正线隧道在深层土体内部的状态分析。由图 4.32(a)和(b)可

知，当正线隧道开洞后，其位移值变化较大，最大值达到 2.233 76 mm。其中最大值出现在洞口中心上下的管片处，说明该处的管片最为危险，特别要注意该管片的螺栓连接是否能达到强度要求。

由图 4.32(c)和(d)可知，洞口周围出现应力集中的情况，最大应力达到 14.652 6 MPa。这说明若是洞门敞开则会比较危险，因此洞口需要做加固处理，特别是洞口处连接管片之间的螺栓，需要引起注意，防止出现较大的管片开裂或者其他变形的情况。

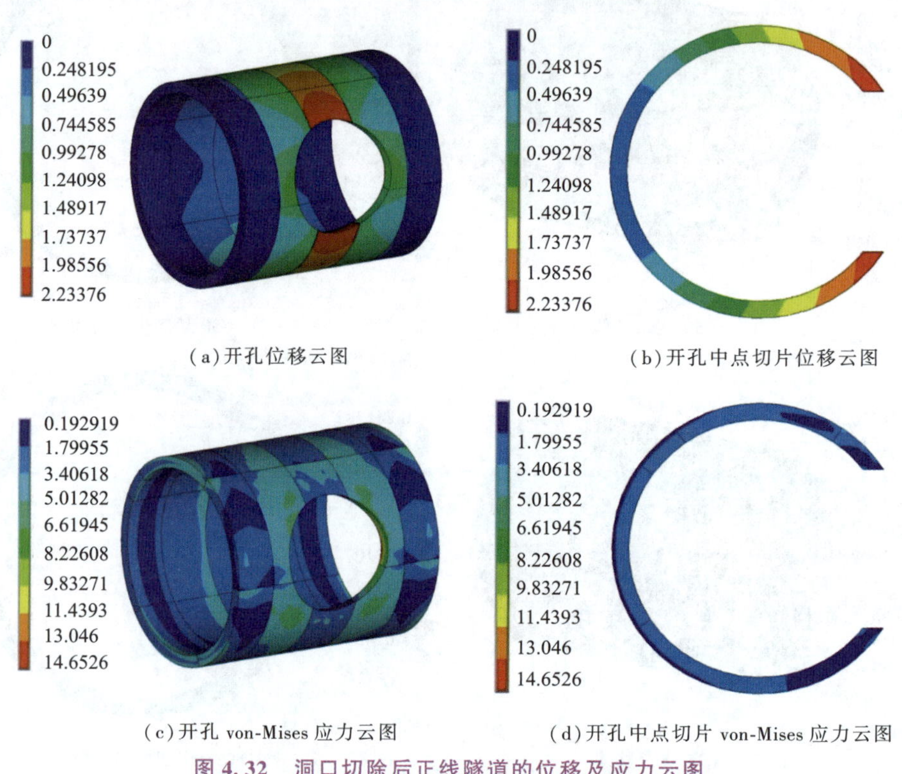

(a)开孔位移云图　(b)开孔中点切片位移云图

(c)开孔 von-Mises 应力云图　(d)开孔中点切片 von-Mises 应力云图

图 4.32　洞口切除后正线隧道的位移及应力云图

注：位移单位为 mm，应力单位为 MPa。

综上，管片开洞有一定的风险。从混凝土强度上看，管片完全满足要求，但是需要特别注意管片之间的连接，因连接处的受力主要由螺栓承担，故需要关注洞口管片之间螺栓连接的安全性。

第 5 章　机械法联络通道结构防水设计

5.1　防水设计原则

南鄞区间工程防水设计遵循“以防为主,刚柔相济,因地制宜,综合治理”的原则;采用高精度钢模制作高精度管片,以管片混凝土结构自防水为根本,接缝防水为重点,确保结构整体防水。衬砌接缝防水包括管片间的密封垫防水、隧道内侧相邻管片间的嵌缝防水以及必要时向接缝内注浆等。其中密封垫防水最重要也最可靠,是接缝防水的重点。

5.2　防水等级标准

南鄞区间工程防水等级为二级,即:不允许漏水,结构表面可有少量湿渍,总湿渍面积不应大于总防水面积的 2/1 000;任意 100 m^2防水面积上的湿渍不超过 3 处,单个湿渍最大面积不超过 0.2 m^2;隧道平均渗漏量不大于 0.05 L/(m^2 · d),任意 100 m^2防水面积上的渗漏量不大于 0.15 L/m^2。结构环境类别为一般环境,环境作用等级为Ⅰ-B,设计使用年限为 100 年。

5.3　管片自防水要求

(1)管片采用防水混凝土,抗渗等级根据埋深而定,但不得小于 P10。

(2)选用硅酸盐水泥以及坚固耐久、级配合格、粒形良好的洁净骨料为原料,添加优质粉煤灰(≥Ⅱ级)、矿渣粉(≥S95)等矿物掺合料配制成以耐久性为重点的高性能混凝土。同时通过添加高效减水剂(减水率≥20%),限制胶凝材料用量(380 ~450 kg/m^3)、水胶比(≤0.35)、氯离子含量(≤胶凝材料重量的 0.06%)、含碱量(≤3 kg/m^3),加强养护(采用蒸汽养护与水养护)等措施,来控制混凝土初期开裂与收缩裂缝。

(3)管片检漏标准:0.8 MPa 水压维持 3 h 条件下,渗水进入管片外背高度≤5 cm。检漏频率参照《地下铁道工程施工质量验收规范》(GB 50299—2018)执行。

5.4　密封垫防水设计

5.4.1　密封垫防水设计现状

国际上常用的弹性密封垫主要有两大类型:一种是以欧洲为代表的谢斯菲尔德型非膨胀合成橡胶,靠弹性压密,以接触面压应力来止水,以耐久性见长;另一种是以日本为代表

的遇水膨胀橡胶,靠其遇水膨胀后的膨胀压来止水。国内地铁盾构隧道管片接缝普遍采用非膨胀橡胶密封垫进行防水,效果显著。

1969年,世界上首次采用橡胶密封垫用于拼装式隧道衬砌接缝防水,用于德国汉堡的易北河水下公路隧道中,密封材料是氯丁橡胶。经过40多年的研究与实践,橡胶密封垫的材质主要采用化学稳定性好、耐老化、耐水性能优异的三元乙丙橡胶。同时密封垫断面设计日益多样化,在密封垫上开一定数量的不同形状的对称孔,在保证密封的前提下降低密封垫安装时的装配闭合力,提高密封垫的压缩应力松弛性能及提供长期的密封性能。由于这种结构的密封垫最早于1983年的英国谢斯菲尔德隧道被成功地使用,因而被称为"谢斯菲尔德型"密封垫,国内通常称其为多孔橡胶密封垫。1975年日本最早开发出了遇水膨胀橡胶,不仅在工程防水方面得到广泛使用,取得了较好的使用效果,而且用于隧道管片接缝之间的密封。目前,管片接缝处的防水开始采用复合橡胶型材,复合形式有利于膨胀橡胶单向膨胀,侧向受限,膨胀力充分发挥,不仅加强止水性,同时减小水膨胀树脂的溶出,有利于延长材料的使用寿命。

5.4.2 密封垫选材与选型

根据盾构密封垫水压试验,弹性密封垫的防水具有以下两个特点:

- 弹性密封垫的防水能力与其受压缩后材料之间的接触应力大致成线性比例关系。
- 压缩后的弹性密封垫间的接触应力由于应力松弛及材料老化会随时间降低。

密封材料的接触应力是弹性密封垫压缩至管片接缝沟槽后在接触面上的压缩应力。在弹性密封垫工作状态及防水设计水压确定后,则可设计满足防水条件、施工要求的密封垫的形状尺寸。

弹性密封垫作为管片接缝最重要的防水材料,其应满足以下几个方面的要求:

- 在管片可能的拼装状态下满足隧道设计年限内防水要求。
- 作为橡胶材料,其材料性能要求应满足相关国家标准要求。
- 在千斤顶推力和管片拼装的作用力下,不致使管片端面和角部损伤等弊病发生,同时弹性密封垫应方便管片拼装。

弹性密封垫的材料一般可选择三元乙丙橡胶、掺遇水膨胀树脂的膨胀橡胶类及氯丁橡胶等三种。

试验发现,在不错位情况下,弹性密封垫的最大耐水压力与接触面接触应力比较接近,通常认为接触应力与设计水压力之比$K \geq 1.15$时即能满足水密性要求。

三元乙丙橡胶依靠弹性压密,以接触面压应力来止水。非膨胀橡胶的压密必须满足盾构机拼装能力要求,而管片的最后装配闭合力,由盾构机千斤顶、管片的螺栓预紧力等因素决定。南鄞区间项目采用的盾构机直径为3 290 mm,装配能力低,刀盘为锥形刀盘,此类设计在国内尚属先例,暂无可参考推力值,且螺栓预紧力较小,故次要考虑三元乙丙橡胶作为密封垫材料。

遇水膨胀橡胶密封垫工作状态下的材料性能,类似于高黏体系,它具有把压力传递到其接触面的特性。装在密封槽中的橡胶密封垫受到一定的压力时,便对初始接触面产生应力P_0;当遇水膨胀橡胶吸水膨胀及受到液体压力作用时,将产生附加接触面应力P_1

(图 5.1)。总接触面的应力 P 为

$$P = P_0 + P_1 \tag{5.1}$$

水压 $P_w > \alpha P$ 即

$$P_w > \alpha(P_0 + P_1) = \alpha(P_0 + \beta P_0) \tag{5.2}$$

$$P_w > \alpha(1 + \beta) P_0$$

当式(5.2)成立时，即发生渗漏，式中的 α 与密封材料的材质、耦合面表面状况有关，β 与材料硬度、断面形式相关。日本学者岩崎二郎先生提出了类似的公式：

$$P_r > m \cdot P_w \tag{5.3}$$

式中　P_r——所需的接触面压力(橡胶弹性压 + 膨胀压 + 自封作用下压力)；

m——随密封垫材质、形状、宽度而异的系数；

P_w——作用于管片的水压。

遇水膨胀橡胶密封垫对于装配闭合力要求较小。故优先考虑遇水膨胀橡胶作为防水材料。

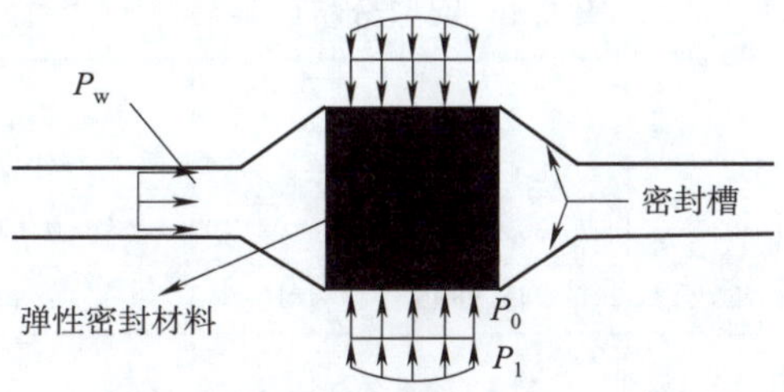

图 5.1　密封垫密封机理示意图

5.4.3　密封垫耐久性分析

从 20 世纪中期开始，专家学者们就在预测防水材料的储存寿命和服役寿命领域，做了大量的试验研究，提出了许多经验公式和理论公式。李咏今(1991 年)等人在经过多年的研究后，采用不考虑松弛机理，纯粹从数据处理经验出发，根据麦克斯韦模型提出一个动力学表达的经验式：

$$f(P) = B\mathrm{e}^{-kt^a} \tag{5.4}$$

式中　$f(P)$——对应力松弛、扯断延伸率、定伸应力、防老剂消耗等性能，为任意时间 t 的性能 P_t 与初始性能 P_0 的比值，即 $f(P) = P_t/P_0$，对累计永久变形则为 $1 - P_t$；

B——与温度 T 无关的常数；

a——与温度 T 无关的常数；

k——与温度 T 有关的速度常数。

但是该方法没有涉及温度变化对硫化胶性能的影响，为此李咏今等人引入了反应速度常数 k 与温度 T 间关系式：

$$k = A\mathrm{e}^{-E/(RT)} \tag{5.5}$$

式中　A——总碰撞频率因子(为常数)；

E——活化能；

R——气体常数。

为了使预测模型涉及温度变化对橡胶性能的的影响,学者们将公式(5.4)和公式(5.5)结合在一起,就可以得到 P-T-t 三元数学模型:

$$P = B/10^{10^{[B_0 + B_1(1/T) - B_2 \lg t]}} \tag{5.6}$$

式中 $B_0 = \lg(A/2.303)$,$B_1 = -E/(2.303R)$,$B_2 = a$。

式(5.6)能较直观地表述时间和温度对性能比的影响,但是该公式是一个二阶10次幂的方程,不便于应用,故在业内没有被广泛使用。鉴于以上公式都有缺点,有学者在通过对试验数据分析研究的基础上,提出了如下式所示的预测模型:

$$P = De^{d_0(1+1.1T)^{d_1} t^{d_2}} \tag{5.7}$$

式中 t——时间;

T——温度;

D, d_0, d_1, d_2——常数。

根据式(5.7)利用SPSS软件对试验数据进行回归,可得如表5.1所示的系数。

表5.1 回归分析结果表

橡胶种类及性能名称	P	d_0	d_1	d_2	R^2
遇水膨胀橡胶拉伸强度	0.963	-309.111	-598.302	0.627	0.967
遇水膨胀橡胶扯断延伸率	0.935	-945.989	-810.663	0.984	0.911

在表5.1中,R^2为复相关系数,由表可见两种数据拟合结果的相关系数都接近1,可见这一模型能较好表示其性能变化的规律。在得出以上结果后,便可由代入选定的温度和时间值,预测任意时刻任意温度下的 P 值。

盾构隧道常年处在地下,服役环境的温度可取 $T = 20$ ℃。将设计使用年限取为 $t = 100$ 年即可由式(5.7)得出相应的性能比,见表5.2。

表5.2 性能比的预测结果

橡胶种类及性能名称	P
遇水膨胀橡胶拉伸强度	0.963
遇水膨胀橡胶扯断延伸率	0.935

可见,遇水膨胀橡胶的拉伸性能在20 ℃环境温度中,经过100年后,仍能保持90%多的性能;说明该橡胶较耐老化,满足使用年限100年要求。

5.4.4 沟槽尺寸确定

考虑到宁波地区的水文地质特点,设防压力采用2倍于隧道埋深的水压,为0.66 MPa。根据管片的拼装施工质量确定了管片接缝变形的极限条件:在环缝错台量达到15 mm时,张开量可达4 mm。为保证密封垫接触面,沟槽宽的应为最大错台量的3倍左右。根据以往设计经验并参考采用遇水膨胀密封垫的典型盾构隧道防水沟槽设计,从而确定了最终沟槽设计方案,图5.2为典型隧道沟槽设计断面。

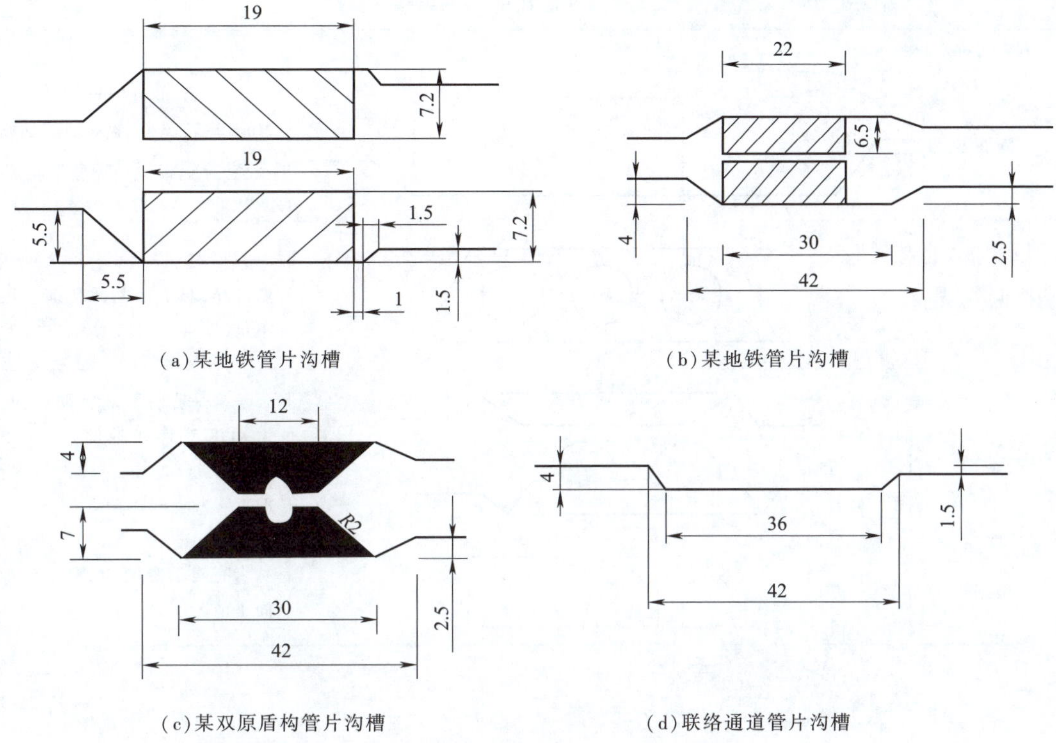

图 5.2 典型防水沟槽设计断面(单位:mm)

5.4.5 密封垫断面形式确定

在确定好管片沟槽的方案后,下一步应设计出与之相配套的密封垫的断面形式。密封垫首先需满足极限接缝变形条件下的防水要求,其次还应满足盾构机的拼装要求。根据以往的设计经验和类矩形盾构机的设计拼装能力,密封垫的设计闭合压缩力应控制在 60 kN/m 以内。在《地下工程防水技术规范》(GB 50108—2008)第 8.1.6 条规定,管片接缝密封垫应被完全压入密封垫沟槽内,密封垫沟槽的截面积应大于或等于密封垫的截面积,其关系宜符合下式:

$$A=(1\sim1.15)A_0 \tag{5.8}$$

式中 A——密封垫沟槽截面积;

A_0——密封垫截面积。

弹性密封垫的高度根据最大张开量和完全压缩到沟槽的压力确定。弹性密封垫沟槽深度与密封垫的高度可按下式确定。

$$\alpha=\frac{T-H-B/2}{T} \tag{5.9}$$

南鄞区间项目中制定了多个比选方案,沟槽面积与密封垫净面积比值均为 1 ~1.15 之间,密封垫方案比选见表 5.3。

表 5.3　性能比的预测结果

方案名称	断面形式	缺　点
矩形断面方案		在张开量 4 mm、错台量 2 mm 的情况下，容易引起粘贴失误的人为错台，搭接长度只有 6 mm
圆形孔洞方案	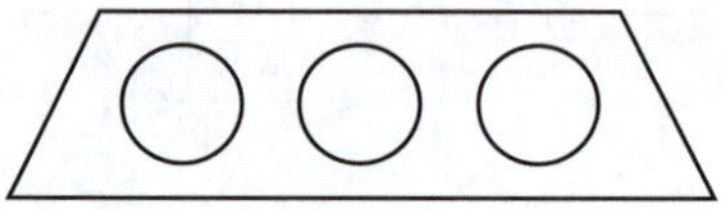	圆形空洞的设计会导致孔壁过薄，对于接触面支撑力度不足，而且影响加工精度
阴阳凹凸方案	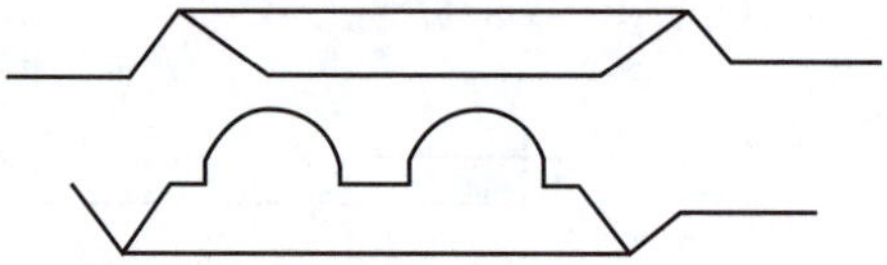	缺陷是容易引起粘贴失误，增加施工管理难度；张开量 4 mm，错台 2 mm，未膨胀的情况下不起密封作用
梳型方案		未有施工案例，其膨胀机理尚不清晰

第6章　机械法联络通道盾构整机设计

6.1　概　　述

为解决冷冻法联络通道施工带来的问题，欧洲、日本以及香港等地已相继开展了联络通道掘进机的研究。然而，由于受限于既有隧道空间小、通道结构复杂、装备研发难度大等原因，机械法联络通道技术未全面使用，但已经受到了高度关注，并且在部分国家和地区开展了工程实践。在前期的国内外调研和分析基础上，本书结合联络通道洞门尺寸，详细介绍机械法联络通道盾构整机设计。

6.1.1　区间内置式泵房设计

联络通道传统工法施工虽存在诸多问题，且在国内外引起一定的重视，并开展了相关机械法施工研究和探索；但机械法一直未得到广泛应用，主要限制于联络通道泵房和进出洞洞门设计。

隧道联络通道一般设置在区间隧道V字坡底部，断面如图6.1所示，通道内集成集水泵房，用于隧道内污水的收集和排放。传统施工工法地层整体加固，人工向下开挖后进行浇筑实现泵房和联络通道的同步施工。

图6.1　传统联络通道隧道断面

如果采用传统断面设计，掘进机无法同步进行泵房施工，仍需要对地层再次进行加固，人工开挖，造成加固成本的重复投入。宁波市轨道交通公司通过前期的研究，研发了区间内置式泵房设计，如图6.2所示，通过区间道床下一定范围内设置集约型的集水坑并采用高性能水泵,经过工程验证能够满足隧道正常排水及消防状态下的极限排水要求。内置式泵房设计,解绑了联络通道的非通道功能,经济地解决了掘进机无法施工的下沉式泵房的难题,为联络通道机械法施工提供了一定的技术基础。

图 6.2　区间内置式泵房设计

6.1.2　联络通道洞门及其断面尺寸设计

冷冻法或注浆加固方法施工联络通道,主隧道联络通道处的洞门采用钢管片洞门,地层加固完成后人工拆除联络通道处的洞门管片进入施工,如图 6.3 所示。为了减少机械法施工加固产生的施工成本,中铁装备与地铁公司、设计院、施工单位及相关科研高校组成联合体进行联合技术攻关,设计研发了可切削式洞门结构。可切削式洞门采用三环环宽 1 500 mm 的钢混凝土结合的复合式管片拼装成盾构始发和接收的洞门,如图 6.4 所示。联络通道掘进机刀盘开挖区域为玻璃纤维筋混凝土结构,其余为钢隔舱结构。施工时盾构机刀盘可直接切削混凝土通过,不需要进行管片拆除。

图 6.3　传统联络通道洞门

图 6.4　机械法联络通道洞门

为了便于盾构机施工,联络通道采用圆形可拼装式管片实现衬砌,管片内部空间用于消防疏散。管片直径越大,消防疏散空间越大,但主隧道横向可利用的施工空间越有限,联络通道机械法施工时能布置的主机长度越短,设备集成难度越大。宁波轨道交通区间隧道采用外径 φ6 200 mm、内径 φ5 500 mm 管片。综合考虑疏散空间和主机布置空间两方面的需求,管片规格确定为外径 φ3 150 mm、内径 φ2 650 mm、环宽 φ550 mm,成型通道可实现 1 400 mm×2 050 mm 的消防空间。联络通道断面及成型效果如图 6.5、图 6.6 所示。

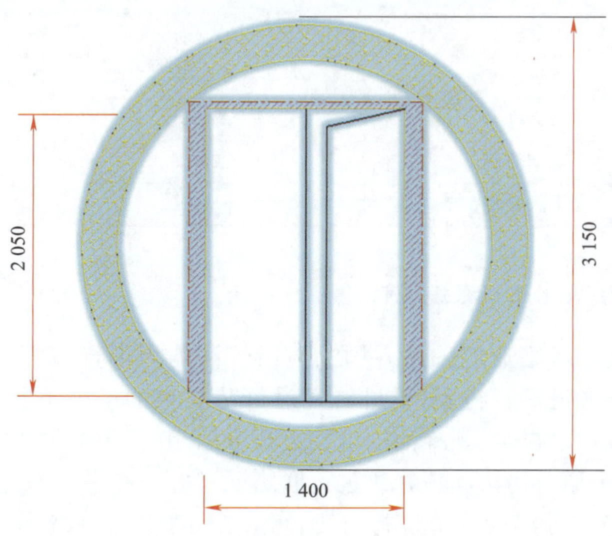

图 6.5　联络通道断面(单位:mm)

图 6.6 成型联络通道效果

6.2 整机功能匹配性设计

6.2.1 技术要求

根据中铁工程装备集团有限公司科研项目《隧道联络通道用盾构机及其掘进工法研究》合同的相关内容，要求开发研制的隧道联络通道用盾构机，满足安全、快速、环保施工的要求。盾构机主要技术指标见表 6.1。

表 6.1 设计技术指标

序号	项目	参数	单位
1	适应地质	软土地层	
2	适用主隧道	ϕ6 200 × ϕ5 500	mm
3	方向控制	±50	mm
4	沉降误差控制	±30	mm
5	开挖直径	ϕ3 290	mm
6	刀盘转速	0～3.8	r/min
7	推进速度	0～40	mm/min
8	最大推力	1 050	t
9	驱动功率	200	kW
10	最大扭矩	862	kN · m

6.2.2 高功率密度模块化整机系统设计

研究分析表明隧道联络通道采用盾构法与顶管法均为可行方案。盾构法通过管片拼装机拼装管片对联络通道进行衬砌，推进缸通过管片提供的反力不断向前推进；顶管法则通过拼装式管节完成通道衬砌，顶推油缸推动主机和管节一同向前。对比盾构和顶管的工作原理及施工过程，采用盾构法和顶管法进行联络通道施工各有利弊。

顶管法采用整节或分瓣式管节进行衬砌，可在施工区外完成管节的组装，开挖工序完成后顶推油缸顶进即可完成一个施工循环，工序较为简单，管节模具单一，整体施工造价较低。但是由于顶管法主机和管节向前推进的反力均作用在区间隧道管片上，对成型隧道的影响较大，且顶管法调向较差，因此主要适用于短距离直线通道。

盾构法采用拼装式管片进行隧道衬砌，管片拼装在盾体内进行，因此在常规地铁隧道空间受限的情况下，主机内设备布置难度大、集成度要求高，总体造价更高。但是，由于盾构法只有主机向前掘进，联络通道管片受地层的摩擦力能够提供主机向前掘进的推力，不需要主隧道提供推力，因此作用于区间主隧道内的推力较小，对主隧道的影响较小。此外，盾构法可通过楔形管片组合或者盾构机主机自身的调向功能进行转弯调向，因此盾构法可用于长距离曲线联络通道的掘进，同时基于联络通道施工技术的不断成熟，盾构法可拓展至各种管网的曲线支线隧道，技术拓展性强。

结合工程的特殊性，创新性地将盾构法和顶管法进行融合，采用模块化设计，施工单位可根据联络通道的线型和左右线间距，通过模块组合实现不同工法的灵活选择。盾构法和顶管法组成模块见表 6.2。模块化主机布置和整机布置示意分别如图 6.7、图 6.8 所示。

表 6.2　盾构法及顶管法组成模块

	盾　构　法	顶　管　法
共用模块	刀盘、主驱动、前盾、后配套台车、内支撑体系、泡沫系统、变压器、控制系统、液压泵站、水系统、导向系统	
选用模块	尾盾、拼装机、推进系统、螺旋输送机、管片吊机	中盾、尾盾、顶推系统、铰接系统、螺旋输送机、管节吊机

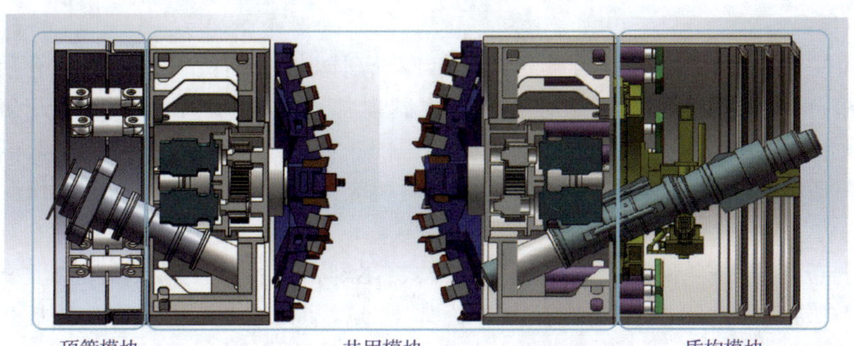

图 6.7　模块化主机布置示意图

图 6.8　整机布置示意图

6.3 联络通道掘进机整机系统配置

1. 盾体系统

盾体系统对挖掘出的还未衬砌的隧道段起着临时支护的作用,承受周围土层的土压、承受地下水的水压及将地下水挡在盾壳外面。盾体系统由前盾、尾盾、推进系统等组成,如图 6.9 所示。

图 6.9 盾体组成

(1)前盾

前盾由主驱动连接法兰、螺旋输送机连接座、壳体、土仓隔板等组成。土仓隔板上设有被动搅拌棒,可与主动搅拌棒实现对渣土的强制搅拌;隔板上中下三个区域配置有高灵敏度的土压力传感器,能在主控室内显示不同部位的土仓压力;还设有预留的泡沫孔、加水孔等;此外,前盾壳体上预留有压浆口,用于微调主机姿态。

(2)尾盾

尾盾上布置的 2×4 路油脂管路采用内嵌式;尾刷密封由三排焊接在壳体上的密封刷组成,防止注浆材料和水漏进盾体内部;尾盾壳体上预留有压浆口,用于微调主机姿态。

(3)推进系统

推进油缸的主要作用是为盾构机提供推力。由于管片的分度不同,推进缸的布置也会随之而改变,考虑掘进调向可操作性,需要将油缸进行分组。通过调整每组油缸的不同推进速度来对盾构进行纠偏和调向。

2. 刀盘切削系统

刀盘是盾构机用于地层开挖的系统,刀盘采用锥形设计,支撑形式为中心支撑,刀盘通过中心筒内花键与主驱动相连,主驱动扭矩经过驱动主轴传递至刀盘。

刀盘钢结构主要由四主刀梁、四副刀梁、外圈梁和刀盘筒体等组成。外圈梁焊有耐磨复合钢板,保护刀盘本体。刀盘背面有主动搅拌棒,与前盾上的被动搅拌棒一起对土仓内渣土进行搅拌。刀盘设有改良渣土的泡沫喷口。

刀盘通过中心筒内花键与主驱动相连,主驱动扭矩经过驱动主轴传递至刀盘,可实现刀盘双向旋转。在四个主梁、副梁和外圈梁的前面焊接有掘进时所使用的中心刀、撕裂刀和安装切刀、边刮刀的刀座。

3. 刀盘驱动系统

刀盘驱动通过高强度连接螺栓安装在前盾隔板上,刀盘驱动的前部通过主轴花键连接刀盘,起到支撑刀盘的作用,同时为刀盘旋转提供扭矩。

驱动扭矩的传动路线为:马达—小齿轮—大齿圈—主轴—刀盘。小齿轮两端设有调心滚子轴承。

驱动主轴的密封系统主要包括三道多唇形密封、三道格莱圈密封及前部的迷宫密封,其主要的功能是防止土仓内的渣土进入驱动箱及密封齿轮油。

刀盘驱动齿轮主要采用齿轮油油浸润滑,即将齿轮油加到驱动箱中心线以上(1/2 ~ 2/3)的位置,顶部靠齿轮旋转将油带到上部以及齿轮油循环至顶部喷淋实现润滑功能。

驱动主轴尾部安装一个具有两路改良介质通道的中心回转接头,回转接头的作用是将用于渣土改良的泡沫、膨润土或水输送到刀盘上的喷口。回转接头主要由转子与定子组成。定子通过防转动机构与主驱动箱体相连,不能转动;转子则通过螺栓与驱动轴连接,随刀盘一起转动。

4. 管片安装机系统

管片安装机是盾构法的选用模块,主要作用是安装联络通道衬砌管片。管片安装机通过遥控器进行控制,可实现 6 个自由度,包括:拼装机旋转、前后移动、提升油缸同步伸缩、不同步伸缩、抓举头摆动及旋转。管片安装机的伸缩、旋转和移动等功能都是比例控制的,且提升油缸和移动油缸带有行程传感器,可检测拼装机的行程位移,能够对管片实现精确定位。

由于联络通道之间较小,为了满足狭小空间内管片拼装,提高设备的自动化水平,设计了管片半自动拼装系统。当进行半自动拼装操作时,首先需要在该界面设定“F 块角度”,并按下“半自动拼装”启动按钮。该界面与拼装机遥控器配合使用可实现拼装机的半自动拼装功能。

5. 排渣系统

盾构法和顶管法均采用土压平衡模式掘进,使用螺旋输送机进行排渣。螺旋输送机安装在前盾的底部,采用对止水性更为有利的轴式螺旋机,螺旋机筒体内径 ϕ350 mm,最大通过粒径为 ϕ240 mm × 130 mm,出渣能力为 23 m^3/h,其圆周设有膨润土或泡沫的注入孔。

螺旋输送机设有下出渣闸门,可根据掘进速度在主控室控制闸门的开启度,通过调节排土量来实现土塞效应,形成良好的排土止水效果;在土压平衡模式掘进时,可起到调节土仓土压力的作用。另外预留保压泵接口,发生喷涌时,及时关闭闸门,接保压泵调节土仓压力。

螺旋输送机可双向旋转,当发生螺旋轴卡住现象,可以通过控制液压马达正反转来摆脱。必要时也可打开设置在螺旋输送机筒体上的观察窗门来对壳体内部进行清理。螺机筒节设置伸缩油缸,油缸行程 400 mm,设有土压传感器 2 个,渣土改良口 2 个,螺旋轴及叶片外圆焊有耐磨条及耐磨层。螺机出口的渣土采用泵送的方式输送至渣车,再有渣车运输至洞外。

6. 后配套及预应力支撑系统

(1)后配套台车

后配套系统包括拖车及其上装有的保证盾构正常工作的各系统装置、管线。主要包括物资吊运系统、冷却水系统、液压泵站、注浆系统及供配电系统等。设备共包含 5 节台车,其

中 1 ~4 号台车在联络通道始发端,1 号、2 号台车各系统工作平台为门架式结构,3 号台车为主机始发台车及始发端预应力支撑系统,4 号台车为物料吊运台车,5 号台车为接收台车(接收端预应力支撑系统放置在接收端)。各台车设备布置情况为:

1 号拖车右侧布置高压开关柜、高压电缆分支箱、变压器、混合液等,左侧布置水箱、水泵和电气控制柜等。2 号拖车右侧布置泡沫原液、补偿柜、主控室,左侧布置储气罐、空压机、液压泵站。3 号拖车布置有始发调整基座、始发钢套筒、盾构主机及反力架等。4 号拖车右侧布置注浆控制柜、双液注浆系统、物料吊运系统等。5 号拖车布置有接收钢套筒、接收端液压泵站等。

(2)反力及始发调整结构

盾构法掘进时需要将反推力传递至主隧道管片。由于始发空间限制,反力架特殊设计为圆形,始发时内置于主机内部,反力架后部空间用于物料调运和渣土输送。反力架结构示意如图 6.10 所示。

为了精确控制主机始发姿态,设计一套始发调整装置,可多自由度对主机俯仰、左右偏转姿态进行调整,保证主机始发时姿态与设计轴线一致。

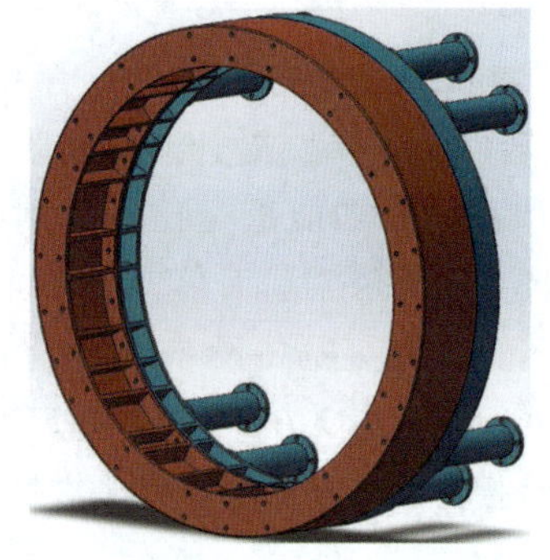
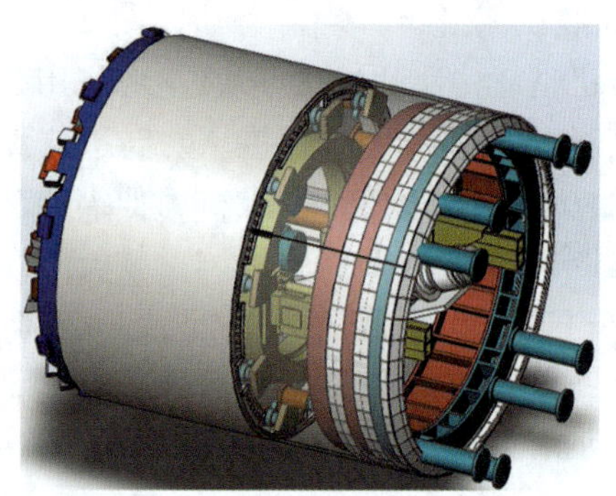

图 6.10　反力架结构示意

(3)管片吊运系统

管片吊机的功能是从管片车上将管片吊运到管片运输小车上。管片吊机采用单梁链轮链条驱动,使用机械抓举形式抓取管片,管片吊机主要包括一套电动葫芦、驱动装置、电缆系统等。管片吊机可以通过有线或无线方式控制,提升具备慢速和快速两种挡位。盾构法和顶管法各有一套吊运系统。

(4)管片预应力支撑系统

联络通道施工时,主隧道开洞后管片内应力重新分配,同时主机掘进反力通过反力架传递至主隧道。为保证施工时管片安全稳定并将掘进反力均匀分担于周边管片,特别设计管片预应力支撑系统(图 6.11)。支撑系统可分为顶部支撑和侧部支撑,均由通道液压油缸控制,具备伸出和缩回功能,可通过上位机进行控制,并进行压力和位移监测。

7. 注浆系统

盾构法施工时需通过注浆对管片背后间隙进行填充。注浆系统配置一个制浆机、一个储浆罐、一个储液罐和一个双出口的柱塞泵。注浆工艺为延时同步注浆,即尾盾拖出管片后,通过管片螺栓孔及时注入浆液开挖间隙进行填充。

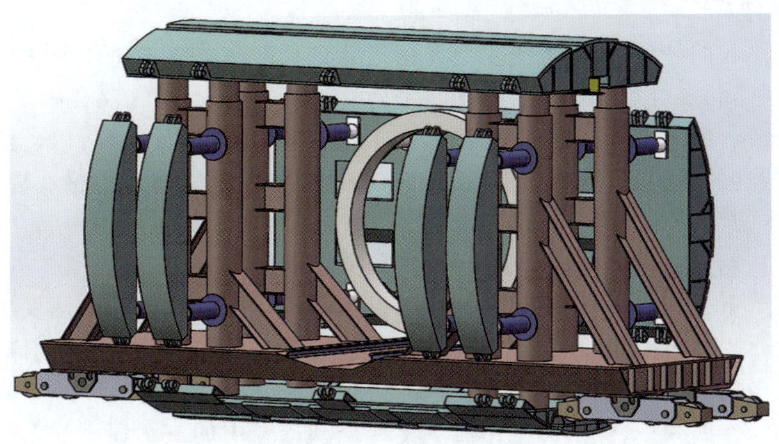

图 6.11　预应力支撑体系

注浆泵采用双变频电机控制，通过变频控制注浆泵的动作次数，从而调整泵的注浆量。将管片背后的空隙在短时间内充填密实，从而使周围岩体获得及时的支撑，可有效地防止岩体的坍陷，控制地表的沉降。地表沉降量应控制在要求范围之内。

8. 水气系统

水气系统是为设备工作、冷却剂控制提供必要的水和气。压缩空气是通过安装在后配套拖车上的空气压缩机来供应的。系统包括空气压缩机、压缩空气罐、滤清器和保养装置。

由于联络通道施工距离短，为了减少水系统循环的成本，内水和外水共用一套水系统。系统共设置两个水箱，1 号水箱为内水，进水以不高于 28 ℃ 的状态送入，用于设备的冷却；2 号水箱为外水，用于泡沫系统、刀盘喷水等消耗。1 号水箱与 2 号水箱连接，循环水直接消耗，当温度高于上限值时，自动放水。

水系统控制界面提供盾构水系统的控制及监视功能，主要包括水箱液位、温度、主驱动马达油温、齿轮油油温、螺机马达油温、油箱油温、工业出水温度以及刀盘喷水控制。工业水系统控制原理如图 6.12 所示。

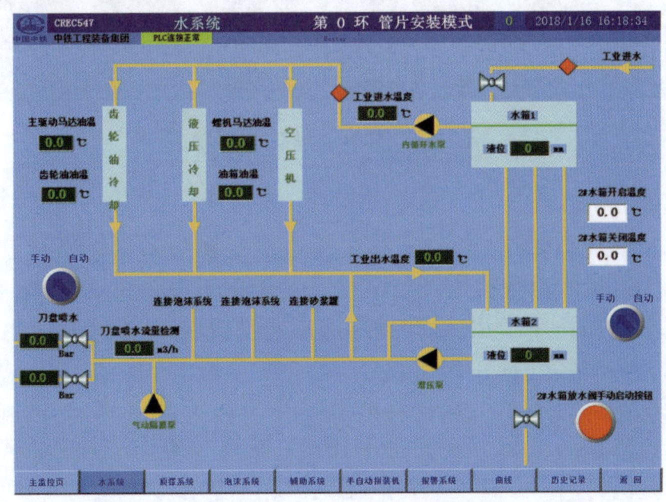

图 6.12　工业水系统控制原理

9. 泡沫系统

根据试验工程的地质条件,渣土主要采用泡沫进行改良。由清洗水和泡沫泵提供泡沫混合液进入搅拌箱,混合后通过两台柱塞泵泵入泡沫发生器,与空气混合后形成泡沫。

泡沫混合液中的水量和压缩空气的流量,由流量传感器进行检测,PLC 控制电控阀门的开度,得到最佳的混合比例。泡沫发生器出来的泡沫压力由压力传感器进行检测,反馈到 PLC,使泡沫的注入压力低于设定的土水压力。

泡沫系统控制设计为手动模式、半自动模式和自动模式。

在手动模式下,由操作司机观察螺旋输送机出料的情况调节各路泡沫发生器的混合液或压缩空气的量。并可以单独向某一路注入泡沫或增加减少某一路管路泡沫注入量,也可手动调节空气电动调节阀的红色旋钮进行现场控制空气量。

在半自动操作方式中,要求的泡沫流量将根据开挖仓中的支承压力注入。在上位机设置发泡液流量、膨胀率及原液比的参数,系统自动计算泡沫混合液及空气的流量,混合液泵与空气电动调节阀会自动调节使实际流量在理论计算值附近上下浮动。

自动模式下,系统根据盾构机掘进速度、设定的原液比、膨胀率、相关泡沫公式及设定的注入压力,自动进行各种参数的调整,不需要外界干预。泡沫系统控制原理如图 6.13 所示。

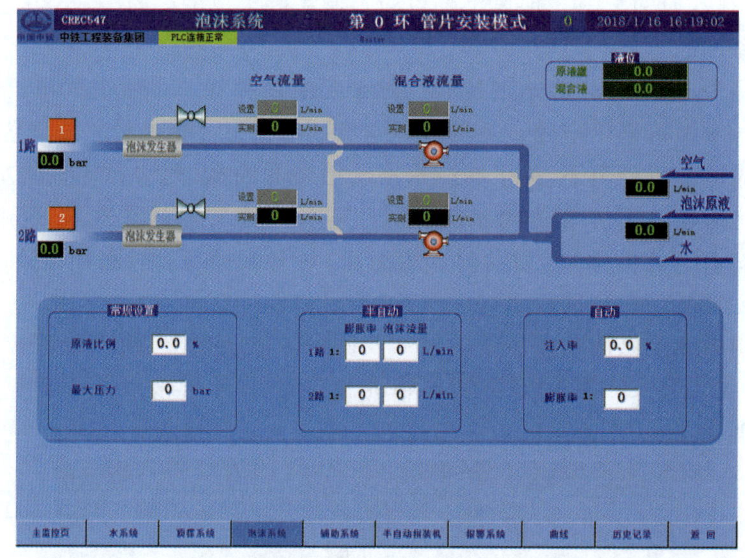

图 6.13　泡沫系统控制原理

10. 电力及控制系统

设备采用 10 kV 高压电供电,经变压器和配电柜变换为需要的各电压等级。其中电机系统供电为 380 V AC,照明系统供电为 220 V AC,控制系统供电为 24 V DC。

设备控制系统采用西门子 PLC,利用 Profibus 通信设置分布式 I/O,在各主要功能的配电柜内设置 I/O 站,方便维护,便于拆装机。

系统采用工业电脑和操作平台相结合的办法作为输入输出终端,即利用了电脑的数据显示形象、数据容易保存等优点,又具备了实体按钮安全可靠、容易更换的特点。

第 7 章　机械法联络通道盾构机关键技术

7.1　概　　述

本书第 2 章针对城市轨道交通机械法联络通道施工空间狭小、场地布置难；既有主隧道曲面管片破除开挖难；主隧道管片开洞施工，应力变化，支护难；微加固环境下，始发、接收掘进难等特点进行了机械法联络通道盾构整机设计，然而在机械法联络通道施工过程还有很多技术难题，如盾构机的始发和接收时的密封防水，适应凹、凸弧形管片的刀盘切削，狭小空间管片拼装，T 接隧道物料运输，移动式管片预应力支撑系统等难题需要解决，为此本章系统地提出解决以上难题的技术措施。

7.2　始发接收密封系统

7.2.1　小直径盾构主机盾体系统设计

盾体对挖掘出的还未衬砌的隧道段起着临时支护作用，承受周围土层的土压、承受地下水的水压以及将地下水挡在盾壳外面。盾体内部安装推进系统，为主机向前掘进提供推力。联络通道掘进机在既有隧道内始发掘进，主管片内径 ϕ5 500 mm，空间相对狭小，对主机布置提出了十分严峻的考验。考虑稳定支撑体系运输、伸缩动作范围，尽可能减小开挖直径、主机长度尺寸，以保证联络通道的最大有效空间。在满足功能需求的前提上，联络通道用主机分为前盾 + 中盾，主机总长度为 4 160 mm，盾体结构示意如图 7.1 所示。

盾尾外径是根据盾尾空隙和盾尾钢板板厚、盾尾密封安装厚度进行计算的。联络通道管片采用 ϕ3 150/2 650 mm，环宽 550 mm，如图 7.2 所示。

推进油缸的布置与管片的尺寸、安装方式、分块数等有密切关系，布置推进油缸的前提是先确定管片的设计，保证管片可以正常拼装。盾构法联络通道管片采用 5 分块，环间螺栓点位 36°一个，根据管片的设计设置推进油缸 10 组。

根据盾体内推进油缸的安装空间、推力和分组的等因素，确定每组油缸是单缸还是双缸，此处选择 ϕ160 mm/ϕ120 mm × 700 mm 的油缸，最大单根油缸推力为 70 t，按 5 组单缸和 5 组双缸进行配置，满足 10 组共计 15 根推进油缸，最大推力 1 050 t。推进油缸行程根据管片搭接量确定，并设计一定的安全间隙，推进行程为 700 mm，如图 7.3 所示。

推进系统有两种控制模式，即掘进模式和管片拼装模式，如图 7.4 所示。

在掘进模式下，盾构掘进时，电液换向阀右端得电，电磁换向阀和电磁球阀失电，压力油由泵的出口经单向阀、球阀、滤清器、比例调速阀、三位四通电磁阀右位进入推进油缸的无杆腔，回油经三位四通电磁阀流回油箱，油缸向前推进。此时推进压力由比例溢流阀进

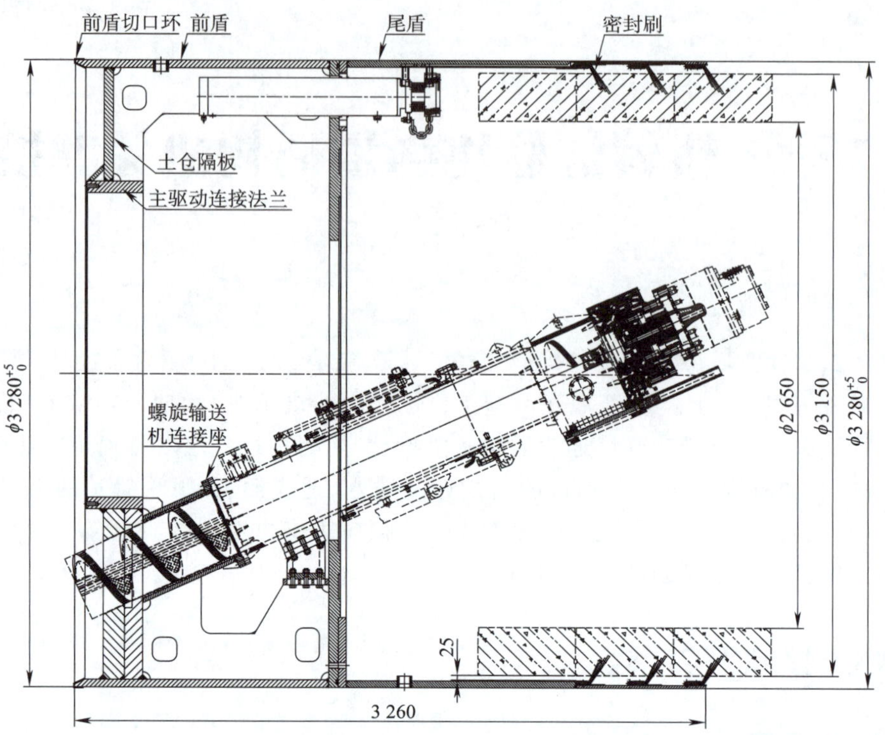

图 7.1　主机盾体结构示意图(单位:mm)

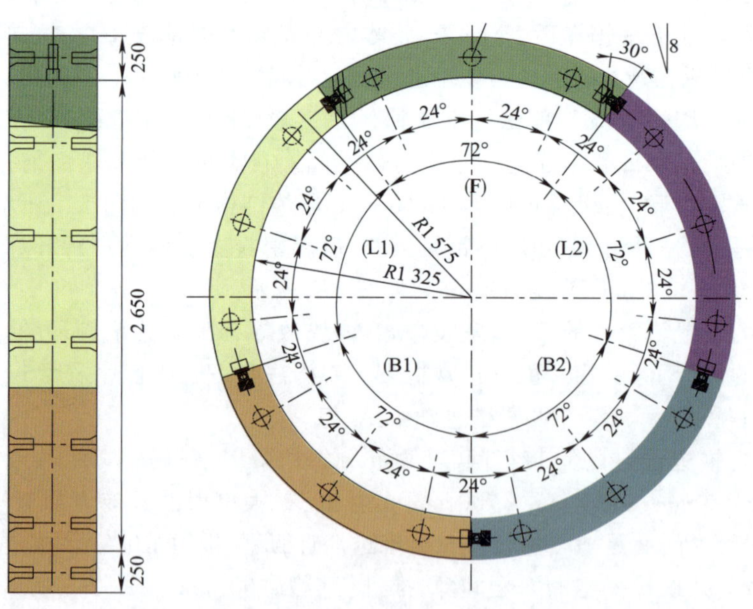

图 7.2　管片示意图(单位:mm)

行控制,推进速度由比例调速阀进行控制。泵的先导控制比例溢流阀的压力根据泵出口压力 $P_{泵}$ 和推进油缸压力传感器的显示压力 P_{max}(4 组油缸 A、B、C、D 中最大的一组)加 2 MPa

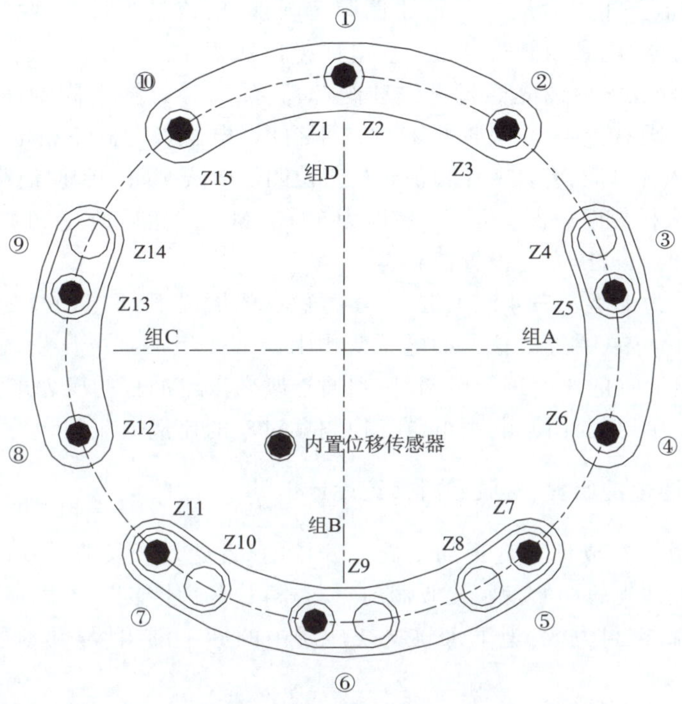

图 7.3　推进油缸布置示意图

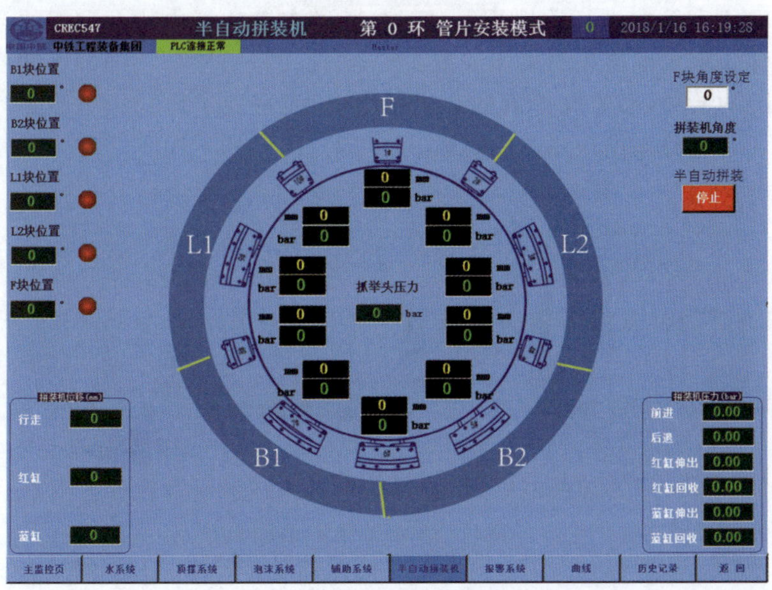

图 7.4　推进系统上位机界面

通过 PLC 进行 PID 控制自动调节(调节范围 0 ~ 35 MPa),通过程序中的 PID 控制使泵建立一种动态平衡,即 $P_{泵} = P_{max} + 2$ MPa。

在主机室的控制面板上，将推进控制切换到管片拼装模式时，电磁换向阀得电；比例溢流阀得电(此时的溢流压力为最大值)，比例调速阀得电，流量为最大；收油缸时，三位四通电液换向阀左位得电，电磁球阀得电，1 s 后电磁换向阀得电，压力油经过插装阀、电液换向阀进入有杆腔，无杆腔压力油先经过电磁球阀卸荷，然后经过插装阀到回油路；伸油缸时，三位四通电液换向阀右位得电，此时电磁球阀不得电，电磁换向阀不得电，压力油经过插装阀、电液换向阀进入无杆腔，有杆腔压力油经过三位四通电液换向阀到回油路。在管片拼装模式下，压力是通过人机界面输入参数值（一般为 5 ~ 10 MPa)，然后通过 PLC 控制溢流阀的溢流压力，来控制泵的出口压力与设置值相符。

推进系统共分为上下左右 4 组油缸，在压力稳定的情况下，4 组油缸的推进速度由主机室内的 1 个电位计调节，通过电位计的电压变化来调节 4 组油缸的比例调速阀的流量。如果需要对其中 1 组油缸的速度进行微调时，则通过改变该组油缸的压力来实现，压力的改变通过主机室内的 4 个电位计控制，由电位计控制其对应的比例溢流阀。

7.2.2 基于成型隧道的始发、接收密封系统设计

由于联络通道是在成型主隧道的基础上开挖的，且始发及接收端头环境复杂，端头微加固甚至不加固。常规盾构始发和接收洞门密封难以保证能够抵抗住地下水压力，一旦地下水击穿洞门密封，密封失效，地下水将夹杂地层中的砂土漏出，导致地层流失，造成地面塌方等事故。

为确保主机顺利始发及到达接收，采用始发端半钢套筒(半封闭)和接收端全钢套筒(全封闭)装置方案，如图 7.5 所示。即在始发及接收洞门外，采用特制钢套筒与洞门预埋钢圈连接。密闭钢套筒内进行盾构始发/接收，通过在钢套筒内建立密闭的空间和内部填充物提供平衡掌子面的水土压力来保证施工安全，使主机破除洞门前即已建立了水土平衡的环境，刀盘出围护结构后等同于盾构常规掘进，从而避免了盾构机破除洞门过程中因为渗漏或掌子面上部失稳而出现塌方的隐患，可实现对洞门的不加固处理。

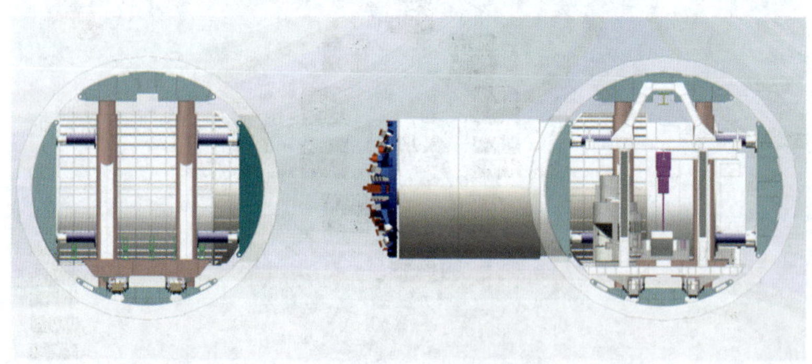

图 7.5　联络通道盾构机始发端和接收端布置

始发钢套筒采用半封闭式设计，如图 7.6 所示，设置三道可变压缩量钢丝刷，始发状态下，尾刷压缩在盾体上，形成三道密封腔保证套筒内密封性。随着主机不断向前掘进，盾体逐渐从尾刷内拖出，此时钢丝刷压缩量发生变化，迅速回弹至管片，保持 3 个密封腔。

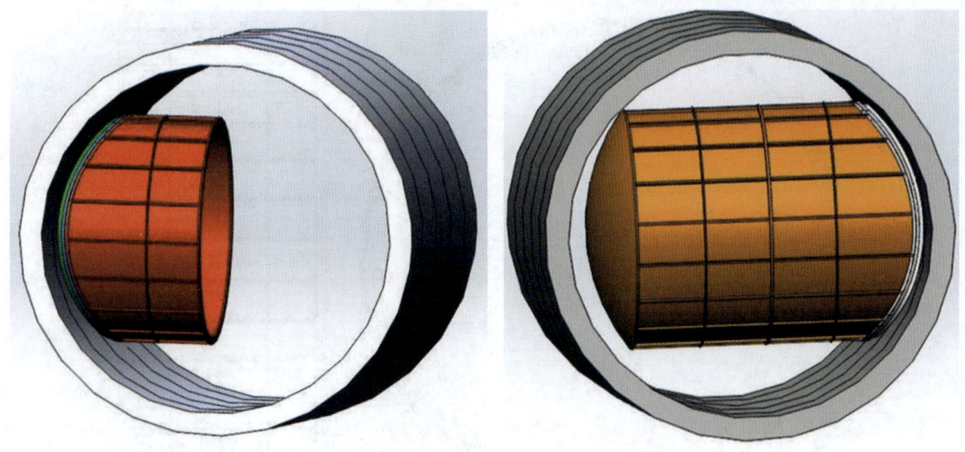

图 7.6　始发接头套筒

接收套筒为全封闭式结构。钢套筒安装后需在钢套筒内回填砂土,预加一定压力,与土仓切口压力相同;当主机刀盘掘穿管片出洞时,套筒内外压力平衡,不会出现压力突变而造成隧道结构失稳。

由于联络通道在既有隧道内始发,相对常规始发、接收套筒设计而言,联络通道用始发和接收钢套筒需与既有隧道进行连接,连接面为相贯曲面,套筒需有针对性地设计曲面相贯法兰。为了便于后期重复利用,套筒采用模块化设计,可通过不同模块组合,实现盾构法和顶管法施工,如图 7.7、图 7.8 所示。

始发和接收钢套筒结构采用钢板外加筋板设计,结构强度满足套筒内水土压力、盾构刀盘推力产生的压力及结构的自重。借助 ANSYS Workbench 软件对始发和接收钢套筒强度、刚度进行有限元分析。

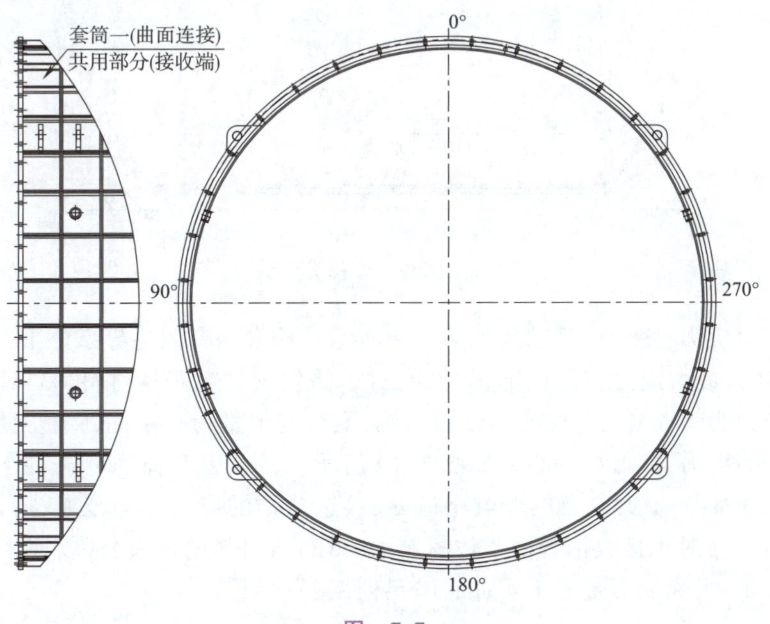

图　7.7

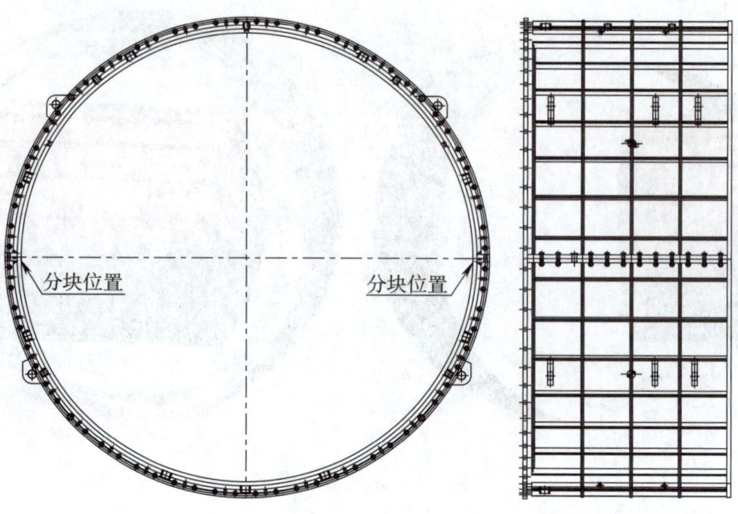

图 7.7　始发钢套筒分块设计

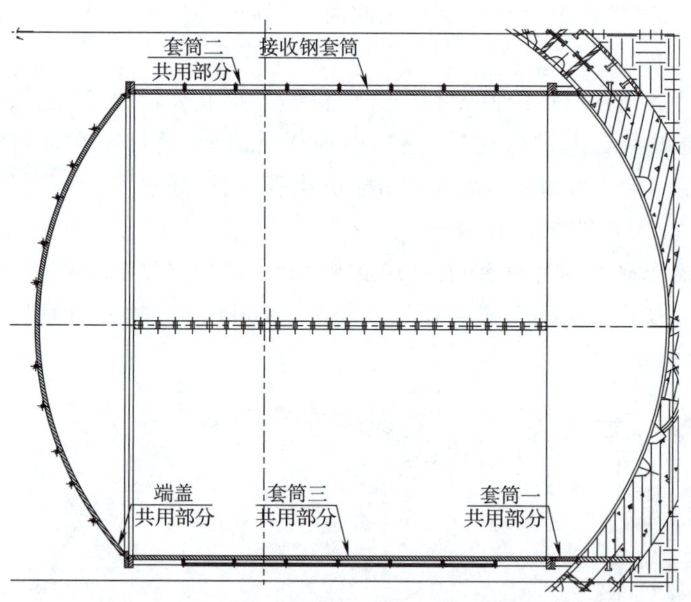

图 7.8　接收钢套筒分块设计

始发钢套筒应力、变形计算结果如图 7.9 所示。始发钢套筒边界条件下，结构最大等效应力为 100 MPa，最大应力位于端部焊缝处；对于始发钢套筒基体材料 Q345B，该材料的最大公称屈服应力为 295 MPa。如变形云图所示，最大变形量为 0.4 mm，满足使用要求。

接收钢套筒应力、变形计算结果如图 7.10 所示。接收钢套筒边界条件下，结构最大等效应力为 233.3 MPa，最大应力位于填充口处，属于典型的应力集中范畴，盾体绝大部分应力在 78 MPa 以下；对于接收钢套筒基体材料 Q345B，该材料的最大公称屈服应力 295 MPa。如变形云图所示，最大变形量为 1.4 mm，满足使用要求。

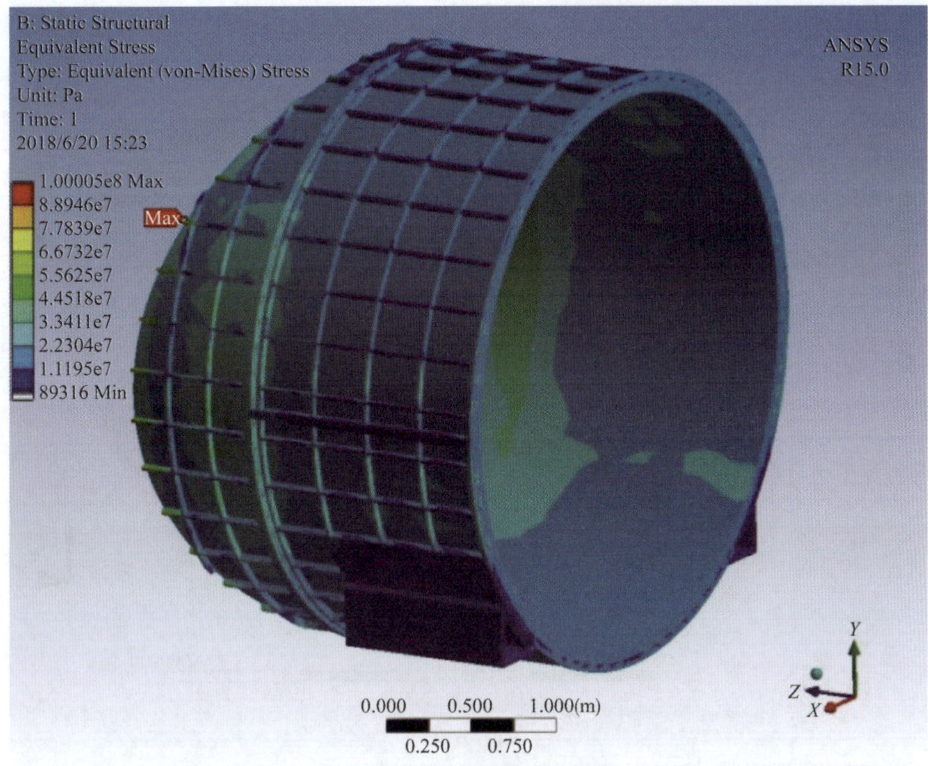

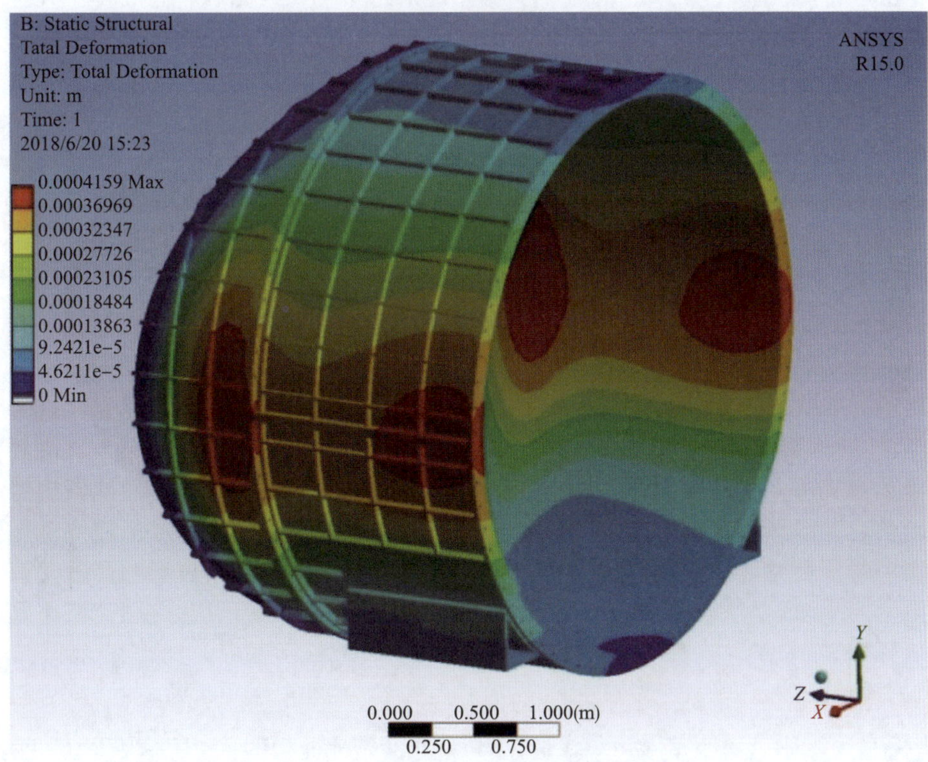

图 7.9　始发钢套筒应力、变形分布云图

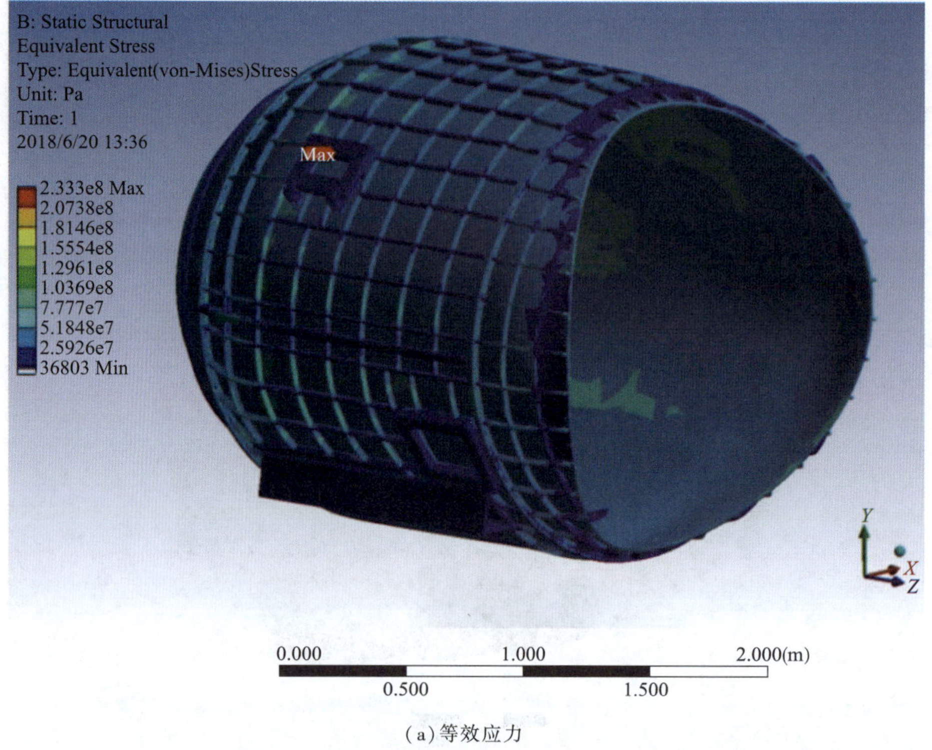

(a)等效应力

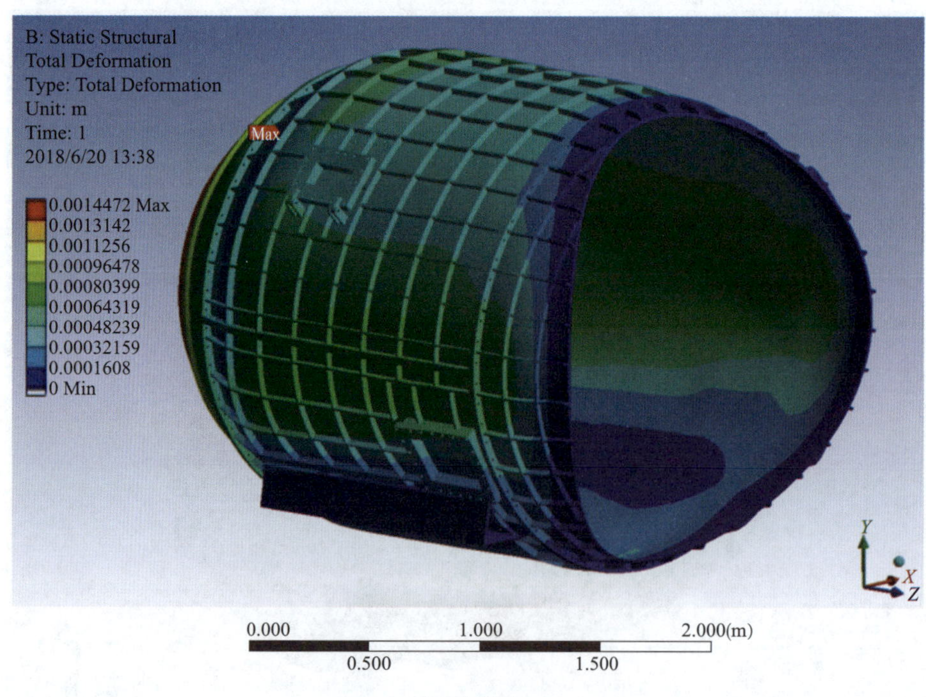

(b)总变形

图 7.10　接收钢套筒应力、变形分布云图

综合以上分析,始发和接收钢套筒受力分析结果满足推进受力要求,并储备一定的安全余量。现场应用情况如图 7.11 所示。

图 7.11　始发和接收套筒现场应用情况

7.3　适应凹、凸弧形管片的刀盘切削技术

7.3.1　锥形刀盘设计

1. 刀盘结构设计

联络通道刀盘采用辐条式锥形刀盘。开挖直径为 ϕ3 290 mm,刀盘设计 4 主梁 +4 副梁的锥形结构形式,开口率达到 50% 。开口在整个盘面均匀分布,保证刀盘掘进过程中渣土顺利进入土仓。正常的进渣情况下,能够实现渣土径向顺利流动,使渣土在刀盘中心区域不易因流动不畅而引起堵塞和堆积,从而有效降低中心结泥饼的概率。刀盘具体针对性设计如下:

(1)刀盘采用辐条式结构设计。开口分布均匀,开口率约 50% ;中心设计采用一个筒体,作为连接驱动的部件,提供刀盘扭矩的载体;主梁及副梁采用箱梁结构设计,有助于增强结构强度。

(2)刀盘辐条采用锥形结构的设计。针对联络通道弧形混凝土管片,中心刀具及先行刀具能够分梯度地切削掌子面管片,掘进中可以起到定心的作用。

(3)刀盘同轨迹布置多把撕裂刀,分层布置。撕裂刀采用大合金设计,增大刀盘刀具磨损尺寸,减小刀盘扭矩,延长刀盘连续掘进距离。

(4)刀盘大圆环外侧布置耐磨复合钢板 + 保护刀,大圆环切口环处堆焊耐磨网格,增强大圆环的耐磨性。

2. 锥形刀盘结构强度、刚度的校核

采用 ANSYS Workbench 进行有限元分析,刀盘所用材料为 Q345B。有限元模型采用的材料参数如下:弹性模量 2.0×10^{11} Pa,泊松比 0.3,密度 7 850 kg/m^3。有限元模型如图 7.12 所示。

在边界条件下刀盘的最大等效应力为 169 MPa,刀盘绝大部分区域的等效应力小于 50 MPa,刀盘等效应力分布云图如图 7.13(a)所示;刀盘的最大综合位移为 2 mm,刀盘的综合位移分布云图如图 7.13(b)所示。

图 7.12 适用于联络通道隧道的锥形刀盘结构

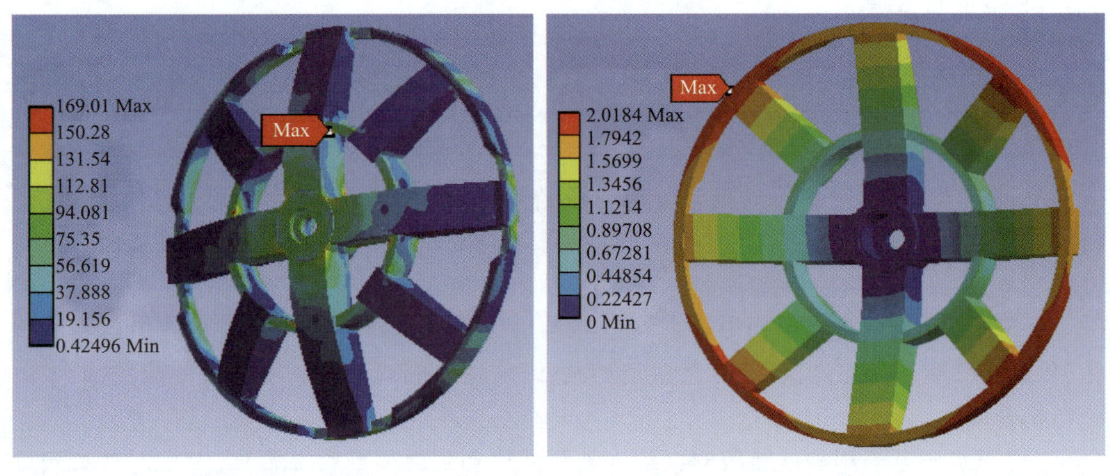

(a)等效应力 (b)位移

图 7.13 等效应力及变形云图

注:应力单位为 MPa,位移单位为 mm。

刀盘设计所用材料为 Q345B,该材料的许用应力为 295 MPa,因此该刀盘的结构设计满足强度要求。

根据本标段的工况,联络通道隧道两侧需切除主隧道管片(管片强度较强,大约在 50 MPa),而两个主隧道中间地质主要为粉质黏土。因此刀盘刀具既要具备破除混凝土管片的能力(短距离破岩能力),也要满足在软土地层稳定掘进的能力。滚刀虽然具备破除岩石的能力,但是在软土地层掘进时,滚刀会出现刀圈不转、偏磨等现象;撕裂刀具备一定的破岩能力,但是合金磨损较快。

考虑到联络通道工况为短距离掘进施工,刀盘刀具地质适应性为主要矛盾,刀具的磨损为次要矛盾。因此本次刀具选型选择撕裂刀作为刀盘的先行刀。

7.3.2　刀具配置的设计

1. 中心鱼尾刀 1 把

刀盘中心设计了新型中心鱼尾刀，中心内凹式设计，如图 7.14 所示。在设备始发或接收端施工切削掌子面时，新型鱼尾刀能够保证与掌子面接触点大于等于 2 个，起到刀盘掘进定心的作用，防止设备在始发或接收端偏离设计路线；新型鱼尾刀采用齿状设计，合金刀能够更好地贯进“岩体”内，增强中心鱼尾刀的破岩能力。

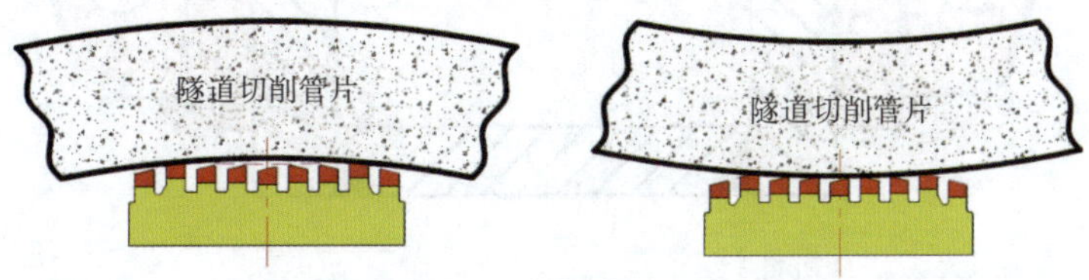

图 7.14　新型中心鱼尾刀切削管片示意图

2. 撕裂刀 26 把

以主隧道管片内径为基准布置撕裂刀轨迹如图 7.15 所示，分梯度布置，S1 ~ S3 号撕裂刀为第一梯度，S4 ~ S6 号撕裂刀为第二梯度，S7 ~ S9 号撕裂刀为第三梯度，S10 ~ S12 号撕裂刀为第四梯度，S13 号撕裂刀为第五梯度，刀高差 5 mm，依次递减，总刀高差达25 mm。撕裂刀采用大合金设计，刀具合金性能与日本 E3 类材料相当。增大刀盘刀具磨损尺寸，减小刀盘扭矩，有效延长刀盘连续掘进距离。撕裂刀示意如图 7.16 所示。

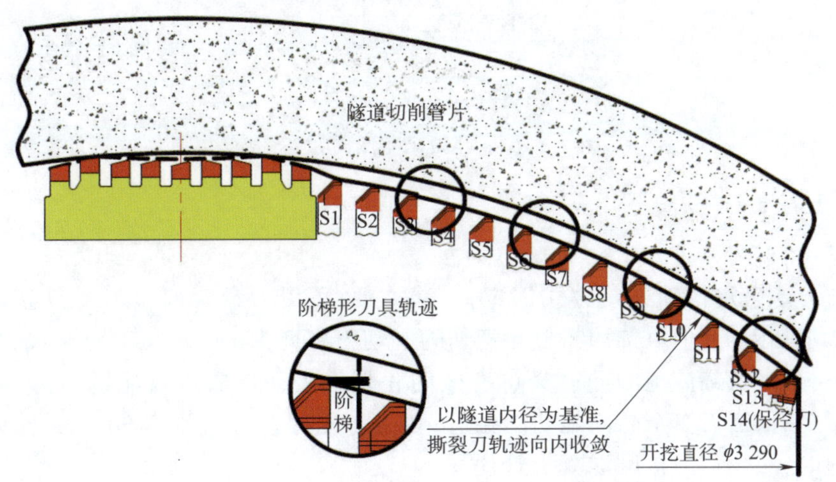

图 7.15　撕裂刀锥形轨迹图（单位：mm）

3. 保径刀 8 把

保径刀均匀布置在刀盘外环梁处，如图 7.17 所示。保径刀分两层布置，第一层为4 把，第二层为 4 把，刀高差 15 mm。

保径刀主要作用是保护开挖直径，减少大圆环的磨损。保径刀采用大尺寸耐磨硬质合

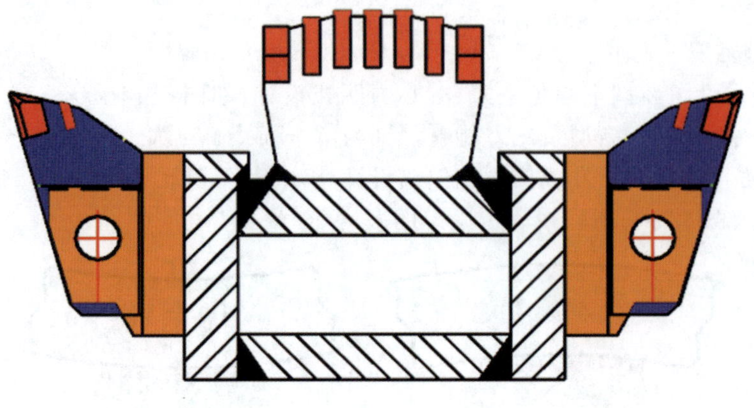

图 7.16　撕裂刀示意图

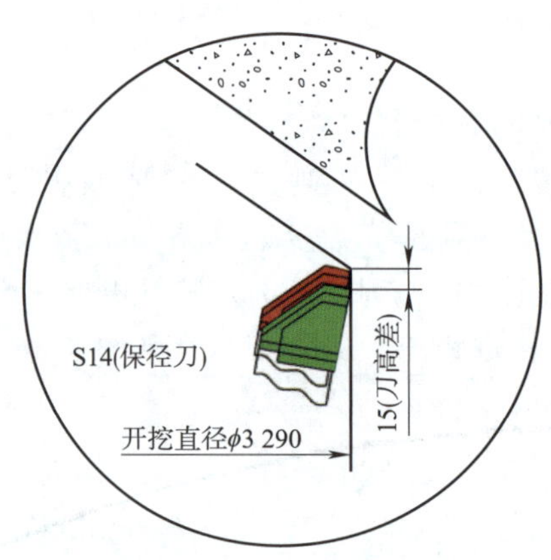

图 7.17　保径刀示意图(单位:mm)

金组合设计,增强刀具耐磨性。

4. 切刀 28 把

刀具与刀座采用销轴连接方式固定,安装方便,可以刀盘背部换刀。刀盘中心区域同轨迹布置 2 把切刀,其他轨迹均布置 4 把切刀。切刀宽度为 150 mm,大合金设计,侧面堆焊耐磨合金条,及时收集渣土的同时又可有效防止切刀表面形成刀盘泥饼;切刀在开挖直径上全断面覆盖,保证刀盘全断面地切削掘进;切刀与先行刀刀高差达 50 mm,保证刀盘切削混凝土管片时,减少切刀接触混凝土管片。

5. 边刮刀 16 把

边刮刀与刀座采用螺栓连接方式固定,刀具宽度为 150 mm,与先行刀刀高差为50 mm,采用加大合金设计,增强了边刮刀的使用寿命。边刮刀的主要作用为清理外围开挖渣土,防止刀盘外环梁直接磨损,如图 7.18 所示。

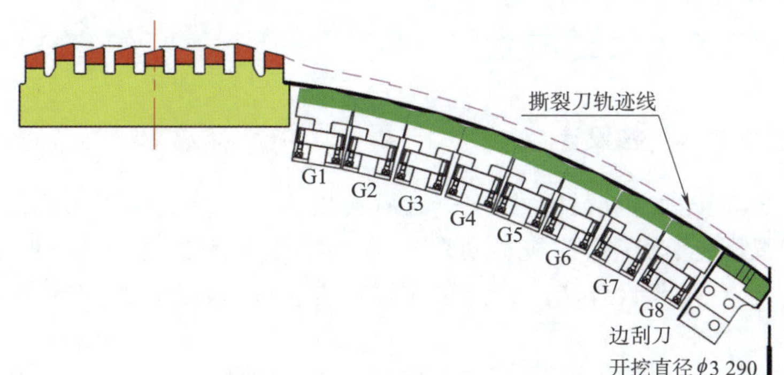

图 7.18 切刀及边刮刀轨迹图(单位:mm)

7.3.3 刀盘耐磨设计

在刀盘正面及周边面板上用耐磨焊条堆焊耐磨网格,加强刀盘面板及圆管背面的耐磨性。

刀盘外圈梁外侧焊接耐磨复合钢板(规格为 12.5 mm + 12.5 mm) +8 把合金保护刀,增强大圆环的耐磨性,防止刀盘外环梁磨损。刀盘耐磨设计如图 7.19 所示。

图 7.19 刀盘耐磨设计

南鄞区间联络通道地层主要为粉质黏土,针对刀盘中心区域及面板易产生泥饼的问题做出以下措施:

刀盘具有较大开口,开口位置在盘面上均匀布置,整体开口率约 50%,有效防止泥饼的产生;背部布置主动搅拌棒,盾体胸板布置被动搅拌棒,通过搅拌增加渣土流动性;中心布置 1 路冲刷喷口,正面布置路渣土改良主入口,可以有效改良土仓内的渣土。

7.4 狭小空间管片拼装技术

7.4.1 管片拼装机整体结构设计

联络通道设备属于微型直径盾构,现有大盾构机管片拼装机应用于机械法联络通道项目均存在各自的局限性,为了适应机械法联络通道项目设备空间狭小的现状,同时满足半自动拼装的结构要求,创新设计了主梁回转式管片拼装机,如图7.20所示。

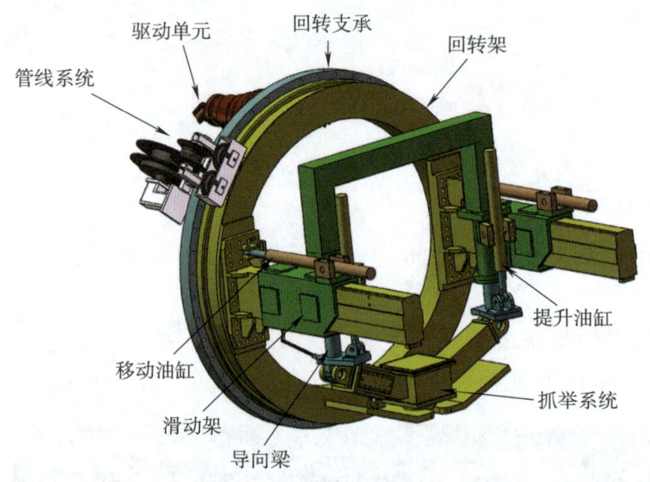

图7.20 主梁回转式拼装机

主梁回转式管片拼装机包括驱动单元、回转支承、回转架、滑动架、移动油缸、管线系统、导向梁、提升油缸、抓举系统等结构组成。整体结构简单紧凑,功能完善,具备6个自由度;具有较大的中心空间,满足其他部件的顺利布置;具备较大的轴向移动行程,方便抓举管片。该形式管片拼装机很好地满足了机械法联络通道狭小空间的要求,各动作采用液压执行元件驱动,便于数据监测和半自动化控制。

回转架一方面与回转支承的内齿圈螺栓连接,作为回转动作的执行元件;一方面其主梁结构为轴向移动提供滑动轨道。其主梁结构要求具有较高的强度和刚度,保证运动的安全平稳性。借助有限元分析方法,对回转架主梁分别在0°位置和90°位置进行强度和变形分析,如图7.21所示。结果显示:主梁最大变形为0.2 mm,远小于悬臂梁变形相关准则值;最大应力仅为9.43 MPa,完全满足强度要求。

滑动架在移动油缸的驱动下,实现轴向移动动作;油缸采用比例阀控制,达到精确定位要求。滑动架设计如图7.22所示。滑动架内镶嵌有青铜合金,减少滑动架与回转架主梁轨道的滑动摩擦力。由于滑动架由一对油缸驱动,可能由于液压油排出不充分、装配误差等因素导致滑动架两侧运动不同步,故设计一同步梁串联两侧滑动架,在运动中起到相互补偿的作用,使轴向移动更加平稳和精确。

抓举系统为管片拼装最直接的执行部件,其具备三个方向的转动自由度,即θ_x、θ_y、θ_z,用于管片拼装时的±2.5°转动微调需要,如图7.23所示。其中θ_x、θ_y由调整油缸分别单独驱动,而提升缸非同步伸缩作用下使伸缩节被动伸缩,实现 θ_z 转动动作。

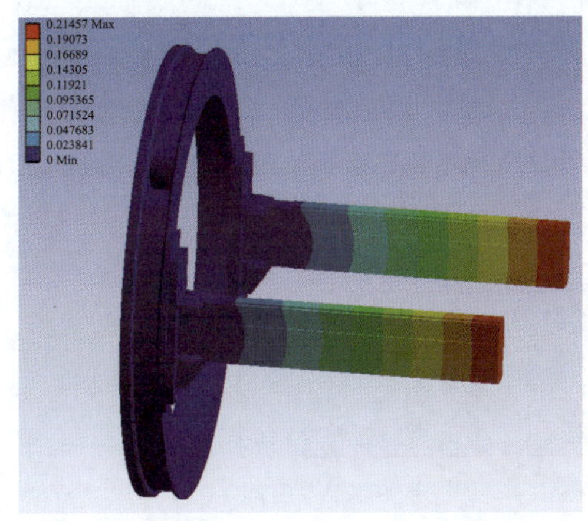

(a)变形

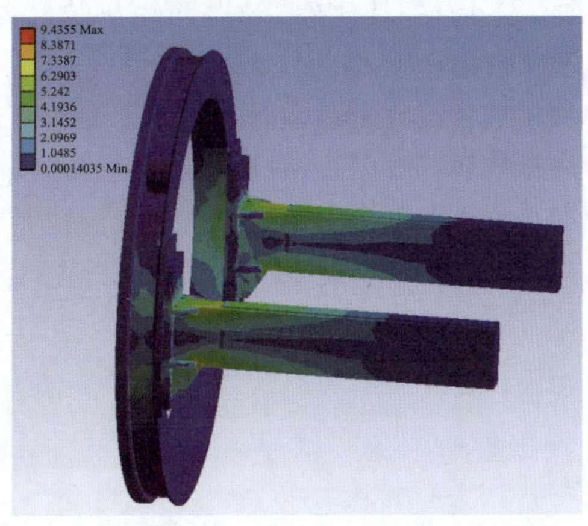

(b)应力

图 7.21　位置变形与应力

注:变形单位为 mm,应力单位为 MPa。

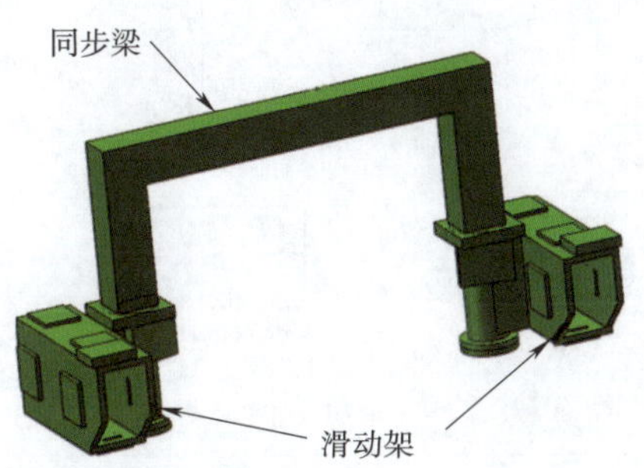

图 7.22　滑动架设计

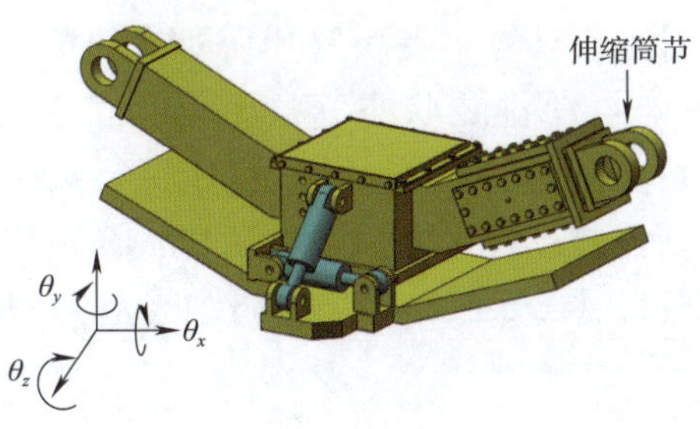

图 7.23　抓举系统

7.4.2　管片半自动拼装系统研究

盾构及掘进过程中,管片拼装所用时间占到总掘进时间的一半左右,所以管片拼装的高效性直接决定着隧道掘进进度。目前,管片拼装系统一般为人工操作,拼装速度完全依靠拼装工人的工作经验,拼装效率低下并且存在误操作的可能,同时消耗拼装工人大量精力。南鄞区间项目创新设计了管片半自动拼装系统，除管片抓取、管片拼装微调和连接工作需要人工操作，其他拼装动作可由拼装机自动完成。

系统选用 PLC 作为控制核心，利用 PLC 运算高速的特点，对系统反馈的数据和运算的指令数据进行综合判断。同时利用工业电脑作为图形输入输出终端，利用无线遥控器作为现场操作终端。将半自动拼装过程中的各种机器指令和人工指令发送给 PLC，进而更有效地控制拼装机的各个动作。半自动拼装控制系统示意如图 7.24 所示。

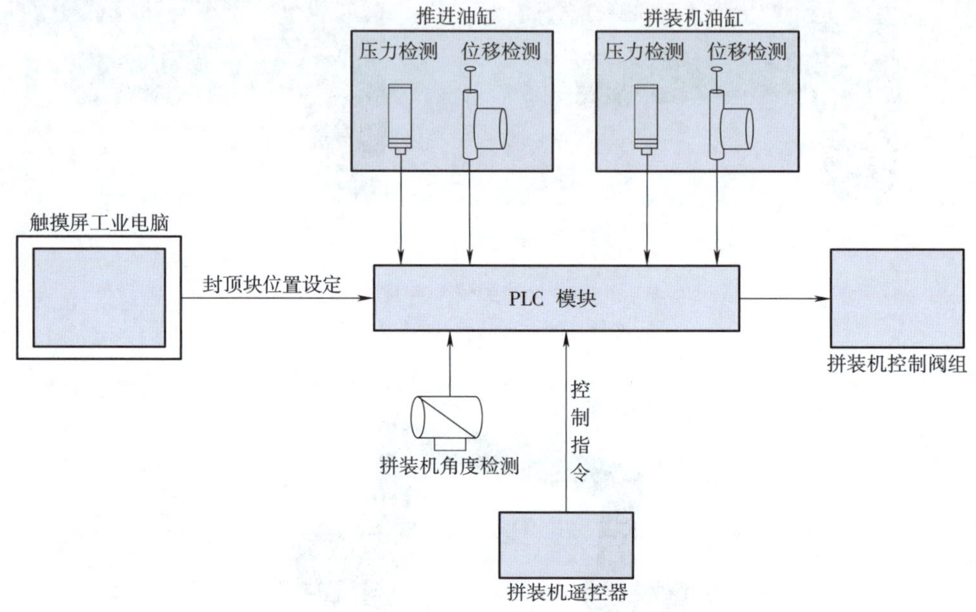

图 7.24　半自动拼装控制系统示意图

当进行半自动拼装时，操作人员首先在控制室工业电脑上输入封顶块“F 块”的设置角度，然后确认即可。PLC 系统会根据“F 块”的角度值计算出基准块“B1”“B2”和相邻块“L1”“L2”的目标位置。同时也会计算出每块管片所对应的推进油缸的油缸序号。数据计算完成后，拼装机马上进入半自动拼装状态。整个管片拼装过程，拼装机将按照“B1”、“B2”、“L1”、“L2”和“F”的拼装顺序进行管片拼装，该拼装顺序根据不同工程需要进行修改。对于每一块管片，半自动拼装过程又分为 5 个阶段：①自动抓取动作调整阶段；②人工抓取阶段；③自动拼装调整阶段；④人工微调阶段；⑤自动管片安装阶段。

7.4.3　无线蓝牙数据通信设计

联络通道设备内空间十分狭小，管线布置较为困难，保养维修不便，如图 7.25 所示。

管片拼装机系统液压、电气线缆较多，在狭小空间内管线布置困难，检修维护不便。南鄞区间项目创新设计了无线蓝牙数据通信模块，其数据传输示意如图 7.26 所示。

蓝牙发送模块与 PLC 系统 CPU 模块相连，蓝牙接收模块与拼装机电气控制盒连接，拼装机所有传感器和液压控制阀的信号全部依靠蓝牙模块进行无线传输，大大减少了电气线缆的用量。有线数据通信需使用一根 36 芯的电缆连接，而使用蓝牙模块后，仅需要一根

4 芯电缆连接,同时电缆卷筒规格可大幅降低,大大节省洞内空间。

图 7.25　设备内空间十分狭小

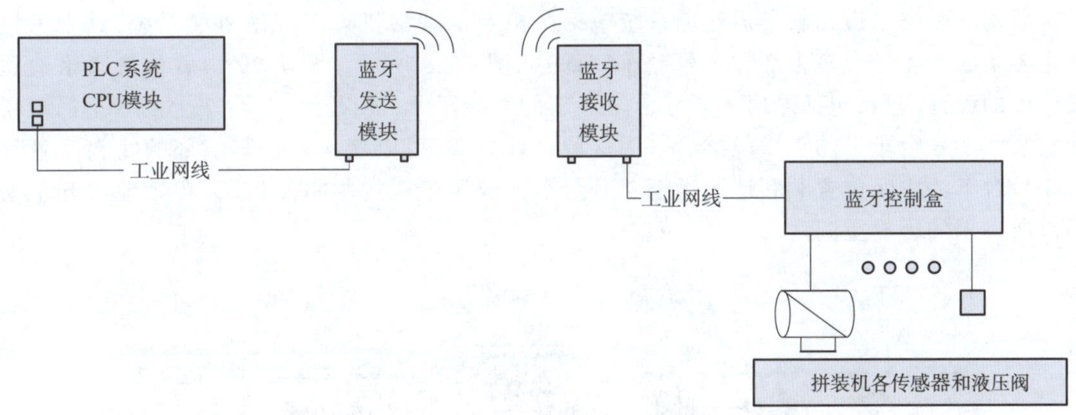

图 7.26　无线蓝牙数据通信示意图

7.5　T 接隧道物料运输技术

联络通道掘进机集成了盾构法和顶管法两种施工模式(图 7.27)。盾构法施工时的管片采用分块设计,总共分为 5 块,单块最大重量为 600 kg;顶管法施工时管节采用整体设计,管节重量为 6 000 kg。

在对联络通道进行开挖时,针对不同的施工模式就要设计不同的物料吊运系统,而且这两种不同模式的吊运系统还要做到快速切换。在这两种吊运系统的设计过程中,存在以下技术问题:

对于盾构法施工,第一,如何将 4 号台车端部的编组列车上的管片及其他物料运送至盾构机的后部;第二,如何设计一种能够满足盾构机始发方向的不同的双向物料吊运系统。

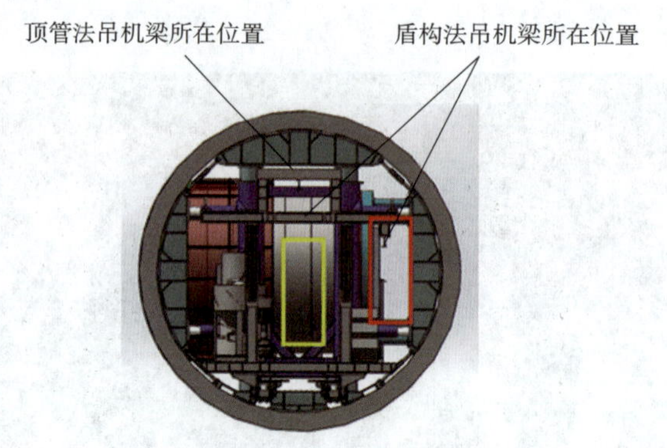

图 7.27 盾构法和顶管法物料吊运系统

对于顶管法施工,如何满足顶管管节在狭小空间内的吊运需求。为此,针对盾构法和顶管法物料吊运系统的技术难题分别进行了创新性设计。

7.5.1 盾构法联络通道物料吊运设计方案

盾构法联络通道物料吊运运输系统包括吊机及承载吊机行走的吊机梁系统,其中吊机梁主要集成于 4 号台车中部和 3 号台车侧部,如图 7.28 所示。图 7.29 为盾构法联络通道吊机梁的设计模型,包括悬出于 4 号台车外部的直线段梁、固设于 4 号台车上的 S 形吊机梁和安装在 3 号台车上的直线段梁。采用这种设计方式,可以将 4 号台车端部的物料及管片从 4 号台车的中间位置顺利地运送至 3 号台车上放置于盾构主机的后部,巧妙地避开了盾构机所占用的运输空间。

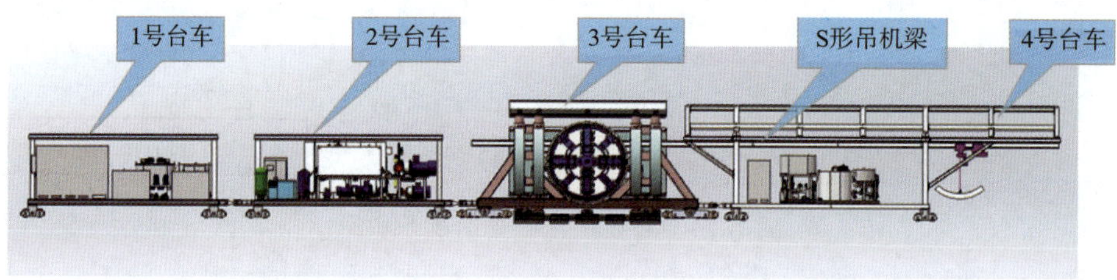

图 7.28 盾构联络通道物料吊运系统示意图

如图 7.29 所示,吊机在 4 号台车末端抓取到管片之后,首先沿着 4 号台车的中部向盾构机方向行进,为了实现管片和物料运输的连续性,需将管片和物料吊运至拼装机的后部。因此就必须将4 号台车向 3 号台车转弯处的吊机梁设计为 S 形结构。

在联络通道施工的过程中,盾构机存在始发方向的调换。如果联络通道从右侧主隧道往左侧主隧道开挖时,可以将 S 形梁设计为图 7.30 所示的方式;如果联络通道从左侧主隧道往右侧主隧道开挖时,则需将 S 形梁做对称设计,即 4 号台车吊机梁两段 S 弯对称制作,3 号台车及 4 号台车直线段共用。设备组装时根据物料运输方向,选择合适的弯梁进行组装,并将 3 号台车直线段梁安装在正确的一侧即可满足物料运输。

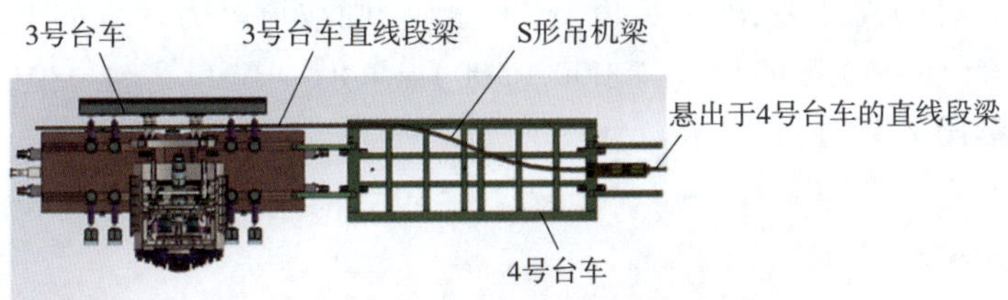

图 7.29　盾构法联络通道物料吊运系统模型图(俯视图)

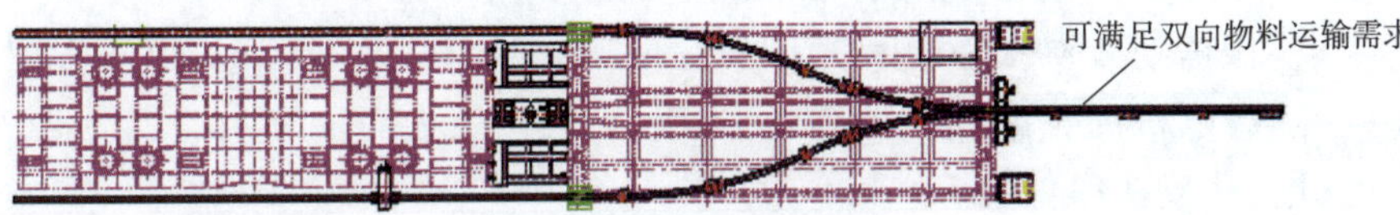

图 7.30　双向物料运输方式

1. 管片吊机系统理论计算分析

物料吊运系统的设计关键点在于对管片的吊运。管片吊机在选取时,由于该吊机梁为 S 形梁形式,当吊机负载运行时,为防止发生卡顿现象,S 形梁的钢结构设计应满足刚度和强度要求,保证吊机平稳运行。

(1)基本技术参数

以联络通道 ϕ3 250 mm 外径管片为例,整环管片重量为 3 000 kg,单块最大重量为 600 kg:

吊机起升重量:$Q=2\ 000$ kg;

吊机系统自重:$G=500$ kg;

吊机工作级别:M5;

吊机运行速度:$v=10$ m/min;

吊机主要受力:摩擦阻力 F_m、坡道阻力 F_p、静阻力 F_j。

(2)运行电机功率计算

①摩擦阻力计算

$$F_m=\frac{\beta(Q+G)(2f+\mu d)g}{D}$$
$$=\frac{2\times(2\ 000+500)\times 9.81\times(2\times 0.3+0.015\times 35)}{100}$$
$$=552(\text{N})$$

式中　β——加摩擦阻力系数,取 2;

g——重力加速度,取 9.81 m/s^2;

f——滚动摩擦系数,取 0.3;

μ——车轮轴承摩擦系数,取 0.015;

d——与轴承配合处车轮轴的直径,取 35 mm;

D——车轮踏面直径，取 100 mm。

②坡道阻力计算

考虑轨道安装时的高低差，轨道坡度按 11°计算，则坡道阻力计算如下：

$$F_p=(Q+G)g\sin11°=(2\ 000+500)\times9.81\times\sin11°=4\ 680(\mathrm{N})$$

③盾构小车静阻力计算

$$F_j=F_m+F_p=552+4\ 680=5\ 232(\mathrm{N})$$

④运行电机功率计算

运行电机静功率：

$$P_j=\frac{F_jv}{60\ 000\eta m}=\frac{5\ 232\times10}{60\ 000\times0.85\times1}=1.03(\mathrm{kW})$$

式中　η——机械传动效率，取 0.85；

m——运行电机的数量，取 1。

运行电机的动载功率：

$$P=K_d\cdot P_j=1.8\times1.03=1.85(\mathrm{kW})$$

式中　K_d——考虑到电动机启动时惯性影响的功率增大系数。

⑤运行电机的输出转速 n 计算

$$n=\frac{vD_1}{\pi D_2\cdot D}=\frac{10\times330}{\pi\times0.203\times57}=91(\mathrm{r/min})$$

式中　D_1——大齿轮分度圆直径，为 330 mm；

D_2——链轮分度圆直径，为 203 mm；

D——小齿轮分度圆直径，为 57 mm。

因此，选用电机为 KAF47DRS90L4/BE5，额定功率 $P_e=2.2$ kW，额定输出转速 $n_e=$ 103 r/min。由于选用的为三合一电机，故减速器、制动器不再校核计算。

该 S 形吊机梁主要受到的荷载为管片的重力和吊机的自重，其中吊机梁在 3 号台车中间位置和 4 号台车转弯处为最危险点，因此将 3 号台车上安装的那段直梁和 4 号台车转弯处的 S 形梁单独进行分析。

在进行有限元计算时材料的弹性模量和泊松比分别取 $E=2.1\times10^{11}$ Pa 和 $\upsilon=0.3$，密度为 $\rho=7.85\times10^3\ \mathrm{kg/m^3}$。网格划分形式采用四面体单元进行自由网格划分，并对局部网格进行了优化，应力应变如图 7.31 所示。

吊机行走梁主要由 250×116 型工字钢组成，最大应力为 54 MPa，集中在结构的中间部分，最大变形量为 1 mm(整个结构长 5.2 m)，碳素结构钢 $\sigma_s=235$ MPa，安全系数为 4.4，满足使用要求。

在进行有限元计算时材料的弹性模量和泊松比分别取 $E=2.1\times10^{11}$ Pa 和 $\upsilon=0.3$，密度为 $\rho=7.85\times10^3\ \mathrm{kg/m^3}$。网格划分形式采用四面体单元进行自由网格划分，并对局部网格进行了优化，应力应变如图 7.32 所示。

S 形梁段主要由 250×116 的工字钢组成，最大应力为 38 MPa，集中在连接板和梁的焊接部位，最大变形量为 0.5 mm(整个结构长 8.5 m)，碳素结构钢 $\sigma_s=235$ MPa，安全系数为 6，满足使用要求。

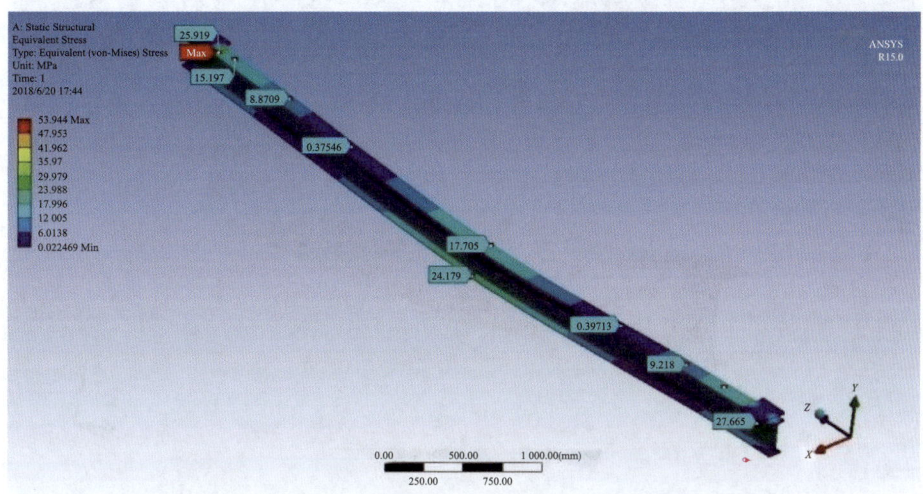

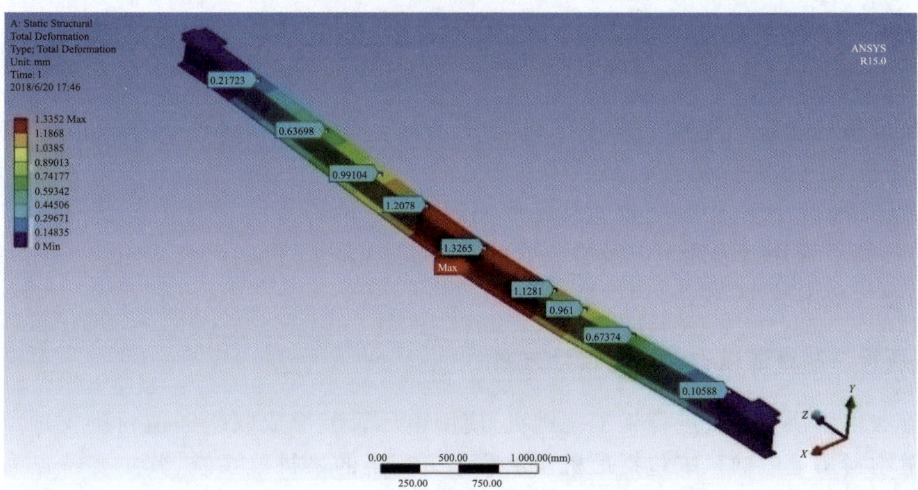

图 7.31　3 号台车直梁段结构应力云图

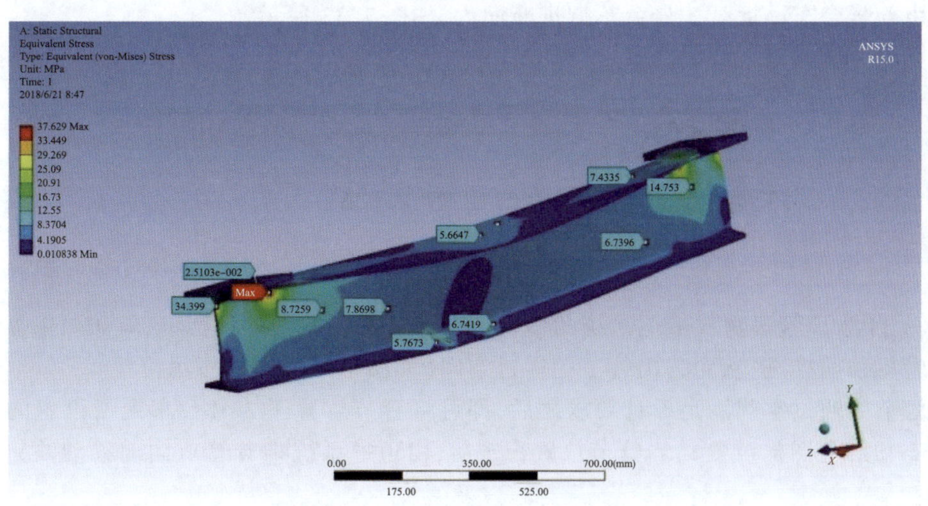

图　7.32

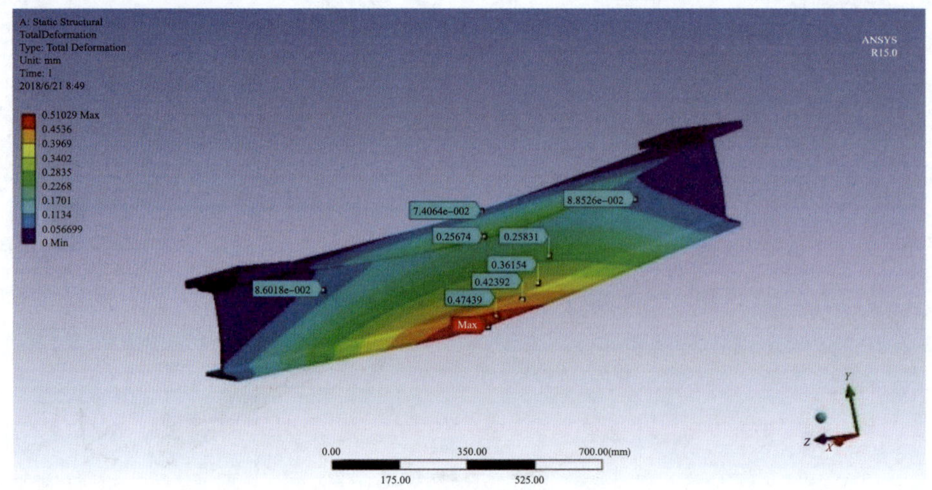

图 7.32　S 形梁结构应力及变形云图

2. 吊机系统的主要优化点

该新型吊机系统已经在工程中得到应用,在实际运行中得到较好的评价,相较于常规盾构,该吊机系统主要优化点如下:

(1)无需管片小车转接,可以直接吊取编组列车上的管片;

(2)提高了管片运输效率以及拼装效率,加快工程施工进度;

(3)整体成本减少,安全性提高。

7.5.2　顶管法联络通道物料吊运设计方案

顶管法采用顶管模块进行施工掘进机,使用整环管节形成联络通道衬砌支护。顶管法联络通道物料吊运运输系统包括吊机及承载吊机行走的吊机梁系统,其主要特点为单梁双吊机,即吊机梁为单根通梁设置于 3 号台车和 4 号台车的顶部中间。

顶管管节采用整环管节方案,顶管法联络通道的管节运输通过两个吊机将管节由编组小车经由 4 号台车吊运至 3 号台车掘进断面内,如图 7.33 所示。

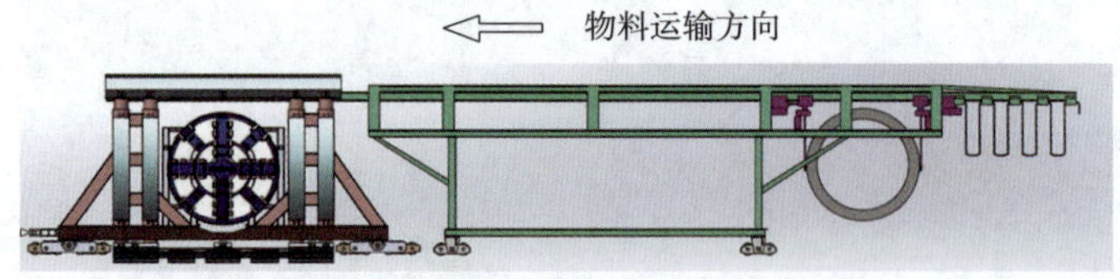

图 7.33　顶管法物料吊运系统模型

图 7.34 为顶管法物料吊运系统的俯视图。顶管机在始发的状态下,首先要依靠顶推油缸将顶管机往前推进,从而腾出管节的通过空间(如图中绿色方框所示位置)。

当管节的通过空间满足设计要求之后,即可将管节放置于 3 号台车上所设置的导轨上(图 7.35 粉红色图框位置);当管节放置稳定后,由顶推系统推着管节向前移动并完成最终的拼装。

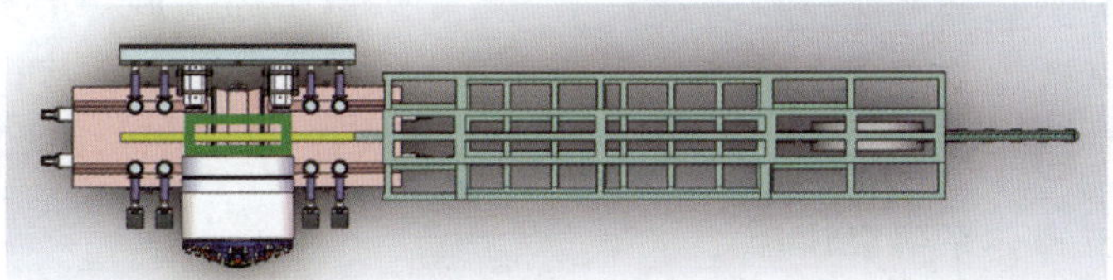

图 7.34　顶管法物料吊运系统俯视图

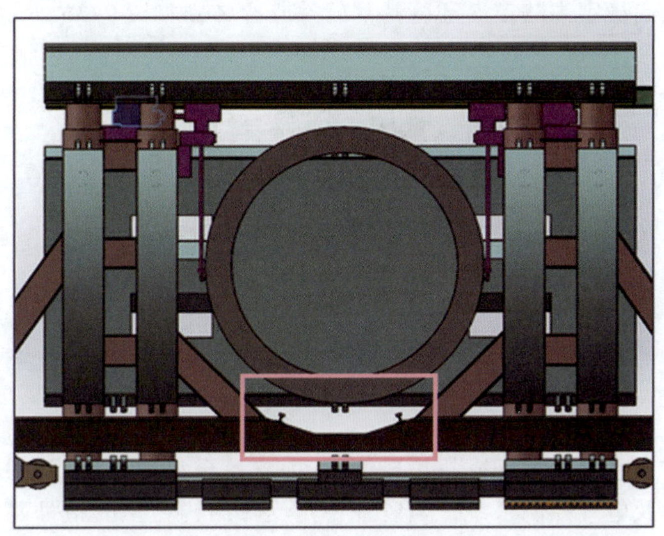

图 7.35　管节放置位置

该单梁双吊机系统具有以下两方面的优点：

- 无需管片小车转接，可以直接吊取编组列车上的管片；
- 在狭小空间内完成了整环管节的吊运，节约了空间，同时也提高了管片运输效率。

综上，项目组设计的盾构法和顶管法联络通道物料运输系统中的吊机系统分别采用了 S 形梁单吊机形式和单梁双吊机形式。在施工时，如果采用盾构法施工，将顶管法的单梁拆除；如果采用顶管法施工，将盾构法的吊机梁拆除即可。因此可同时满足在不同施工模式下吊运方式的切换。南鄞区间项目研制的物料吊运系统，主要对以下方面进行了突破性的改进：

- 针对不同的施工模式，可以自由选择相应的物料吊机系统，比如盾构法吊运系统和顶管法吊运系统；
- 盾构法物料运输系统可实现双向吊运的模式切换；
- 狭小空间内顶管管节的运输方式。

7.6　移动式管片预应力支撑系统研究

在联络通道施工的过程中，需要破除隧道管片，当主隧道管片破损之后，管片就会受到

很大的土体压力，而且当联络通道盾构机在开挖联络通道时，其推进缸所产生的推力会施加在主隧道管片内壁上，这时主隧道管片会产生一个类似于椭圆形状的变形。为了保证主隧道结构稳定，避免主隧道管片在受到外力时产生变形，就需要在管片内壁面上设置用于防止其变形的管片稳定支撑装置。以下针对管片稳定支撑体系进行详细介绍。

7.6.1 管片稳定支撑体系研究设计

针对盾构始发及掘进过程中推力可能造成主隧道管片变形的问题，联络通道掘进机设计时在 3 号始发台车与 5 号接收台车上安装用于支撑主隧道管片的管片稳定支撑体系，该管片支撑体系可横向稳定主隧道 5 环管片。管片支撑体系如图 7.36 所示。

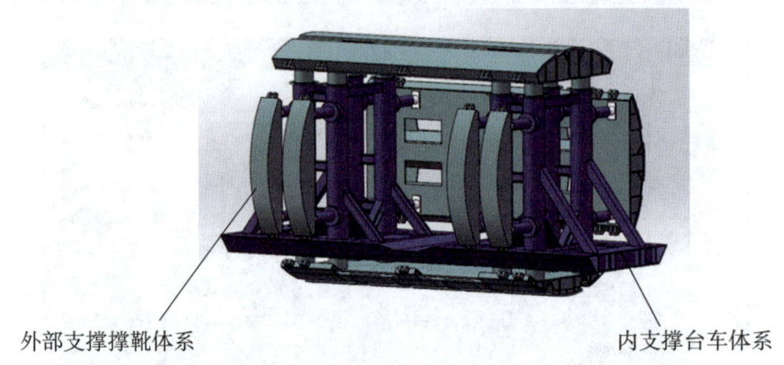

图 7.36 管片稳定支撑体系

管片稳定支撑体系包括外部支撑撑靴体系、内支撑台车体系和用于控制外部支撑撑靴伸缩的液压系统以及电气控制系统。当管片稳定支撑结构在主隧道外部时，外部支撑撑靴通过油缸呈现回缩状态以方便内支撑台车体系的运输；当放置于内支撑台车体系上的主机系统运输至始发洞门时，外支架可通过安装于内支撑台车体系上的油缸将其撑紧于主隧道管片的内壁面上。外部支撑撑靴伸缩和撑紧状态如图 7.37 所示。

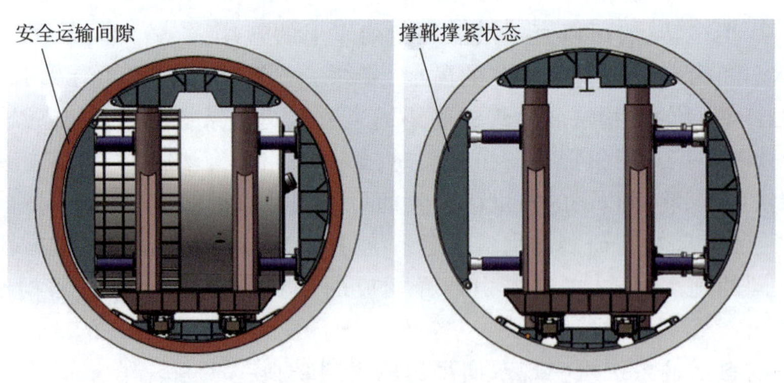

图 7.37 外部支撑撑靴伸缩和撑紧状态

该稳定支撑体系可以实现三个方面的功能：能够实现外部支撑撑靴的快速支撑和回收，方便盾构机的始发和接收；可以在联络通道施工过程中对主隧道管片进行稳定支撑；可以对联络通道施工过程中的管片进行受力监测。

1. 外部支撑撑靴体系刚度和强度分析

外部支撑撑靴体系为该盾构机的设计关键点,其主要包括上、下、左、右四部分支撑撑靴。考虑到联络通道洞门在切削之后土压力会部分传递至管片稳定支撑体系的支撑撑靴上,因此,需对各个支撑撑靴进行结构稳定性分析,以确保整个联络通道施工过程的安全性。

采用通用有限元软件 ANSYS Workbench 将外部支撑环结构按照设计图纸尺寸创建模型。为得到接近实际情况的应力分布情况,兼顾计算精度和计算效率,使用二十节点四面体 Solid195 单元,设定单元长度为 100 mm;为了防止六面体单元刚度硬化效应,后期可将局部网格划细再详细计算。简化图纸中倒角、圆角,视各个焊接板材的焊缝没有缺陷,将螺栓连接法兰面视为固定接触。

支撑撑靴的制作材料为 Q345B 钢,弹性模量 $E=2.1\times10^5$ MPa,泊松比 $\upsilon=0.3$,密度 $\rho=7.85\times10^3\ \text{kg/m}^3$,重力加速度 $g=9.8\ \text{m/s}^2$。Q345B 钢板的力学性能见表 7.1。

表 7.1　上部支撑撑靴用钢板的力学性能

钢号	质量等级	屈服点 $\sigma_s \geq$ MPa				抗拉强度 σ_b(MPa)	许用应力 $[\sigma]$(MPa)
		≤16	16~35	35~50	50~100		
Q345	B	345	325	295	275	470~630	148

注:许用应力的确定考虑了 2 倍的安全系数。

支撑撑靴所承受的荷载主要有土体压力和自身结构重力,土体压力考虑 20 m 覆土压力约为 1 200 t,上部支撑撑靴结构自重约 17 t,因此可以忽略支撑撑靴结构自重。

计算结果如图 7.38 ~ 图 7.41 所示,其中上部支撑撑靴结构最大等效应力为 180 MPa,下部支撑撑靴结构最大等效应力为 147 MPa,右部支撑撑靴结构最大等效应力为 20.9 MPa,左部支撑撑靴结构最大等效应力为 41.3 MPa,属于典型的应力集中范畴,绝大部分应力在 30 MPa 以下;对于基体材料 Q345B,该材料的最大公称屈服应力为 295 MPa。如变形云图所示,最大变形量为 1 mm,位于下部支撑撑靴中间部位,满足使用要求。

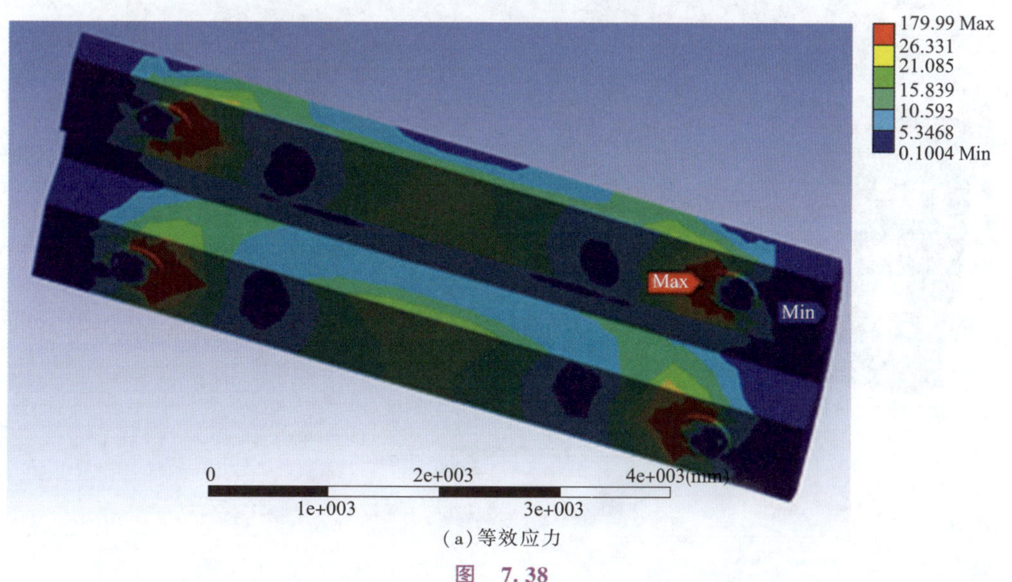

(a)等效应力

图　7.38

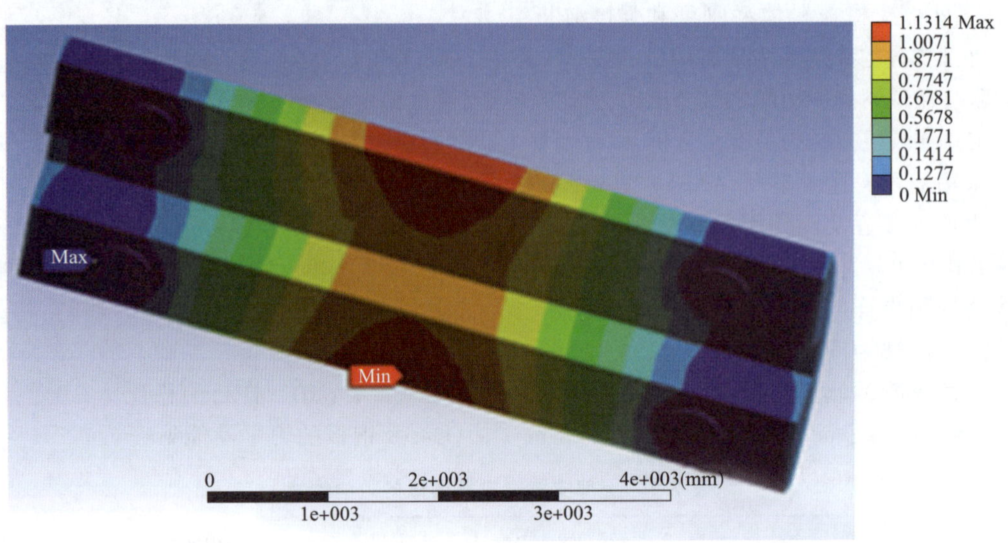

(b)总变形

图 7.38　上部支撑撑靴应力及变形云图

注:应力单位为 MPa,变形单位为 mm。

综上,通过对外部支撑撑靴体系各个部件的分析可知,在受到 1 200 t 的覆土压力的情况下,该外部支撑撑靴体系能够满足使用要求。

2. 内支撑台车体系

内支撑台车体系主要包括底部平台和 8 根立柱(图 7.42)。底部平台主要放置盾构机主机系统,立柱主要用于安装顶升油缸和侧向油缸并保持整体结构的稳定性。

根据有限元分析结果,可以得出如下结论:

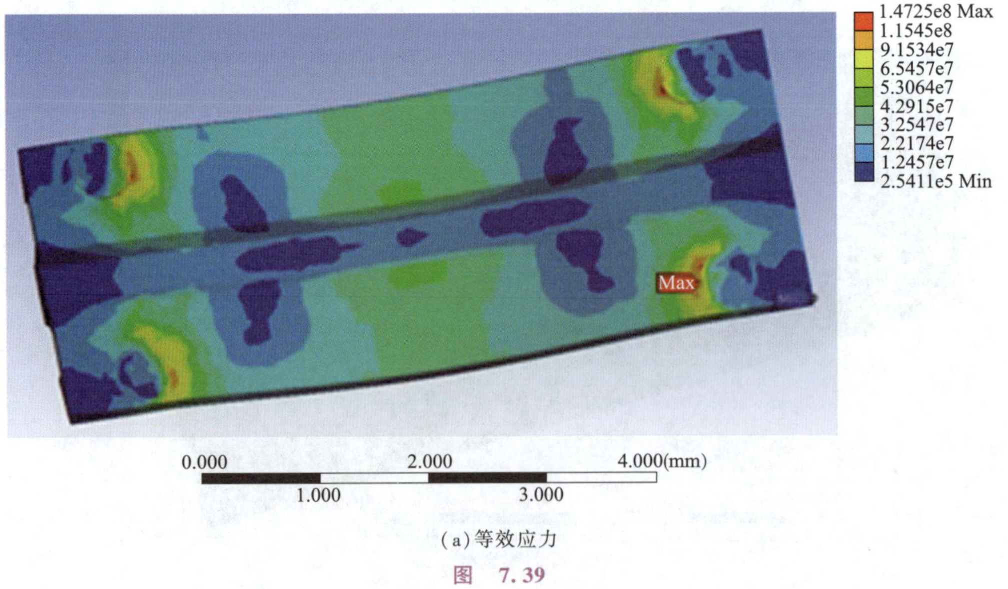

(a)等效应力

图　7.39

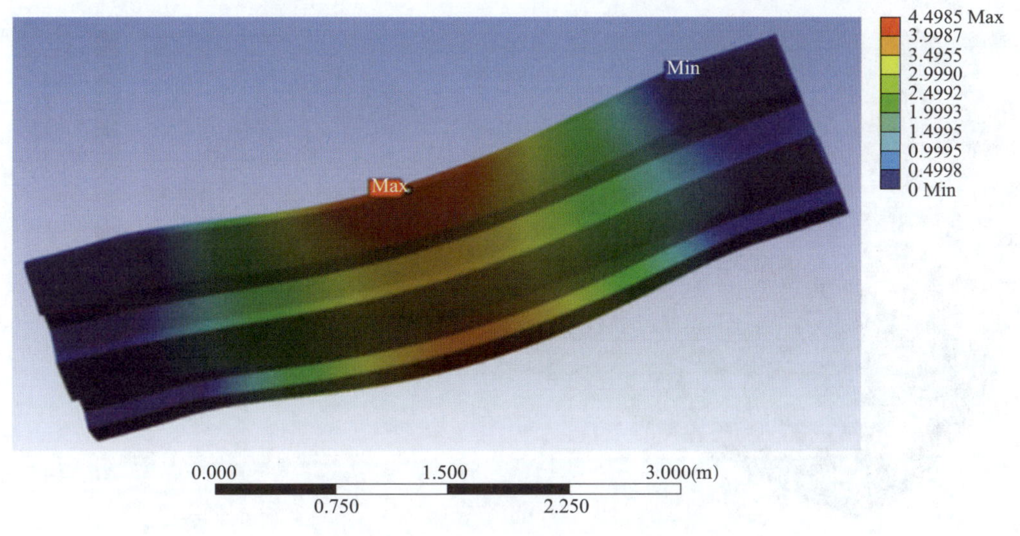

(b)总变形

图 7.39　下部支撑撑靴应力及变形分布图

注:应力单位为 Pa,变形单位为 mm。

(1)在外部支撑撑靴体系未撑紧时,台车的底部平台仅在负载和自重作用下,最大应力约为 39.4 MPa,最大应力出现在主机支撑座与拖车连接位置处;

(2)台车的底部平台的最大应变约为 0.38 mm。

综上所述,台车在外部支撑撑靴体系未撑紧情况下,强度和刚度可以满足使用要求。

3. 顶升和侧向油缸的控制系统

(1)按照原理图进行正确的管路连接,上下顶升油缸规格为 ϕ260 mm/220 mm,左右侧向油缸规格为 ϕ110 mm/80 mm。

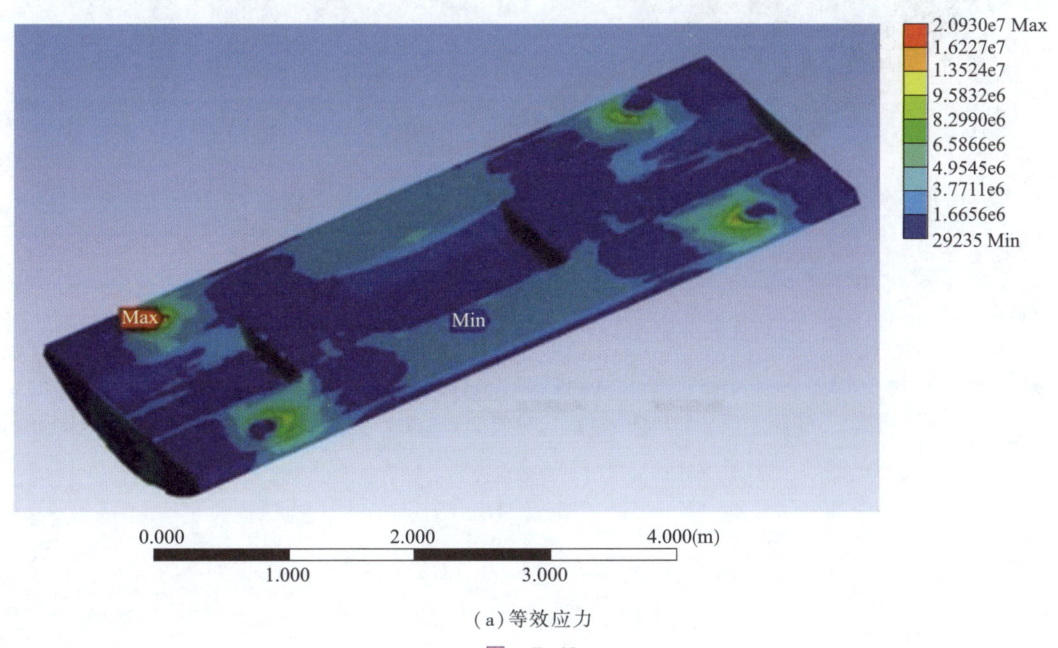

(a)等效应力

图　7.40

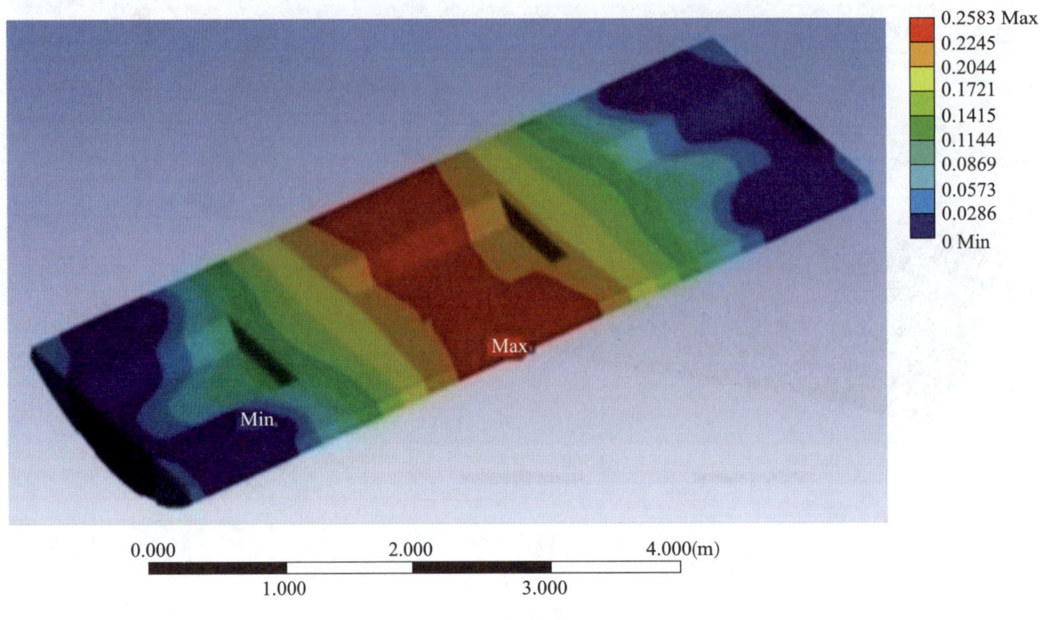

(b)总变形

图 7.40　右部支撑撑靴应力及变形分布图

注:应力单位为 Pa,变形单位为 mm。

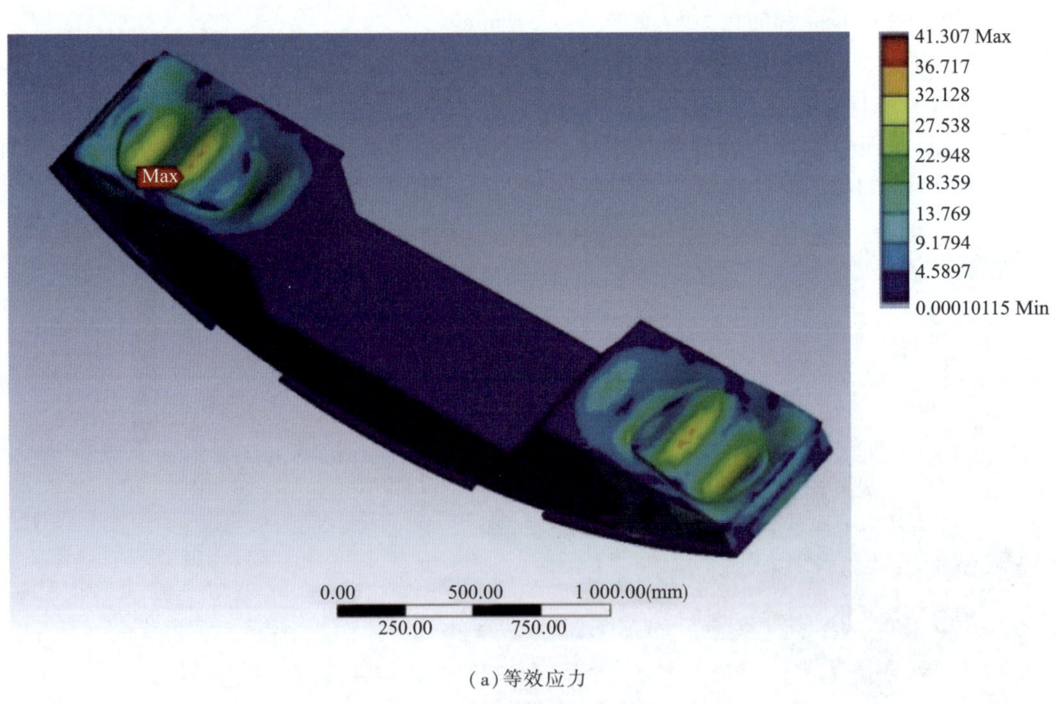

(a)等效应力

图　7.41

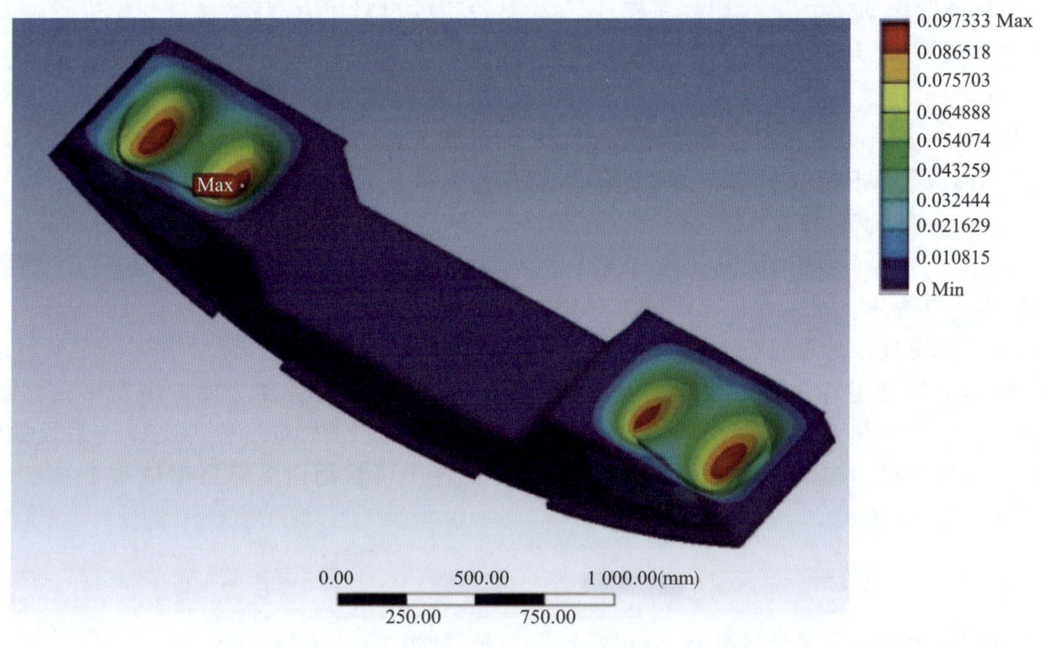

(b)总变形

图 7.41　左部支撑撑靴应力及变形分布图

注:应力单位为 MPa,变形单位为 mm。

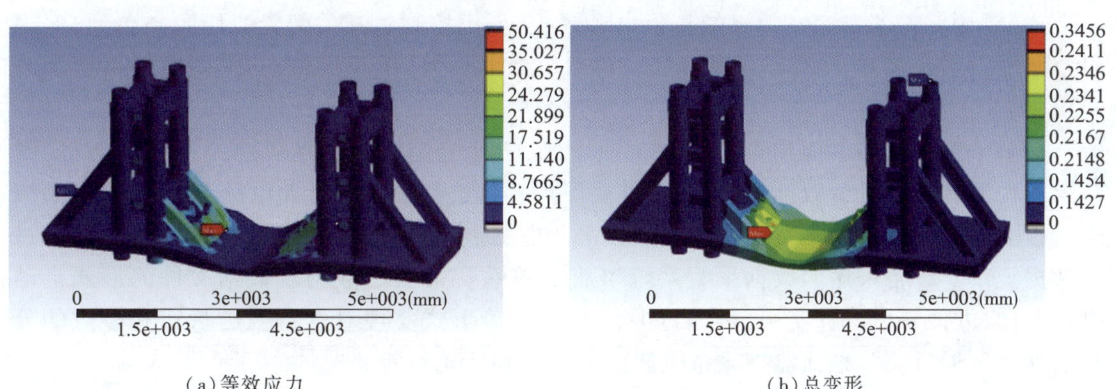

(a)等效应力　　(b)总变形

图 7.42　应力分布图

注:应力单位为 MPa,变形单位为 mm。

(2)启动高压支撑泵,在上位机上设定高压支撑泵的压力以及各单根油缸的控制压力(可以设定相对低一点),同时可启动辅助泵(若单独使用高压支撑泵油缸运行速度可能相对慢,启动辅助泵可进行双泵合流提高运行速度)通过操作屏上的控制按钮分别控制立柱顶升油缸和侧向油缸的伸出与收回。

(3)当立柱顶升油缸和侧向油缸运行快到行程终点时油缸停止伸出,并关闭辅助泵,修改高压支撑泵压力的设定原则。在主隧道管片始发及施工全过程中,支撑力不能使管片由内向外发生破坏,具体设定值需提前确定。通过此时的压力控制立柱顶升油缸和侧向油缸运动到位。

(4)油缸运动到位后,关闭高压泵,阀块保持设定的撑紧压力,联络通道开始进行施工,液压系统处于被动受力状态。

(5)当管片结构破坏,系统受力状态发生变化管片有向内收敛趋势时,液压系统压力升高,内支撑环支撑力变化可通过液压系统压力传感器读出。液压阀块设定的安全溢流压力是 35 MPa,最大能够提供 1 440 t(由设计院提供最大荷载)的撑紧力。

(6)如果实际地层压力与理论计算存在出入,大于支撑体系承载极限 1 440 t,即液压油压力高于 35 MPa,液压油溢流,油缸回收,在立柱上设置有机械防护,内支撑体系通过机械顶紧,提供支撑力。机械保护允许油缸单边收回 5 mm。此状态发生时需考虑及时采取加固措施对主隧道周围地层进行加固,减小管片的受力及收敛变形。

针对联络通道在主隧道管片破损之后,管片受到很大的土体压力而产生变形,设计相应的预应力支撑体系、液压控制系统来实现主隧道管片的支护,将预应力支撑体系设置于可移动的内支撑台车体系上,同时盾构机也可以放置于可移动内支撑台车体系上,以方便盾构机的运输、施工。

7.6.2 电气系统设计

支撑配电柜电气系统主要包括:PLC 控制系统、动力系统、人机界面。

(1)PLC 系统为整个支撑系统核心,该系统采用 Siemens S7-300 系列模块,通过继电器、接触器控制高压支撑泵、辅助泵,同时通过传感器采集支撑系统各个油缸位移、压力,并将数据传输给上位机和地面监控系统。

(2)动力系统为整个支撑系统提供电源动力,低压控制总开关配置失压脱扣单元,实现对整个电力系统保护,动力系统为高压支撑泵、辅助泵等液压源提供动力,同时提供整个系统照明。

(3)人机界面:支撑系统配置一台工业电脑,工业电脑用来监视盾构的运行状态,实时显示盾构的各项运行参数,同时还能对重要保护参数进行设置。工业电脑与 PLC 控制系统通过以太网进行通信并实时交换数据。在工业电脑上可设置相关参数、显示报警并能够进行数据记录。设备采用的数据采集系统可将支撑系统的掘进数据以数据文件的形式自动打包存储,方便日后统计使用,可通过曲线和表格等形式实现对设备掘进状态和参数的分析。地面可通过安装地面监控设备及软件实时监控盾构运行状况。

联络通道支撑上位机系统如图 7.43 所示。它是基于 Microsoft .NET Framework 架构进行开发的一种先进的针对宁波联络通道的数据采集和监控软件,其运行环境为 Windows 操作系统,软件支持中文环境,运行稳定可靠。该软件采用模块化的方式,通过不同的模块实现各种功能的管理和应用,且采用了插件的形式,实现的是一种类似“可插拔”功能的软件定制类型,通过对模块中插件的管理实现不同的模块功能。该软件的核心结构从总体上分为以下几个方面:框体界面、数据库访问,业务逻辑处理、服务器客户端通信、上位机与动臂控制器数据访问、系统全局设置等。

该软件是以机械结构、控制器及其程序以及工业控制计算机等为主要素材,利用计算机编程语言、互联网技术以及数据库的功能服务于联络通道上位机地下施工定位定向的操作、维护、缺陷反馈的专业软件。该软件性能稳定、可靠性高、较好地满足了用户的需求,在

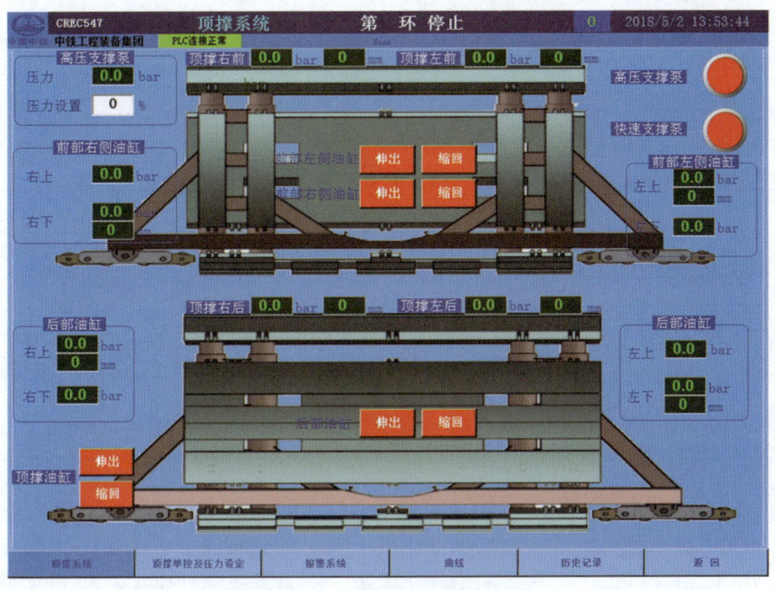

图 7.43　上位机控制主界面

联络通道施工领域有广阔的应用前景。

图 7.44 所示界面主要进行顶撑系统的本地控制，通过界面的泵启停按钮控制高压支撑泵和辅助泵的启停，界面显示顶撑系统各个油缸的压力、位移，同时可以通过界面单控模式选择按钮、设置各个油缸的压力比，来实现对各个油缸的单独控制。

基于以上设计，项目实施时对内支撑系统进行了逐级加载和卸载试验。压力监测曲线如图 7.45 所示，满足管片快速预应力支撑的要求。

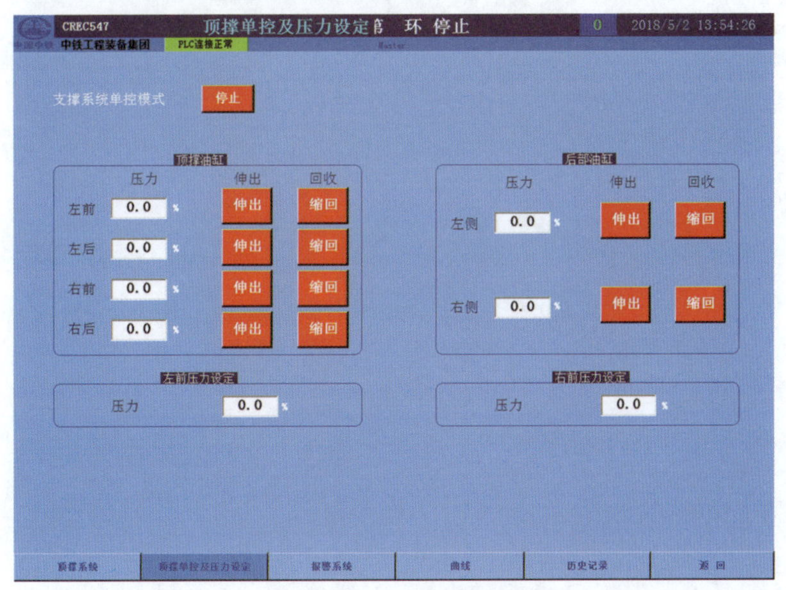

图 7.44　顶撑系统本地控制界面

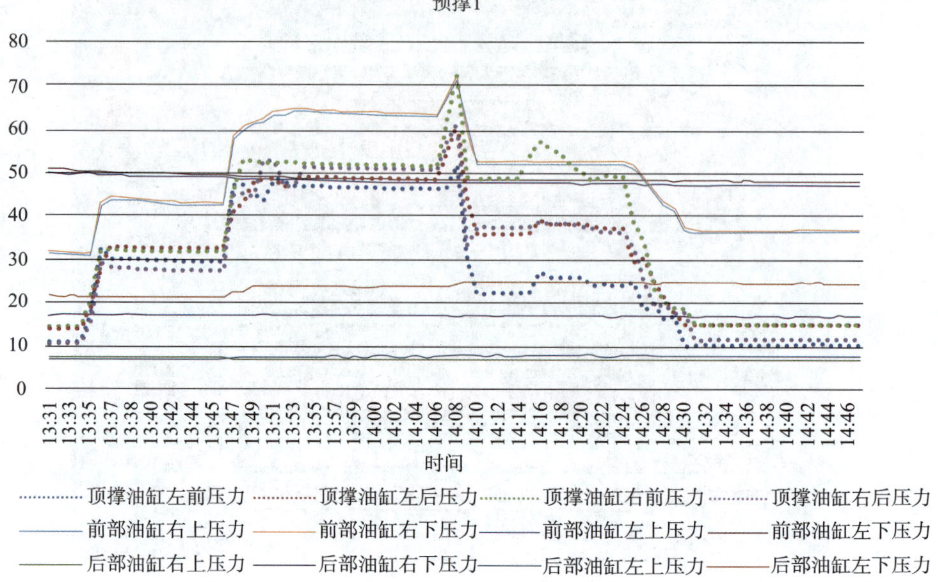

图 7.45　逐级加载卸载压力监测曲线

第 8 章　机械法联络通道主隧道钢混复合管片施工技术

8.1 概　　述

联络通道主隧道位置管片使用预制的钢混复合管片,并于主隧道开挖施工时一同拼装,形成主隧道主体结构。该类型管片仅用在联络通道开挖过程中需切削部分的管片,共计 6 块,切削部分为混凝土结构,无需切削部分为钢制管片构件,并由玻璃纤维筋连接两部分结构,组成整体,其余管片采用钢筋混凝土结构,如图 8.1 所示。联络通道范围内使用该类型钢混复合管片共 3 环,不设楔形量,确保主隧道在始发及接收位置的线型。

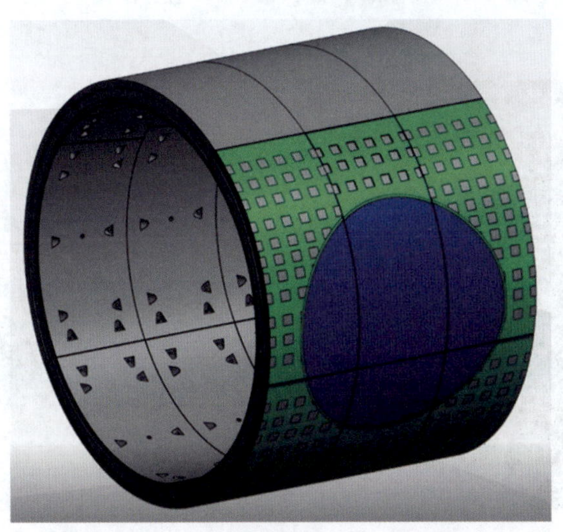

图 8.1　钢混复合管片示意图

8.2 钢混复合管片制造

主隧道特殊钢混复合管片制造分三步进行:一是制造钢格栅管片构件;二是将钢管片安放在管片模具内,穿插安装玻璃纤维筋等筋骨结构和预埋件;三是浇筑混凝土,振捣密实后养护,拆模水养。机械法联络通道建造技术研究使用钢管片构件均由厂内加工完成,地铁大埋深隧道地层水量丰富,地下建筑物防水要求严格,单层衬砌隧道需在结构设计中充分考虑防水问题,尤其复合管的钢混接合面,因其为平直面接触,且钢与混凝土天然无法紧密结合的特性,需采用特殊方式保证管片防水。主隧道特殊钢混复合管片接缝处采用遇水膨胀止水橡胶和涂刷水泥基渗透结晶性材料等方式保证管片防水。

8.2.1 钢管片构件制造

机械法联络通道建造技术研究使用的钢管片均采用 Q235B 钢材厂内加工成型,单块钢管片由 6 种不同功能和规格型号钢构件焊接拼装,如图 8.2 所示,分别为背板、端板、环向加劲板、纵向加劲板、纵肋板和中肋板。

钢管片背板利用卷板机直接加工制作,厚 25 mm,面板弧度与隧道设计外径相同,平面尺寸按照图纸设计下料加工,需保证表面平整,切割端平顺无毛刺。端板和环向加劲板为保证管片弧度关键构件,使用厚 35 mm 钢板制造,参照图纸下料加工,需保证环向加劲板内、外弧面与设计隧道相同。其他各种类型加劲板和肋板均采用厚 30 mm 钢板加工,参照图纸尺寸制造。各种类型钢板下料加工时须预留 1 ~ 2 mm 预留加工量,考虑焊接收缩余量。

钢管片构件放置在胎架上进行组装,按照设计图纸要求位置完成相关构件焊接。钢管片初加工需保证整构件的外观尺寸,能够与预制隧道管片完整拼装,故加工完成后须检核管片外观尺寸,尤其弧度和长短面几何尺寸,允许误差 ±1 mm。整体外形尺寸无误方可进行机床精加工,并按照图纸尺寸要求加工止水材料凹槽、吊装孔、钢筋穿插孔和螺栓孔等部件,精细加工。

图 8.2　复合管片

8.2.2 复合管片组装制造

钢混复合管片(图 8.2、图 8.3)使用可切削的玻璃纤维筋做主筋,以增加混凝土管片的可切削性,玻璃纤维筋为混凝土构件部分的主要配筋,为保证钢混复合管片的整体完整性,仅连接接合面无法抵抗钢结构和混凝土结构产生接合面弯矩,设计玻璃纤维筋整体贯穿钢管片内部格栅腔室。

钢构件加工完成后整体放置在相应管片模具内,穿插玻璃纤维筋,安装箍筋和拉筋等,主筋布设方式参照设计图纸执行。复合管片的螺栓手孔与隧道通用螺栓手孔相同,并在钢构件加工时预留相关位置。完成管片主筋加工后,按照设计图纸安装手孔模具、吊装孔模具等结构,浇筑混凝土。

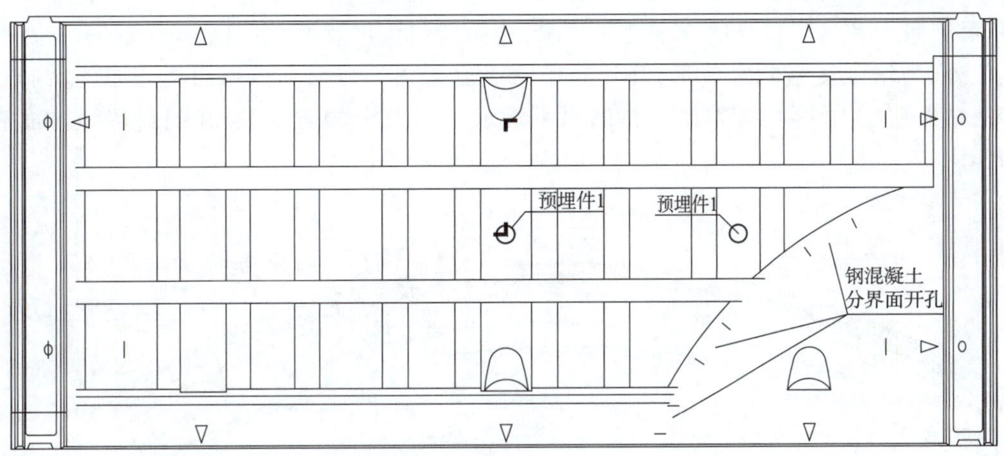

图 8.3 复合管片示意图

8.3 钢混复合管片防水施工

地下建构筑物防水为施工和设计的重中之重，南鄞区间工程设计采用的钢混复合管片整体接缝较多，防水技术要求高，尤其是钢混结合面处因两种材质构件存在天然的无法结合的效果，需采用新的防水工艺。

联络通道处管片为钢混结构，在联络通道施工前，需满足正线隧道的防水要求，经过研讨和研究，制定了针对性的防水方案。

8.3.1 管片环、纵缝防水

钢混复合管片外观尺寸与主隧道管片无异，并均设有相同的凹凸隼和三元乙丙止水橡胶条防水，所以单块管片间和单环管片间防水继续采用三元乙丙止水橡胶条。但在联络通道掘进施工中，刀盘切削范围存在中管片环、纵向接缝，且接缝处防水材料一直延伸至非切削部分，且三元乙丙止水橡胶韧性非常强，刀盘绞断防水材料过程中会对非开挖处防水产生影响，并在掘进过程中与管片混凝土部分一并磨除，磨除中防水材料的撕裂裂破形式不受控制，可能会导致防水质量问题。

经研究决定，钢混复合管片继续使用三元乙丙止水橡胶做管片环间与块间防水材料，但在钢混接合面处断开粘贴，使之分开为两段，保证洞门切削过程中不影响非开挖区域止水材料。同时，混凝土管片部分粘贴遇水膨胀条，钢管片部分粘贴三元乙丙橡胶，使两个部分各自独立，确保三元乙丙橡胶撕裂位置恰好在洞门处。

8.3.2 钢混接合面防水

钢管片构件与混凝土管片间钢混接合面难以紧密结合的特点，使管片接缝防水成为较大难题。但该类型管片拼装完成至联络通道开挖时间较短，且无永久性防水要求，经研究讨论，设计采用遇水膨胀止水胶临时防水，即在钢管片与混凝土管片接合面粘贴遇水膨胀

止水胶，该类型材料涂刷后渗透入混凝土表面，可与混凝土完好贴合，且该材料遇水产生膨胀，依靠膨胀力和材料自身的止水性能防水，从而达到止水效果，如图 8.4 所示。

此外，为增强接缝防水效果，管片制作完成后需在外弧面和内弧面接合面处涂刷水泥基渗透结晶型防水涂料，该类型材料遇水可形成一层致密的防水膜，起到封堵结合面表面封的作用。

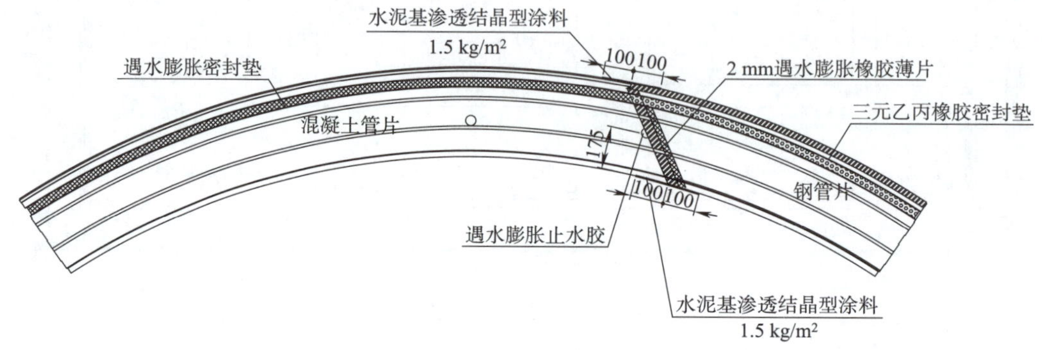

图 8.4　防水构造示意图(单位:mm)

8.3.3　钢管片环、纵缝焊接止水

掘进机掘进过程中对掌子面混凝土管片可产生巨大震动，周边管片存在扰动而破坏的可能性，为防止掘进中洞门周边钢管片在盾构推力作用下变形过大，提高洞门钢环的整体性，保证掘进时管片受力良好，洞门处 6 块钢环需要焊接为一个整体，焊接采用二氧化碳保护焊方式，保证防水合格，如图 8.5 所示。并且在掘进过程中，钢混管片混凝土部分的螺栓需要拆除，焊接能够调高管片的自稳性。

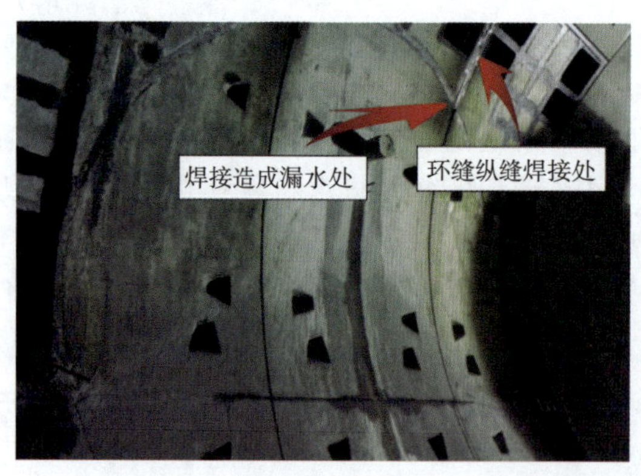

图 8.5　接头防水示意图

8.4　钢混复合管片拼装

联络通道始发端洞门直径为 3 400 mm，接收端洞门直径为 3 460 mm，这是考虑到盾构机掘进中偏离设计轴线较大，使得盾构机出洞困难，如图 8.6、图 8.7 所示。因此将联络通

道钢混管片分为始发端钢混管片、接收端钢混管片。

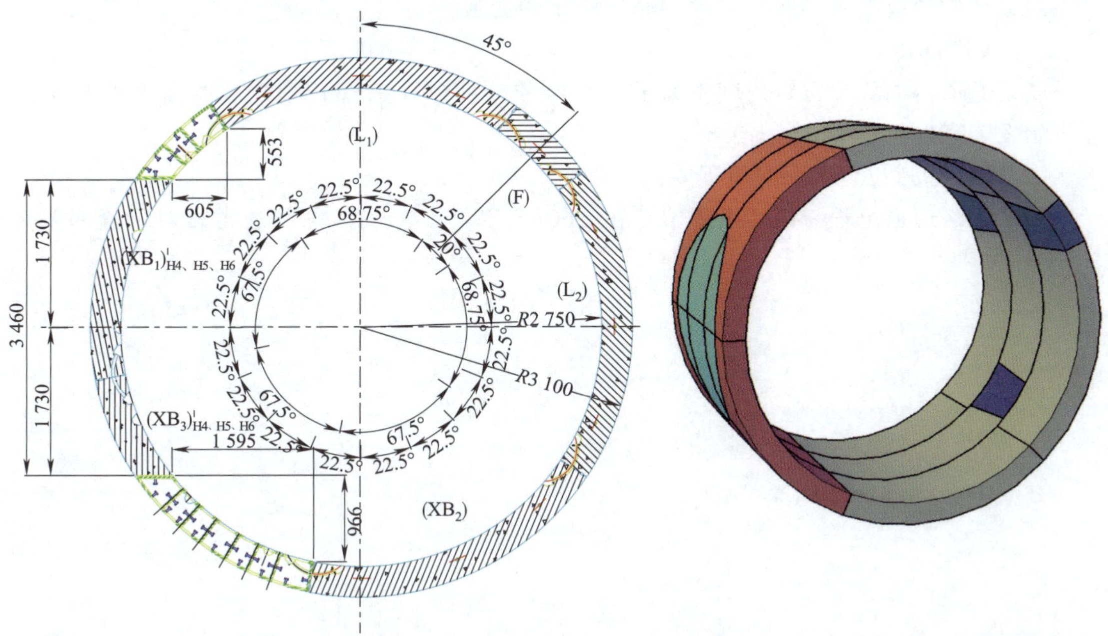

图 8.6　始发端正线隧道剖面图(洞门 3 400 mm)(单位:mm)

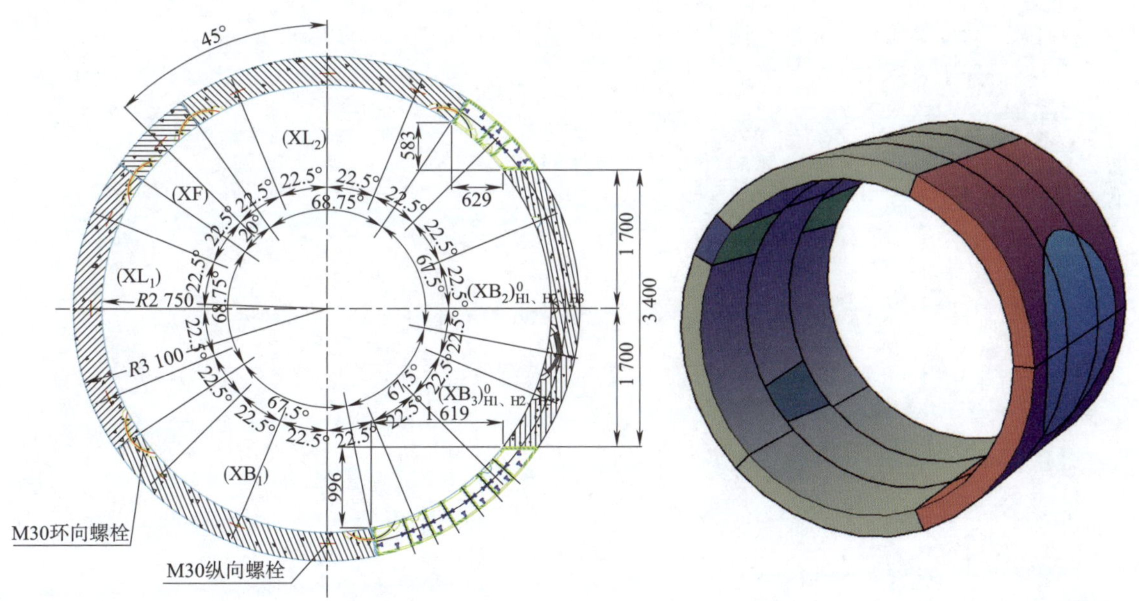

图 8.7　接收端正线隧道剖面图(洞门 3 460 mm)(单位:mm)

由于洞门高度固定,管片模具制作成本较高,因此将三环钢混管片拼装点位固定,以便于固定管片上洞门位置,方便管片制作。考虑到掘进中管片螺栓会对刀盘造成损,在掘进前需要拆除洞门上的管片螺栓。为减少洞门处的管片螺栓拆除量,对管片结构进行受力计算,作出如下设计:第一环 F 块的位置偏离洞门顶部 45°,第二环 F 块的位置偏离洞门顶部

112.5°,第三环F块的位置偏离洞门顶部45°。但这种设计也为正线隧道施工带来困难,并且正线成型隧道成型质量制约着联络通道施工的成败。

(1)管片自转

联络通道钢混管片自转角度不大于0.15°(自转控制在10 mm以内),保证联络通道掘进机始发姿态保持水平。

(2)联络通道位置上下线里程差

要求联络通道里程与设计里程偏差在±60 cm以内,左、右线联络通道相对位置偏差在±5 cm以内。

第9章　机械法联络通道掘进始发施工准备技术

9.1　概　　述

机械法联络通道施工前，应开展工程地质调查，建筑物管线调查，施工方案审查，工程总体筹划的审核，管片生产施工，盾构机运输、吊装、吊出方案，盾构掘进和管片拼装施工组织，施工测量方案，盾构掘进施工监测方案等技术方案的编制和审核。本章重点介绍机械法联络通道施工前正线隧道的微加固技术、始发套筒安装技术、掘进机吊装、运输及定位，以及反力架安装及负环管片拼装等技术。

9.2　正线隧道微加固技术

在联络通道施工前，应适当地进行二次注浆来对正线隧道管片进行加固。其优点在于可以控制正线隧道管片在推进反力作用下的位移量，弥补同步注浆凝固收缩，在地层中的扩散出现局部填充不均匀、不密实等缺陷，并且提高联络通道位置管片衬砌背后同步注浆层的防水性及密实度。

9.2.1　微加固技术

在盾构始发之前，一般要根据洞口地层的稳定情况评价地层，并采取有针对性的处理措施。地层处理一般采取搅拌桩、旋喷桩、注浆法、SMW 工法、冷冻法等措施进行地层加固处理。加固后的地层要具备最少一周的侧向自稳能力，且不能有地下水的损失。

联络通道位置周围环境复杂，通常位于城市主干道路下方，部分联络通道位于江底，铁路附近。无法采用搅拌桩技术对洞门进行加固处理，只能采取注浆法注浆，因此设计中增加正线隧道钢混管片的注浆孔数量，调整注浆孔位置，达到类似“加固区”的效果。其注浆孔位置如图 9.1 所示，考虑到盾构机始发后泥水会从洞门与盾构壳体形成环形的空隙窜入正线隧道内，洞门附近这部分土体是洞门密封的关键。

钢混管片前后 20 环注浆的正线隧道管片注浆，弥补同步注浆凝固收缩、在地层中的扩散出现局部填充不均匀、不密实等缺陷；提高联络通道位置管片衬砌背后同步注浆层的防水性及密实度；控制联络通道施工时，主隧道管片在推进反力作用下位移，对主隧道管片进行加固。

9.2.2　注浆方法

(1)联络通道施工前，需对联络通道左、右线前后 20 环范围内进行二次注浆。在浆液

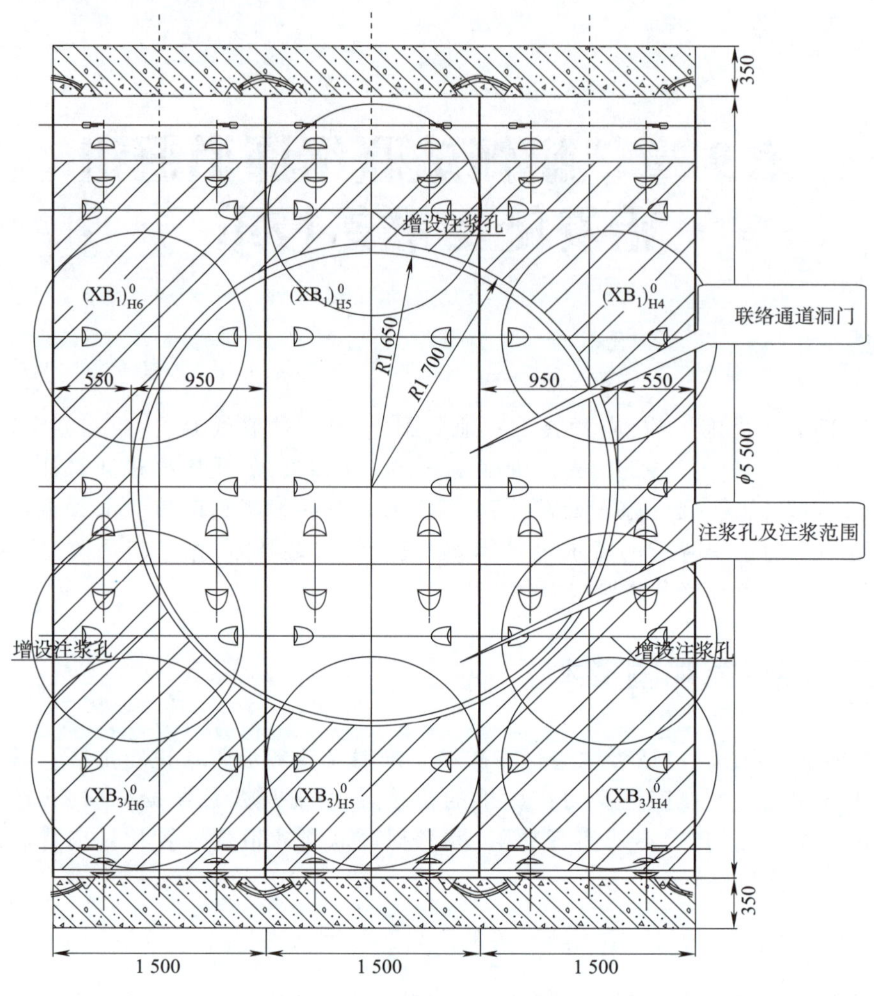

图 9.1　注浆孔位置图(单位:mm)

搅拌筒中按设计的水灰比进行双液浆(水泥浆与玻璃液)拌制,严禁浆液中有结块存在,以免注浆管堵塞。

设计水灰比如下:

水泥浆(按质量配比)水∶水泥 =1∶1;

玻璃液(按体积配比)水∶水玻璃 =1∶1;

双液浆(按体积配比)水泥浆∶玻璃液 =1∶1。

(2)注入过程中应严密监视压力情况,控制注浆压力在 0.3 MPa 以内。

(3)进行二次注浆时,起动注浆泵,然后打开水泥浆控制阀。(进出洞口以及出现渗漏严重时,应待水泥浆液流量稳定后再打开水玻璃浆液控制阀)

(4)注浆结束标准以注浆压力与注浆量进行双重控制,正常情况下要求每环注浆量为 1 m^3,每孔每次控制在 0.5 m^3左右。以下情况应例外:

①在开孔时发现注浆孔内有大量水喷出,应增加注浆量直至注浆压力达到注浆压力的上限;

②当每孔注浆量未达到设计值而注浆压力达到规定压力的上限时,应停止注浆。

(5)二次注浆利用二次注浆机在正线隧道内进行。

(6)二次注浆结束后,对每一个注浆孔进行密封,以防渗水。

(7)注浆开孔位置为正线隧道 3、11 点位与 7、15 点位交替循环,例:第一环开孔为 3、11 点位,第二环开孔为 7、15 点位。注浆孔位示意如图 9.2 所示。

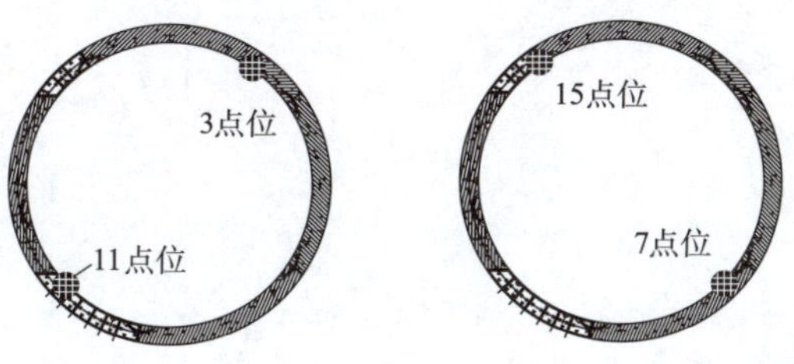

图 9.2　注浆孔位示意图

9.3　始发套筒安装技术

9.3.1　洞门钢环焊接

始发与接收钢套筒随 3 号与 5 号台车整体运输至进出洞门处,与洞门套筒连接操作空间小,需要施工前在洞门位置预先焊接连接法兰,即洞门钢环(钢套筒前端)。为保障洞门钢环在焊接过程中产生的变形量不影响后期钢套筒连接,制作焊接工装,如图 9.3 所示。将洞门钢环与套筒前端相连,并定位,与洞门钢管片焊接。待自然冷却后拆除焊接工装。

(1)将洞门钢环及工装通过法兰面连接成整体。

(2)将工装及钢环随电瓶车整体运输至洞门处,于图 9.3 位置预设 4 个手拉葫芦(依据现场管片实际情况布设),将手拉葫芦通过吊耳连接至工装,将其一端逐渐抬起,另一端逐渐放下,缓慢吊起,保证平衡,后进行洞门钢管片与钢环的满焊作业。

(3)焊接完成后,待其自然冷却并拆除工装,留下洞门钢环。

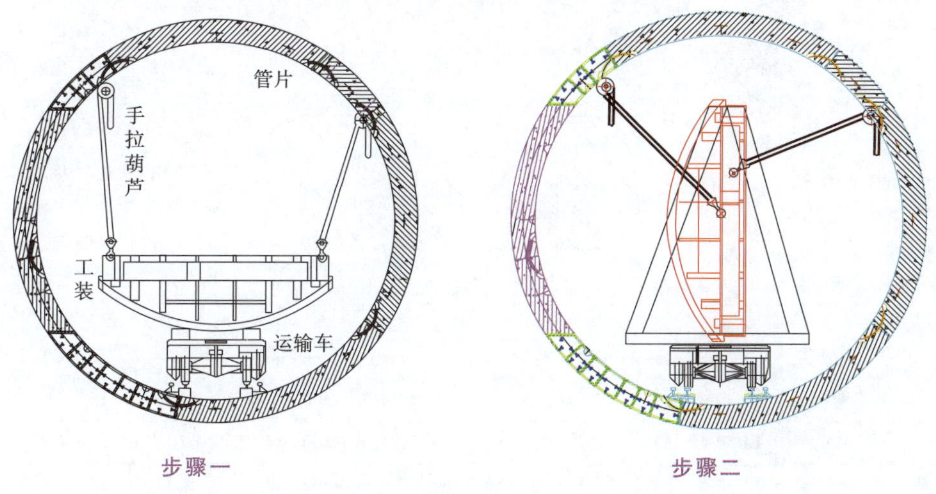

图　9.3

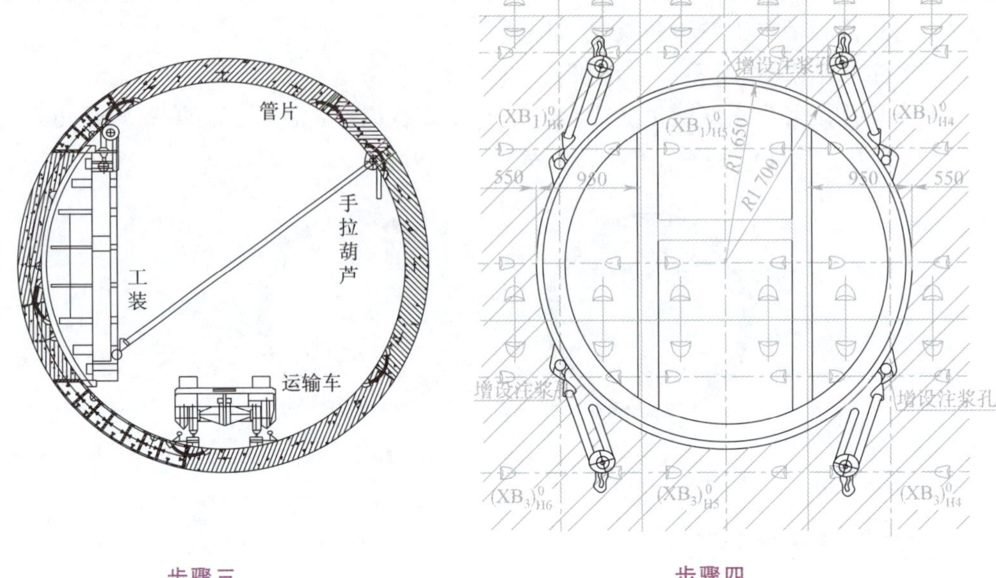

步骤三　　　　步骤四

图 9.3　安装工序图(单位:mm)

联络通道洞门采用可切削的混凝土管片,内部钢筋采用可切削的玻璃纤维筋,因此没有传统意义上洞门破除过程。但正线隧道管片之间的连接螺栓应采用取芯机拔出,且由于第二环管片中有一个吊装孔,在螺栓拔除前在该吊装孔内进行二次注浆,提高土体自稳性能力,拔出后为防泥水渗漏,用软木封堵。

从上面的施工步骤可以看出,为保证管片的稳定性及防泥水渗漏,螺栓及吊装孔拆除应在套筒焊焊接与注浆之后进行。钢管片焊接参数见表 9.1。

表 9.1　钢管片焊接参数表

<table>
<tr><td colspan="2">母材</td><td colspan="2">Q235B</td><td colspan="8">结点图(钢管片)</td></tr>
<tr><td rowspan="2">焊接材料</td><td>焊丝</td><td colspan="2">ER50-6</td><td colspan="5" rowspan="5">80°
36
12
12
15　6　15
(单位: mm)</td><td colspan="3">施焊要求</td></tr>
<tr><td>保护气体</td><td colspan="2">80% Ar + 20% CO_2</td><td colspan="3" rowspan="4">(1)焊前将坡口两侧 30 mm 范围内的油污水分及脏物去除干净。
(2)焊缝表面及热影响区表面不得有咬边、裂纹、未融合等缺陷。
(3)焊后焊缝进行 UT 检测,Ⅱ级合格</td></tr>
<tr><td colspan="2">清根手段</td><td colspan="2">手砂轮</td></tr>
<tr><td colspan="2">预热温度</td><td colspan="2">100 ~ 150 ℃</td></tr>
<tr><td colspan="2">预热方法</td><td colspan="2">乙炔</td></tr>
<tr><td rowspan="4">焊接规范参数</td><td>焊层</td><td>焊接方法</td><td>焊材牌号</td><td>直径(mm)</td><td>电源种类及极性</td><td>电流(A)</td><td>电压(V)</td><td>焊接速度(mm/min)</td><td>喷嘴直径(mm)</td><td>焊丝伸出量(mm)</td><td>气体流量(L/min)</td></tr>
<tr><td>1</td><td>GMAW</td><td>ER50-6</td><td>1.2</td><td>直流反接</td><td>130 ~ 160</td><td>20 ~ 30</td><td>300 ~ 500</td><td>φ20</td><td>15 ~ 18</td><td>20 ~ 30</td></tr>
<tr><td>2</td><td>GMAW</td><td>ER50-6</td><td>1.2</td><td>直流反接</td><td>180 ~ 250</td><td>20 ~ 30</td><td>300 ~ 500</td><td>φ20</td><td>15 ~ 18</td><td>20 ~ 30</td></tr>
<tr><td>其余</td><td>GMAW</td><td>ER50-6</td><td>1.2</td><td>直流反接</td><td>180 ~ 250</td><td>20 ~ 30</td><td>300 ~ 500</td><td>φ20</td><td>15 ~ 18</td><td>20 ~ 30</td></tr>
</table>

9.3.2　始发套筒设计

在常规盾构掘进中,洞门密封常采用橡胶帘布板,该密封装置能够防止泥水从洞门与盾构壳体形成环形的空隙窜入端头井内,确保盾构机开挖面泥水压力、开挖面土体的稳定;而在联络通道施工中,联络通道处覆土较深,无法进行常规的端头加固,因此无法采用安装橡胶帘布板这一密封装置。受盾构机盾尾设计启发,科研小组研制出一种快速安拆的密封装置,即始发套筒。其实际上是由前后两部分组成,两个部分之间采用法兰连接,如图 9.4 所示。

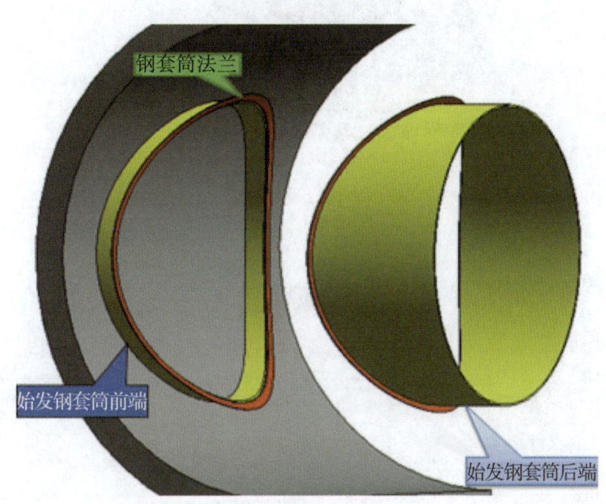

图 9.4　套筒前端

从洞门整体的密闭性考虑,施工中选择焊接的方式将套筒与钢管片连接。但焊接所需时间较长,加上正线隧道空间狭小,因此将套筒拆分出一个较小的前端,使得焊接工作可以在拼装完成后任意时间进行,同时也不会对后续施工造成影响,有效地保障了施工进度。并且从后期套筒拆除过程看,可以将套筒从安装时洞门处的焊缝附近割除,套筒前端虽有部分损失,但经加工后仍可再次使用,而套筒后完整保留端,从而节约施工成本。

除考虑设计因素外,套筒前端施工还需解决一些实际操作上的问题。套筒前端结构跨度大,钢材自身密度高,焊接过程中钢材热胀冷缩,因此套筒前端在焊接中极易出现变形,造成套筒定位出现误差。为解决这一问题,实际操作中设计了一种工装来精确定位套筒,如图 9.5 所示,其采用法兰连接的方式与套筒前端连接,能够方便吊装定位,也能够控制焊缝变形,保证焊接质量,同时焊接方式采用对称焊接,上下、左右对称焊接,每条焊缝间距控制在 1 m 内。

套筒后端主要是解决密封问题,其通过法兰与套筒前端连接,将联络通道洞门密封位置延长至套筒尾端,套筒尾端仿照盾构机尾刷设计,设有盾尾油脂注入口,增加套筒的密封性。套筒及尾刷设计如图 9.6、图 9.7 所示。

在始发阶段,套筒后端包裹着掘进机被运送至联络通道处与套筒前端连接,尾刷在整个过程中完全压缩;当始发掘进后,盾尾脱离套筒尾刷后,套筒尾刷需要完全弹起,使其紧

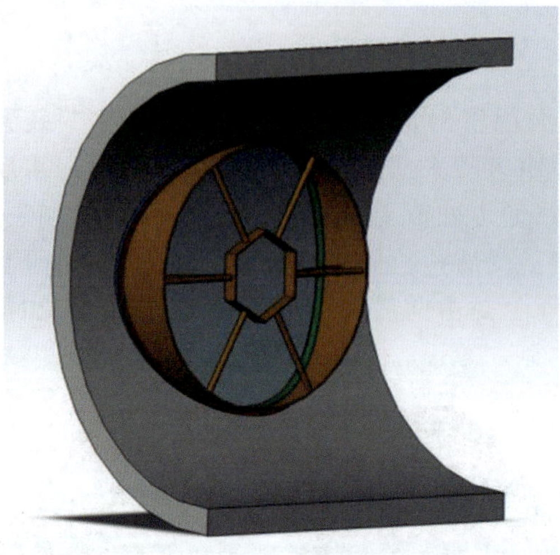

图 9.5　工装标准件

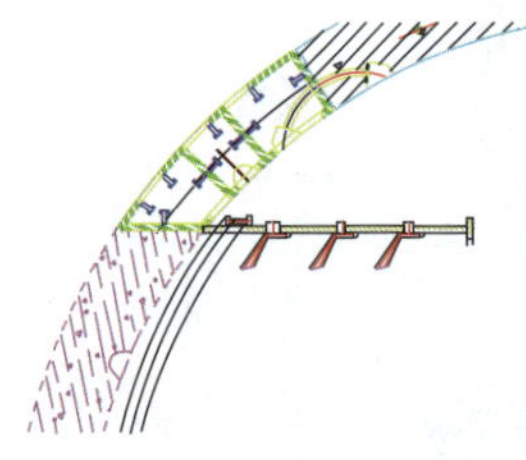

图 9.6　成型套筒图

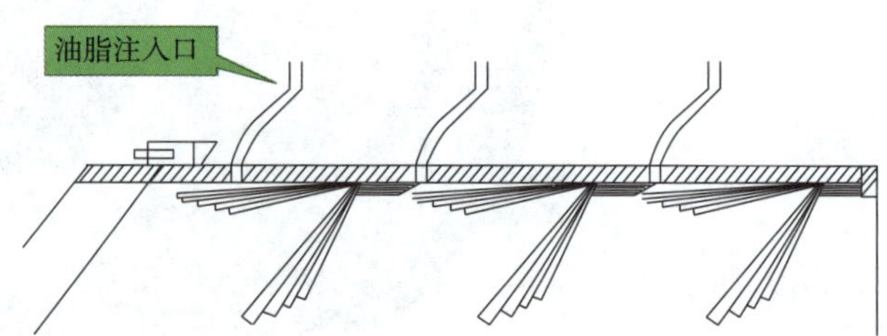

图 9.7　尾刷设计图

紧包裹住负环管片，起到密封效果；此后随着盾构机掘进，盾尾刷与套筒尾刷之间出现空隙，需及时注入填充物，调节空隙处的压力，填充物的压力应与土压持平，阻止泥水外溢。因此套筒尾刷设计应考虑三个因素：弹性、长度、强度。

1. 尾刷长度

盾构机盾体外径为 3 280 mm，套筒内径为 3 420 mm，所形成的环形空隙宽度为 70 mm，空隙用于涂抹盾尾油脂。管片外径为 3 250 mm，与套筒形成的环形空隙宽度为 85 mm，尾刷设计厚度为 35 mm，但考虑到管片姿态较差时，其与套筒形成的空隙宽度最大值可达 170 mm，所以，理论上尾刷弹起量为 170 m，而尾刷与管片夹角为 45°时，尾刷的力学效果最好，因此尾刷长度最大值应取 240 mm，其安装如图 9.8、图 9.9 所示。

2. 尾刷强度

套筒内需注入填充物来减小洞门内外压力差，因此套筒尾刷需有一定的强度。隧道埋深为 30 m，其土压力为 0.28 MPa，而通常注浆压力为尾刷强度的 60%，因此尾刷需能承受 0.47 MPa 的压强。

图 9.8　尾刷安装现场

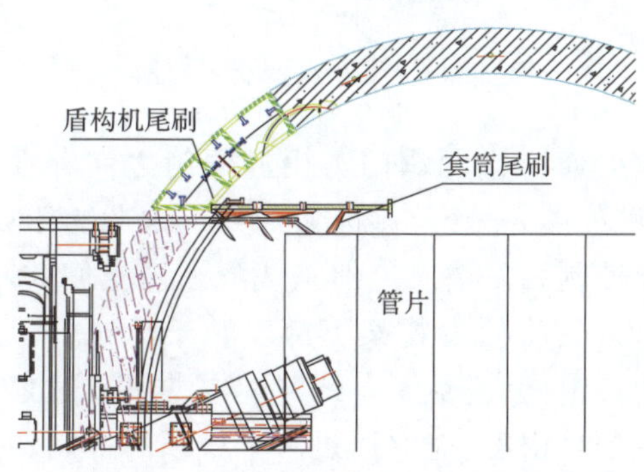

图 9.9　尾刷安装示意图

9.4　掘进机吊装、运输及定位

9.4.1　套筒内“导轨”的安装

始发段套筒需要与洞门钢管片焊接,其空间位置在设计时便已被固定,并且套筒包裹着盾构机,如图 9.10 所示。设计中始发端套筒内径与洞门外径相同,其值为3 400 mm,刀盘直径为 3 290 mm,盾体外径为 3 280 mm。可以看出若不采取措施将套筒内盾体抬高,在始发时套筒与刀盘将接触而影响刀盘旋转。同时考虑到盾构机轴线与套筒轴线重合,才能保证盾构机能按设计轴线掘进。因此在套筒内加设导轨,导轨材料为钢板切割加工后的钢条,将钢条在套筒内部对称焊接,水平间距为 1.2 m,厚度控制在 5 cm 左右,可以根据洞门高度及设计的始发姿态调整,但必须要大于套筒尾刷厚度 3.5 cm,否则安装后盾构机后端高于前端,盾构机栽头。

9.4.2　始发架设计及安装

在实际复测 26 个联络通道位置的三维坐标及复核设计图纸中发现,正线隧道上下行线

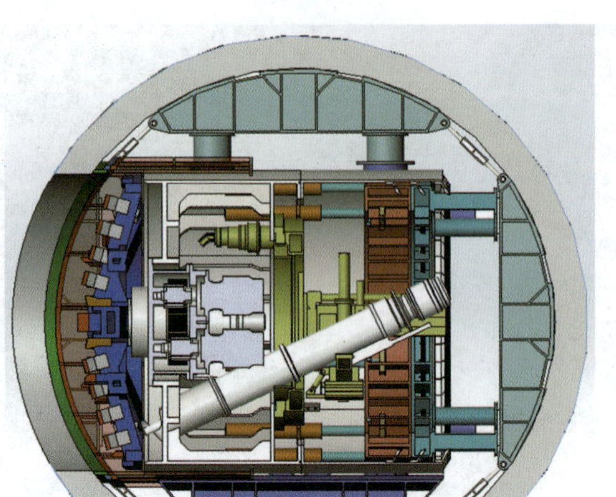

图 9.10　始发盾构机布置图

的方向并不完全相同，即联络通道进洞洞门与出洞洞门之间存在夹角，这是由于正线隧道洞门钢环在拼装成型后的里程差、自转等多因素导致。因此为了保证联络通道的始发及接收能够顺利进行，必须精确控制始发姿态。但正线隧道内空间狭小，不满足吊装条件，这给始发架定位带来了困难。为此，将始发托架下部安装千斤顶，将原有的固定式托架改为可调节式托架，增加始发架的自由度，避免了正线隧道内的吊装过程，如图 9.11 所示。始发托架位于盾构机下，其存在多个自由度，能够通过对千斤顶的控制调节始发姿态。

左右及上下方向调节通过自锁液压千斤顶调整，并且在调整架上设置上下顶升的导向柱。导向柱允许调整架存在上下方向和左右方向的运动，但是限制调整架在主机前进方向的运动，保证调整油缸的稳定性。

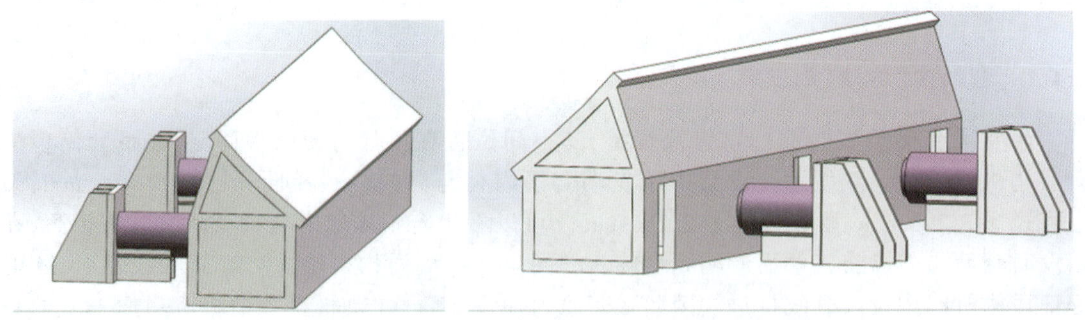

图 9.11　始发架设计示意图

始发架安装在 3 号台车上，始发架内设有竖向与横向千斤顶，横向千斤顶能够对掘进机初始位置进行横向调节，但竖向千斤顶只能对掘进机由初始位置进行顶升调整，初始位置不能下降，因此掘进机放置的初始高度不能高于理论中心位置。理论上洞门高度是固定的，但由于正线隧道成型质量、管片自传等原因，洞门高度会存在一定量的偏差，因此盾构机下井前，需要复测洞门高度，若洞门高度不符合要求时，应及时对设备进行调整。

始发架的主要作用是固定盾构机方位、承载盾构机自重、调整盾构机中心标高。而在此基础上，为解决吊装困难问题，始发架中设置的千斤顶还能够调整盾构姿态。千斤顶分四组，分别在盾构机两侧安装，水平方向两组，可以调整盾构机的水平姿态。垂直方向分前后两组，可以调整盾构机的垂直姿态。千斤顶采用单作用自锁液压千斤顶，其主要应用于活塞长时间伸展持续支撑负荷的顶升作业，需要使用配套的电动液压泵站，因此在调整盾构姿态后才能进行下一步工序。

通过始发架调整盾构姿态应满足与设计轴线竖直趋势允许偏差为 2‰，水平趋势允许偏差为±3‰。但应注意调整过程中盾尾变形情况，始发姿态确定后需要复测盾尾变形情况。

9.4.3　正线隧道支撑体系

南鄞区间联络通道埋深 16.94 m，其在掘进过程中主要受土压力及掘进推力影响。在土压力的作用下，正线隧道管片变形为横向椭圆，而在联络通道始发掘进中，沿掘进方向的水平推力及反力都作用在管片上，使得竖向应力远大于水平应力，将加大正线隧道管片的变形，造成管片破碎，危及联络通道施工的安全。

因此在处于掘进位置的 3 号台车上设置支撑体系，支撑体系长约 7 m，与正线隧道接触部分设有撑靴，起到将应力扩散的作用，很好地保护了正线隧道管片。如图 9.12 所示，通过撑靴设计，将掘进反力很好地扩散至正线隧道管片上，而掘进反力引起的正线隧道管片竖向变形，又能够通过竖向支撑得到有效的控制。

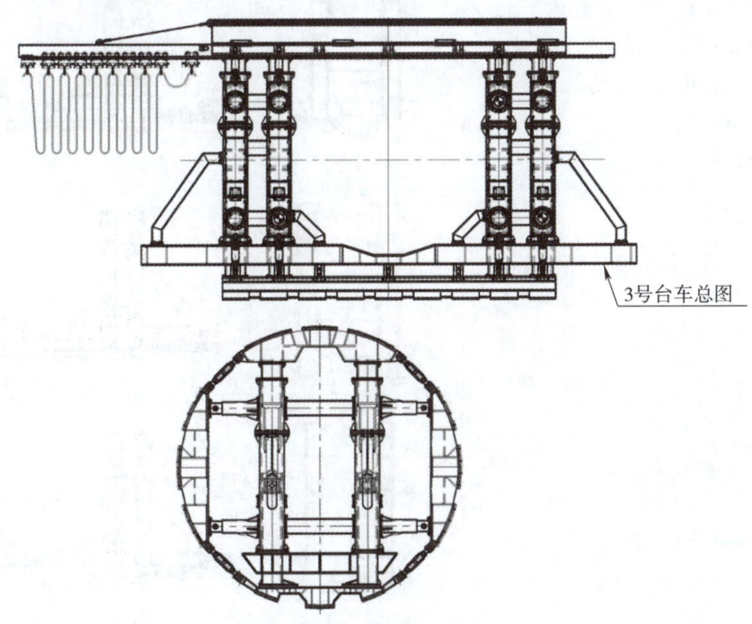

图 9.12　支撑体系

9.4.4　掘进机吊装

城市轨道交通隧道空间较小，不具备掘进机、台车和其他设备隧道内安装条件，需在车

站端头井部位整体吊装组装完成后运送至联络通道指定位置。

竖井内已进行填仓处理,台车下井前,先在端头井底板铺轨,使用工字钢横担作为轨枕,然后铺设轨道连接隧道内轨道。1、2、4 号台车下井时,用 4 根钢丝绳与台车的四个吊耳连接,附带 2 根溜绳,对角牵引,下降过程中用溜绳控制其摆动,防止碰撞。各台车下井后由电瓶车单节运送至隧道内,待电瓶车返回后进行下一节台车下井。

3 号台车由台车、掘进机、套筒和支撑系统等设备集成,吊装工艺复杂,总体吊装顺序参照如下(表 9.2):

立柱总成地面组装→台车下部结构总成下井→始发套筒下部下井组装→主机下井组装→始发套筒上部下井组装→台车左部支撑环下井组装→台车右部支撑环下井组装→台车上部支撑环下井组装→运送至隧道内→各节台车管路连接。

表 9.2 吊装流程图

步　骤	内　　容	示　意　图	
第一步	于地面将立柱总成组装在底部平台上。最大起重 13 t	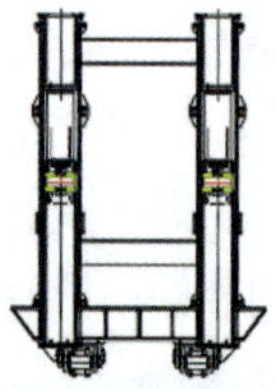	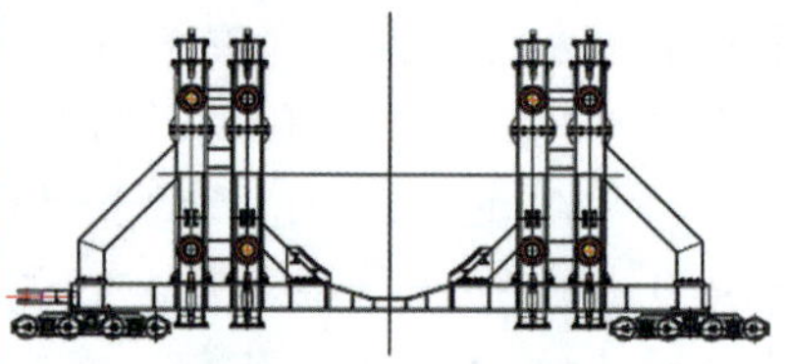
第二步	于地面将下部支撑环组装在立柱总成下部,形成台车下部总成。最大起重 46 t	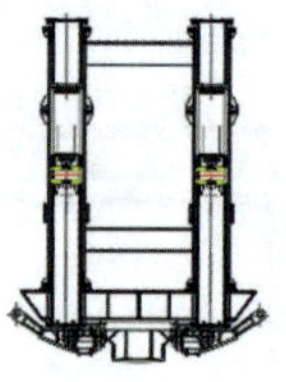	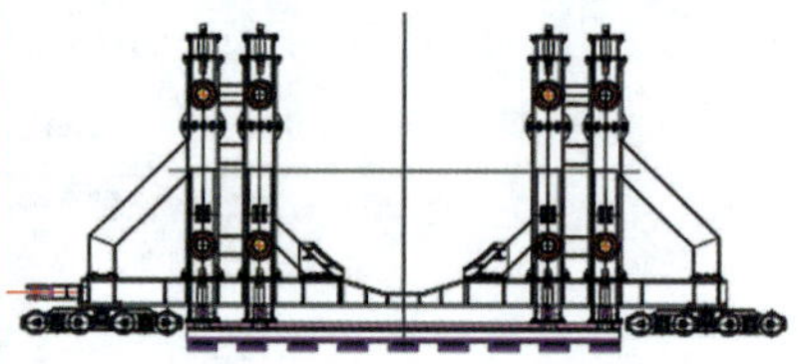
第三步	将台车下部总成吊装下井。最大起重 55.5 t	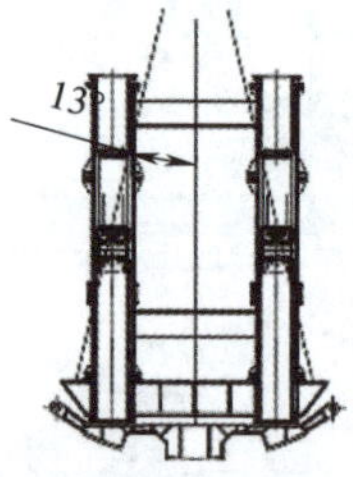	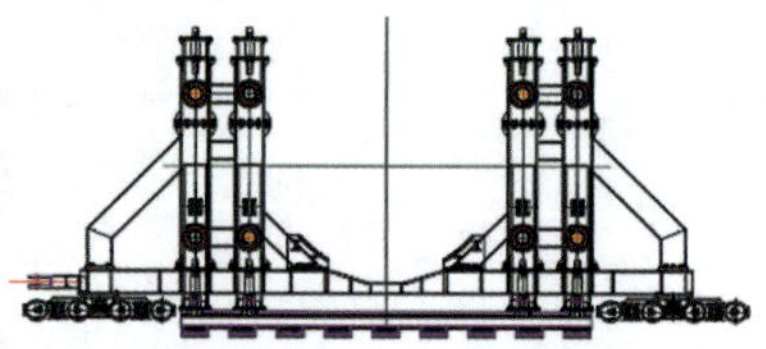
第四步	始发套筒下部下井组装,在两侧进行拉紧,防止主机坐落后变形,并安装定位销。最大起重 4.3 t	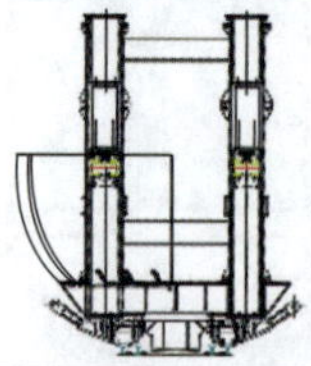	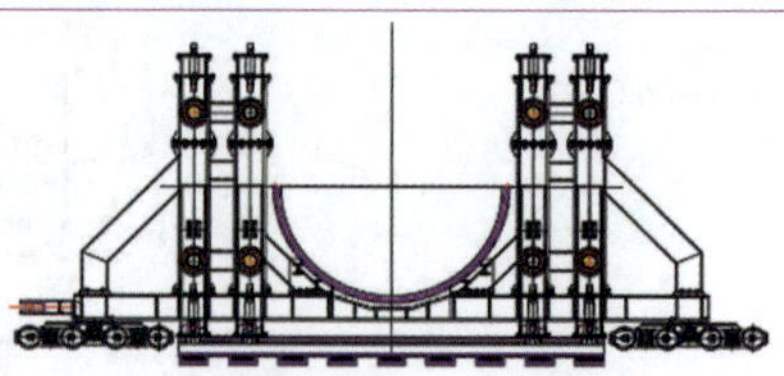
第五步	主机整体下井放置于套筒内,通过钢丝绳拉紧固定。最大起重 48 t	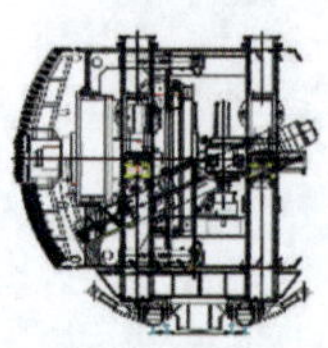	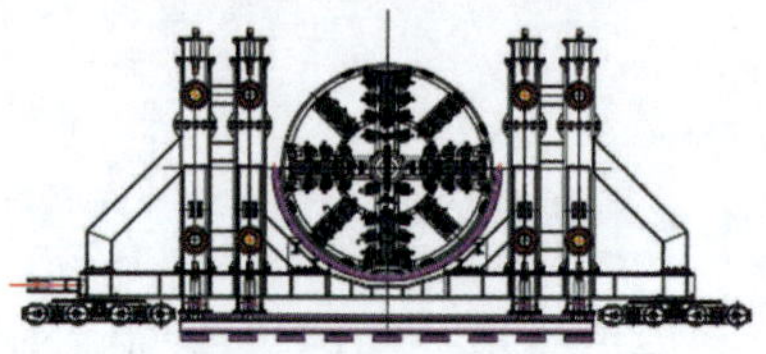

续上表

步　骤	内　　容	示　意　图	
第六步	始发套筒上部下井组装，通过拉紧葫芦将其拉紧。最大起重 3.7 t	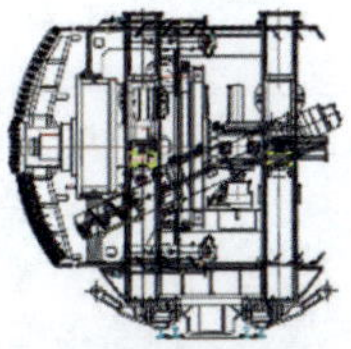	
第七步	反力架分块下井，于盾尾内部组装	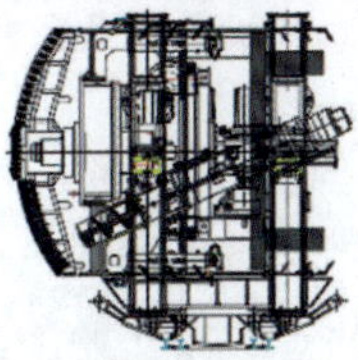	
第八步	左部支撑环下井组装，需要佩戴 2 个 5 t 手拉葫芦调整垂直度。最大起重 19 t	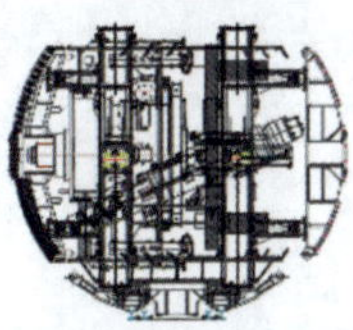	
第九步	右部支撑环下井组装，需要佩戴 1 个 2 t 手拉葫芦调整垂直度。最大起重 2 t	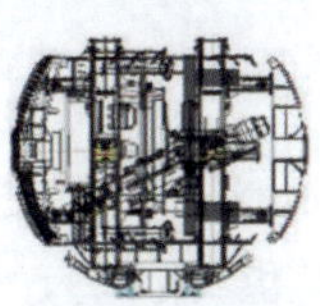	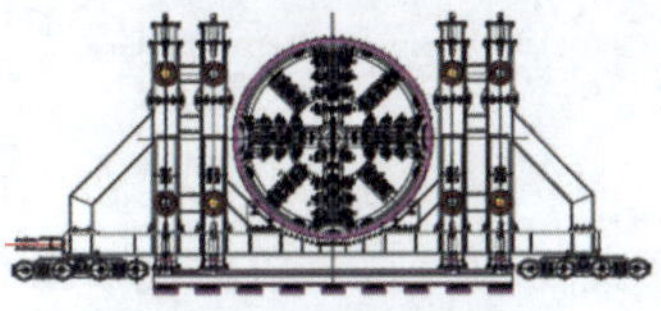
第十步	上部支撑环下井组装。最大起重 17 t	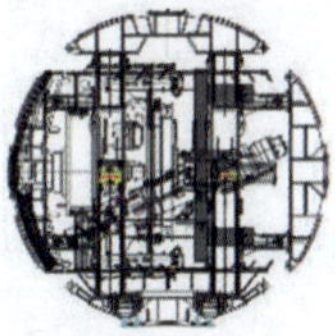	
第十一步	悬臂吊机梁下井组装	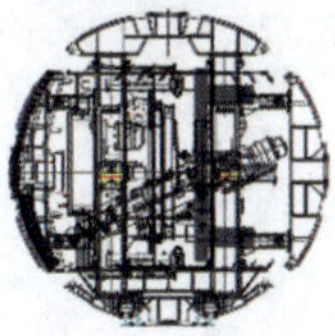	

9.4.5　设备隧道内运输及定位

掘进机设备重量较大，尤其 3 号台车可重达 300 t，可能对隧道结构产生一定的影响，因此，运输、掘进过程中应重点减小整体设备荷载对隧道的影响。考虑到常规地铁隧道运输采用铺设轨，台车配备钢轮运输，可降低隧道荷载的同时保证安全性和运输体系使用寿命。借鉴盾构隧道运输系统，重新设计新型的双轨轨枕，增加隧道荷载至少 2 倍，同时在隧道内铺设 4 条 P43 钢轨，轨枕间距 0.6 m，内侧轨间距 0.6 m，可保证材料运输电瓶车同时运行，外侧轨间距 1.3 m，主要用作设备运输，如图 9.13 所示。

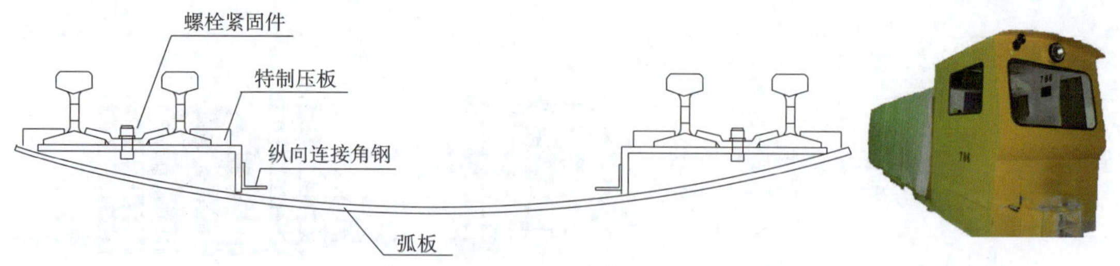

图 9.13　设备安装示意

为保证设备正常运行，每辆台车均安装钢轮，轮间距与轨枕相同，但每个钢轮均不带有动力装置，不具有自行功能。盾构隧道施工运输采用电瓶车托运平板实现，使用电瓶车作为台车运输动力装置，将台车分节缓慢运输至联络通道指定位置，运输过程中保证设备平稳运行，不偏不倚。到位后使用始发架调节功能调整掘进机姿态，满足始发后撑出支撑体系撑板，保证支撑体系发挥保护隧道变形的功能，实际预加应力可结合地层埋深具体确定。

9.5　反力架安装及负环管片拼装

9.5.1　反力架设计及安装

常规的反力架宜固定在地面上，以便于在掘进中提供必要的掘进反力。但联络通道施工掘进反力完全由盾构机后靠管片提供，所以反力架不需要与地面固定，只是掘进反力的传递装置，将掘进反力传递至支撑体系上。因此将反力架设计成如图 9.14 所示结构，其包括与千斤顶接触的圆环及与支撑体系接触的支撑，支撑内有千斤顶。反力架起到传递反力的作用。

(1)反力架支撑与正线隧道支撑体系之间提供了一个宽 80 cm 的运输口，以满足人员进出、管片吊装，并作为出土的通道。

(2)反力架长度可以通过千斤顶调节，以修正联络通道管片的里程差，保证隧道成型质量。

(3)反力架能够调整管片姿态，通过调整支腿长度对管片姿态进行微调，避免破碎。

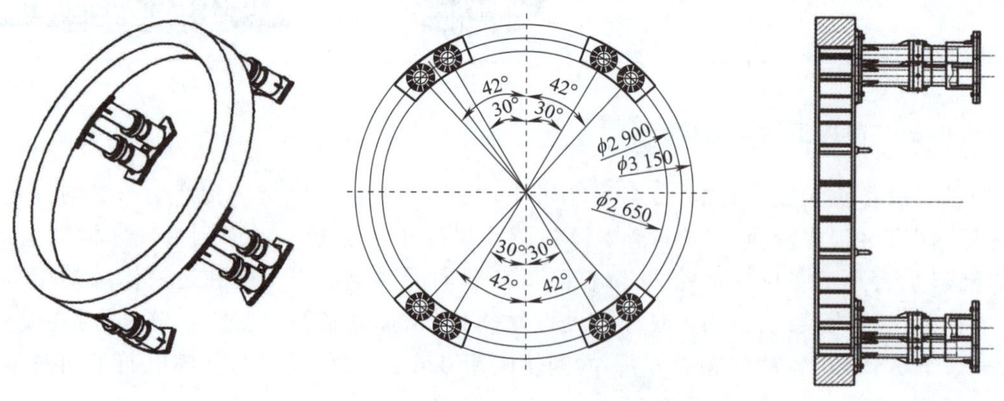

图 9.14　反力架示意图

为克服正线隧道内不满足吊装条件、施工空间狭小问题，反力架在井口处便于盾构机一起组装，其前端安装在盾构机内，后端与支撑体系的后靠通过螺栓连接。

在始发姿态确定后，开始进行反力架定位，反力架的定位主要是为了调整负环里程，实际上正线隧道管片内径固定为 5 500 mm，即负环长度已经固定；反力架的支腿伸缩主要是为了调节组装过程中的机械因素导致的管片里程误差。

支撑体系后靠撑靴厚度已知，因此只需调节反力架长度到设计值，再对反力架至洞门距离进行复测即可。可以通过调节反力架的 4 个支腿长度控制负环管片姿态，因此反力架水平偏差控制在 +5 mm 之内，高程偏差控制在 ±5 mm 之内。

9.5.2　负环管片拼装

在安装负环管片之前，为保证负环管片不破坏盾尾刷以及保证负环管片在拼装好以后能顺利向后推进，在盾壳内安设厚度不小于盾尾间隙的型钢，确保管片安装到位。负环管片采用可重复使用的钢环进行拼装，钢环无楔形量，其原因是盾构机在切削洞门管片至盾尾脱出过程中，无法调整盾构姿态。因此也不需调整管片姿态。第一环管片采用 K1 点位，F 块位于正上方，以便于管片拼装。管片脱出盾尾时，及时安放钢楔块，每环管片安放 4 个（左右各 2 个）。在安放过程中，不应用力敲击，导致管片上浮，管片与发射架轨道的间隙为 70 mm。

9.5.3　空载推进

掘进机安装定位后，刀尖与前端管片有一定距离差，可依靠拼装负环的方式补充掘进行程，向前空载推进。掘进机在空载向前推进时，主要控制盾构的推进油缸行程和限制盾构每一环的推进量。要在盾构向前推进的同时，检查盾构是否与始发架、始发套筒发生干涉或是否有其他异常事件或事故的发生，确保盾构安全地向前推进。

9.6　始发密封及检测

借助 CAD 模拟和现场实测判定掘进机刀尖位置，当刀尖顶进至混凝土内弧面时可停止推进，用负环补偿掘进行程。

掘进机始发密封套筒完成拼装固定后，需对套筒进行密封处理，保证始发套筒密封安全。套筒密封需做到以下几点：

（1）盾构机刀尖顶进到位后可停止向前推进，并在套筒尾部密封环内充入密封油脂，此处使用油脂需性能优良，具有较好的蠕动性和延展性，黏性较强，可抵抗至少 0.5 MPa 的泥水冲击。

（2）尾部密封为套筒防水关键，油脂从套筒下部注入，需饱满密实，不得存在孔洞或虚填部分，并时刻检查套筒顶端出气孔油脂渗出情况。

（3）当出气孔内流出油脂，可关闭出气孔，继续注入油脂，终止压力不得低于 30 MPa。

油脂注入完成后，套筒密封舱内需做密水试验，在仓内注水并检查是否存在渗漏点，合格后排空密封仓，准备掘进机始发。

第 10 章　机械法联络通道掘进施工技术及模拟

10.1　概　　述

机械法联络通道施工，首先要利用掘进机切削管片，锥形刀在切削管片时使凹凸弧面的中间向四周逐渐切削管片上有横向和竖向排列的玻璃纤维筋，掘进参数按照管片切削试验结果适当调整，推力控制在 2 000 kN，扭矩控制在 2 000 kN · m。切削时应注意密切观察盾体震动情况、盾构机渣土改良效果，随时关注渣土温度、渣土结块情况，检查泡沫发生情况，防止泡沫堵管现象的发生。

当刀盘完全进入管片后，开始向套筒内注入填充物，以保证套筒内的压力与外界水土压力平衡，同时在套筒尾刷中注入盾尾油脂进行密封，防止填充物渗漏。当盾尾开始脱出套筒时，套筒尾刷弹起与管片接触，其在套筒内所形成的空隙变大，此时应逐渐向套筒内注入填充物；当盾构机盾尾完全脱离洞门后，停止注入。填充物注入应注意注入压力及套筒渗漏情况，预估计注入量，保证套筒内填充物密实。

本章首先结合适应凹、凸弧形管片的刀盘切削技术，开展始发端混凝土管片掘进切削模拟，并提出了掘进、管片运输、管片拼装以及施工测量导向技术参数，最后开展了联络通道掘进施工有限元模拟，为机械法联络通道掘进施工提供技术支撑。

10.2　机械法联络通道刀盘切削试验

在地铁工程中对钢筋混凝土桩切削的研究比较成熟，对于旁通道管片切削问题研究比较少。为此，本章首先开展混凝土切削性能试验、混凝土切削仿真与优化研究，再开展刀盘切削试验对锥形刀盘的切削能力进行检测，为实际施工提供参数指导。

10.2.1　混凝土切削性能试验

根据混凝土强度和刀具的机械特性，可考虑开展混凝土切削性能对刀具使用性能及磨损量的影响进行试验研究，进一步优化混凝土配比。

1. 钻床切削

钻床切削试验有关情况详见表 10.1、图 10.1 ~ 图 10.4。

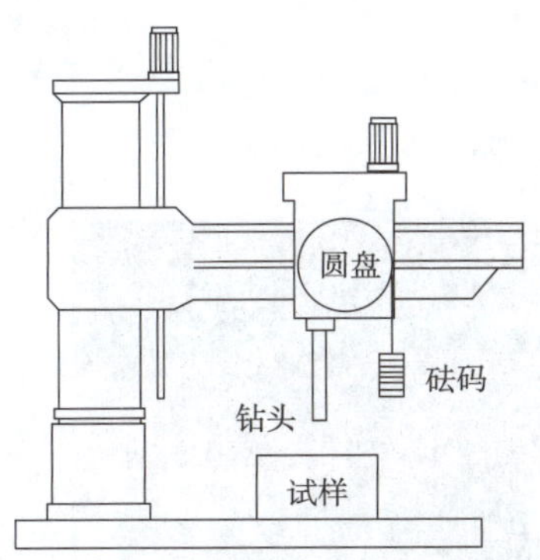

图 10.1　改装钻床示意图和试验图

表 10.1　钻床切削深度数据表(单位:mm)

切削材料	切削时间		
	5 min	10 min	15 min
水泥净浆	30.4	62.8	—
C50 水泥砂浆	11.2	21.6	31.8
C50 碎石混凝土	11.6	14.6	16.4
40% 高强混凝土 C50	16.3	19.7	24.5
30% 高强混凝土 C50	11.6	15.8	17.9
C30 陶粒混凝土	20.8		

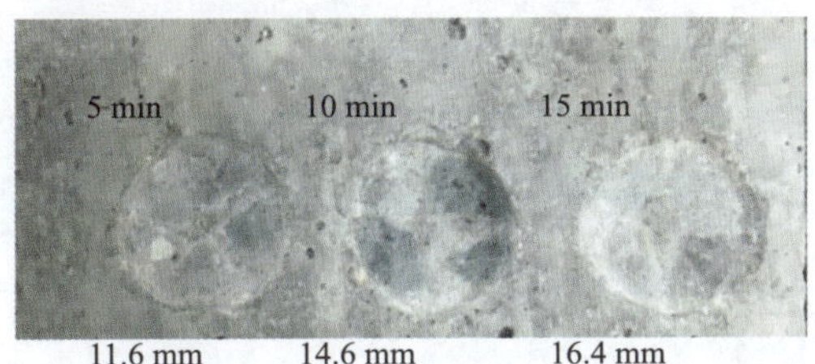

图 10.2　不同切削时间的钻孔深度图

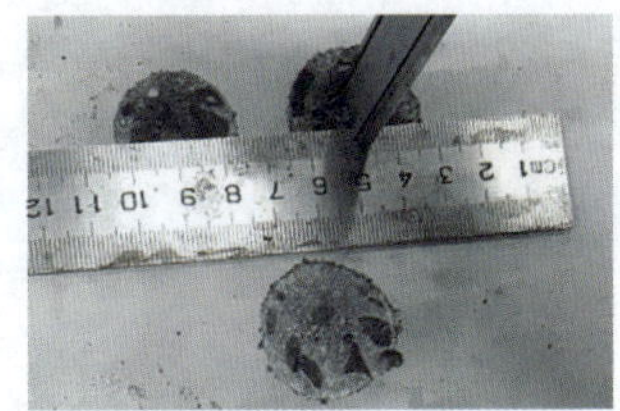

图 10.3　钻孔深度测量示意图

图 10.4　刀具切削磨损对比图

2. 真实刀具切削(20 mm)

油缸压强:15.6 MPa;进给速度:10 m/min。

真实刀具切削图如图10.5所示,切削深度数据见表10.2。

图10.5 真实刀具切削图

表10.2 真实刀具切削深度数据表

混凝土	切削深度(mm)
C50,碎石	66.3
C50,砂浆	57.7
C50,40%陶粒	56.6
C40,40%陶粒	54.8
C40,35%陶粒	56.2
C35,35%陶粒	47.4
C30,35%陶粒	39.9

刀盘磨损量测量:试验前刀厚144.4 mm;切完所有陶粒组刀厚144.3 mm;切完砂浆和碎石后刀厚144.0 mm。

10.2.2 混凝土切削仿真与优化

根据可切削混凝土的破坏模型,对不同骨料类型和不同配合比下的混凝土材料、切削碎裂形貌进行数值模拟,结合试验研究和数值模拟进一步优化可切削混凝土配合比。

1. 内聚力模型切削仿真

创建二维混凝土切削模型,其本构模型主要使用双线性内聚力本构模型。混凝土二维切削模型主要包括两个部件,分别是混凝土板和切削刀具。

混凝土板长宽尺寸为100 m×50 mm,采用C40型混凝土,该混凝土板的材料参数详见表10.3。混凝土板的模型采用C3D6R单元进行网格划分,其网格划分较细以便于得到更为精确的混凝土切削碎块。

表 10.3 混凝土板部件切削仿真相关参数

密度(kg/m³)	弹性模量(GPa)	泊松比	破坏主应力(MPa)	失效位移(mm)
2 400	32.5	0.2	4	0.01

刀具部件材料参数详见表 10.4,其具体刀具形态如图 10.6 所示。切刀部件模型采用 C3D6R 单元进行网格划分,并把切刀部件设为刚体。由于本书主要分析混凝土切削碎块以及裂纹扩展的情况,考察主体不在刀具,所以无需考虑刀具的变形情况。

表 10.4 刀具部件切削仿真相关参数

密度(kg/m³)	弹性模量(GPa)	泊松比	刀具前角(°)	刀具后角(°)
7 800	210	0.3	50	5

二维混凝土切削模型装配方式如图 10.7 所示,其刀具放置于混凝土板右侧垂直向下 1 mm 处。

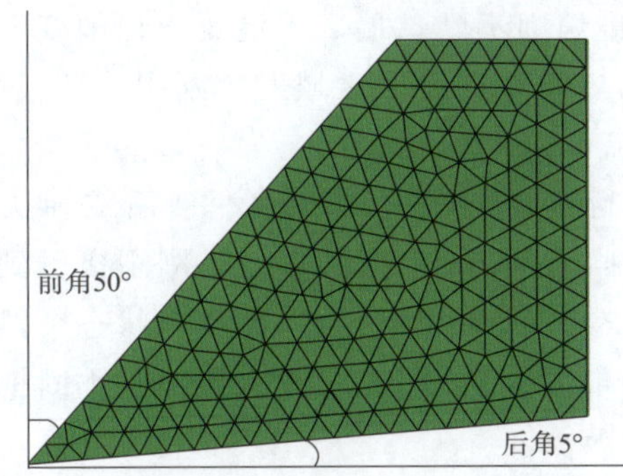

图 10.6 刀具结构参数

图 10.7 混凝土切削模型装配方式

该二维混凝土切削模型各部件边界条件如下所示：

(1)刀具部件:把刀具设置为刚体,并选择刀具最右上方节点作为参考点,在所设置的参考点施加 X 轴方向上的运动速度。考虑到刀具目前只是进行 X 方向水平向左的切削运动,所以需要对 Y 轴以及 Z 轴方向上的位移进行约束。由于刀具在模拟切削时只发生水平移动并不发生转动,因此需要对刀具在 X、Y、Z 轴等方位上进行转动约束。

(2)混凝土板部件:混凝土板最底部设置 X、Y、Z 三轴方向的位移约束,即可保证混凝土板不会随着刀具的切削行进而发生整体移动。

内聚力模型主要通过在混凝土板添加内聚力单元(Cohesive Element)模拟混凝土板受到刀具切削时裂纹的产生扩展情况以及混凝土碎块的分离情况。采用内聚力单元模拟材料失效一般被分为两类,一种是基于内聚力—相对位移的描述,另一种则是基于连续体的描述。其中使用范围更广的类型是基于内聚力—相对位移描述的方法,而在利用内聚力单元模拟材料断裂时,因为内聚力单元不能存在应力,它只能够承受拉伸和剪切所产生的应变,所以内聚力单元尽可能选择采用垂直于上下表面的内聚力—相对位移关系破坏准则(Traction Separation Laws)。

使用内聚力模型时需要在 ABAQUS 软件的属性板块中创建内聚力单元材料,其基本的密度和弹性模量与混凝土材料参数相同，在创建截面时设置其初始厚度为 1，并选择内聚力—相对位移关系破坏法则中的最大名义应力准则（Maxs Damage），其输入参数破坏主应力为 4 MPa，最大名义应力准则中的子选项损伤演化（Damage Evolution）选择位移类型，失效位移设置为 0. 01 mm，将设置好的材料属性赋予混凝土板面。

当刀具开始切削时，混凝土板受到损害，当其应力或应变达到定义的初始临界损伤准则，则此时混凝土开始失效退化，混凝土板也随之出现裂纹并随着刀具的切削推进，最后失效分离产生混凝土切削碎块。

2. 切削效果分析

（1）切削深度

在混凝土基体强度、刀具切削厚度、刀具角度以及刀具切削速度一定时，仅通过改变刀具切削时间得到在 5 s、10 s、15 s、20 s 四个不同时刻下混凝土的切削情况，如图 10. 8 所示。

图 10. 8 中的 a 值为刀具切削深度。随着刀具的不断行进，最大等效应力的区域聚集在刀具附近并随之蔓延，混凝土板在不同时刻其最大应力值也在不断发生变化。混凝土由于刀具的切削受到损伤，其板面的裂纹在随着刀具的行进切削不断扩展。当混凝土切削变形情况达到设定的失效位移时，单元开始失效，混凝土切屑在刀具接触区域发生断裂分离，脱离混凝土板，成功模拟出混凝土切屑的产生过程以及流动过程。

在混凝土切削过程中，由于刀具是沿着 X 轴方向行进，所以暂且主要考虑查看 X 轴方向上的切削力变化状况。在切削时，刀具切削力随时间不断发生变化，在刀具刚刚接触到混凝土板时，混凝土板对刀具产生较大的冲击力，刀具受到荷载，其由原来的空载状态突然受到极大的阻力，导致刀具切削力急剧增加，其最大切削力为 7. 58 N，不过由于刀具不断推进，其切削力逐渐趋于平稳状态，并保持在一定范围内波动。

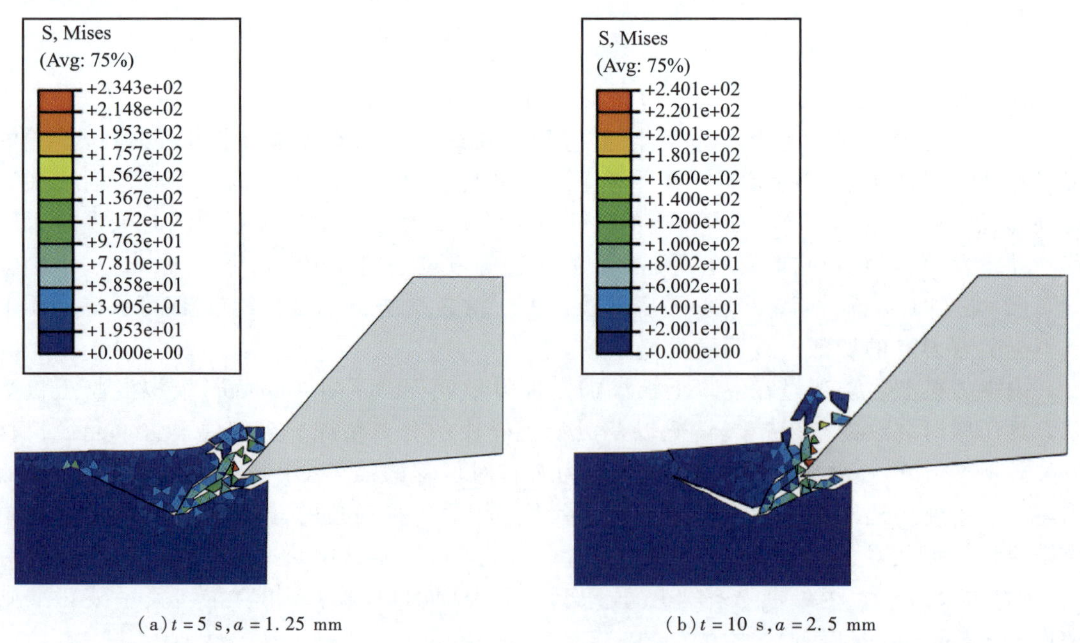

（a）$t=5$ s，$a=1.25$ mm　　（b）$t=10$ s，$a=2.5$ mm

图　10. 8

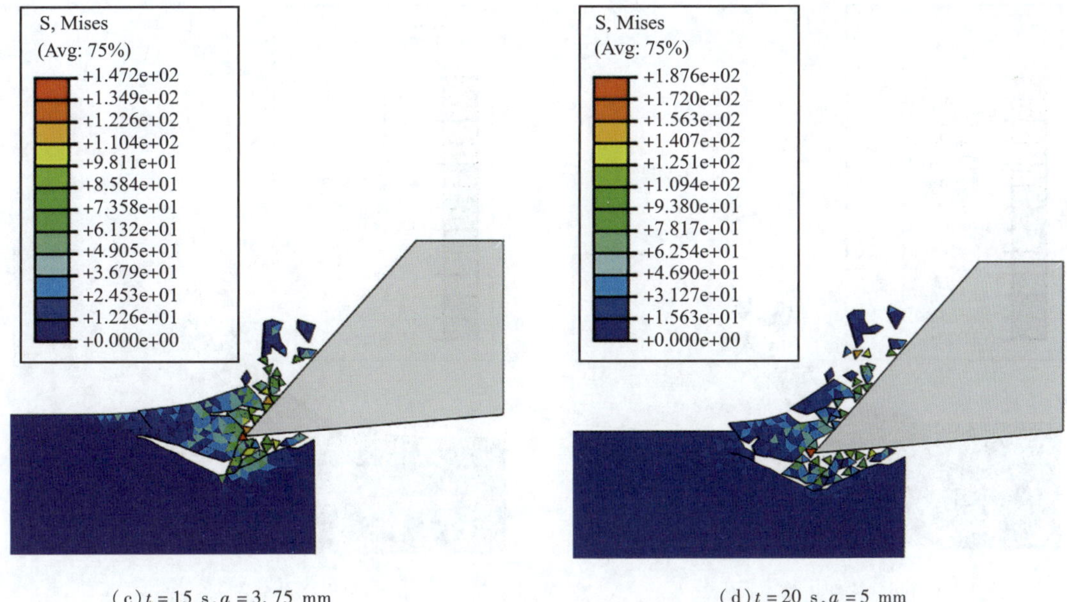

(c) $t=15$ s, $a=3.75$ mm　　(d) $t=20$ s, $a=5$ mm

图 10.8　不同切削深度下混凝土切削等效应力图(单位:MPa)

不同时刻刀具切削力的变化状况,具体如图 10.9 所示。在图中切削力有趋于零值的现象,其产生的原因是由于刀尖部分接触的切削碎块失效分离于混凝土板,导致刀具切削时受到的阻力减小。

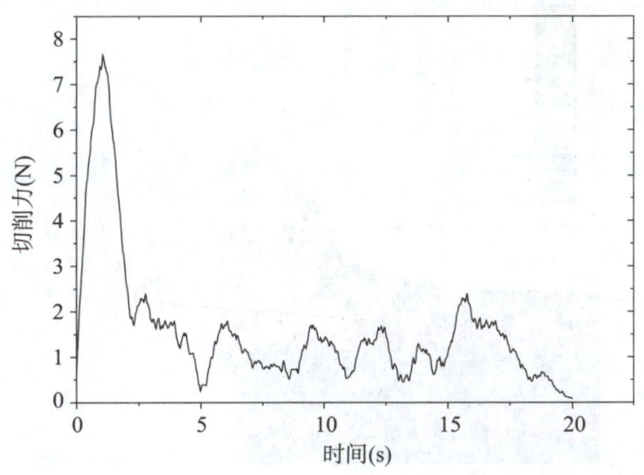

图 10.9　刀具行进速度 0.25 mm/s 时切削力随时间变化规律

(2)切削刀具速度

在不同工况下,混凝土切削模拟时其混凝土板出现的裂纹扩展情况以及产生混凝土碎块尺寸均有不同。当刀具切削深度为 1 mm,刀具水平行进位移为 5 mm 时,仅改变刀具水平行进速度,分析刀具行进速度变化带给混凝土切削裂纹和切削碎块的影响。设置 0.25 mm/s、0.50 mm/s 和 1.00 mm/s 三种刀具行进速度,其切削仿真时所产生的切削裂纹与切削碎屑如图 10.10 所示。

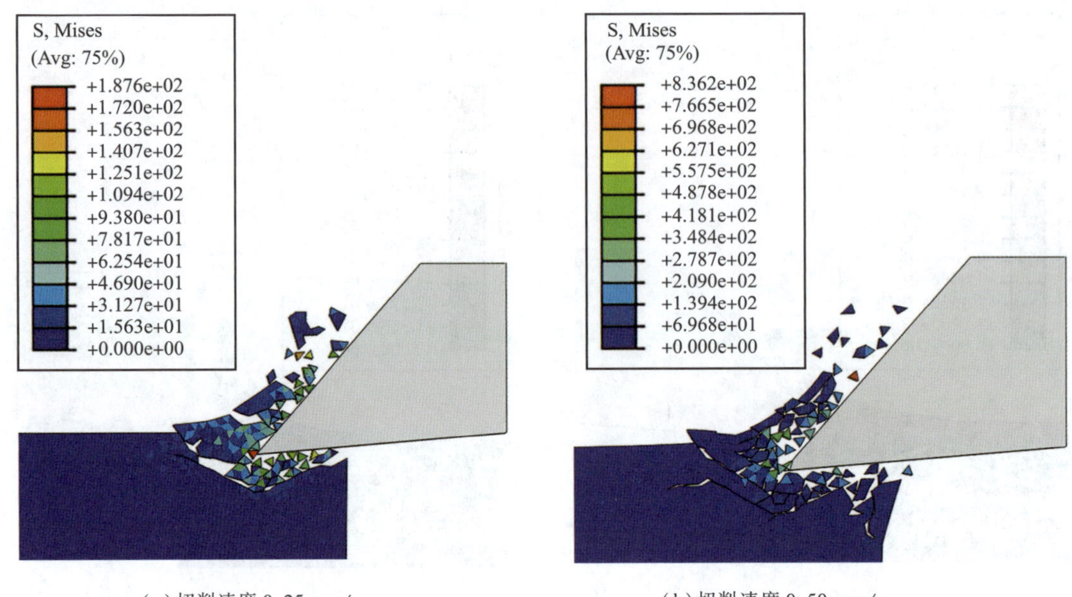

(a)切削速度 0.25 mm/s　　(b)切削速度 0.50 mm/s

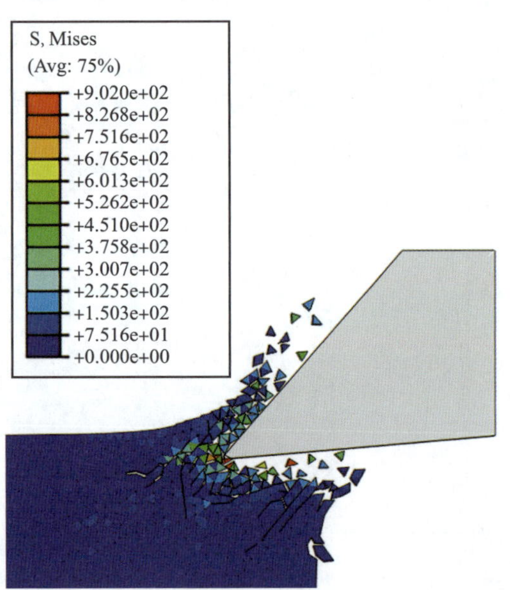

(c)切屑速度 1.00 mm/s

图 10.10　不同刀具行进速度下混凝土切削情况(单位:MPa)

刀具切削速度变化所得到的各项混凝土切削数据详见表 10.5。对比混凝土切削数据可知,刀具切削速度越小,其混凝土切削碎块的尺寸越大,在水平方向上混凝土板面裂痕扩展距离稍大,在竖直方向上混凝土板面裂痕展开距离稍小。当增大刀具的切削速度时,模型最大等效应力值也会随之增大,混凝土切削碎块愈加碎小,混凝土板产生的裂纹数量越多,裂纹分布的范围越广。

表 10.5　混凝土切削数据

刀具切削速度(mm/s)	0.25	0.50	1.00
最大等效应力(MPa)	1.876×10^2	8.362×10^2	9.02×10^2
切削裂纹(水平方向)(mm)	11.24	11.08	9.02
切削裂纹(竖直方向)(mm)	1.95	2.39	3.65
最大切削碎块面积(mm^2)	9.75	5.65	0.46
最小切削碎块面积(mm^2)	0.11	0.10	0.09
切削碎块面积集中范围(mm^2)	0.25～0.75	0.12～0.38	0.09～0.37

当模拟仿真切削模型时,切削力其实是个表现模型切削情况的典型数据。刀具切削力数值可以从侧面反映刀具切削物体的难易情况。在 0.25 mm/s、0.5 mm/s、1.0 mm/s 三种不同刀具切削速度下,其刀具切削力随着刀具行进时间的变化情况如图 10.11 所示。

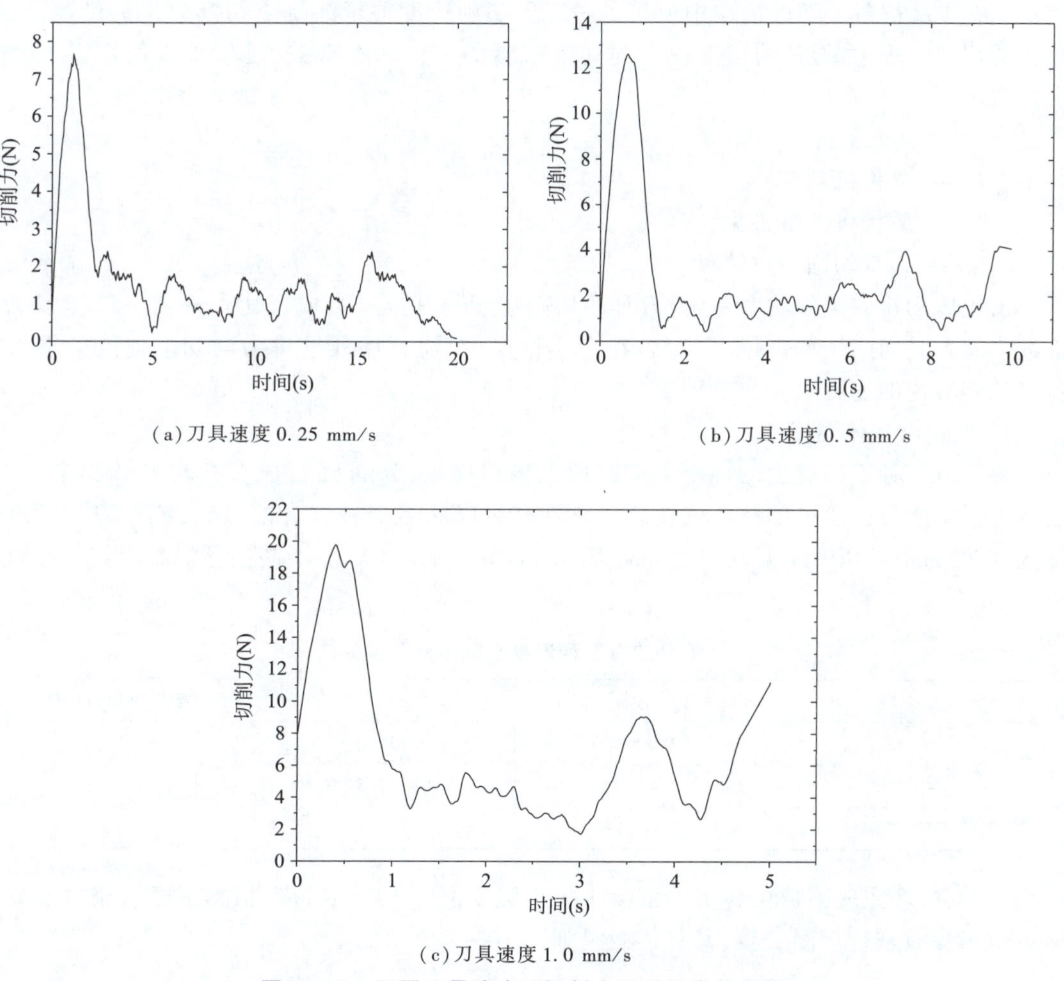

(a)刀具速度 0.25 mm/s

(b)刀具速度 0.5 mm/s

(c)刀具速度 1.0 mm/s

图 10.11　不同刀具速度下切削力随时间变化规律

当刀具刚接触至混凝土板时,其切削力受到荷载骤然由零增长至最大切削力,并在后

期刀具切削力在一定范围内进行上下波动,具体数据详见表 10.6。

表 10.6　不同切削速度刀具切削力数据

刀具切削速度(mm/s)	最大切削力(N)	后期切削力波动范围(N)
0.25	7.58	0 ~ 2
0.50	12.49	0.5 ~ 4
1.00	19.77	2 ~ 9

刀具初始接触混凝土板面时切削力剧增,混凝土板面受损开裂后刀具受到的阻力急剧减小,导致切削力骤减。后期刀具切削力产生波动是由于混凝土板面裂纹扩大产生混凝土切削碎块,当切削刀具所接触的混凝土碎块失效分离时,其切削力也会随之降低。

虽说刀具在切削速度大时,其切削力也较大,可以提高混凝土的切削效率,但是刀具切削力越大,则意味着刀具切削时磨损也会比较严重,刀具使用寿命将会降低,从而增加刀具成本。在本次混凝土切削模拟中仅仅是考虑了切削速度关于混凝土切削效果的影响,而在真实的切削过程中,刀具的切削速度与切削机器的工作功率有关,近似可以使用以下公式进行表示:

$$P = Fv$$

式中　P——盾构机功率;

F——盾构机的推进力;

v——刀具切削行进速度。

由于盾构机的工作功率一定,刀具的切削速度与其推进力成反比。一般来说切削机器推进力越大其切削效率也越大,所以在现实情况中,需要保证推进力与切削速度的平衡才可以达到最优的混凝土切削效率。

3. 混凝土基体强度

目前取三种不同类型的混凝土进行切削模拟比较,分别为 C30、C40 和 C50 类型。C30 表示为混凝土可以承受的抗压强度值为 30 MPa,以此类推。仿真模拟时,统一刀具行进速度为 0.25 mm/s,切削厚度设为 1 mm,刀具行进时间 t 为 10 s。不同类型混凝土材料参数详见表 10.7。

表 10.7　三种混凝土基本材料参数

混凝土类型	密度(kg/m^3)	弹性模量(GPa)	破坏主应力(MPa)
C30	2 385	30.0	3
C40	2 400	32.5	4
C50	2 420	34.5	5

其中,破坏主应力值由各类型混凝土抗压强度值的 10% 取得。根据上述表格中混凝土基本材料参数进行切削仿真,其具体效果如图 10.12 所示。

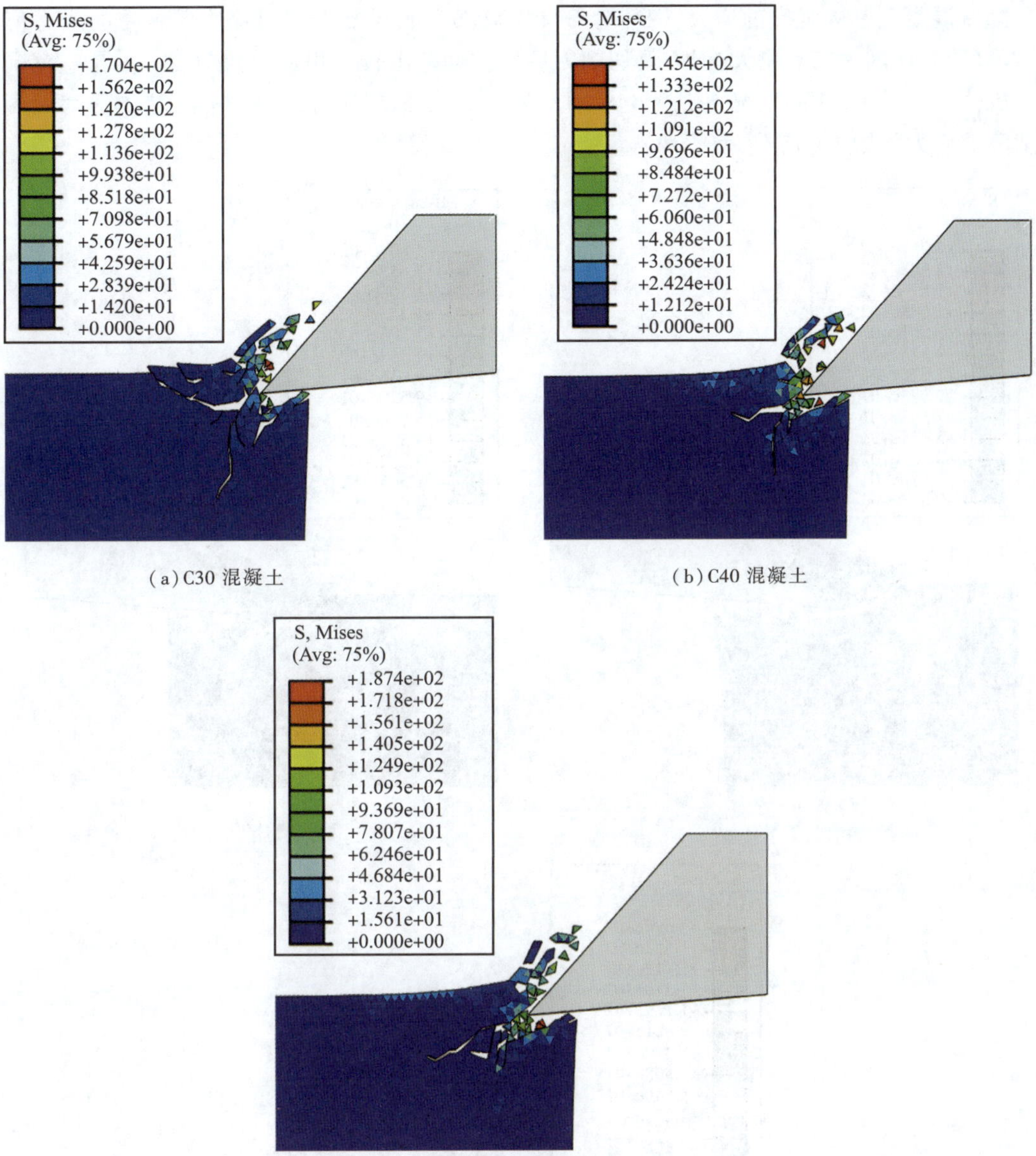

(a) C30 混凝土

(b) C40 混凝土

(c) C50 混凝土

图 10.12　$t=10$ s 不同基体强度混凝土切削等效应力图(单位:MPa)

考虑 C30、C40 和 C50 三种不同型号混凝土在刀具行进速度 0.25 mm/s、刀具切削厚度 1 mm、刀具行进时间 10 s 的相同工况下,三类混凝土切削数据见表 10.8。

表 10.8　三类混凝土切削数据($t=10$ s)

混凝土类型	切削裂纹(水平)(mm)	切削裂纹(竖直)(mm)	最大切削力(N)	最大切削碎块面积(mm^2)
C30	9.23	6.67	7.06	14.63
C40	7.39	5.25	7.79	1.82
C50	8.92	2.63	8.44	1.56

随着混凝土基体强度的增大，切削时刀具尖端部分的混凝土切削碎块所承受的应力值越大，刀具最大切削力略有增大，但刀具切削力后期波动范围较为相近，均在 0.5 ~ 1.5 N 范围波动。机体强度增大，相同工况下混凝土板面产生的裂痕展开范围减小。不同基体强度混凝土切削等效应力如图 10.13 所示。

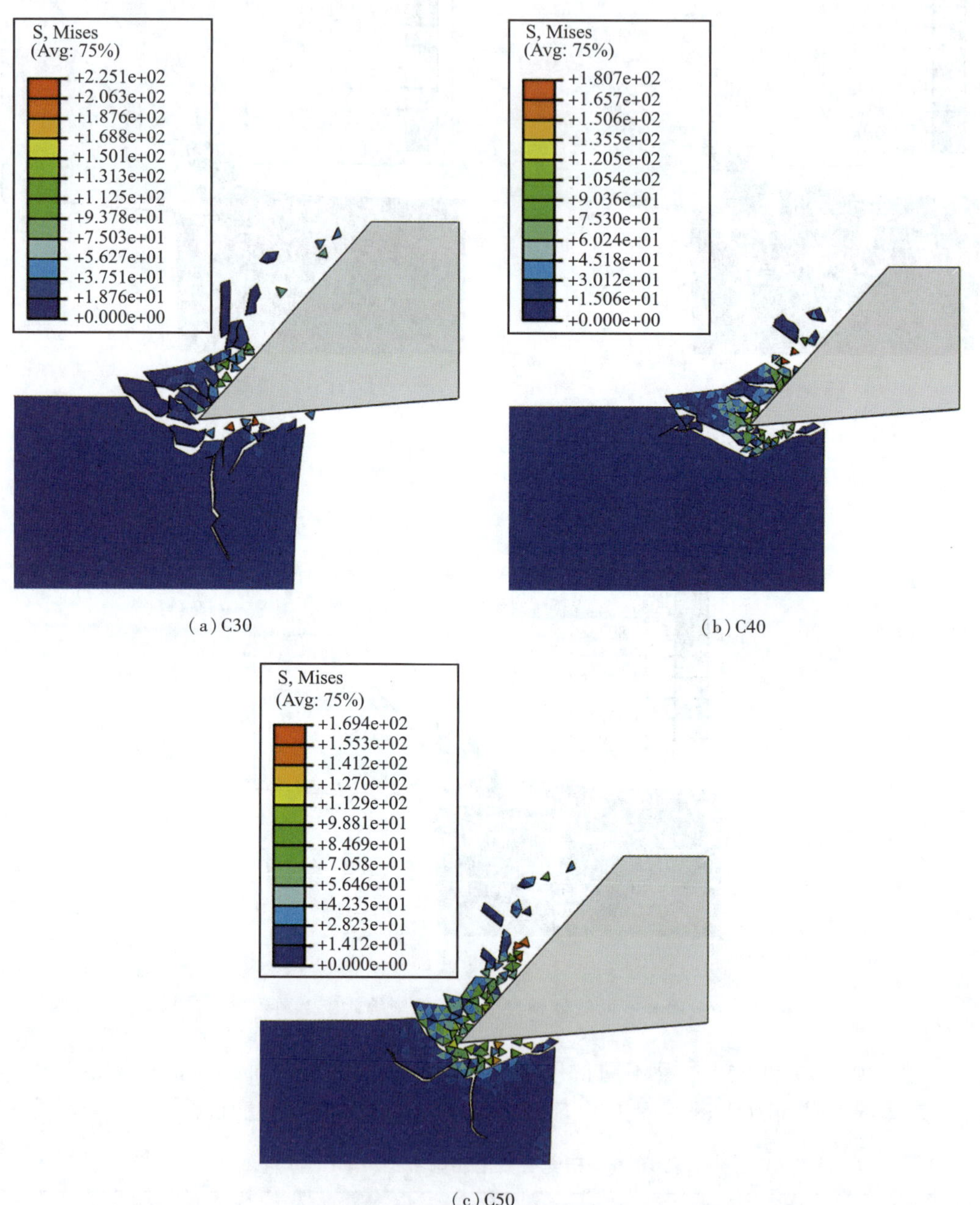

图 10.13 $t=20$ s 不同基体强度混凝土切削等效应力图（单位：MPa）

由表 10.9 可知，C30 混凝土与 C40、C50 混凝土的最大切削碎块面积相差较大，说明在刀具行进 10 s 时，其余两种混凝土尚未产生面积较大已完全离开混凝土板的切削碎块。因此将刀具行进时间延长至 20 s，重新观察三种混凝土的切削效果。

表 10.9　三类混凝土切削数据（t = 20 s）

混凝土类型	切削裂纹（水平）（mm）	切削裂纹（竖直）（mm）	最大切削碎块面积（mm^2）
C30	9.50	8.04	8.75
C40	9.22	1.81	17.2
C50	8.98	5.88	4.25

通过表 10.8、表 10.9 中的最大切削碎块面积很难得出何种类型混凝土的受损情况最严重，所以只能通过裂纹扩展情况来判断。由图 10.12 和图 10.13 可知，C30 混凝土切削产生的裂纹扩展范围最大，对混凝土板面造成的破坏也是最为严重的，C40、C50 混凝土板破坏情况依次加重。由此从总体上看，在相同工况下，混凝土机体强度越大，切削时混凝土板面受损情况越小。

4. 切削厚度

在刀具切削时，切削厚度的不同对于混凝土切削情况以及刀具所受到的切削阻力均有较大的差异。混凝土选用 C40，刀具切削速度为 0.5 mm/s，刀具行进深度 5 mm，以下分别在 Y 轴方向上设置刀具切削厚度 1 mm、3 mm、5 mm，其切削结果如图 10.14 所示。

由图 10.15 可知，当切削厚度较小时，切削碎屑的切削状态较好，切削流动性强，刀具所受到的切削阻力较小，切削力波动情况较为稳定。随着刀具切削厚度的增加，混凝土切削碎块尺寸越大，混凝土碎块堆积刀具上方的现象也随之加剧，混凝土板面裂纹不断蔓延扩大，裂纹数量明显增多，板面开裂破坏现象更为明显，并且刀具所受到的切削阻力增大，意味着切削厚度的增加会使切刀磨损更为严重。现实工程中为了能够延长盾构切刀的使用寿命，需要适当减小切削厚度。

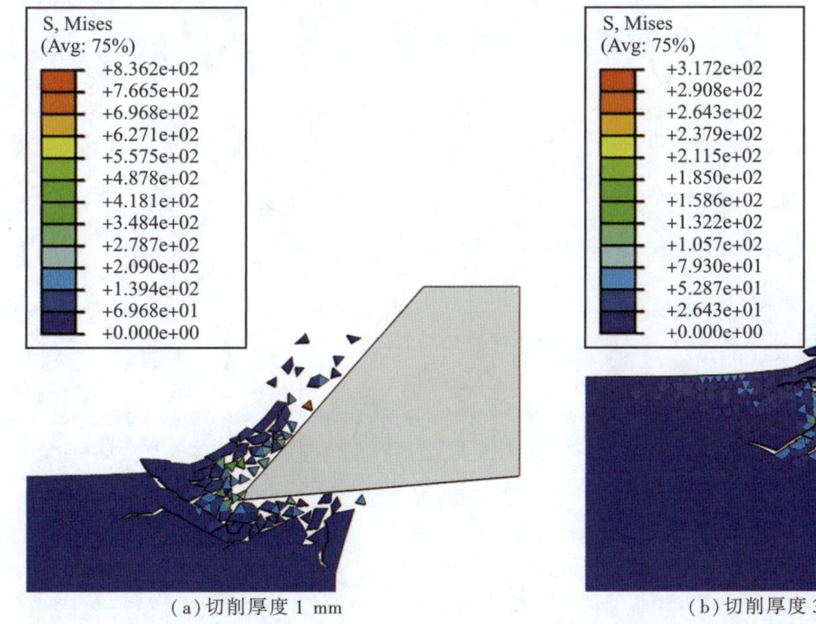

（a）切削厚度 1 mm

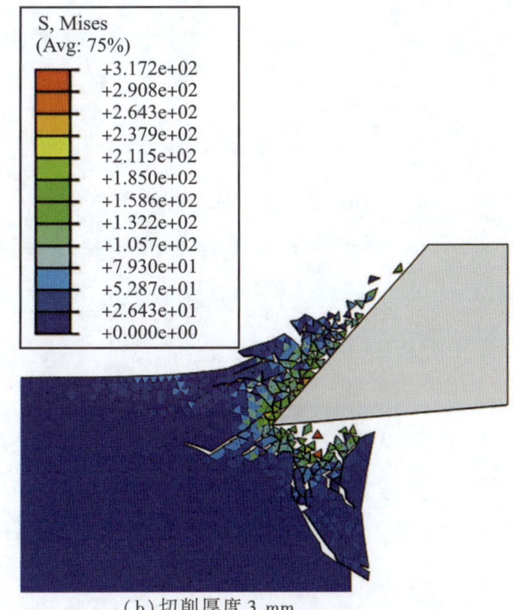

（b）切削厚度 3 mm

图　10.14

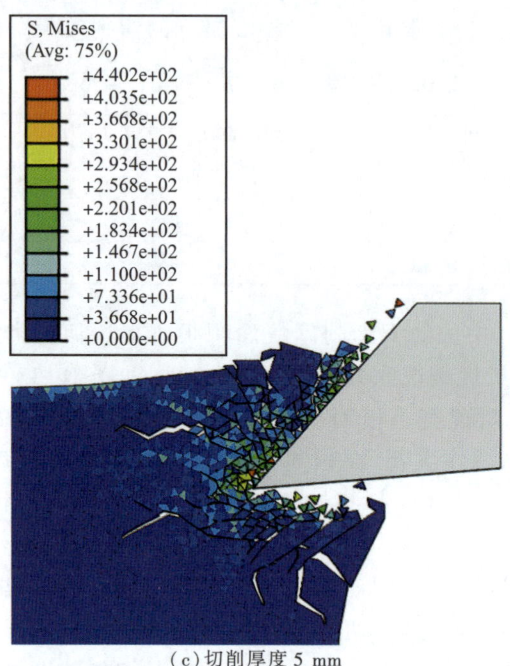

(c)切削厚度 5 mm

图 10.14　不同切削厚度混凝土等效应力图(单位:MPa)

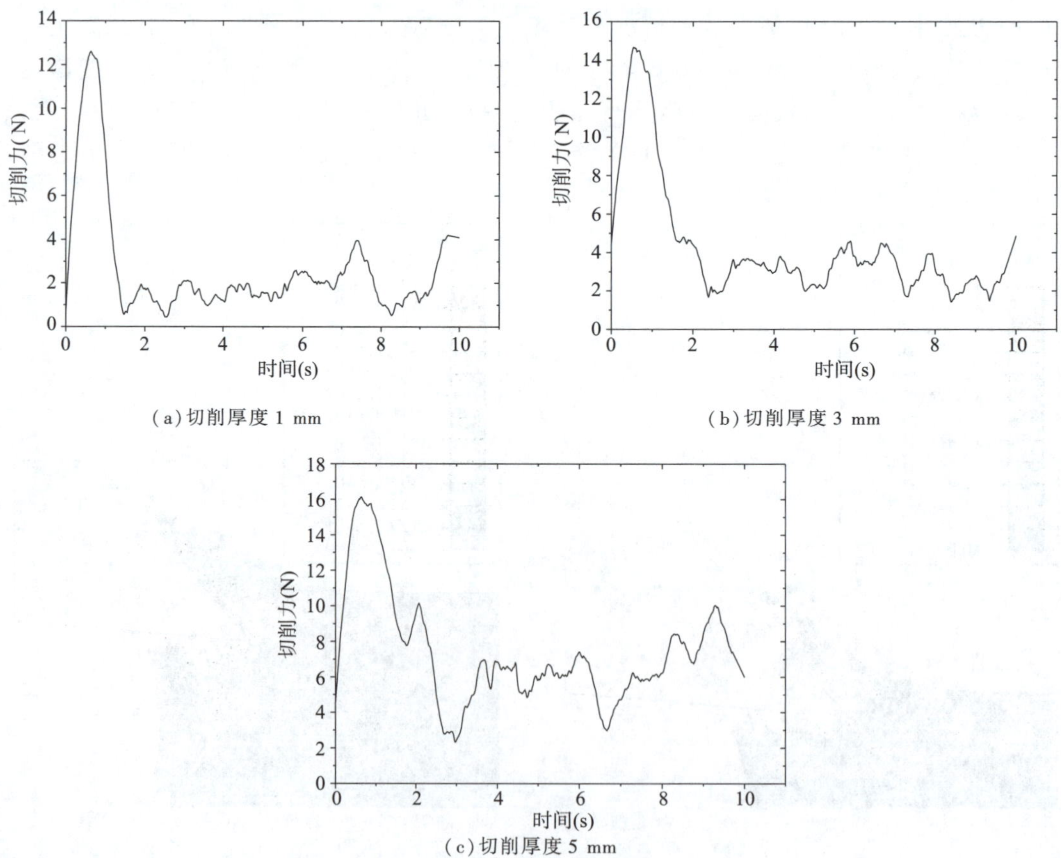

(a)切削厚度 1 mm

(b)切削厚度 3 mm

(c)切削厚度 5 mm

图 10.15　不同刀具切削力变化图

综上,采用 ABAQUS 软件建立二维混凝土切削仿真模型,通过改变不同切削条件,得到不同工况下混凝土切削情况,得到如下结论:

(1)使用双线性内聚力本构模型成功模拟出混凝土切削裂纹的形成以及切削碎块的流动过程,得到刀具在不同时刻切削力的变化关系曲线。

(2)刀具切削速度越大,混凝土裂纹扩展越严重,混凝土切削碎块越碎小,其切削力也较大,可以提高混凝土的切削效率。但刀具切削力越大,刀具磨损也会越严重。

(3)随着混凝土基体强度的增大,裂纹扩展减小,切削力略有增大,刀具尖端混凝土所受到的最大等效应力值也越大。在相同工况下,基体强度越大的混凝土,切削时混凝土板面受损情况越小。

(4)刀具切削厚度增加,混凝土板面开裂破坏更为明显,切削碎屑堆积状况较为严重,并且刀具所受到的切削阻力较大,导致刀具的磨损严重。现实工程中为了提高刀具的使用寿命,需要适当减小刀具切削厚度。

10.3　刀盘切削试验

联络通道掘进机在建成隧道内始发、接收,设备进出洞时需切削主隧道混凝土管片,进洞时管片为内凹弧面,出洞时管片为外凸弧面。为了使联络通道掘进机切削管片时盾构姿态更加稳定,避免产生大块岩渣,特设计了具备特殊结构中心刀的锥形切削刀盘。现进行刀盘切削试验对锥形刀盘的切削能力进行检测,为实际施工提供参数指导。掘进机掘进模拟及进出洞刀盘切削状态如图 10.16 ~ 图 10.18 所示。

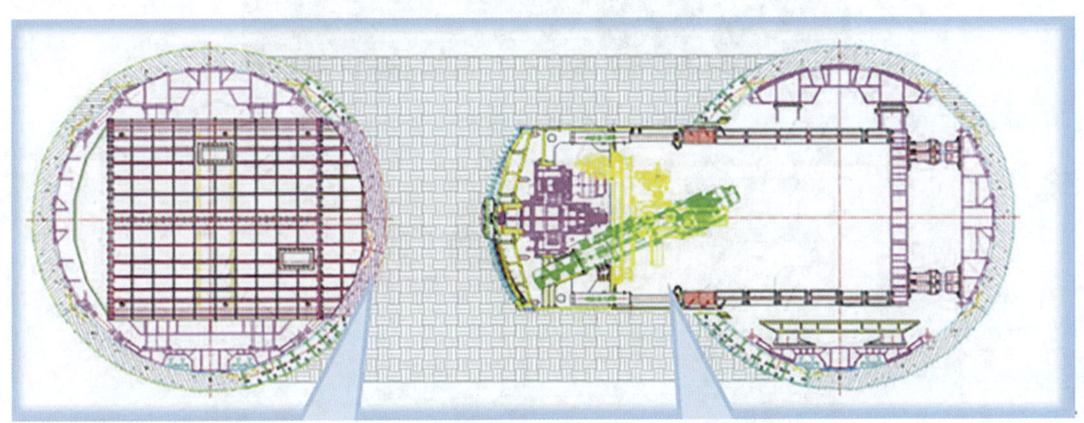

图 10.16　掘进机掘进模拟图

10.3.1　试验承台

试验依托 TBM 掘进模态综合试验台开展,采用弧形模板将混凝土浇筑在试验台岩土箱内,岩石箱底部采用砂土夯实做成弧形底面,模拟内出洞混凝土管片。TBM 掘进模态综合试验台如图 10.19、图 10.20 所示。

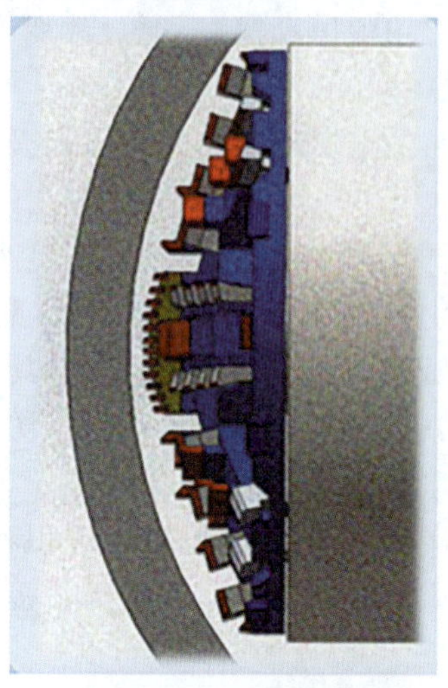

图 10.17 进洞刀盘切削状态

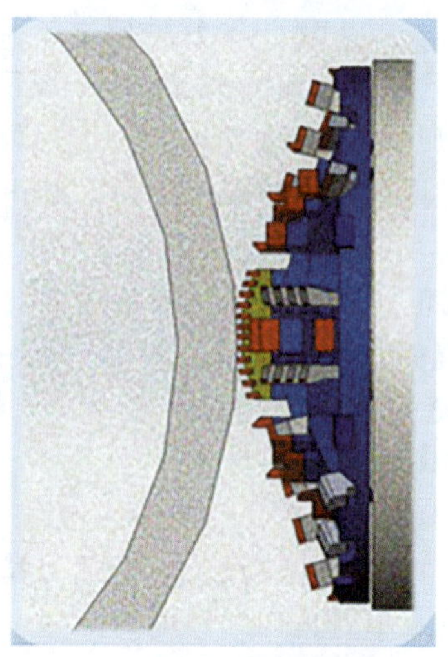

图 10.18 出洞刀盘切削状态

图 10.19 TBM 掘进模态综合试验台

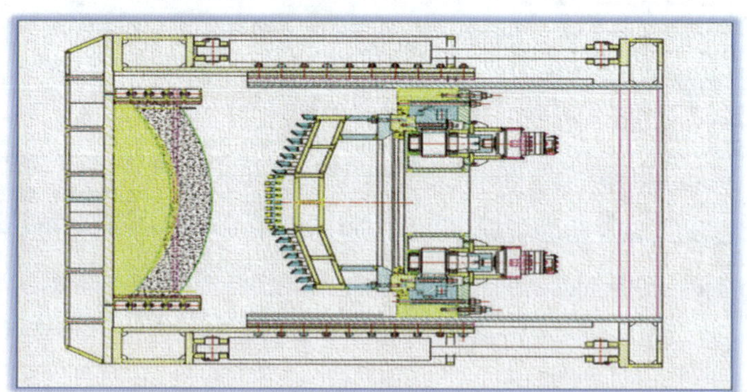

图 10.20 TBM 掘进模态综合试验台模拟图

10.3.2 混凝土强度测试

外凸弧面混凝土采用 C60 牌号商用混凝土，于 10 月 25 日完成浇筑，养生时间 18 d。试验前通过试样进行强度抗压试验检测，强度接近 50 MPa。试件抗压强度详见表 10.10。

表 10.10　试件抗压强度表

试　　件	抗压强度(MPa)
试件 1	43.9
试件 2	49.5
试件 3	55.8
均　　值	49.7

10.3.3　各阶段结果分析

为便于分析,按工况和阶段划分为三个状态:仅中心刀接触凹面、正面刀接触凹面、刀盘开始贯穿混凝土。

1. 仅中心刀接触凹面的工况

仅中心刀接触凹面示意、推力扭矩分别如图 10.21、图 10.22 所示。

试验情况:当转速为 1.0 r/min,掘进速度为 1.8 mm/min 时,切削扭矩为 30 kN · m,推力为 930 kN,推进平稳。

图 10.21　仅中心刀接触凹面示意图

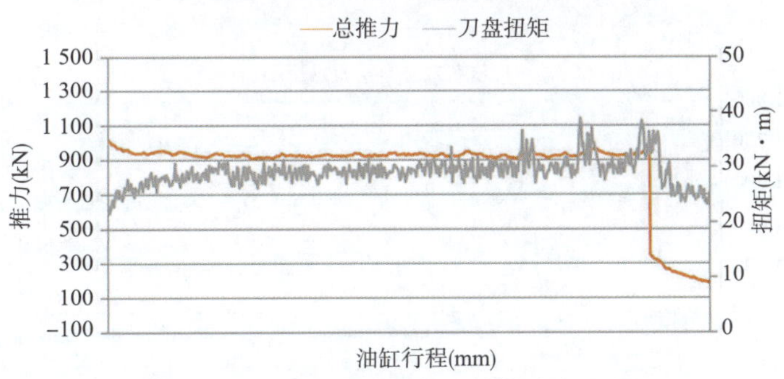

图 10.22　仅中心刀接触凹面推力扭矩图

2. 正面刀接触凹面的工况

正面刀接触凹面示意、推力扭矩如图 10.23 ~ 图 10.25 所示。

试验情况:当转速为 1.0 r/min,贯入度为 2 mm/r 时,切削扭矩为 150 kN · m 左右,推力

为 1 200 kN 左右，推力扭矩均较平稳；当增大贯入度到 5.9 mm/r 时，切削扭矩为 150～200 kN·m，推力为 1 750 kN 左右，推力扭矩增大明显且波动较大。

图 10.23 正面刀接触凹面示意图

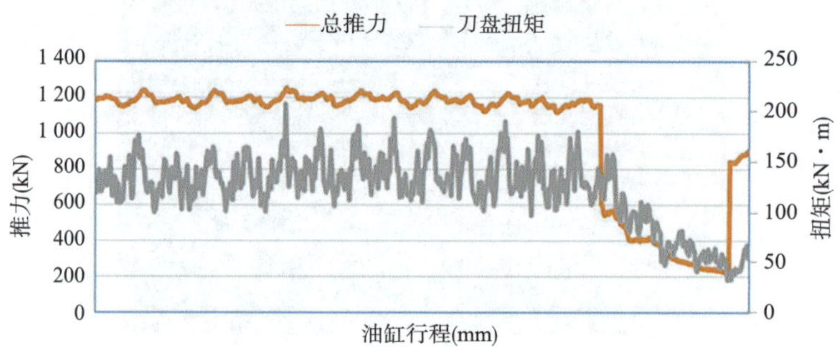

图 10.24 正面刀接触凹面推力扭矩图 1

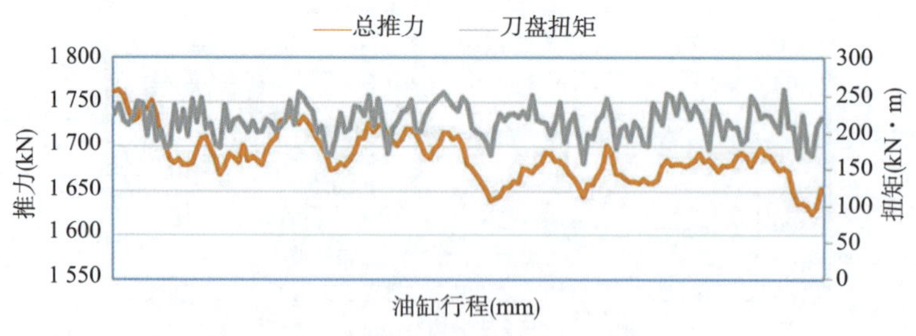

图 10.25 正面刀接触凹面推力扭矩图 2

3. 刀盘开始贯穿混凝土工况

刀盘开始贯穿混凝土工况示意、推力扭矩分别如图 10.26、图 10.27 所示。

试验情况：当转速为 1.0 r/min，掘进速度为 1.6 mm/min 时，切削扭矩为 100～

120 kN · m，推力为 930 kN 左右，推力扭矩均较平稳；随着贯穿面不断扩大，扭矩和推力减小，刀盘掘进速度增大，加速贯穿。

图 10.26　刀盘开始贯穿混凝土示意图

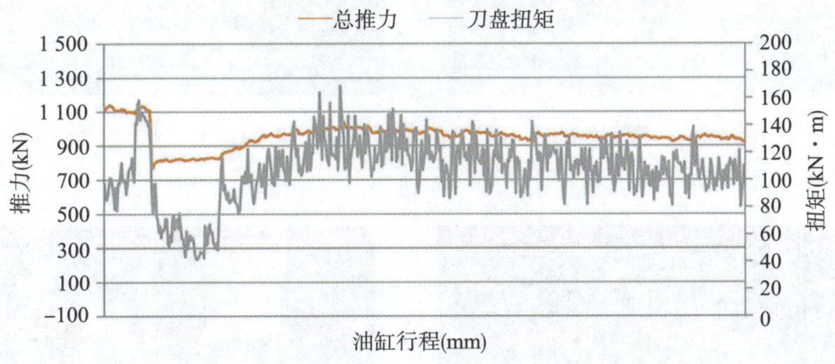

图 10.27　刀盘开始贯穿混凝土推力扭矩图

10.3.4　外弧面试验情况

外弧面试验情况如图 10.28 ~ 图 10.31 所示。

10.3.5　刀具磨损情况

经过两块混凝土模拟切削试验后（切削总厚度约 700 mm），刀具磨损量不足 1 mm，无崩刃等异常破坏。刀具磨损情况如图 10.32 ~ 图 10.35 所示。

图 10.28　外弧面试验情况 1

图 10.29　外弧面试验情况 2

图 10.30　切削混凝土情况 1

图 10.31　切削混凝土情况 2

图 10.32　鱼尾刀磨损情况 1

图 10.33　鱼尾刀磨损情况 2

图 10.34 刮刀磨损情况 1

图 10.35 刮刀磨损情况 2

10.4 始发端混凝土管片掘进切削模拟

机械法联络通道建造技术作为一种新型施工工艺,为判定掘进机对于管片的切削施工对正线隧道会造成影响程度,采用 LS-DYNA 有限元软件开展相应数值模拟研究。LS-DYNA 是世界上著名的显式动力分析有限元程序,可以精确可靠地处理各种高度非线性问题,如碰撞分析、爆炸分析、冲压成型分析、常规武器设计、跌落分析、热分析和流固耦合分析等。

本模拟为盾构机切削混凝土管片和盾构机冲击混凝土管片对管片连接钢索的影响。经过分析对比,本次研究中混凝土采用 Solid164 单元模拟,钢索采用 Beam161 单元模拟,土层采用 Combi165 和 Mass166 单元模拟。

10.4.1 模型建立

1. 实体模型

本模拟主要分析隧道管片在盾构切削情况下,管片钢索的受力变化以及对四周管片应力影响的变化情况;同时考虑管片四周的土体对管片受力的影响变化。

本模型采取分离式建模的方式,分别建出被切削的钢—玻璃纤维混凝土管片和周围的混凝土管片,管片之间采用接触设置和钢索连接,钢索与混凝土之间的锚固采用共节点绑定约束。由于盾构机刀头的刚度远大于钢—玻璃纤维混凝土的刚度,所以在建模时,盾构机采用刚体建模忽略其受力影响。隧道管片切削模型如图 10.36 所示。

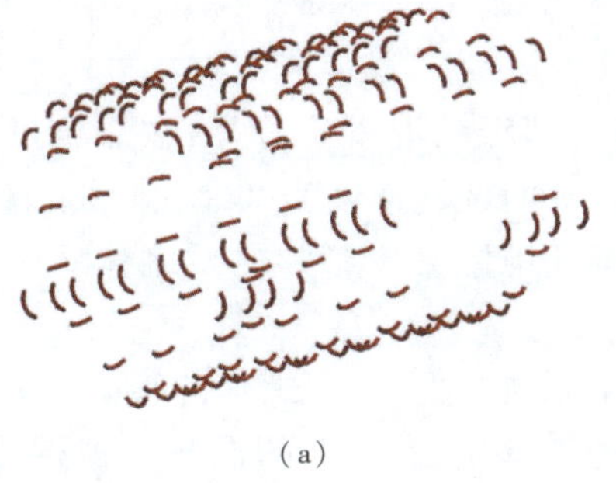

(a)

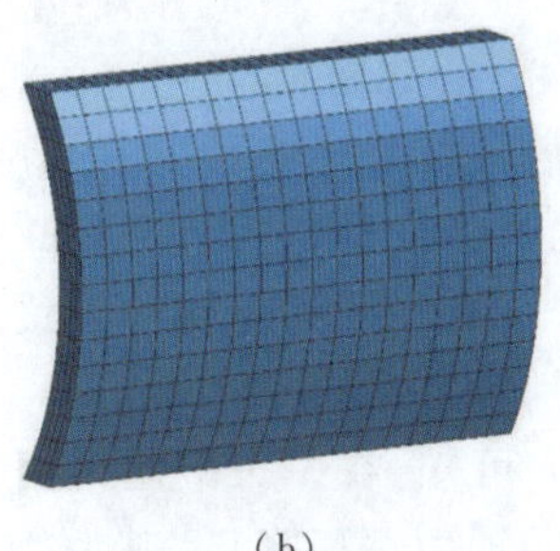

(b)

图 10.36

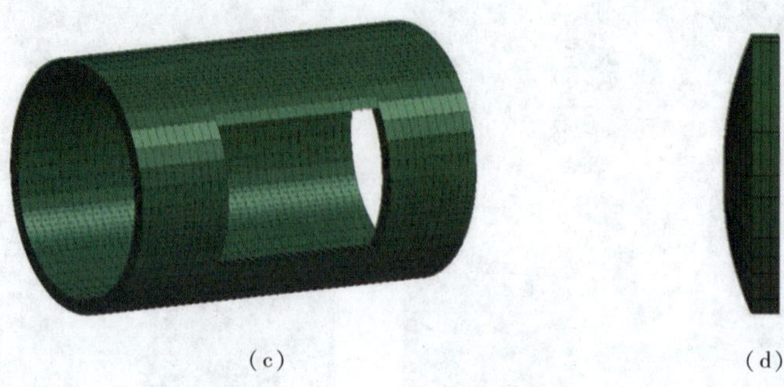

(c)　　　　(d)

图 10.36　隧道管片切削模型

2. 边界条件

本模型共截取出工程中的 7 环隧道管片,进行建模。左右两端采取固定端约束的形式简化模拟出前后隧道管片和周围土体对管片两端的约束。由于在冲击荷载作用下管片将发生局部变形位移,为模拟四周土体对其的影响,在管片后半环的节点上施加土体弹簧对隧道进行约束,如图 10.37 所示。

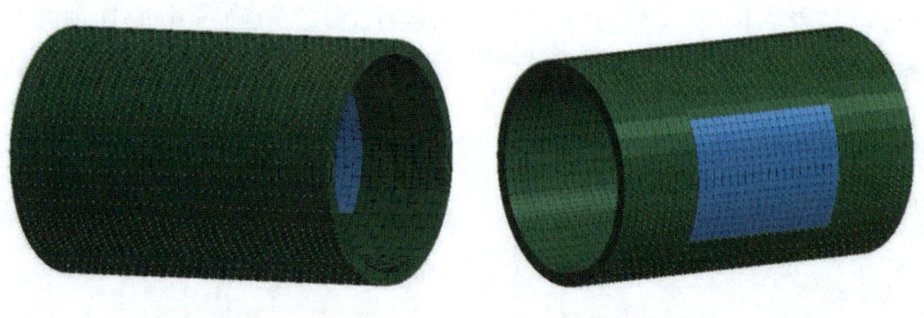

(a)管片后侧的土体弹簧　　　　(b)管片前侧的土体弹簧

图 10.37　模型的约束情况

3. 加载求解

在工程实际中盾构机切削管片,采取盾构机刀头边推进、边旋转的形式切削隧道管片上的钢—玻璃纤维混凝土。在模型计算中,采用单元侵蚀接触和单元失效的方式模拟盾构机切削的整个过程;在静力作用下,采用单元损伤计算的方式模拟计算管片在受到撞击荷载作用下的应力变化情况。

10.4.2　模拟结果分析

1. 螺栓模拟结果分析

本模拟为盾构机刀片旋转推进切削钢—玻璃纤维混凝土管片,在盾构机刀盘上设置了四个刀头,盾构机的推进速度为 2 mm/min,刀头的旋转速度为 0.8 rad/min。分别建立横向和纵向连接螺栓、高强混凝土管片和钢—玻璃纤维混凝土管片以及刚体盾构机刀盘的模型进行数值模拟计算。

由图 10.38 可知,在刀头碰撞到钢—玻璃纤维混凝土时,螺栓的轴力最大。随着切削工作的进行螺栓的轴力逐渐降低,其原因是切削过程中管片上的混凝土被逐步切除,减小了刀头与混凝土之间的接触,刀头的力无法传递给管片和螺栓,所以螺栓的轴力会逐渐降低。

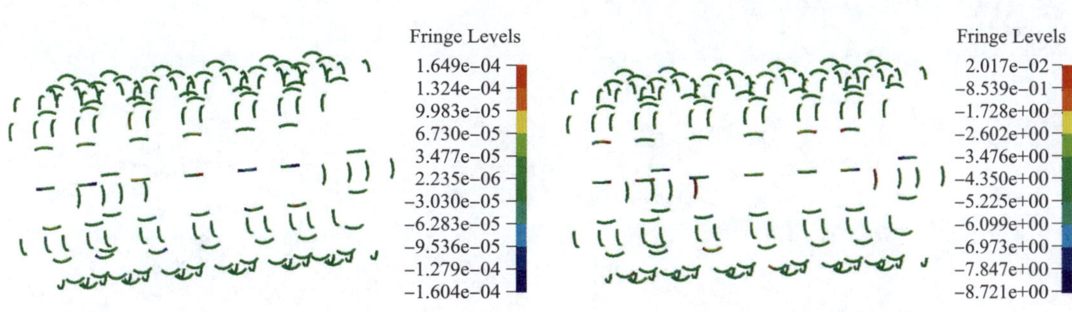

(a)初始时　　(b)开始切削时

图 10.38　螺栓轴力云图(单位:mm)

随着刀盘的切削和推进,混凝土管片随着发生了破坏与变形,同时导致管片之间的螺栓也发生了变形。螺栓的变形较为剧烈的区域分布在钢—玻璃纤维混凝土周围的螺栓上,在钢—玻璃纤维混凝土的顶部螺栓的位移最大值为 0.6 cm,切削过程对两侧螺栓的位移影响较小,其值为 0.028 cm,如图 10.39 所示。结果说明:切削对同一环的螺栓影响较大,对侧旁的螺栓影响较小。

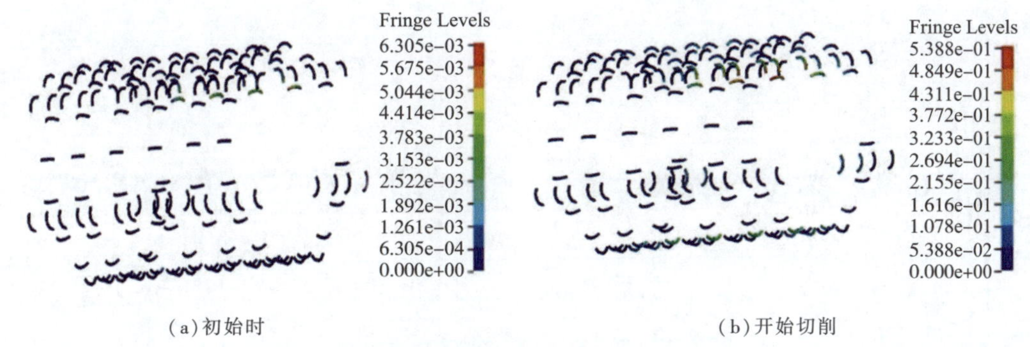

(a)初始时　　(b)开始切削

图 10.39　螺栓位移云图(单位:mm)

螺栓上的轴力随着刀盘切削的推进,螺栓轴力呈现震荡波动,并且越靠近被切削混凝土的螺栓轴力震荡越剧烈,如图 10.40、图 10.41 所示;当刀盘刚接触混凝土表面时,四周螺栓的轴力都发生了剧烈的波动,随着切削的继续进行,较远处的螺栓单元 1、单元 4、单元 12133 和单元 12136 上的轴力逐渐趋于稳定,较近的螺栓单元轴力震荡幅度也有所减弱。造成这些情况的原因有以下几点:

(1)刀盘切削混凝土的过程伴随着刀盘的旋转,并不只有推进荷载作用。

(2)刀头切削混凝土,混凝土开始逐渐失效;随着持续切削管片被钻穿,螺栓的轴力开始趋于稳定。

(3)在整个切削的过程中,刀盘对螺栓轴力影响较大的部分主要集中在被切削的钢—玻璃纤维混凝土四周。

(4)管片之间采用“硬接触”即只有两个物体发生接触是才能发生应力传递,分离时不发生应力传递;随着切削工作的进行,顶部混凝土受拉,管片之间产生缝隙,被切削管片周围的作用力无法通过管片接触传递到远处,造成了整体结构中的螺栓内力分布为“近大远

小”的特点。

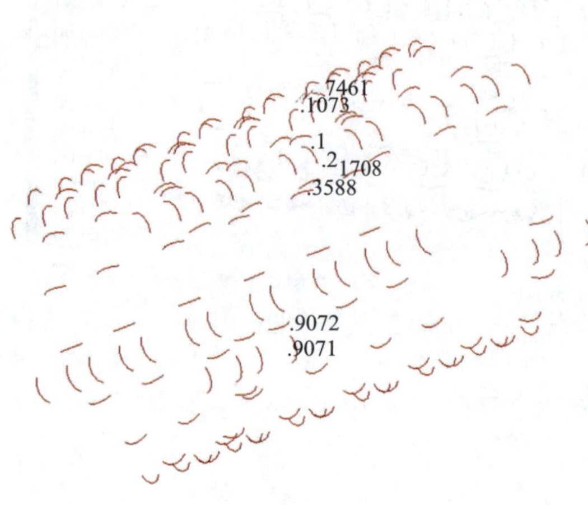

(a)位移选点　　(b)轴力选点

图 10.40　螺栓选点

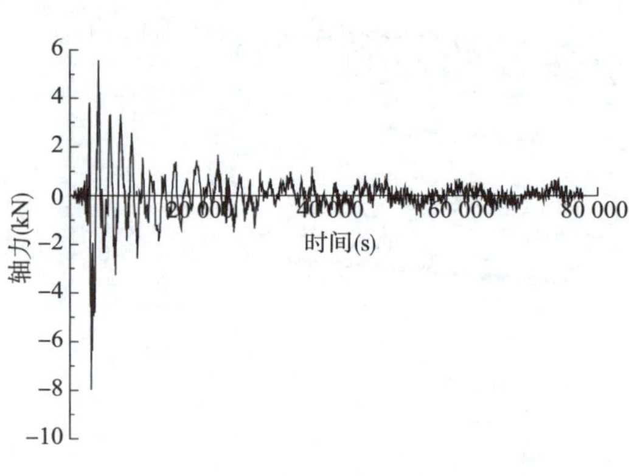

(a)螺栓单元 1

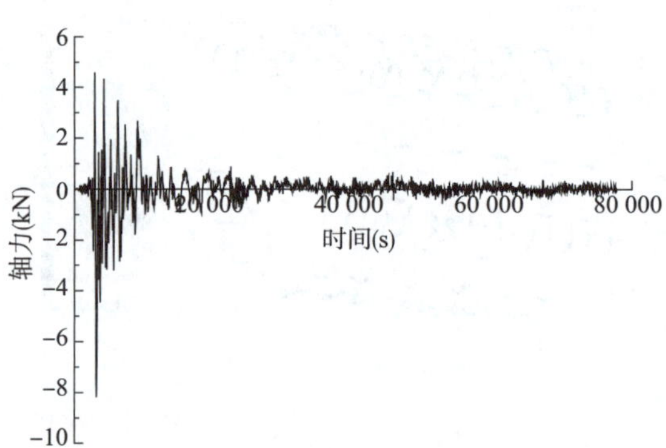

(b)螺栓单元 4

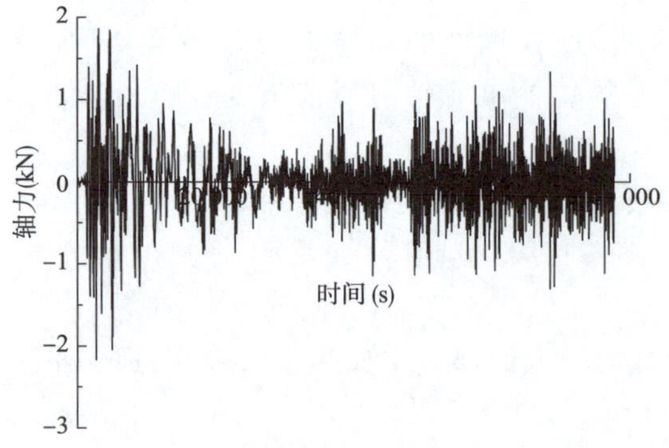

(c)螺栓单元 5781

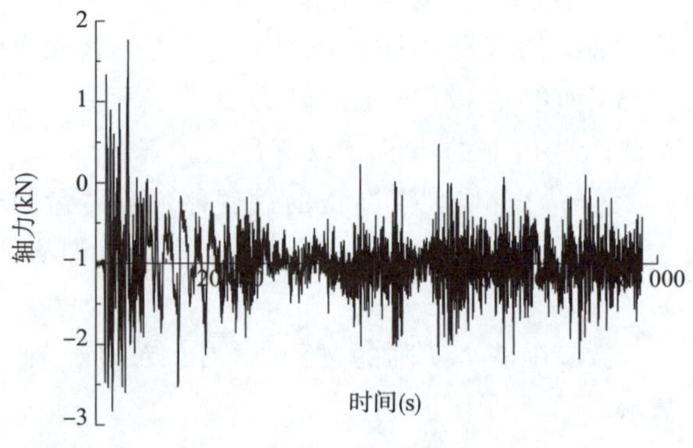

(d)螺栓单元 5784

图　10.41

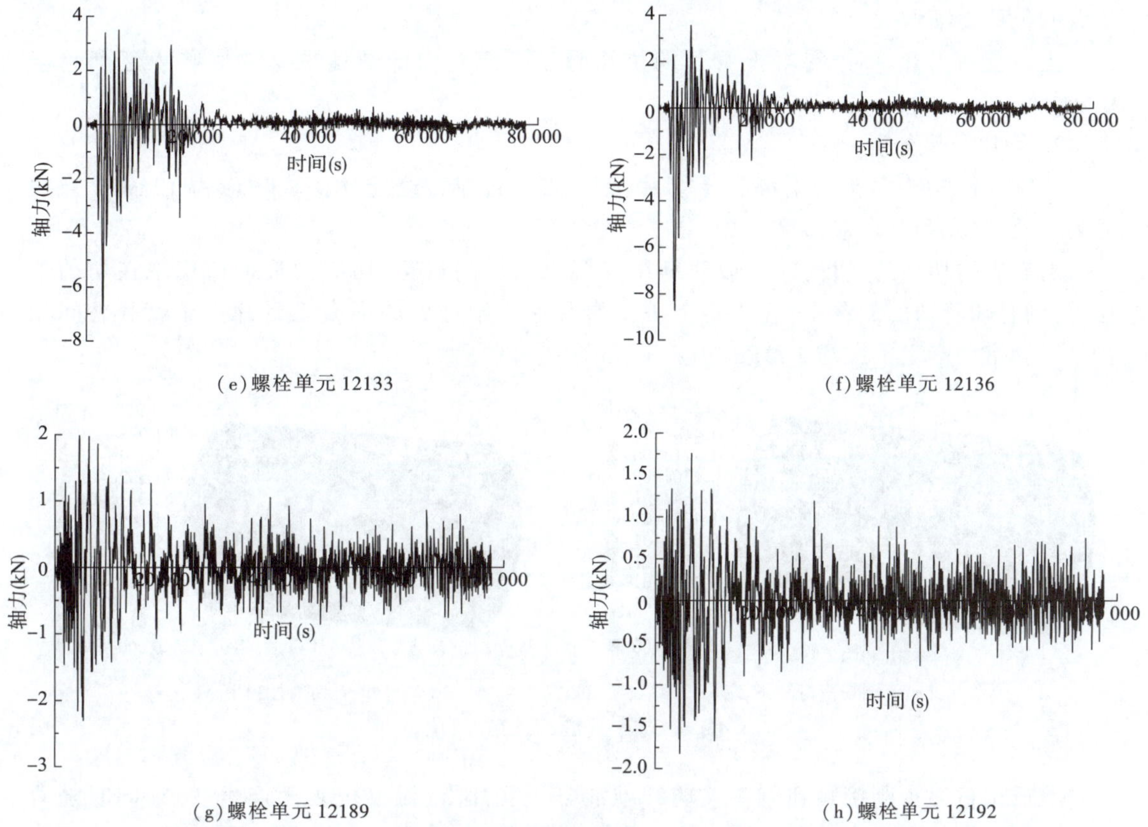

轴力(kN)
时间(s)
(e)螺栓单元 12133
(f)螺栓单元 12136
(g)螺栓单元 12189
(h)螺栓单元 12192

图 10.41 螺栓轴力分析

随着盾构切削的进行螺栓位移发生规律性变化,从 0~4 000 s 呈线性增长的趋势;之后螺栓的位移开始趋于稳定。螺栓发生较大位移的位置主要集中在被盾构切削的混凝土周围,最大值达到了 0.7 cm,而较远处的螺栓也发生了较小的位移,如图 10.42 所示。造成上述情况的原因主要有以下两点:

位移(cm)
时间(s)
节点2
节点1708
节点3588
节点1073
节点7461
节点9071
节点9072

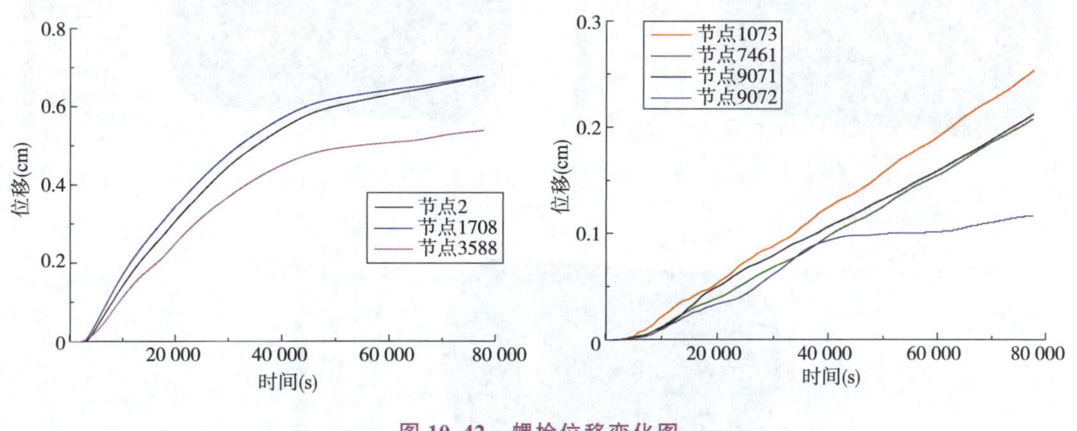

图 10.42 螺栓位移变化图

随着刀盘旋转推进管片发生位移变化,导致内部螺栓连接也发生了位移变化,螺栓连

接点的位移逐渐增大。

当刀盘钻出管片时，混凝土管片的位移趋于稳定对内部螺栓位移的影响也逐渐趋于稳定。

2. 管片结果分析

当刚性盾构机刀头切削混凝土管片，钢—玻璃纤维混凝土达到失效应力 12 MPa 被判定为失效，单元和节点被移除。

随着盾构切削的进行，钢—玻璃纤维混凝土被切削贯穿，切应力最大值集中在切削管片上；同时随着切削的深入，应力沿上下两端传递。稍远处的混凝土管片由于管片之间相互挤压和错动产生了大约 2 MPa 的应力，如图 10.43 所示。

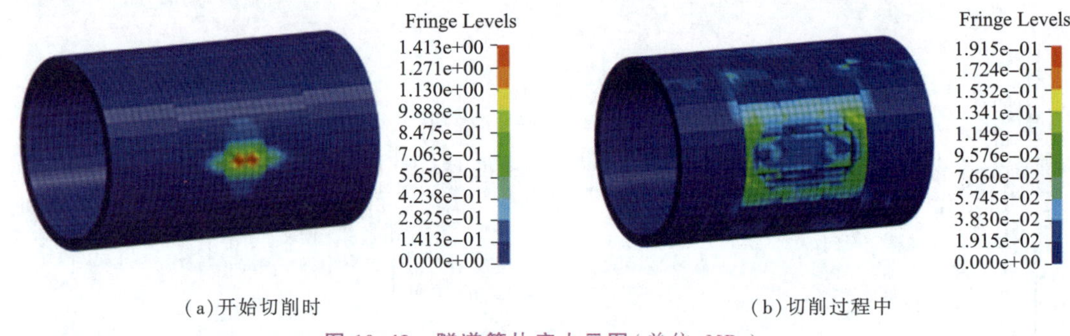

(a)开始切削时　　(b)切削过程中

图 10.43　隧道管片应力云图(单位:MPa)

当盾构机刀头刚接触到钢—玻璃纤维混凝土管片上，混凝土表面产生变形，同时随着刀头的旋转切削混凝土单元达到失效应力值发生破坏，混凝土单元从表向里开始逐步地消除。当盾构机完全打通混凝土管片时，管片最大的位移集中在通道的四周，四周的管片由于接触咬合的作用和螺栓的作用发生了细微的位移，如图 10.44 所示。

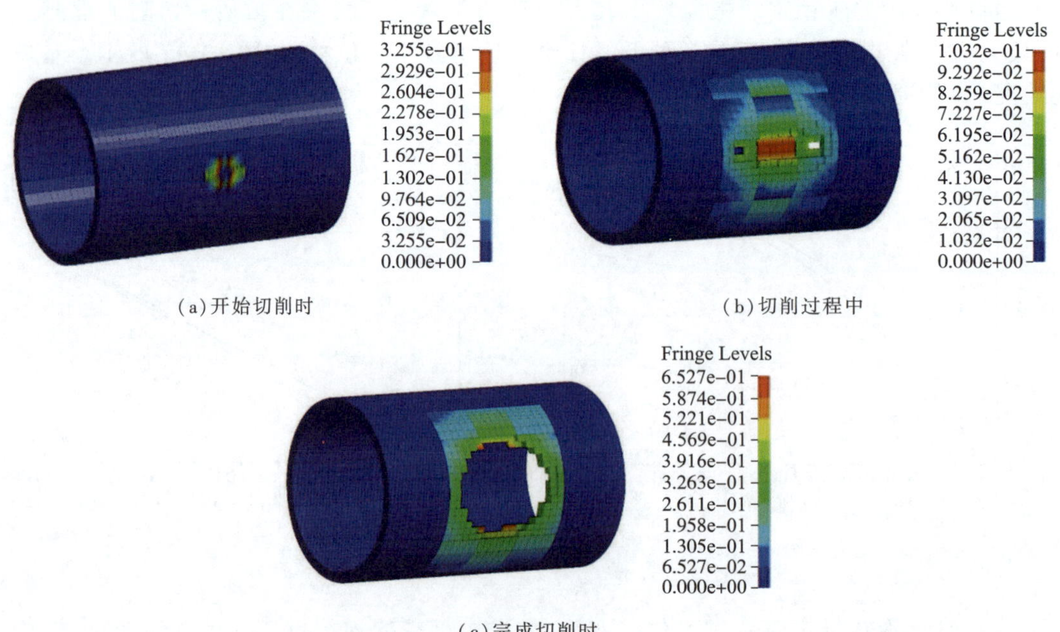

(a)开始切削时　　(b)切削过程中

(c)完成切削时

图 10.44　隧道管片位移云图(单位:cm)

混凝土管片上应力分布如图 10.45 所示，混凝土管片上的应力时程曲线如图 10.46 所示。可以看出：随着刀盘切削的推进，应力呈现震荡波动，并且越靠近被切削混凝土的应力震荡越剧烈；当刀盘刚接触混凝土表面时，四周混凝土管片上的应力开始发生了剧烈的波动，随着切削的继续进行，较远处的混凝土单元 525、单元 784 和单元 1056 上的应力逐渐趋于稳定，较近的混凝土管片单元应力震荡幅度也有所减弱。造成这些情况的原因有以下几点：

(1)刀盘的切削混凝土的过程伴随着刀盘的旋转，并不只有推进荷载作用。

(2)由于刀头刚接触混凝土管片开始切削混凝土，混凝土开始逐渐失效，导致混凝土上的应力逐渐减小。

(3)管片之间采用"硬接触"即只有两个物体发生接触是才能发生应力传递，分离时不发生应力传递；随着切削工作的进行顶部混凝土受拉，管片之间产生缝隙，被切削管片周围的作用力无法通过管片接触传递到远处，造成了混凝土管片上的应力分布呈"近大远小"的特点。

隧道管片位移变化如图 10.47 所示。

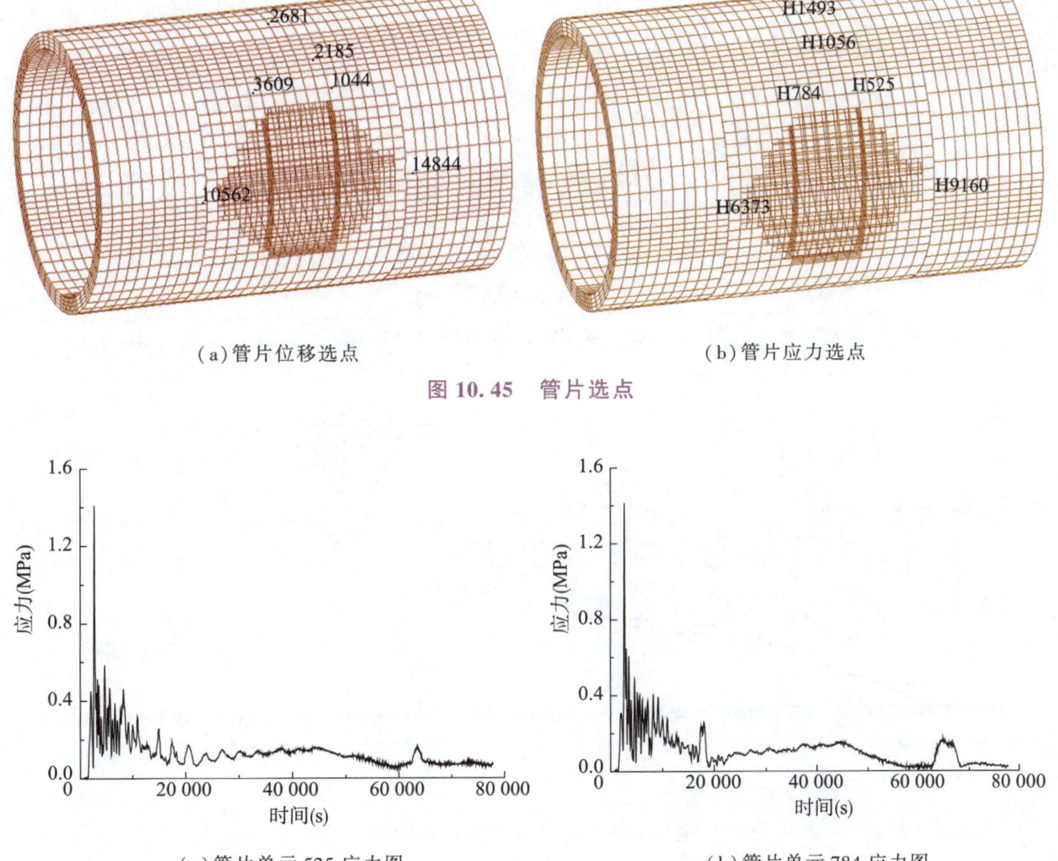

(a)管片位移选点　　(b)管片应力选点

图 10.45　管片选点

(a)管片单元 525 应力图　　(b)管片单元 784 应力图

图　10.46

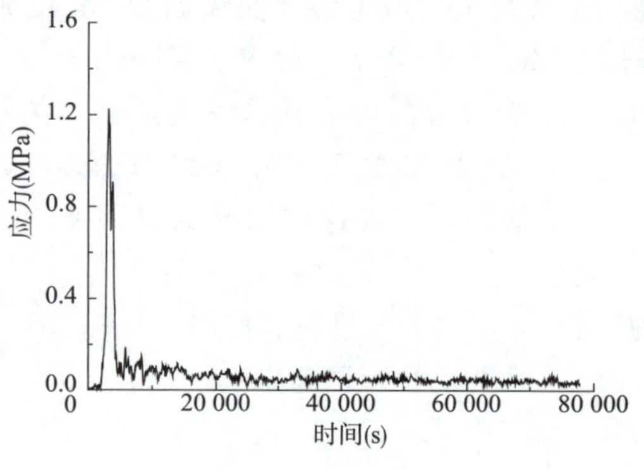

(c)管片单元 1056 应力图

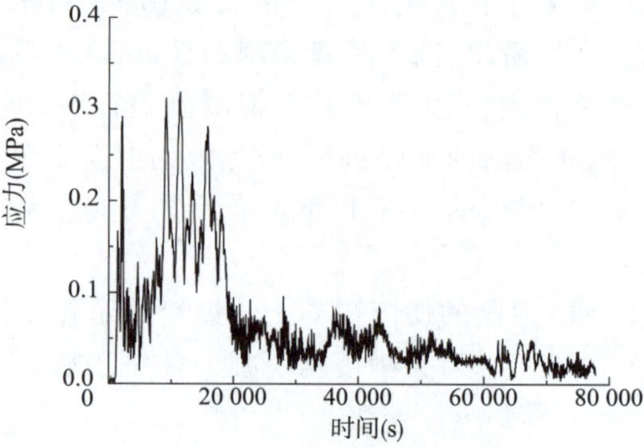

(d)管片单元 6373 应力图

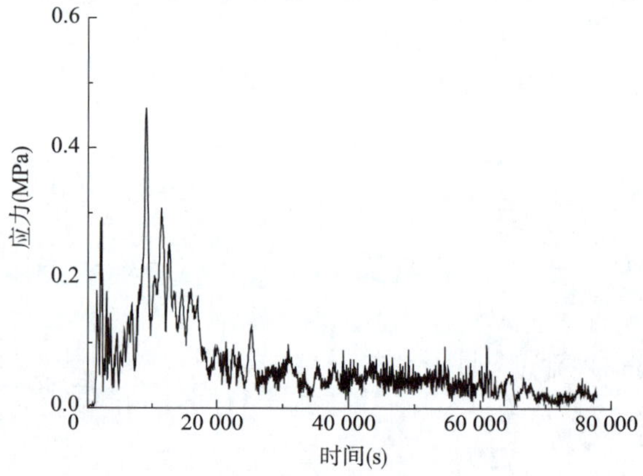

(e)管片单元 9160 应力图

图 10.46　隧道管片应力时程曲线图

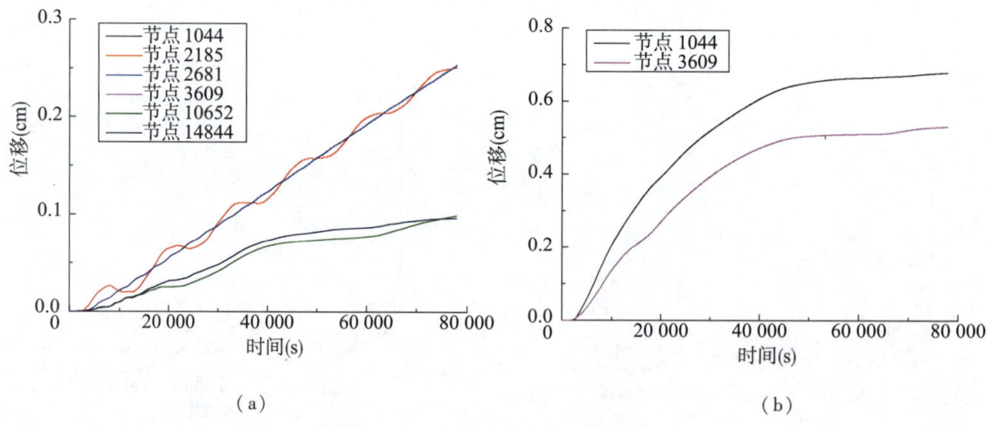

图 10.47　隧道管片位移变化图

10.5　掘进施工技术

10.5.1　掘进参数

宁波轨道交通工程均处于黏土、淤泥质黏土地层，地层承载力较弱，水系丰富但渗透性较差，下部⑤$_3$粉质黏土层渗透系数较大，存在涌砂渗水等风险。因此需严格控制盾构机掘进参数以及对每环出土量、刀盘相关参数进行收集，同时对盾构掘进过程的泡沫注入量、比例等数据进行记录，再通过一天两次的地面监测实时观察地面沉降情况，根据沉降情况、渣土改良情况及时调整盾构机掘进参数，控制地面沉降，积累在相近地层中盾构参数的施工经验。

1. 土压力参数的选择与控制

根据土压平衡工况的特点，确定并保持合理的土仓压力是关键因素。因此，土压平衡工况中掘进参数的确定是以土仓压力为基准点来考虑，掘进控制程序也应以土仓压力的保持为目的。

(1)土压力的分类

作用在挡土结构上的土压力，按挡土结构的位移方向、大小及土体所处的三种平衡状态，可分为静止土压力 E_0、主动土压力 E_a 和被动土压力 E_p 三种。大部分情况下作用在挡土墙上的土压力值均介于上述三种状态下的土压力值之间。其大小关系为 $E_p > E_0 > E_a$。

(2)土压力的理论计算

①静止土压力的计算公式：

$$E_0 = K_0 \gamma h$$

式中　K_0——静止土压力系数，对于砂卵石取经验公式 $K_0 = 1 - \sin\varphi$；

φ——内摩擦角；

γ——土体的加权平均重度，砂卵石一般取 18 kN/m^3；

h——覆土高度。

②被动土压力的计算采用朗肯被动土压力公式：

$$p_p = \gamma z \tan^2\left(45° + \frac{\varphi}{2}\right) = \gamma z K_p$$

式中　K_p——被动土压力系数。

库仑被动土压力计算公式：

$$p_p = \gamma z K_p$$

被动土压力系数：

$$K_p = \frac{\cos^2(\varphi + \varepsilon)}{\cos^2\varepsilon \cos(\varepsilon - \delta)\left[1 - \sqrt{\dfrac{\sin(\varphi + \delta)\sin(\varphi + \beta)}{\cos(\varepsilon - \delta)\cos(\varepsilon - \beta)}}\right]^2}$$

③主动土压力的计算采用朗肯主动土压力公式：

$$p_a = \gamma z \tan^2\left(45° - \frac{\varphi}{2}\right) = \gamma z K_a$$

式中 K_a——主动土压力系数。

库仑主动土压力计算公式：

$$p_{az}=\frac{dp_a}{dz}=\frac{d}{dz}\left(\frac{1}{2}\gamma z^2 K_a\right)=\gamma z K_a$$

主动土压力系数：

$$K_a=\frac{\cos^2(\varphi-\varepsilon)}{\cos^2\varepsilon\cos(\varepsilon+\delta)\left[1+\sqrt{\frac{\sin(\varphi+\delta)\sin(\varphi-\beta)}{\cos(\delta+\varepsilon)\cos(\varepsilon-\beta)}}\right]^2}$$

针对南鄞区间联络通道穿越地层基本为黏土地层，黏性高，故采用朗肯理论计算主动和被动土压力，计算时综合考虑地层中水压力。

④实际土压力取值

根据不同地层分类计算，可根据地表监测实际结果进行调整，适当调高土仓压力。

2. 推进速度、总推力及刀盘相关参数的控制

掘进速度及推力的选定以保持土仓压力为目的，根据施工的实际情况确定并调整掘进速度及推力。黏土地层掘进速度太慢不利于出渣量的控制，速度过快不利于掌子面的稳定，且易造成土仓压力的不稳定性变化，故应选取适当的速度保证土仓压力和出土的平衡。当然在保证速度的同时推力也应适中，过大的推力会导致管片的变形，隧道轴线产生偏差；过小的推力会使盾构机的回转角变化快，不利于盾构姿态的控制，同样不利于管片质量的控制。为得到掘进机在该地层下的正常掘进参数，统计分析、优化参数，精细化管理确保过程平稳、安全顺利。盾构掘进主要参数如下：

掘进速度一般为 40 mm/min，保持匀速通过，掘进过程中总推力可控制在 16 000 ~ 18 000 kN，以不超过 18 000 kN 为宜，刀盘转数分别控制在 1 rad/min，扭矩控制在 2 000 kN · m 左右。

3. 出土量计算

出渣的控制非常重要，出渣速度与盾构掘进速度相匹配且出渣量与掘进行程相匹配时，才能保证稳定适当的土仓压力以及正常的掘进。通常情况下，出渣的速度由螺旋输送机的转速来衡量；掘进速度通过千斤顶油缸的顶进速度来衡量，千斤顶的平均行程即掘进行程。在土压平衡机械法隧道施工中，渣土出运采用轨道式电瓶车拖一定数量的钢车，出渣量实行重量测量和体积测量双控制：重量测量采用吊运渣土的龙门吊称重；体积测量是通过测定钢车的台数及其容量得到所出渣土的总体积。为确保机械法联络通道施工中出渣量计量的准确性，配备了皮带机，该皮带机上设置有土沙称重装置，当盾构掘进机挖掘出的土沙经过皮带机上的称重装置时，称重机构会即时显示出土沙的重量，并且通过采集皮带的输送速度，以计算得到皮带每环的实际出土重量，然后将其与每环的理论出土量进行比较，从而得出是否超挖的判断，再据此进行相应量的注浆回填，保证地面及地下管线的安全。

在对出渣量进行准确、实时计量的同时，还要记录盾构机注入渣土的水量。每环理论出渣量（实方）为

$$[(\pi\times D^2)\div 4]\times L=[(\pi\times 3.9^2)\div 4]\times 0.55=6.57(方/环)。$$

式中　D——盾构机刀盘直径；

L——每环管片掘进距离。松散系数按 1.2 考虑,实际出渣量为 7.88 方/环。

另外汽车吊吊钩安装了称重装置,在吊土过程中,进行称量并做好记录。按照原状土的容重 1.71 g/cm^3 计,每环掘进加水量为 1 m^3,每环出土重量:$6.56 \times 1.71 + 1 = 12.22(t)$。通过不同地层(土体容重变化)或加水量发生变化时,出土重量应作相应调整。

当通过调节螺旋输送机转速仍达不到理想出土状态时,可以通过改良渣土的可塑状态来调整。

当出土量大于 8 m^3 或 15 t 时,操作人员应立即向技术人员反映,技术人员认真记录该区域的里程桩号或管片环号,并安排地面注浆队伍在该建(构)筑物预留的注浆孔注入水泥浆液,使扰动的土体尽快固结起来,避免地面滞后沉降的发生,在该处增大同步注浆量;加大该区域的监测频率,根据监测数据情况,及时组织地面重复注浆以及洞内二次注浆。

4. 姿态控制

试验段施工通过理论土压力计算确定土仓压力控制值,推力控制小于 4 000 kN,推进速度为 30 ~ 50 mm/min,扭矩不大于 600 kN · m。掘进时水平姿态控制在 ±20 mm 以内,高程姿态控制在 ±10 mm 以内。

5. 姿态纠偏

盾构为无铰接设计,机械法施工可通过调整推进油缸分区油压进行姿态纠偏,并调整楔形环管片拼装角度拟合纠偏曲线,掘进最大允许偏差不超过 ±50 mm,纠偏量不超过 2 mm/m。油缸分区和盾构纠偏示意分别如图 10.48、图 10.49 所示。

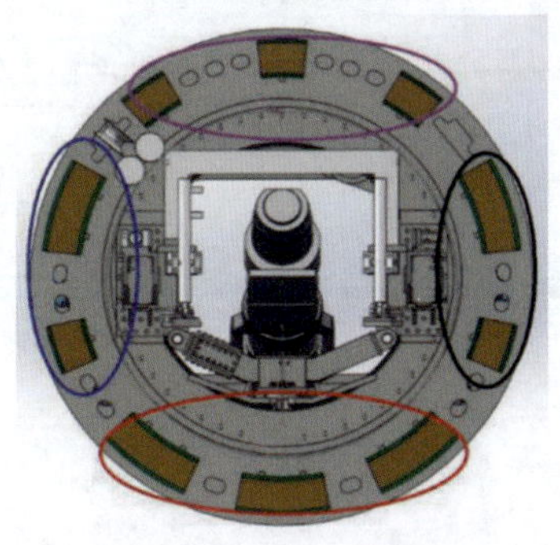

图 10.48　油缸分区示意图

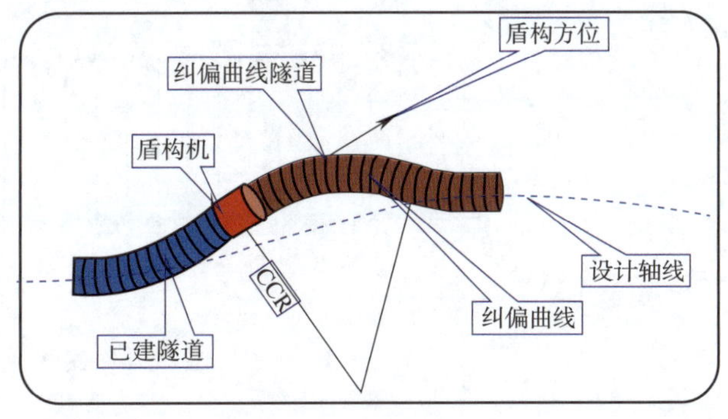

图 10.49　盾构纠偏示意图

6. 渣土改良

宁波地区具有软土含水量高、流动性强的特点,参照盾构施工技术,掘进时使用泡沫剂等改良剂进行土体改良,通过刀盘前方注入泡沫剂改良渣土和易性,要求改良后的渣土坍落度为 120 ~ 140 mm,便于泵送出泥,具体泡沫掺量需试验决定。其他地区不同地层土质可根据不同情况掺加膨润土、外加剂等,具体掺量需根据实际情况试验确定。

10.5.2　管片运输

管片从正线隧道运至联络通道,其运送路线呈 L 形结构,因此常规的管片运输设计很难达到施工要求。考虑到联络通道管片直径较小,内部空间有限,很难在联络通道内安装

双梁,但也正因管片直径小、厚度较低,使得单块管片的质量较轻,因此将管片运输分为两个部分,正线隧道内管片采用单梁运输,而联络通道内管片采用人工运输。单梁设置在4号台车上。而人工运输则是在隧道内用角铁焊制一条轨道,轨道上放置一个平板车。运输中将管片吊运至平板车上,由人工推至拼装机处,如图10.50所示。

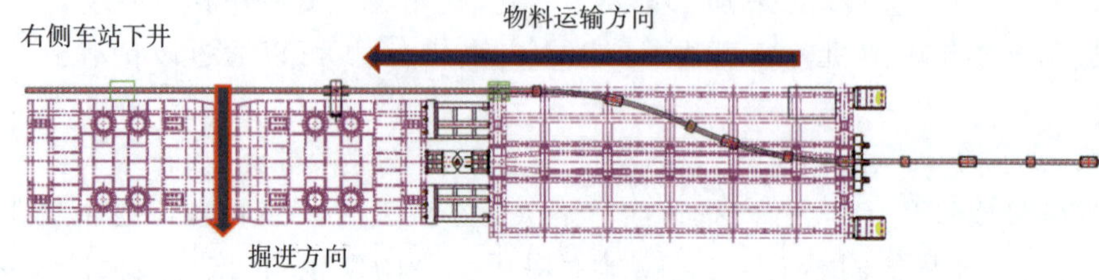

图10.50 管片运输路线图

10.5.3 管片拼装

1. 管片调节环

由于联络通道管片长度为0.55 m,而隧道长度不是0.55的倍数,采用同一宽度管片拼装无法保证洞门钢管片位置合适,因此需增加不同厚度调节环,使得联络通道的管片洞门钢环处管片位置正好合适。如图10.51所示。

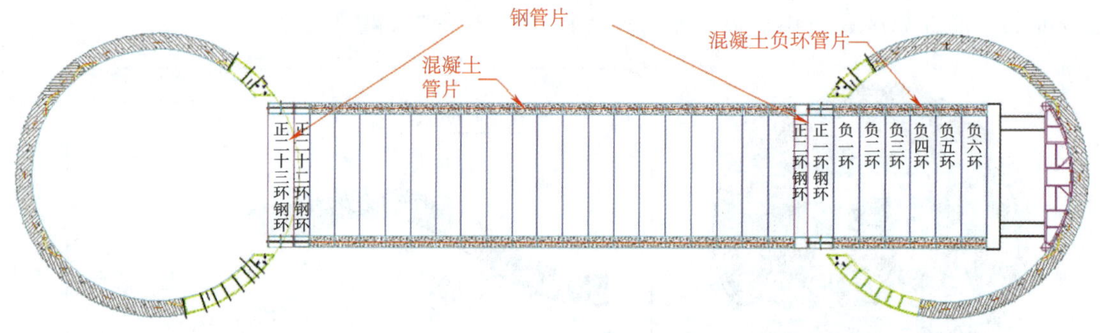

图10.51 安装工序图管片位置

2. 管片选型

考虑管片错缝拼装的优点,如止水性能好、整体受力性能好、圆环整体刚度大等,南鄞区间联络通道采用通用管片错缝拼装的方式。但考虑到错缝拼装的内力大,而通缝拼装的内力较小,可拼装自由度相对较多,有利于管片的安装。因此,在受力允许的状态下,可采用小通缝进行拼装。所谓"小通缝",是指两管片环之间允许有1~2条通缝。相应地,3条及3条以上的通缝定义为"大通缝",大通缝的情况是绝对不允许的。

同时,通用管片的封顶块一般是最后安装的,考虑到管环底部范围受力较大,且不易安装,如果封顶块安装在底部位置,将加大拼装的难度,且对于施工安全有一定的隐患,故避免将封顶块安装在管片环底部的范围。总结以上的要求,可得到管片设计排版的两大原则:

(1)不能出现大通缝(三条及三条以上纵缝重合)情况;

(2)通用环排版每环必排。

根据这两大原则,表 10.11 列出了管片排版的参考表。

表 10.11　管片排版表

拼装	优先拼装				次要拼装			禁止拼装		
K1	K10	K8	K6	K2	K9	K7	K5	K4	K1	K3
K2	K1	K9	K7	K3	K10	K8	K6	K5	K2	K4
K3	K2	K10	K8	K4	K1	K9	K7	K6	K3	K5
K4	K3	K1	K9	K5	K2	K10	K8	K7	K4	K6
K5	K4	K2	K10	K6	K3	K1	K9	K8	K5	K7
K6	K5	K3	K1	K7	K4	K2	K10	K9	K6	K8
K7	K6	K4	K2	K8	K5	K3	K1	K10	K7	K9
K8	K7	K5	K3	K9	K6	K4	K2	K1	K8	K10
K9	K8	K6	K4	K10	K7	K5	K3	K2	K9	K1
K10	K9	K7	K5	K1	K8	K6	K4	K3	K10	K2

3. 管片拼装质量控制

(1)成环环面控制:环面不平整度应小于 2 mm。相邻环高差控制在 4 mm 以内。

(2)安装成环后,在纵向螺栓拧紧前,进行衬砌环椭圆度测量。当椭圆度大于 30 mm 时应进行调整。

10.6　联络通道掘进施工有限元模拟

10.6.1　计算模型

根据宁波市轨道交通 3 号线一期工程南鄞区间联络通道结构设计、场地土的物理力学参数,选择计算模型的尺寸为宽度 80 m、长度 80 m、深度 50 m,初始地下水位设在地表处。模型底面完全固定约束,模型上表面为自由面。其中两条主隧道中心相距 17 m,主隧道顶面距土体表面的埋深为 12.3 m,主隧道外径为 6.2 m,管片厚 0.35 m,小隧道外径为 3.15 m,管片厚度为 0.25 m。主隧道长度为 80 m,处在模型中间对称布置,小隧道设在主隧道中间 40 m 处的位置,如图 10.52 所示。

土体本构模型选择 HSS 模型,具体土层参数详见表 10.12。

表 10.12　基坑 HSS 模型参数

土层	土　名	c' (kPa)	φ' (°)	ψ (°)	E_{50}^{ref} (MPa)	E_{oed}^{ref} (MPa)	E_{ur}^{ref} (MPa)	G_0^{ref} (MPa)	$\gamma_{0.7}$ ($\times 10^{-4}$)	υ_{ur}	K_0
1	黏土	29.9	12.7	0	2.2	2.6	10.8	30	1.0	0.2	0.78
2	淤泥	14.8	12.1	0	3.4	3.9	15.0	59	1.0	0.2	0.79
3	粉质黏土	21.3	17.4	0	4.4	4.8	15.0	60	1.0	0.2	0.70

续上表

土层	土　名	c' (kPa)	φ' (°)	ψ (°)	E_{50}^{ref} (MPa)	E_{oed}^{ref} (MPa)	E_{ur}^{ref} (MPa)	G_0^{ref} (MPa)	$\gamma_{0.7}$ ($\times10^{-4}$)	υ_{ur}	K_0
4	淤泥质粉质黏土	20.7	16.8	0	6.5	7.0	25	71	1.0	0.2	0.71
5	黏土	23.7	15.9	0	5.0	5.5	15	60	1.0	0.2	0.73
6	粉砂	9	30	0	5.1	5.0	15.2	75.1	1.0	0.2	0.83
7	粉质黏土	29.6	17.4	0	7.5	7.6	27.8	80.1	1.0	0.2	0.70

注：c'—有效黏聚力；φ'—有效内摩擦角；ψ—剪胀角；E_{50}^{ref}—割线模量；E_{oed}^{ref}—切线模量；E_{ur}^{ref}—卸载加载模量；G_0^{ref}—初始剪切模量；$\gamma_{0.7}$—初始剪应变；υ_{ur}—泊松比；K_0—侧压力系数。

采用等效刚度法模拟既有隧道，假定混凝土管片在基坑开挖过程中一直处于弹性变形阶段。定义盾构隧道横向刚度有效率为75%，用以反映管片间接头存在对既有隧道变形产生的影响。弹性模量取为C50混凝土模量值（E_{C50} = 50 GPa）的75%，即 $E = 0.75E_{C50}$ = 37.5 GPa，泊松比取为0.25。

根据勘察报告，计算模型50 m厚度范围涉及8个土层，各土层厚度分别为3.4 m、2.8 m、3.9 m、4.3 m、6.0 m、3.6 m、6 m和20 m。具体结构图及土层如图10.52所示。

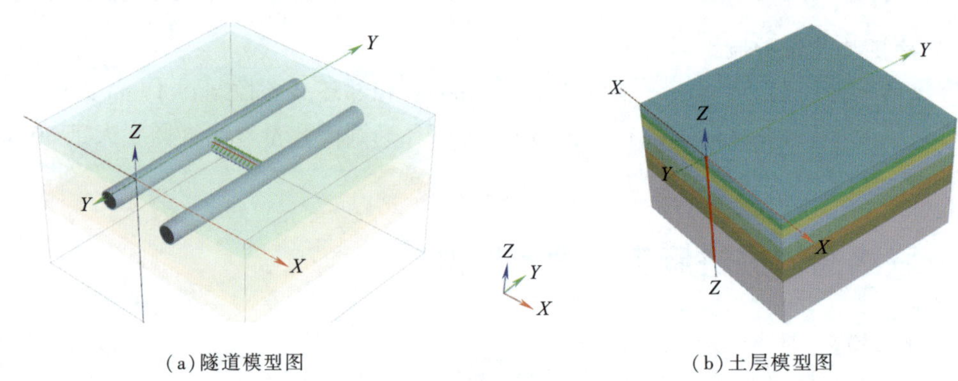

（a）隧道模型图　　（b）土层模型图

图10.52　隧道模型及土层模型图

10.6.2　网格划分

PLAXIS 3D软件程序自动划分网格，隧道结构和土体结构的网格划分如图10.53所示。

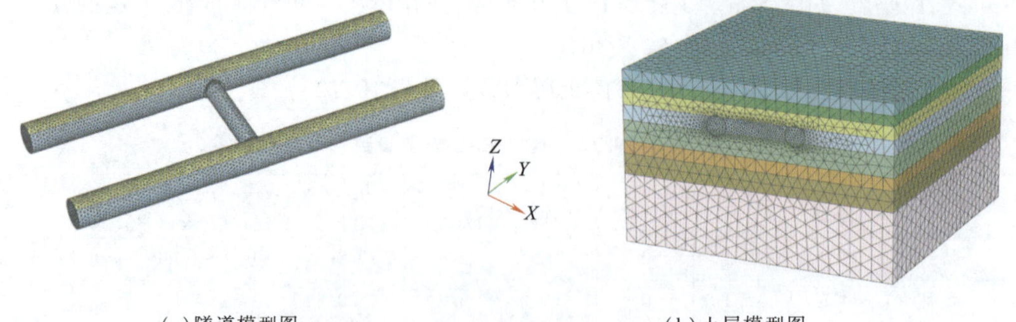

（a）隧道模型图　　（b）土层模型图

图10.53　隧道模型及土层模型图

10.6.3　施工步的定义

(1)初始阶段:利用 K_0 过程生成初始应力,初始阶段采用程序默认设置。

(2)生成主隧道:直接生成主隧道,并将主隧道中的土体冻结,完成主隧道的施工。

(3)联络通道施工(推进第一环):首先消除上步主隧道施工引起的位移值。模拟盾构机在土体内的推进,首先冻结需要开挖的土体,激活外侧的钢套筒,同时激活该段面的面收缩,与此同时激活外侧的注浆荷载,完成一环施工模拟。

(4)联络通道施工(推进第二环):冻结需要开挖的土体,激活对应外侧的钢套筒,冻结上一段面的面收缩和注浆荷载,同时激活该段面下的面收缩与注浆荷载,完成第二环的施工。

(5)同上一步的模拟措施相同进行接下来开挖模拟,直到开挖连接到另一侧的主隧道。

(6)最后冻结钢套管,激活联络通道的管片,完成联络通道的施工模拟。

10.6.4　结果分析

1. 地表沉降分析

本节取模型中部 $y=40$ m 处的截面为例进行分析。图 10.54 为联络通道不同开挖距离下地表纵向沉降曲线。联络通道由左侧开挖至右侧,可以看出,随着开挖的进行,地表沉降值在不停增大,最大值也一直向右侧移动,最大达到 18.12 mm。

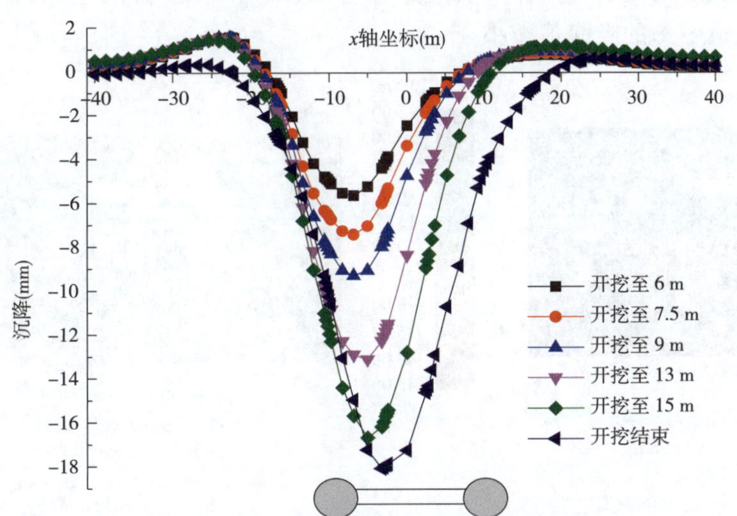

图 10.54　联络通道地表纵向(x 方向)沉降图

取模型中部 $x=-3.2$ m 处的截面,此截面处于联络通道开挖引起的地表沉降最大处。在 $x=-3.2$ m 截面下,不同联络通道开挖距离下地表横向沉降曲线如图 10.55 所示。由图 10.55 可知,随着联络通道开挖的进行,地表沉降不停地增大,最大值达到 18.12 mm。联络通道开挖的影响区域在隧道中心左右 20 m 范围内,地表沉降曲线在联络通道上方呈现一个下凸的峰值。

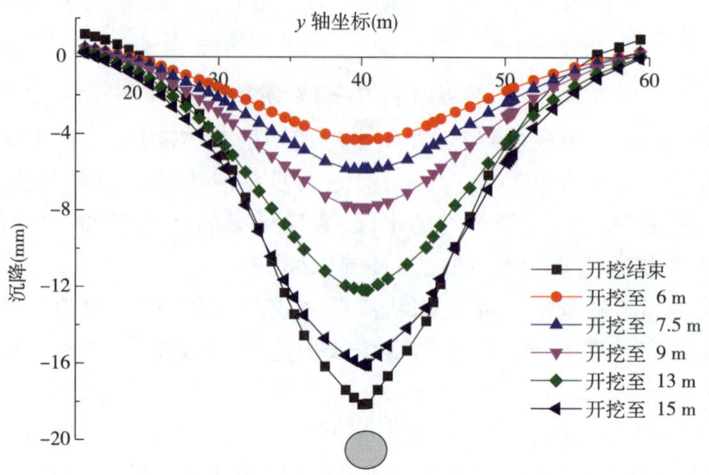

图 10.55　联络通道地表横向(y 方向)沉降图

2. 深层土体沉降分析

分别取 $x=0$ m 处的截面与 $y=40$ m 处的截面进行深层土体位移分析。图 10.56 即为两处不同截面下的沉降云图，由图 10.56(a)可知，最大沉降值达到43.78 mm，联络通道上部土体发生沉降，下部土体由于突然卸荷发生轻微隆起。由图 10.56(b)可知，沉降值最大达到 44.5 mm，联络通道下部土体呈现隆起趋势，联络通道两端(两主隧道附近)的隆起值较大，而联络通道中部的隆起值较小。

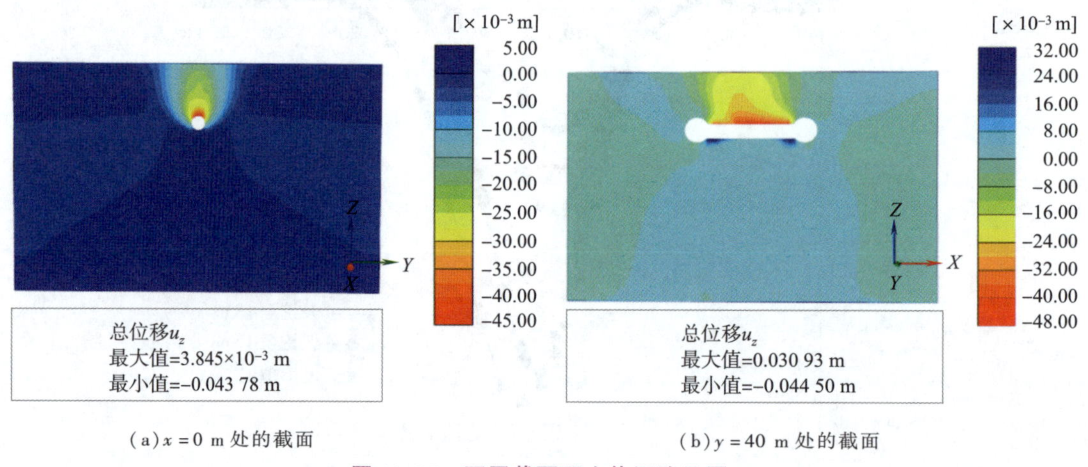

(a) $x=0$ m 处的截面　　(b) $y=40$ m 处的截面

图 10.56　不同截面下土体沉降云图

3. 深层土体水平位移分析

图 10.57 为联络通道开挖结束后深层土体的水平位移图。由图 10.57(a)可知，联络通道开挖使得其附近土体产生较大的水平位移，在联络通道附近水平位移呈现突增的峰值，最大值达到 23.25 mm。由图 10.57(b)可知，在联络通道两侧的水平位移最大，且深层水平位移呈现关于联络通中心的对称。

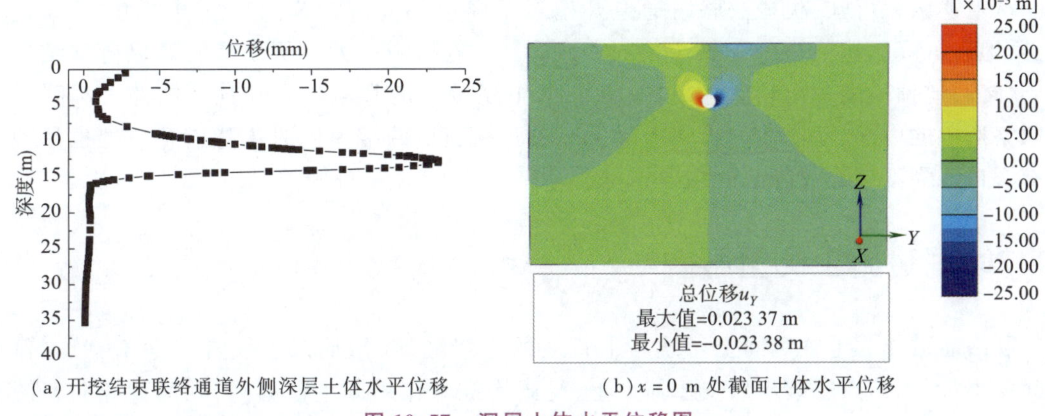

(a)开挖结束联络通道外侧深层土体水平位移　　(b)$x=0$ m 处截面土体水平位移

图 10.57　深层土体水平位移图

4. 隧道位移分析

图 10.58 为开挖结束隧道竖向位移云图。由图 10.58(a)可知,联络通道顶面表现出较大的沉降,而底面出现较大的隆起现象。顶面的最大沉降发生在联络通道的中部,而底面的最大隆起出现在联络通道两端。图 10.58(b)为联络通道中心剖面图下的沉降云图,从图中可以看出联络通道底部出现隆起,隆起值呈现两头大中间小的趋势。联络通道上部表现为沉降,沉降值呈现中间大两头小的趋势。图 10.58(c)为联络通道中间横向剖面,由图可知联络通道上部表现出沉降,下部表现出隆起。

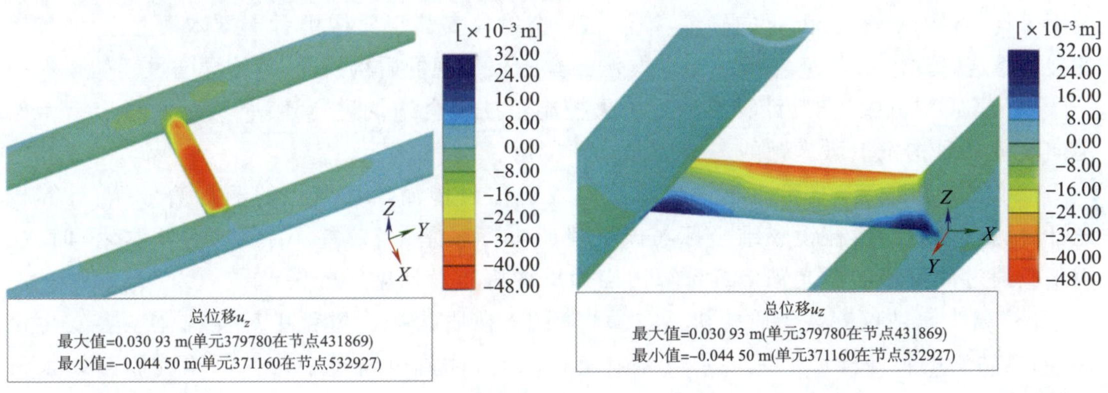

(a)隧道竖向位移

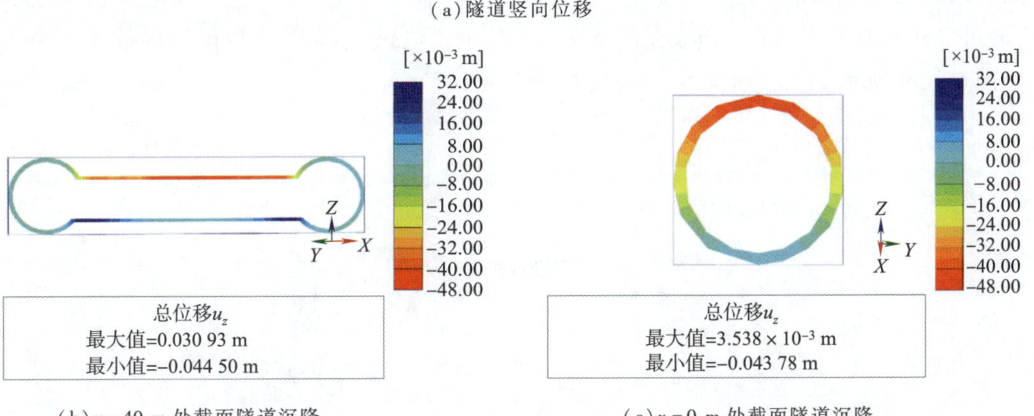

(b)$y=40$ m 处截面隧道沉降　　(c)$x=0$ m 处截面隧道沉降

图 10.58　隧道竖向位移云图

从上述结果可知，机械法联络通道开挖对于周边环境影响范围是隧道周边 20 m 范围内，其地表沉降影响值为 18 mm 左右，对于周围环境影响不大。从模拟的隧道位移结果可知，联络通道顶面表现出较大的沉降，而底面出现较大的隆起现象。顶面的最大沉降发生在联络通道的中部，而底面的最大隆起出现在联络通道两端。同时主隧道开口处也呈现出上部洞口沉降下部洞口隆起的现象。

10.7 掘进施工测量导向

联络通道作为地铁区间上行线与下行线的连接隧道，与地铁正线隧道呈 T 字形，作业空间狭小，因测站点安装于后支撑体系上，受盾构推力作用产生位移，自动测量导向系统精度不满足施工要求。测量技术作为盾构隧道施工的眼睛，其测量结果的准确性直接影响着项目工程是否能够顺利进行。在盾构隧道施工中，为了保证各项开挖面能正确贯通和符合设计要求，就必须随着隧道施工掘进实时测定当前盾构机与设计轴线的偏差。相较于传统机械法而言，机械法联络通道具有空间狭小、自动测量导向系统测站点易发生位移的特点。

10.7.1 高精度导向技术

根据机械法联络通道特殊结构构造和空间布局，经反复计算和验证，采用新的测量导向技术理念，并设计新的测量导向系统。该系统包括：全自动全站仪、无线电台、计算机及应用工具、盾构机、激光靶、定向棱镜、控制箱。全站仪安装于盾构机后支撑体系上，定向棱镜安装于稳定管片内壁上，激光靶安装于与测站全站仪通视的盾构机内，具体导向过程如下：

(1)当盾构机掘进时，计算机通过中央控制箱控制全站仪进行建站，然后测设出新增的定向棱镜和盾构机上激光靶的三维坐标及方位角。

(2)全站仪将测量的数据通过无线电台发送信号传输给计算机的输入信号端，计算机先计算测设出的新增棱镜三维坐标与该棱镜原坐标较差，当较差小于限差(具体化)时，应用工具通过测设出的激光靶坐标计算出当前盾构机与设计轴线的偏差。

(3)因为全站仪安装于盾构机后支撑体系上，在盾构掘进过程中后支撑体系会发生位移，当测站出的新增棱镜坐标与原坐标限差超限时，计算机通过中央控制箱控制全站仪分别测设出两个定向棱镜的水平距离、夹角、高差，测设出的数据通过无线电台传输给计算机，通过应用程序计算出当前测站点坐标，并更新。地铁正线自动测量导向改进后测量示意如图 10.59 所示。

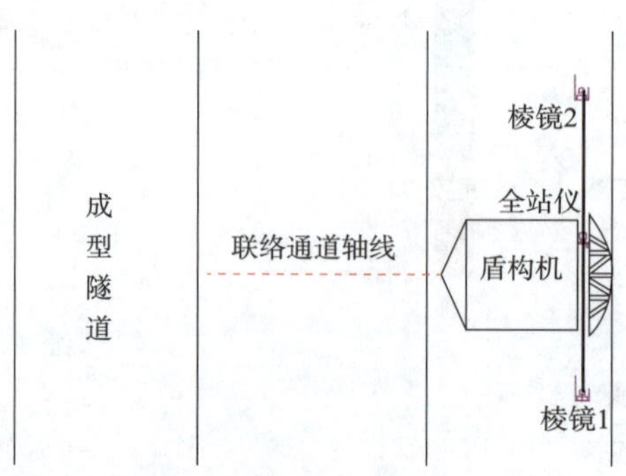

10.59 地铁正线自动测量导向改进后测量示意图

(4)通过比较更新前后的姿态较差作为该步骤的检核,当测站点坐标更新后测设出的盾构机姿态与原姿态超过限差时,计算机出现报警信息,工程师人工复核测站点坐标。

10.7.2　掘进导向系统

掘进采用力信 RMS-D 自动导向系统,系统使用力信—徕卡定制 TS 系列测量机器人作为测量单元,用三维激光靶作为目标单元计算出 EPB/TBM 的俯仰角、滚动角(侧转角)和盾首/盾尾的三维坐标,得 EPB/TBM 的实时偏差情况,从而引导 EPB/TBM 实时掘进。系统主要包括:测量单元、控制单元、目标单元和系统附件。力信 RMS-D 自动导向系统构成如图 10.60 所示。盾构施工有关参数的允许偏差见表 10.13。

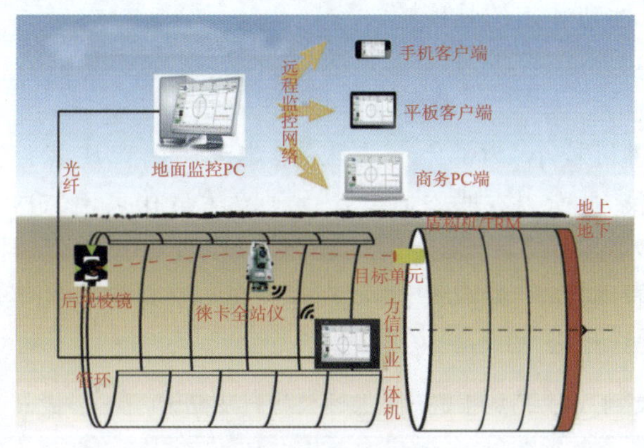

图 10.60　RMS-D 自动导向系统示意图

表 10.13　盾构施工有关参数的允许偏差

类　型	限　差
盾构姿态偏差	±50 mm/ ±60 mm
拼装轴线偏差	±50 mm/ ±60 mm
成型管片轴线偏差	±100 mm/ ±120 mm

10.7.3　管片姿态复核

管片姿态测量是通过制作一根固定长度的铝合金方尺,在尺中心位置粘贴双面反射片,测量反射片的三维坐标,并通过铝合金尺与管片的相对位置推算出管片中心三维坐标。从而判定管片姿态。定位示意如图 10.61 所示。

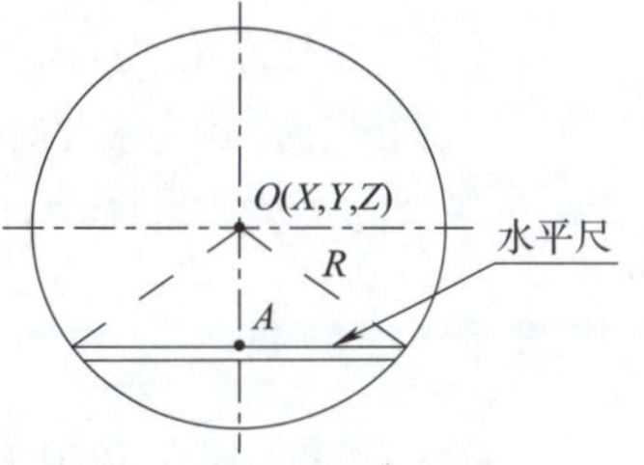

图 10.61　定位示意图

10.7.4　盾构接收测量

盾构接收时其刀盘与接收洞门偏差允许值为平面 ±50 mm,高程 ±25 mm,同时盾构中心线轴线较设计轴线提高 10 ~ 20 mm。

在掘进机接收前要系统地对掘进轴线进行一次全面精确的复测,并严格控制掘进机的

掘进参数。由于盾构机脱出盾尾时都要受到很大的弯曲应力，所以尽量使掘进机保持头高尾低的姿态，与端头井接收架的高程相当，使管片受到的弯曲应力尽量小。

10.8 壁后注浆技术

盾构同步注浆就是在隧道内将具有一定的早期强度和最终强度的材料，按规定的注浆压力和注浆量在盾构推进的同时填入管片背部管片建筑空隙内。其目的：一是尽早填充地层，减少地表及上方建（构）筑物的沉降量，保证周围环境的安全；二是确保管片衬砌的早期稳定性和间隙的密实性；三是提供长期、均质、稳定的防水功能；四是作为隧道衬砌结构的加强层，使其具有耐久性和一定的强度。

10.8.1 浆液材料

由于联络通道掘进机较小，内部空间有限，很难采用内置注浆管，若采用外置注浆管，会使洞门管片切削量较大，所以在联络通道管片预留注浆孔采用二次注浆的形式代替同步注浆，同步注浆采用双液浆。同时浆液需具有高密度、良好充填性、体积收缩率低、浆液不分层、不离析、良好的假固性、不易流失、初凝时间缩短、较高的强度等优良性质。注浆液的主要配合比、注浆参数详见表10.14。

表 10.14 盾构推进双液浆注浆材料及配比（单位：kg/m³）

P·O 42.5 普通硅酸盐水泥	水	水泥	水玻璃	控制稠度	初凝时间
100	360	180	90	12 ±1	60 s

10.8.2 注浆压力

注浆压力通过理论分析来计算。为保持地层稳定，注浆压力应大于注浆口处的主动土压力，且小于注浆孔处的被动土压力。因此，保持地层稳定的注浆压力上临界值可表示为

$$\begin{cases} p_{up} = \gamma H\tan(45° + \varphi/2) + 2c\tan(45° + \varphi/2) \\ p_{ma} = \gamma H\tan(45° - \varphi/2) - 2c\tan(45° - \varphi/2) \end{cases}$$

式中 γ——容重；

H——注浆孔埋深。

根据以上公式分析，对于黏土地层，计算结果为0.27～0.33 MPa。故最佳注浆压力取 $P=0.3$ MPa。实际的盾构注浆压力大约为0.3 MPa。

10.8.3 注浆量

注浆量的确定是以管片背部建筑空隙量为基础并结合地层、线路线性及掘进方式等考虑适当的饱满系数，以保证达到充填密实的目的。注浆量与盾构掘进时扰动地层范围有关系，扰动范围是变量，一般情况下充填系数为1.3～1.8，富水黏土地层中，扰动系数一般取1.5～1.8，每环同步注浆量为

$$Q = K \times \pi \times (D^2 - d^2) \times (L/4)$$

式中　K——注浆填充率，取 1.5～2.0；

D——盾构机刀削外径；

d——管片外径；

L——管片环宽。

则 $Q=4\times(1.5\sim2.0)=6\sim8(\mathrm{m}^3)$。

第 11 章　机械法联络通道掘进接收及洞门施工技术

11.1　概　　述

在接收时，盾构机需切削接收端管片，掘进参数按照管片切削试验结果适当调整，推力控制在 2 000 kN，扭矩控制在 2 000 kN · m。注意密切观察盾体震动情况、盾构机渣土改良效果，随时关注渣土温度、渣土结块情况，检查泡沫发生情况，防止泡沫堵管现象的发生。为此，本章重点阐述机械法联络通道掘进接收及洞门施工技术。

11.2　接收套筒安装

接收套筒与洞门连接的方式与始发套筒一致，都是将套筒分为两部分，套筒前端与洞门焊接，套筒间采用法兰连接。但套筒中没有设置套筒尾刷，而是将套筒后端做整体密封设计，如图 11.1 所示。接收套筒位于 5 号台车，其设计与 3 号始发台车设计相同，设有接收架及支撑体系。

当盾构机接收时，将套筒内注入填充物，以保证套筒内压力与外部土压平衡，防止泥水从洞门与盾构壳体形成环形的空隙窜入套筒内。

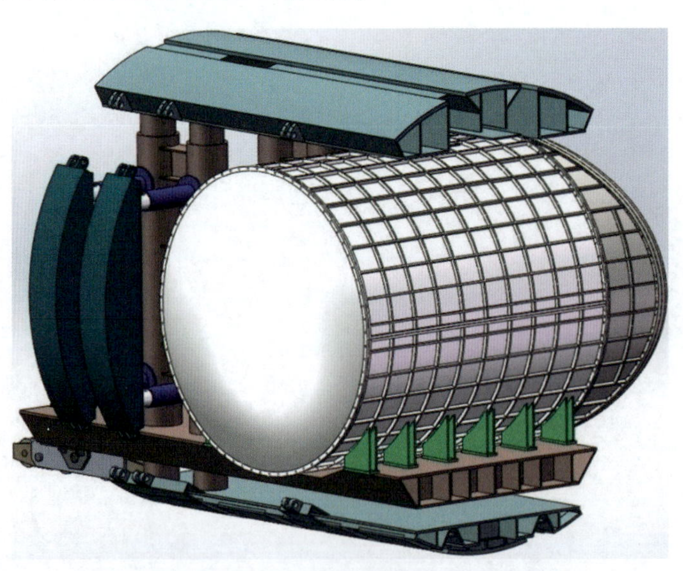

图 11.1　接收套筒

11.2.1　填充物要求

为了提供一定水土压力平衡，保证开挖面的稳定性，套筒填充物材料越接近当前土层性质越好；但若采用当前土层的黏土，其流动性较差，不宜泵送，加水稀释，黏土的透水性较差，稀释后其流动性又太高，不易形成压力。因此参考当前土层性质，按照以下几点要求寻找理想填充材料。

1. 高密度、良好充填性

土体的密度为 1.7 g/cm^3 左右，理想材料应接近或略高于这一值，能够较好地充填套筒空隙。

2. 体积收缩率低

填充物在注入套筒空隙后，在地层压力作用下，体积收缩越小越好，体积的收缩是由于在地层压力的作用下，浆液中的水向地层渗出而体积收缩的。低收缩率有助于更长时间的保证压力，但由于施工中填充物可以反复注入，因此可相对降低对此性质的要求。

3. 填充物不分层、不离析

填充物在泵送中及注入后不分层、不离析，填充物性质稳定，保证较好填充效果。即填充物中的水分不会因为离析，而从套筒缝隙中流出。

4. 良好的假固性，不易流失

当填充物静止时，填充物具有较好的假固性，类似固体，不发生流失。即浆液注入套筒空隙后，不容易由自身的流动性使得填充物向开挖面压力舱内窜入流失。

5. 良好的施工性（流动性）

填充物经搅拌后，具有较好的流动性，能够满足泵送要求，不发生堵管。

6. 经济比选

填充物具有很好地经济性，材料经济，工艺简单，便于制备。

11.2.2　配比试验

施工中主要材料为膨润土，具有强吸湿性和膨胀性，可吸附 8～15 倍于自身体积的水量，体积膨胀可达数倍至 30 倍；在水介质中能分散成胶凝状和悬浮状，这种介质溶液具有一定的黏滞性、触变性和润滑性。这些性质符合套筒填充物要求，但仅仅采用膨润土浆液，其流动性过高，因此加入高分子化合物来减小其流动性，增加其假固性。

常见的膨润土主要为钙基膨润土及钠质膨润土，因此在相同掺量的条件下比较这两种膨润土与高分子聚合物的结合产生的效果。

水、膨润土和高分子聚合物的比例采用 1∶2∶1。钙基膨润土在搅拌后易溶水，无颗粒，静放 2 h 后，呈离析状（水和膨润土完全分离），不建议使用。钠质膨润土在搅拌后易溶水，无颗粒，静放 2 h 后，不离析，符合要求。

钠质膨润土的分散程度较钙基膨润土高，吸水率高、膨胀倍数大。因此，应采用钠质膨润土。

11.3 接收掘进

11.3.1 负环拼装

为保证联络通道最后一环正环管片顺利脱出盾尾，盾构机进入接收套筒后还需拼装两环负环管片，盾构机推进至设计里程。

盾构机进入接收套筒后，洞门与管片形成的环形空隙量较大，容易导致泥水窜入正线隧道内，因此洞门附近这部分土体加固是洞门密封的关键。

设计中在进洞与出洞处各设两环钢管片，每环钢环包含10个注浆孔，因此对洞门位置进行二次止水注浆，包含正线隧道及洞门钢环，如图11.2所示。并在注浆位置附近打探孔检测止水效果，确保无渗漏水及管片结构变形稳定后，方可拆除负环。断开套筒，整体撤场。

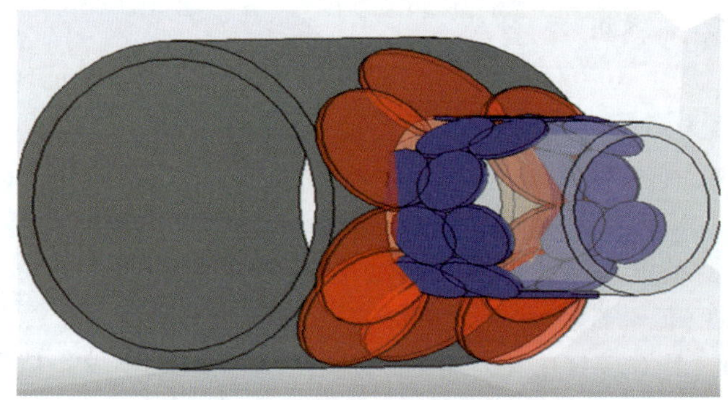

图11.2　正线隧道及洞门钢环示意图

11.3.2 负环拆除

1. 始发负环拆除

(1)拆除前，为保证洞口的管片不受到其影响，拆除负环管片前先对洞口的管片进行拉紧固定，通过槽钢将所有负环管片连接为整体，将固定负环管片的槽钢与支撑体系的后部支撑环连接。

(2)在正环管片与负环管片之间设置临时支座并放置机械千斤顶。

(3)松开正环管片与负环管片之间的连接螺栓，拆除反力架，通过支撑体系的横撑油缸与临时设置的机械千斤顶同时加力，从而使负环管片与正环管片脱离，如图11.3所示。

(4)负环管片脱离后，沿着洞门处焊缝将套

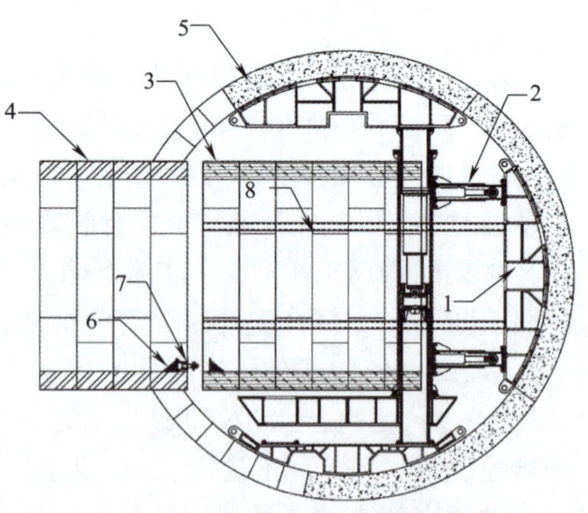

图11.3　始发端负环拆除

1—支撑体系的后部支撑环；2—横撑油缸；3—负环管片；4—正环管片；5—盾构隧道；6—临时支座；7—机械千斤顶；8—槽钢

筒割除,将套筒、管片、支撑体系随 3 号台车一同运送至隧道外。

(5)负环管片运输至井口后,将吊带穿过负环管片,利用吊车将其吊出井口,完成负环管片拆除。

2. 接收负环拆除

(1)拆除前,为保证洞口的管片不受到其影响,拆除负环管片前先对洞口的管片进行拉紧固定,并通过槽钢将所有负环管片连接为整体,将固定负环管片的槽钢与支撑体系的后部支撑环连接。

(2)在正环管片与负环管片之间设置临时支座并放置机械千斤顶。

(3)松开正环管片与负环管片之间的连接螺栓,拆除反力架,通过盾构机油缸与临时设置的机械千斤顶同时加力,从而使负环管片与正环管片脱离。

(4)负环管片脱离后,沿着洞门处焊缝将套筒割除,将套筒、管片、支撑体系随 5 号台车一同运送至隧道外。

11.4　洞门防护结构施工

1. 临时密封拆除

补充注浆检验合格后,利用专用工具脱离负环与正环连接,进行负环的拆除,负环整体拆除后随同台车运输出洞。砂浆凿除采用人工手持风镐施工,凿至套筒根部及洞门内钢板完全出露,清理干净,再进行密封套筒割除。套筒割除过程中应留存上下沿部分套筒,作为混凝土浇筑的外模。套筒留存部分示意如图 11.4 所示。

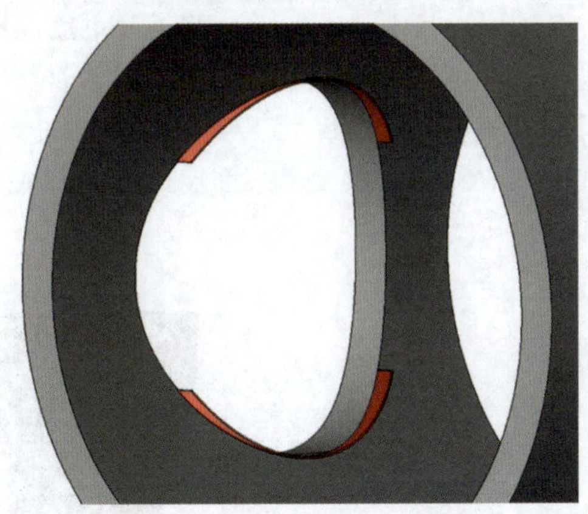

图 11.4　套筒留存部分示意图

2. 防水钢板焊接

防水钢板采用 Q235B 级钢,水密性焊缝,遵循先上下,后左右焊接的原则。对接焊应搭设 45°坡口满焊,搭接焊应满焊,焊接采用 E43 ×× 型焊条。焊接完成后应铲平表面,并进行 100% 磁探伤。焊接破坏后的防腐涂层均应再次涂刷无溶剂超厚型环氧涂料两道。洞门防水钢板焊接如图 11.5 所示。

3. 绑扎钢筋

钢筋在加工车间进行加工，要保证主筋圆弧准确、圆顺；运至工作面进行绑扎、焊接，可临时焊接固定钢筋；靠近模板的钢筋要绑上混凝土预制块，以保证混凝土保护层厚度，以免发生漏筋现象。防水条安装前须涂刷两道缓膨剂，并采用钢筋及胶水固定。洞门配筋如图11.6所示。

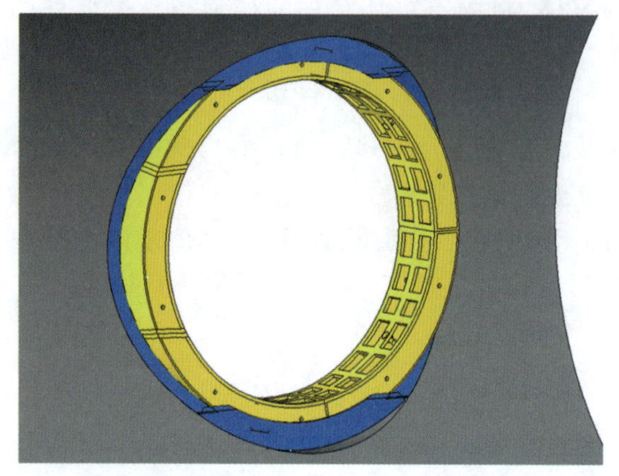

图 11.5　防水钢板焊接示意图

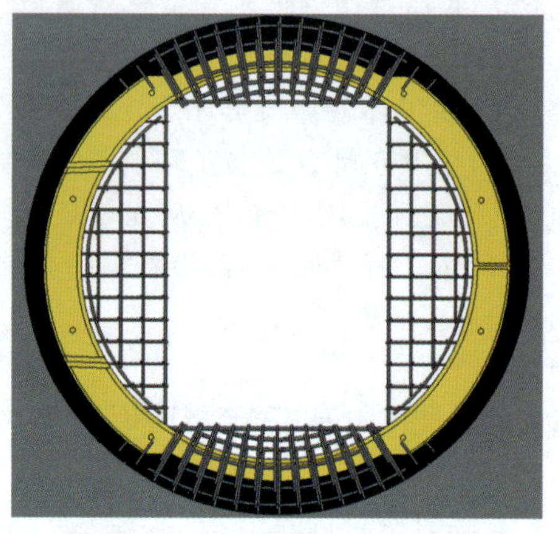

图 11.6　防水钢板配筋示意图

4. 立模、浇筑混凝土

模板采用现场制作的覆塑竹胶合模板（钢模板安装如图11.7所示），确保洞口的尺寸精度以及混凝土表面的光洁、美观。所有洞门采用现浇混凝土结构施工，混凝土等级为C40，抗渗等级为P10；主筋保护层厚度为40 mm，上下环梁主筋间距为100 mm，腰部立柱主筋间距为150 mm。洞门以侵入主隧道范围负偏差控制，宽度不小于200 mm。模板、钢筋、防水层等经检查验收达到设计、规范要求，即可开始浇筑混凝土；采用商品混凝土，坍落度控制在100～120 mm，人工接驳入模，分层浇筑，插入式振捣器捣固，确保封顶混凝土充填密实。

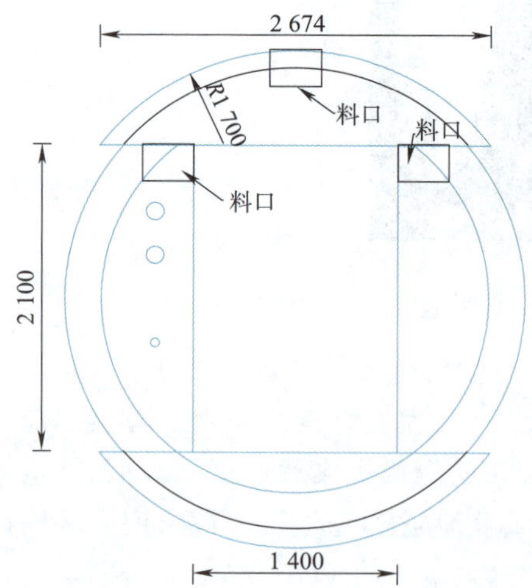

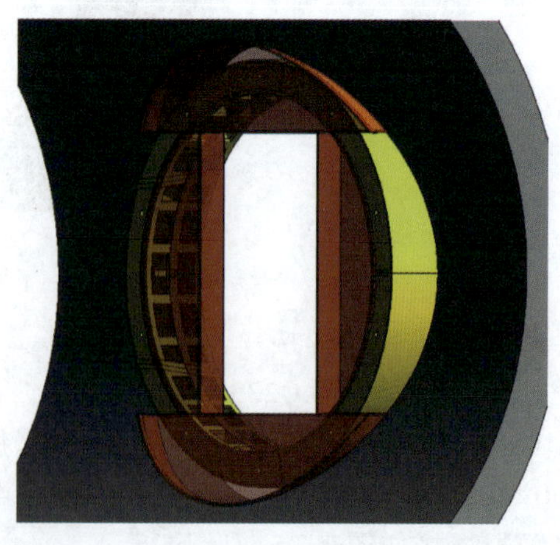

图 11.7　模板安装示意图（单位：mm）

第 12 章　机械法联络通道掘进施工监测

12.1　概　述

盾构施工监测技术于常规盾构施工中已日趋成熟,机械法联络通道施工监测技术不可避免会涉及常规隧道中所采用的技术。监测项目除了包含地表沉降监测、周边建筑物变形监测、管片收敛监测外,还特别涉及了支撑体系内力监测、管片接缝监测。为保证联络通道项目施工安全稳定,对南鄞区间试验段开展施工监测。监测项目包括:

(1)联络通道地面沉降监测;

(2)联络通道主隧道周边受力监测;

(3)联络通道掘进机掘进实时监测。

12.2　监测方案

12.2.1　监测总体方案

1. 监测目的

隧道施工过程中,盾构掘进会使地下土压力、孔隙水压力产生变化,地下土体的应力场平衡受到破坏,引起土体的位移和隆沉,从而会对地面的建筑物、构筑物、地下管线、主隧道及掘进机自身的稳定产生影响。通过获得的盾构施工过程中周围环境及自身姿态的综合信息,逐步对设计和施工方案的合理性进行评估完善,最终优化施工参数,形成体系的联络通道施工监测综合技术。本次监测有如下几点目标:

(1)确定机械法联络通道施工对周边环境影响规律;

(2)形成完善的现场试验及监测分析报告;

(3)通过数值分析提供最优化施工参数建议。

2. 监测技术依据

(1)《工程测量规范》(GB 50026—2007);

(2)《国家一、二等水准测量规范》(GB/T 12897—2006);

(3)《建筑变形测量规范》(JGJ 8—2016);

(4)《城市轨道交通工程测量规范》(GB 50308—2017);

(5)《盾构法隧道施工与验收规范》(GB 50446—2017);

(6)《城市轨道交通工程监测技术规范》(GB 50911—2013);

(7)浙江省标准《建筑地基基础设计规范》(DB 33/1001—2003);

(8)北京市地方标准《地铁工程监控量测技术规程》(DB 11/490—2007);

(9)上海市工程建设规范《地铁隧道工程盾构施工技术规范》(DG/TJ08-2041—2019);

(10)其他相关规范及规程要求。

3. 前期施工调研

(1)沿线建(构)筑物调研

通过实地考察,查清机械法联络通道施工工点周边建(构)筑物基本情况(包括基础形式、与机械法联络通道施工工点相对位置等)和机械法联络通道施工完成后沿线规划的建(构)筑物基本情况,对已建和待建建(构)筑物进行分类,为下一步计算不同建(构)筑物产生沉降提供帮助。

(2)大地沉降规律调研

因地下水的大量开采,导致宁波地区大地沉降量大。通过实地调研,查清机械法联络通道施工工点周边近几年大地沉降的变化规律,为后续分析机械法联络通道施工对周边环境影响规律分析提供参考。

(3)主隧道结构调研

通过实地调研,对主隧道管片结构、管片自转、线型进行分析,为施工时各个工况增加荷载后主隧道受力状态改变、应力变化、整体变形提供参考条件。

4. 监测项目

(1)区间隧道左、右行线轴线地表点沉降监测,剖面地表点沉降监测。

(2)盾构推进隧道收敛、隧道拱底沉降、拱顶沉隆监测。

(3)区间隧道两侧 2 倍埋深内建(构)筑物沉降、倾斜监测和裂缝观测。

12.2.2 周边环境监测

1. 沉降施工监测方法

(1)土体沉降

在地面土体沉降监测点布设时须穿透路面结构硬壳层,沉降标杆采用 ϕ25 mm 螺纹钢标杆,螺纹钢标杆应深入原状土 60 cm 以上,沉降标杆外侧采用内径大于 13 cm 的金属套管保护。保护套管内的螺纹钢标杆间隙须用黄沙回填。金属套管顶部设置管盖,管盖安装须稳固,与原地面齐平,为确保测量精度,螺纹钢标杆顶部应在管盖下 20 cm 为宜。轴线监测点、进出洞剖面监测点宜采用如图 12.1 所示方式埋设。

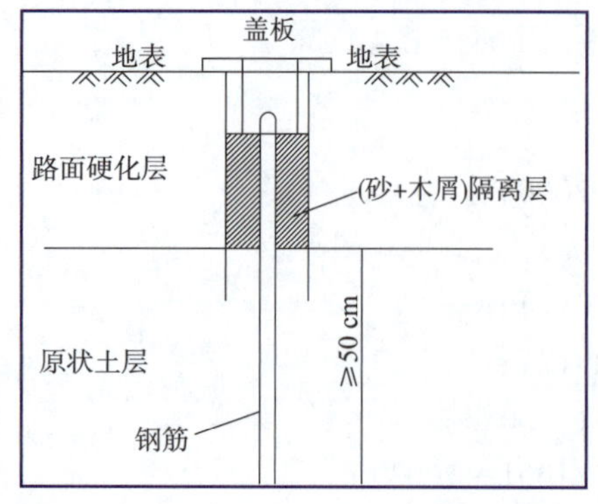

图 12.1 地表沉降监测点示意图

(2)剖面地表、河坎、桥梁沉降

在盾构推进施工时,为了解各个施工对外侧土体的扰动影响,沿盾构剖面走向、河流河坎布设沉降点。在沥青道路且车辆不经过的地方,可直接用道钉埋入地面,其顶部突出地面 5 mm 以下。在软土质区,首先用小钻机破土层,开一个直径不小于 13 cm(便于标尺放入)的孔,再用铁锤将不短于 80 cm 的钢筋敲入土层(注意地下管线埋深),钢筋顶部应低于路面 3 ~ 5 cm,钢筋周围用混凝土加固,之后进行测量。

2. 建(构)筑物变形、倾斜监测

(1)建(构)筑物变形监测点布置

①竖向位移监测

监测点设于建(构)筑物四角、沿外墙每 10 ~ 15 m 一处或每隔 2 ~ 3 根柱基上,且每侧不少于 3 个。不同地基或基础的分界处,不同结构的分界处,变形缝、抗震缝或严重开裂处的两侧,新、旧建筑或高、低建筑交接处的两侧,高耸构筑物基础轴线的对称部位,每一构筑物不应少于 4 点,每幢建筑物上一般至少在 4 个角部布置 4 个观测点,特别重要的建筑物布置 6 个或更多测点,比较长的建筑物每 20 m 左右一个监测点。

②水平位移监测

监测点应布置在建(构)筑物的外墙墙角、外墙中间部位的墙上或柱上、裂缝两侧以及其他有代表性的部位。监测点间距视具体情况而定,一侧墙体的监测点不宜少于3 点。

(2)建(构)筑物倾斜监测点监测

监测点布置在建(构)筑物角点、变形缝两侧的承重柱或墙上;监测点应沿主体顶部、底部上下对应布设,上、下监测点应布置在同一竖直线上;当由基础的差异沉降推算建筑倾斜时,监测点的布置与建(构)筑物竖向位移监测点的要求相同。

埋设方法:在建筑物的基础或墙上钻孔,然后将预埋件放入,孔与测点四周空隙用水泥砂浆填实。测点基本布设在被测建筑物的角点上,测点的埋设高度应方便观测,同时测点应采取保护措施,做好明显标志,并进行编号,避免在施工和使用期间受到破坏,建(构)筑物变形监测点埋设示意如图 12.2 所示。

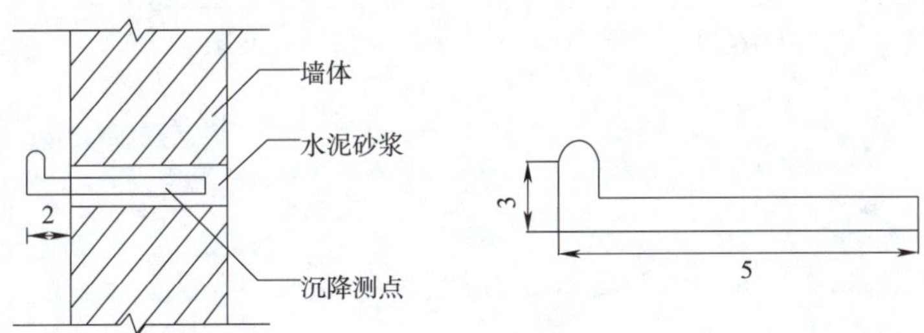

图 12.2　建(构)筑物变形监测点埋设示意图(单位:cm)

12.2.3　隧道结构监测

1. 盾构拱顶、拱底收敛监测

埋设:隧道结构垂直位移监测点利用原有沉降测点或者在隧道道床上用电锤钻孔,埋进顶面为半圆形的不锈钢测量标志并用快干水泥固定或利用原有隧道长期沉降监测点。

采用天宝 DINI03 精密水准仪进行测量,如图 12.3 所示。

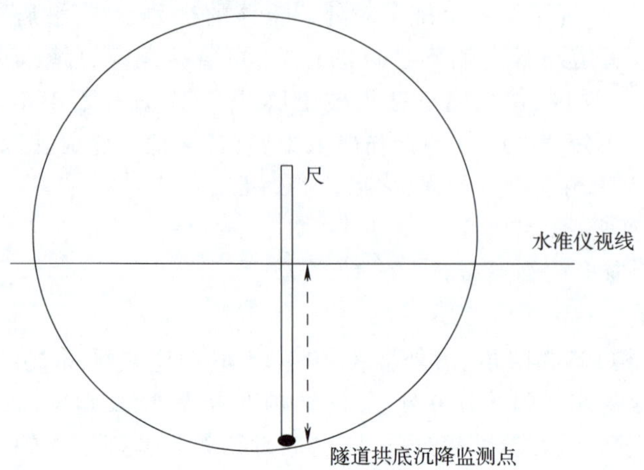

图 12.3 拱底沉降监测示意图

2. 隧道结构收敛变形监测

收敛观测是根据量测数据做出时间—位移及距离—位移散点图,并用收敛量测结果判断隧道的稳定性。收敛监测测量示意如图 12.4 所示。

埋设:采用红油漆标记管片上监测部位。

测量仪器:采用测距仪。

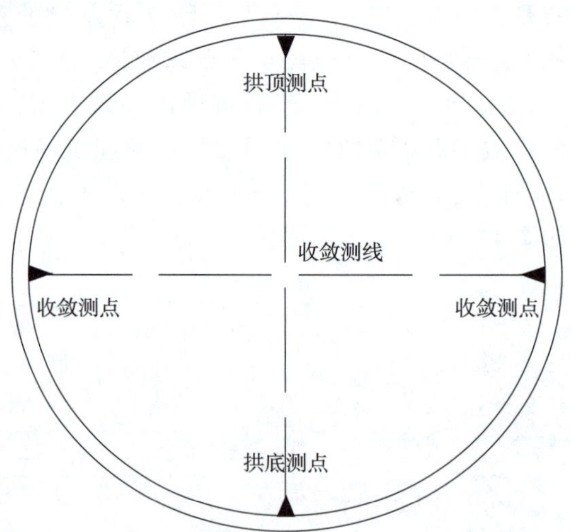

图 12.4 收敛监测测量示意图

12.2.4 管片收敛、接缝监测

1. 管片接缝监测

管片接缝监测使用 JTM-V7000B 型振弦式表面测缝计进行监测,如图 12.5 所示。

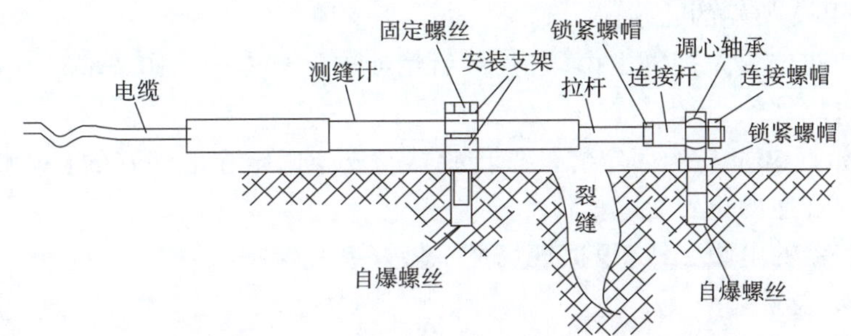

图 12.5 JTM-V7000B 型振弦式表面测缝计安装示意图

(1)工作原理

当被测结构物发生的变形时,通过前、后端座传递给位移传感器,带动传感器内振弦,使其产生应力变化,从而改变振弦的振动频率。电磁线圈激振钢弦并测量其振动频率,频率信号经电缆传输至 JTM-V10 型频率读数仪上,即可测出被测结构物的变形量。

(2)埋设安装

①按设计要求在开合缝两侧的测点处划好准确位置,如图 12.6 所示。

②用冲击钻在裂缝一侧选定的位置打一个 $\phi10$ mm×30 mm 小孔,插入自爆螺丝,用钉子敲进滑芯,使其膨胀牢固。

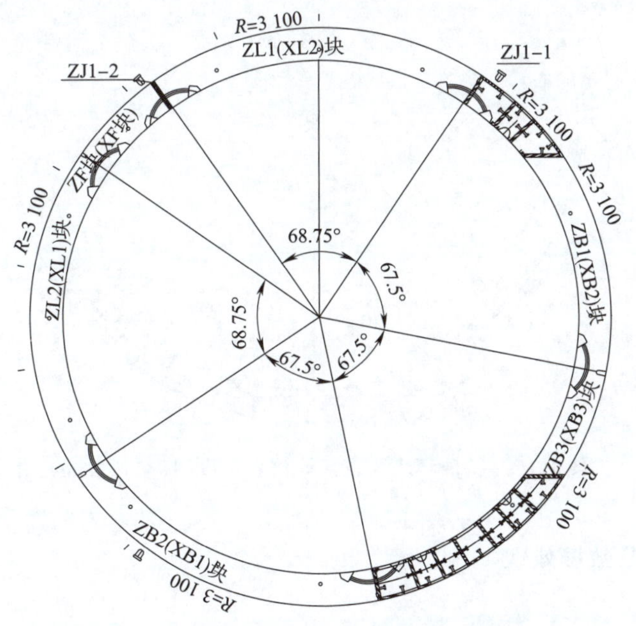

图 12.6 特殊环表面接缝位置布设图(单位:mm)

③把拉杆端 M6 的活动关节固定在自爆螺丝上,调整活动关节孔的中心在距安装平面 20 mm 时用锁紧螺帽固定,在螺丝上可适当加涂胶或漆,并调整好轴线方向。

④安装好测缝计拉杆的一端后,将测缝计一端用固定支架试夹一下,并检查传感器方向和确认安装高度两端一致,若有误差可调节活动关节或在安装支架底部加减垫圈来微

调，再次确认安装支架端的孔位。

⑤在确认的孔位上先打出定位印记，然后用冲击钻打 2 个 ϕ10 mm × 30 mm 的小孔，用同样方法埋好自攻螺丝。

⑥用 2 个 M6 × 50 mm 的固定螺丝把传感器与支架固定在已埋好的自攻螺丝上（固定时将传感器预拉在合适的位置）夹紧。

⑦固定好仪器的电缆引线，根据现场情况做好系统保护。

2. 管片应变监测

管片应变监测采用 JTM-V5000G 型钢板计。将装好钢板计的安装架焊接在钢支撑表面（选好的安装点），一般电焊在支撑的两侧面对称焊上，如图 12.7 所示。焊接时钢板计必须与支撑轴线平行，最好是重合。标准是电焊牢固即可，焊点在安装架的两侧面与支撑的结合处。待焊接温度降低到常温时，用频率读数仪读数，是否与 f_2 相差在 ±50 Hz 内，若超出可松开 M6 内六角螺钉，按工序重新进行调整，直至达到要求。如此一只表面钢板计已安装完毕，记下此时的零点频率值。

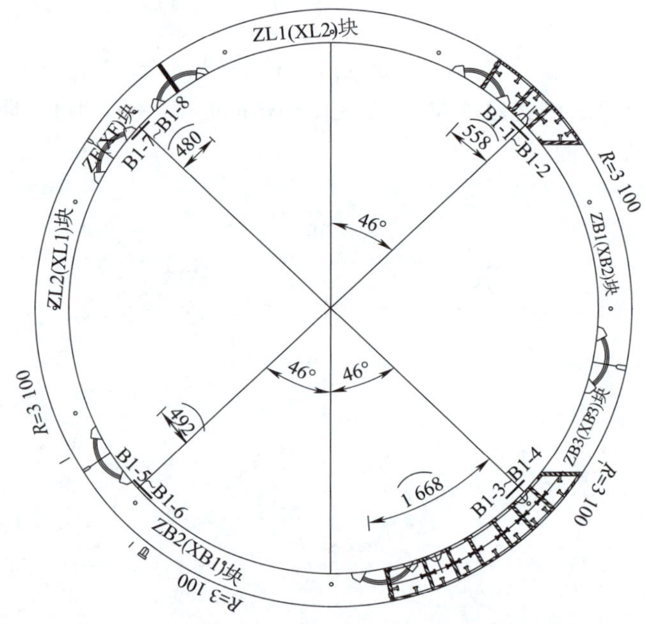

图 12.7　特殊环表面应变计位置布设图（单位：mm）

12.2.5　监测精度及数据处理

1. 监测精度

区间监测对象及精度见表 12.1。

表 12.1　区间监测对象及精度表

序　号	监 测 对 象	监 测 项 目	监 测 精 度
1	地表	沉降	±0. 5 mm
2	建筑物沉降	沉降	±0. 5mm

续上表

序　号	监 测 对 象	监 测 项 目	监 测 精 度
3	管线	沉降	±0.5mm
4	隧道结构	拱底沉降	±1 mm
5		收敛	±1 mm

2. 数据误差的寻找及处理

只要进行测量数据采集就离不开数据的误差，误差是不可避免的，但数据的误差一般还是有规律的。测量误差分系统误差和偶然误差，偶然误差一般符合正态分布的，也正因为数据采集中的误差存在着正态分布的特点，为我们寻找错误的数据（粗差）和分析测量得到的数据提供了路径。根据多余观测值计算所测结果的精度，再用三倍中误差作为限差分析和试验同批测量成果中有无粗差。对于每次的监测结果要按类进行误差检验，只有合格通过的数据才可以生成监测报告上传。

监测数据的误差在限差规定的范围内，只要计算测量成果的精度满足要求即可。但当测量的监测数据不能满足误差要求时（数据误差超限），重新采集监测数据并需要及时分析造成数据异常的原因，要根据人、机、料、法、环五个要素查清造成异常数据的原因。

12.2.6　测点布置

1. 地表沉降监测点

以联络通道为中心，正上方地面投影外侧两边 20 m 内布置 4 条沉降断面，断面间距为 6 m（5 环），测点间距为 2.4 m、4.8 m、6 m、7.2 m（2 环、4 环、5 环、6 环）。编号按 XD（SD）+环号+测点号编制。监测点布置如图 12.8 所示。

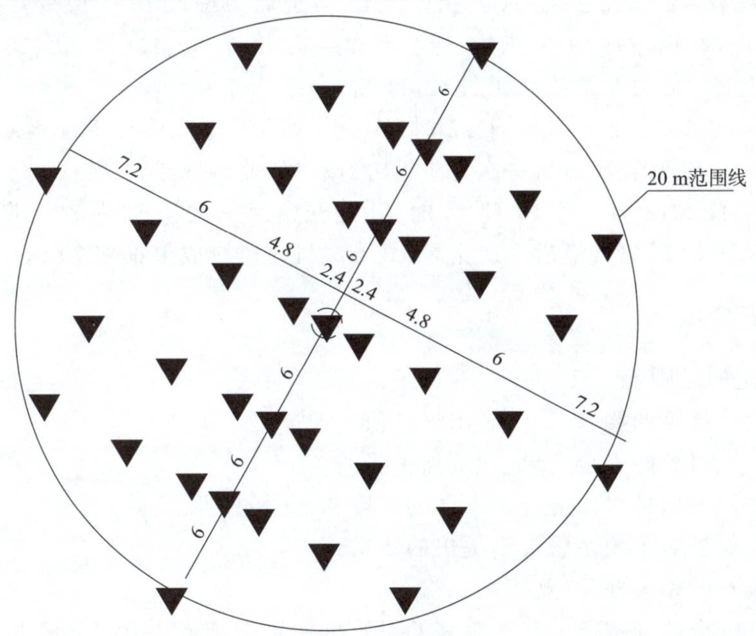

图 12.8　监测点布置图 2（单位：m）

注：图中数值为监测点间距。

监测自 2017 年 12 月 29 日开始第一次记录，持续不断进行监控，至 2018 年 2 月 4 日完成最后一次记录，共形成科研监测成果报表 78 份。

2. 隧道结构内监测点

隧道局部进行较密集的沉降监测，即在联络通道两侧各 50 m(42 环)范围内布设25 个监测点，如图 12.9 所示。按每 6 m(5 环)布置一个拱底沉降监测点，联络通道中心两侧各 10 环内按每 3 m 加密一个拱底沉降监测点，点号按 GDL/GDR + 环号编制。

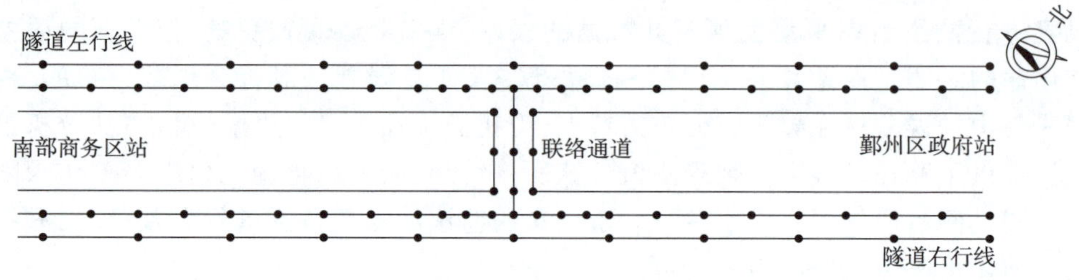

图 12.9 监测点布置图 1

分别在联络通道两侧各 50 m(42 环)范围内布设 11 个水平收敛监测断面，按每12 m(10 环)布置一个监测断面，点号按 SL + 环号编制。在联络通道及泵站结构施工完成后，中间布设一组收敛监测断面，点号为 Lo1。

区间联络通道及泵站结构施工完成后，在联络通道内布设一组沉降监测断面，共 3 个点，点号为 Ltt1 ~ Ltt3，以及时了解区间联络通道及泵站结构的沉降量和区间联络通道及泵站结构与区间隧道的差异沉降量。

3. 管片应变监测

监测点的埋设：为观测主隧道应变变化，于主隧道周边埋设 19 个应变片，其中，应变片 1、3、6、8、10、11、12、14、17、19 为花片，应变片 2、4、5、7、9、13、15、16、18、20 为直片，如图 12.10 所示。应变片应力测试数据如图 12.11 所示。

始发端监测自 2018 年 1 月 1 日 22 时 23 分开始第一次记录，持续不断进行监控，至 2018 年 1 月 23 日 13 时完成最后一次记录，共形成科研监测成果报表 72 份。

接收端监测自 2018 年 1 月 10 日 14 时 30 分开始第一次记录，持续不断进行监控，至 2018 年 1 月 23 日 13 时完成最后一次记录，共形成科研监测成果报表 79 份。

12.2.7 监测报警值

警戒值确定的原则：

(1)满足设计计算的要求，不可超出设计值；

(2)满足测试对象的安全要求，达到保护目的；

(3)对于相同的保护对象应针对不同的环境和不同的因素而确定；

(4)满足各保护对象的主管部门提出的要求；

(5)满足现行的相关规范、规程的要求；

(6)在保证安全的前提下，综合考虑工程质量和资金流动等因素，减少不必要的资金投入。

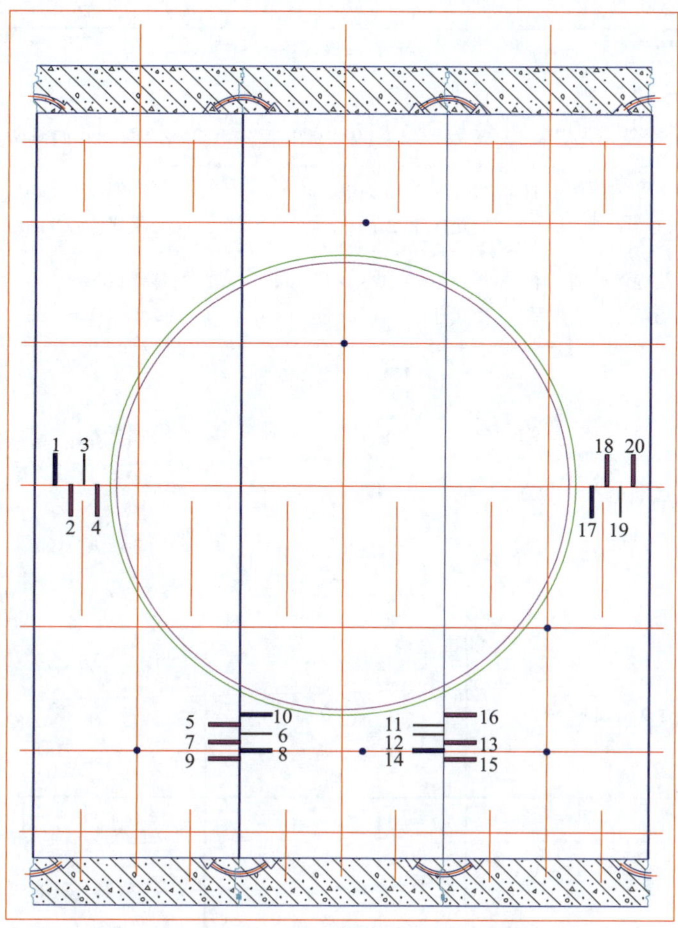

图 12.10　始发端焊缝位置测点布置图

监测警戒值暂时按表 12.2 和表 12.3 数值执行。

表 12.2　盾构法隧道施工监测报警值 1

序　号	监　测　内　容	日报警值	累计报警值		备　　注
1	盾构区间地表沉降	±3 mm（连续 2 d）	隆起	10 mm	
			下沉	-30 mm	
2	隧道拱底沉降	±3 mm	上抬	20 mm	
			下沉	-20 mm	
3	收敛	±2 mm		10 mm(0.15% D)	D 为开挖直径

表 12.3　盾构法隧道施工监测报警值 2

序　　号	监　测　项　目	特级、一级环境	二、三级环境
1	地表竖向位移	累计值：-30 ~ +10 mm 变化速率：2 mm/d	累计值：-40 ~ +15 mm 变化速率：4 mm/d

续上表

序　号	监　测　项　目	特级、一级环境	二、三级环境
2	建筑物倾斜 (如无特殊要求)	累计值:2/1 000 变化速率:0.1D/1 000(连续 3 d),D 为建筑层间高度	
3	煤气、给水等刚性管线直接点竖向位移	累计值:10 mm 变化速率:2 mm/d	累计值:20 mm 变化速率:2 mm/d
4	电力、通信等柔性管线位移,管线间接点竖向位移	累计值:-30 ~ +10 mm 变化速率:2 mm/d	累计值:-40 ~ +15 mm 变化速率:4 mm/d

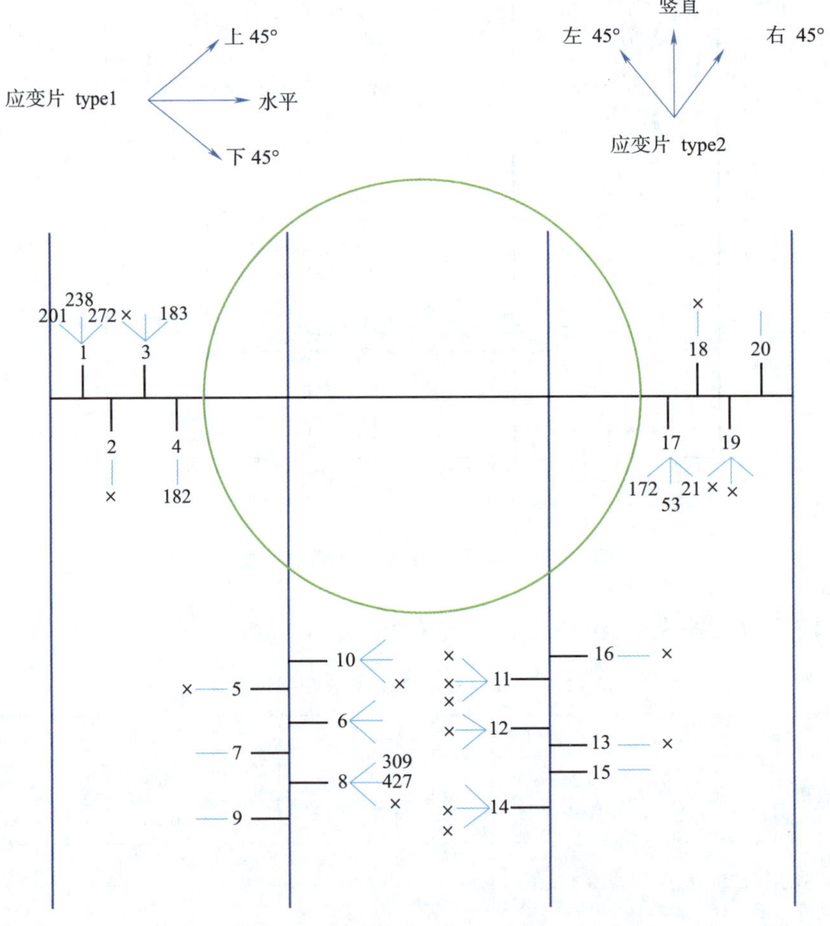

图 12.11　应变片应力测试数据示意图(单位:MPa)

注:1. 应变片上没有标注数据的表示数据没有被测试得到;

2. 标注有数据的为测试应力数据;

3. 标注为 × 的表示测试的数据不可靠。

12.3 监测结果分析

由于监测数据量大，在此将其分为如下五个阶段、一个进程：

- 2017 年 12 月 29 日～2018 年 1 月 3 日，主隧道注浆，联络通道尚未开始磨环。
- 2018 年 1 月 4 日～2018 年 1 月 5 日，联络通道开始磨环。
- 2018 年 1 月 6 日～2018 年 1 月 10 日，联络通道正常掘进。
- 2018 年 1 月 10 日～2018 年 1 月 15 日，接收端管片磨环推出。
- 2018 年 1 月 16 日～2018 年 2 月 4 日，盾构机掘进完毕，持续观测地表沉降情况。
- 2018 年 1 月 2 日～2018 年 2 月 4 日，掘进进程姿态控制。

12.3.1 阶段一：磨环前

1. 地表沉降及隧道收敛监测

累计沉降详见表 12.4、表 12.5。

表 12.4 累计沉降表 1(12 月 28 日)

项目	本次最大变化量(mm)			累计最大变化量(mm)		
	点号	本次变量	累计值	点号	本次变量	累计值
周边地表垂直位移	4#SD455-02	8.94	8.94	4#SD455-02	8.94	8.94
压力管线垂直位移	4#Wc1	7.96	7.96	4#Wc1	7.96	7.96
非压力管线垂直位移						
隧道垂直位移	4#GDR448	1.59	1.59	4#GDR448	1.59	1.59
隧道收敛	4#SLR455	-2	-2	4#SLR455	-2	-2

表 12.5 累计沉降表 2(1 月 3 日)

项目	本次最大变化量(mm)			累计最大变化量(mm)		
	点号	本次变量	累计值	点号	本次变量	累计值
周边地表垂直位移	4#SD440-05	-1.08	-0.90	4#SD450-02	-0.38	8.57
压力管线垂直位移	4#Wc1	-0.89	7.36	4#Wc1	-0.89	7.36
非压力管线垂直位移						
隧道垂直位移	4#GDR448	-0.53	1.06	4#GDR455	-0.23	5.40
隧道收敛	4#SLR405	-3	-1	4#SLL425	1	3

2. 管片应变监测

应变计和测缝计数据汇总见表 12.6、表 12.7。应变计和测缝计监测点布设如图 12.12 所示。

表 12.6　应变计数据汇总表(1 月 2 日 0:20)

点位编号	元器件编号	标定系数 K	初始值 f_0	测定值 f_i	应变值	控制值
38-11	109968	4.27×10^{-4}	3 151.84	3 144.38	-20.056	-2 000
38-04	109973	4.31×10^{-4}	1 806.91	1 807.18	0.421	200
38-16	109978	4.22×10^{-4}	1 734.2	1 736.22	2.958	200
33-06	109962	4.36×10^{-4}	1 239.11	1 243.52	4.774	200
38-02	109966	3.88×10^{-4}	3 364.34	3 291.37	-188.439	-2 000
38-09	109963	4.21×10^{-4}	3 159.96	2 923.76	-604.966	-2 000
38-08	109975	4.15×10^{-4}	2 612.77	2 612.45	-0.694	-2 000
33-09	109956	3.87×10^{-4}	1 533.37	1 533.7	0.392	200
38-01	109977	4.31×10^{-4}	1 906.27	1 904.56	-2.809	-2 000

表 12.7　测缝计数据汇总表(1 月 2 日 0:20)

点位编号	元器件编号	标定系数 K	初始值 f_0	测定值 f_i	接缝张开量(mm)	控制值(mm)
33-01	20665	6.12×10^{-6}	1 580	1 400.92	-3.268 6	4.5
38-04	20688	6.12×10^{-6}	1 807.07	1 807.18	0.002 4	4.5
38-13	20656	5.89×10^{-6}	1 795.19	1 796.78	0.033 6	4.5
38-14	20658	4.78×10^{-6}	2 588.73	2 596.66	0.196 6	4.5
33-11	20669	6.08×10^{-6}	1 824.98	1 827.71	0.060 6	4.5

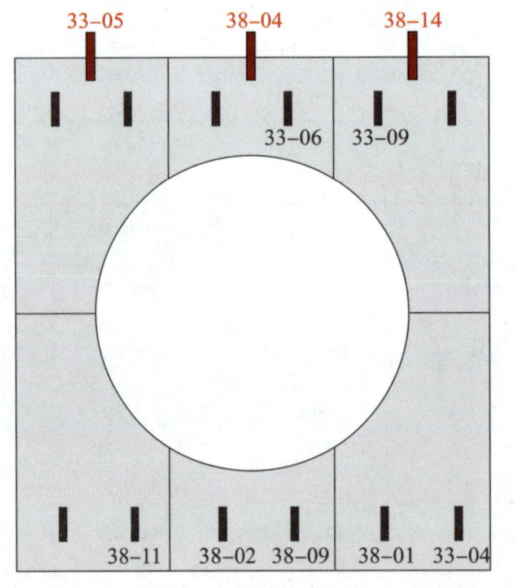

(a)洞门侧

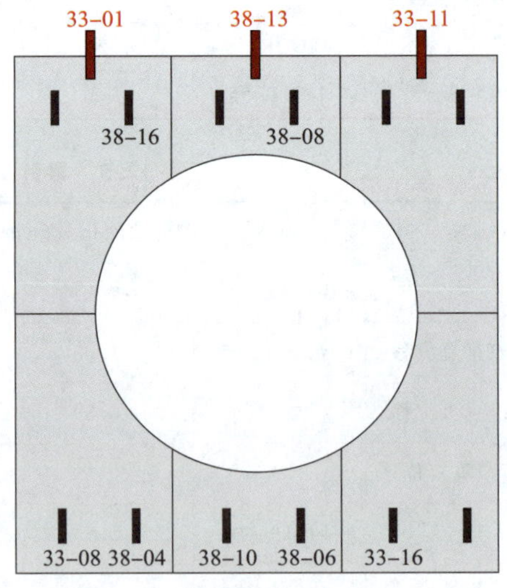

(b)靠背侧

图 12.12　管片应变计与测缝计监测点布设图

注:未编号监测点已被破坏。

3. 主隧道受力监测

内支撑油缸压力及位移统计见表 12.8。

表 12.8　内支撑油缸压力及位移统计表(1 月 2 日 20:20)

位　　置	位移(mm)	压力(MPa)	位　　置	位移(mm)	压力(MPa)
顶撑油缸左前	0	0	顶撑油缸右前	403.54	3.539
顶撑油缸左后	433.25	2.629	顶撑油缸右后	443.62	3.611
后部油缸左上	284.49	2.014	后部油缸右上	258.78	2.188
后部油缸左下	264.73	2.93	后部油缸右下	281.47	2.264
前部油缸 1 左上	209.38	2.383	前部油缸 2 右上	202.4	2.425
前部油缸 1 左下	205.31	2.666	前部油缸 2 右下	200.17	2.452

4. 阶段性分析

(1)管片应变分析

应变计数据显示洞门处 3 环管片上侧受拉、下侧受压,拉应变数据较小,压应变数据相对较大。其中,中间环下侧管片受压明显,监测点 38-02、38-09 处压应变分别为 -188.44、-604.97。管片所发生的拉、压应变均小于其控制值,安全可控。

(2)接缝张开量分析

数据显示:当前盾构掘进过程中,管片纵向接缝变形量较小,接缝最大变形量出现在 33-01 点位处,其数值为 -3.27 mm,小于 4.5 mm 张开量控制值。管片接缝变形安全可控。

(3)焊缝应变监测

当前焊缝应变最大值为 312,小于控制值 335。焊缝变形处于可控状态。

(4)地表沉降监测

由表 12.5 可知,周边地表垂直位移本次变量为 -1.08 mm,压力管线垂直位移本次变量为 -0.89 mm,隧道垂直位移本次变量为 -0.53 mm,隧道收敛本次变量为 -3 mm。地表沉降处于可控状态。

12.3.2　阶段二:进洞磨环时

1. 地表沉降及隧道收敛监测

累计沉降详见表 12.9 ~ 表 12.11。

表 12.9　累计沉降表 3(1 月 4 日,中午)

项　　目	本次最大变化量(mm)			累计最大变化量(mm)		
	点号	本次变量	累计值	点号	本次变量	累计值
周边地表垂直位移	4#SD445-05	0.99	2.61	4#SD450-02	0.08	7.62
压力管线垂直位移	4#Wc1	0.24	6.79	4#Wc1	0.24	6.79

表 12.10　累计沉降表 4(1 月 4 日,夜间)

项　　目	本次最大变化量(mm)			累计最大变化量(mm)		
	点号	本次变量	累计值	点号	本次变量	累计值
周边地表垂直位移	4#SD447-05	-1.33	-3.72	4#SD450-02	-0.65	6.28
压力管线垂直位移	4#Wc1	-0.82	4.77	4#Wc1	-0.82	4.77

表 12.11　累计沉降表 5(1 月 5 日,白班)

项　目	本次最大变化量(mm)			累计最大变化量(mm)		
	点号	本次变量	累计值	点号	本次变量	累计值
周边地表垂直位移	4#SD445-01	0.51	1.71	4#SD455-02	0.21	6.97
压力管线垂直位移	4#Wc1	0.02	5.50	4#Wc1	0.02	5.50
非压力管线垂直位移						
隧道垂直位移	4#GDR395	0.55	-0.47	4#GDL410	-0.21	-1.33
隧道收敛	4#SLL395	2	0	4#SLR425	1	2

2. 管片应变监测

应变计、测缝计、净空收敛、焊缝应变数据汇总见表 12.12～表 12.15。

表 12.12　应变计数据汇总表(1 月 5 日 20:15)

点位编号	元器件编号	标定系数 K	初始值 f_0	测定值 f_i	应变值	控制值
38-11	109968	4.27×10^{-4}	3 151.84	3 168.42	44.75	-2 000～200
38-16	109978	4.22×10^{-4}	1 734.2	1 733.88	-0.47	
33-06	109962	4.36×10^{-4}	1 239.11	1 240.89	1.92	
38-02	109966	3.88×10^{-4}	3 364.34	3 401.39	97.26	
38-09	109963	4.21×10^{-4}	2 368.83	2 222.22	-283.37	
38-08	109975	4.15×10^{-4}	2 612.77	2 647.76	76.39	
33-09	109956	3.87×10^{-4}	1 533.37	1 533.14	-0.27	
38-01	109977	4.31×10^{-4}	1 906.27	1 919.81	22.33	

表 12.13　测缝计数据汇总表(1 月 5 日 20:15)

点位编号	元器件编号	标定系数 K	初始值 f_0	测定值 f_i	接缝张开量(mm)	控制值(mm)
38-04	20688	6.12×10^{-6}	1 807.07	1 806.42	-0.01	4.5
38-13	20656	5.89×10^{-6}	1 795.19	1 795.71	0.01	
38-14	20658	4.78×10^{-6}	2 588.73	2 597.74	0.22	
33-11	20669	6.08×10^{-6}	1 824.98	1 816.9	-0.18	

表 12.14　净空收敛数据汇总表(1 月 5 日 20:15)

点位编号	初始值(mm)	上次测值(mm)	本次测值(mm)	累计变量(mm)	本次变量(mm)	累计变量控制值(mm)
SL01-01	4 903	4 905	4 906	3.00	1.00	10
SL01-02	4 898	4 899	不可使用			
SL01-02 新	4 892	4 892	4 892	0.00	0.00	

表 12.15　焊缝应变数据汇总表(1 月 5 日 20:15)

点位编号	应变值	控制值	点位编号	应变值	控制值
34	310	335(3 倍安全系数)	16	-54	335(3 倍安全系数)
33	281		22	-20	
4	-221		28	-69	
7	320		27	141	
8	-117		15	-22	
1	-233		14	-50	
40	异常		2	-24	
39	异常		37	-103	
23	异常		24	-19	
			9	-1	

监测点分布如图 12.13 所示。焊缝应变监测布点如图 12.14 所示。

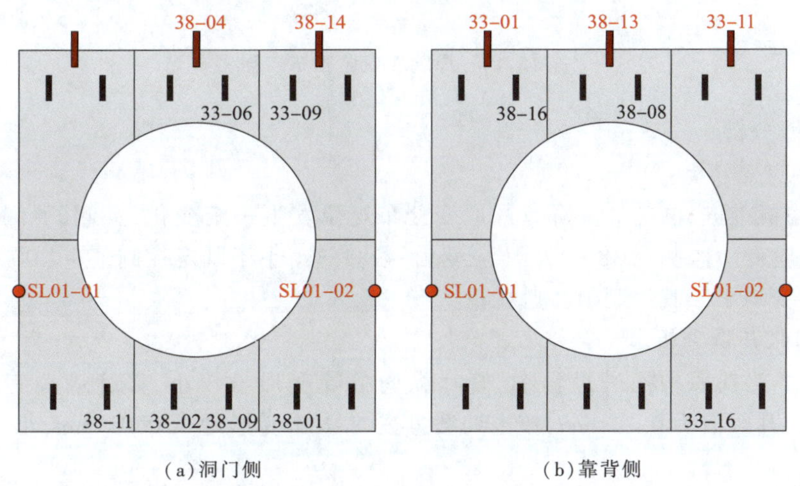

(a)洞门侧　　(b)靠背侧

图 12.13　管片应变计与测缝计监测点布设图

3. 主隧道受力监测

内支撑油缸压力及位移统计见表 12.16。

表 12.16　内支撑油缸压力及位移统计表(20:15)

位　　置	位移(mm)	顶力(t)	位　　置	位移(mm)	顶力(t)
顶撑油缸左前	0.00	16.66	顶撑油缸右前	406.16	29.47
顶撑油缸左后	436.39	18.84	顶撑油缸右后	450.26	29.21
后部油缸左上	285.19	1.08	后部油缸右上	258.04	0.83
后部油缸左下	264.41	1.03	后部油缸右下	281.48	1.14
前部油缸 1 左上	210.09	0.42	前部油缸 2 右上	203.21	0.08
前部油缸 1 左下	206.24	1.08	前部油缸 2 右下	201.64	0.79

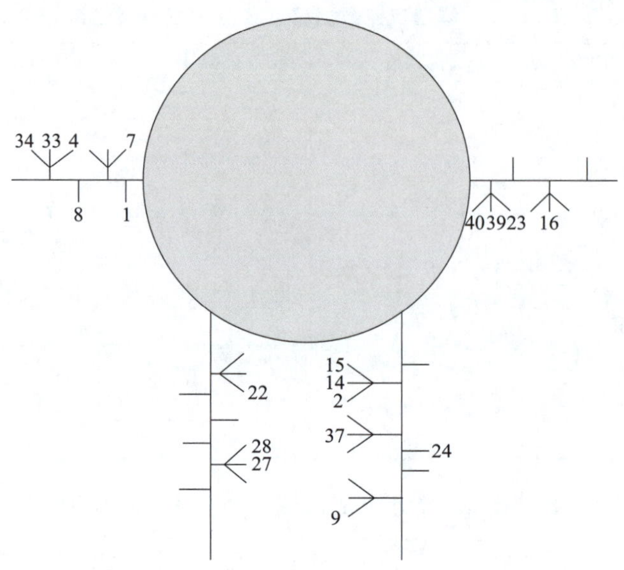

图 12.14　焊缝应变监测布点图

4. 阶段性分析

(1)管片应变分析

随着盾构机推进,洞门处 3 环管片应变分布规律发生一定变化,上侧、下侧均出现不同程度的拉、压应变。监测点 38-09 处压应变为 -283.37,小于既定控制值 -2 000。管片所发生的拉、压应变均小于其控制值。

(2)接缝张开量分析

数据显示:当前盾构掘进过程中,管片纵向接缝变形量较小,接缝最大变形量出现在 38-14 点位处,其数值为 0.22 mm,较上期数据发生压缩变形增大 0.02 mm,小于4.5 mm 张开量控制值。

(3)水平净空收敛监测

水平收敛最大累计变量为 3.00 mm,小于 10.00 mm 的控制值。结合前期数据分析认为管片结构水平向基本未发生变形,管片结构变形处于安全可控状态。

(4)地表沉降监测

由表 12.9 可知,周边地表垂直位移本次变量为 0.99 mm,压力管线垂直位移本次变量为 0.24 mm。由表 12.11 可知,隧道垂直位移本次变量为 0.55 mm,隧道收敛本次变量为 2 mm。地表沉降处于可控状态。

12.3.3　阶段三:正常掘进时

1. 地表沉降及隧道收敛监测

累计沉降详见表 12.17 ~ 表 12.19。

表 12.17　累计沉降表 6(1 月 6 日,白班)

项　　目	本次最大变化量(mm)			累计最大变化量(mm)		
	点号	本次变量	累计值	点号	本次变量	累计值
周边地表垂直位移	4#SD445-05	-1.10	0.17	4#SD455-02	-0.68	6.15
非压力管线垂直位移	4#Wc1	-0.42	4.72	4#Wc1	-0.42	4.72
压力管线垂直位移						
隧道垂直位移	4#GDR437	-0.71	-0.54	4#GDL405	-0.60	-1.49
隧道收敛	4#SLL425	-2	-1	4#SLL405	-1	-2

表 12.18　累计沉降表 7(1 月 7 日,上午)

项　　目	本次最大变化量(mm)			累计最大变化量(mm)		
	点号	本次变量	累计值	点号	本次变量	累计值
周边地表垂直位移	4#SD445-05	-0.89	-4.35	4#SD447-05	-0.71	-8.63
非压力管线垂直位移	4#Wc1	0.19	2.38	4#Wc1	0.19	2.38
压力管线垂直位移						
隧道垂直位移	4#GDL420	0.47	-1.30	4#GDL395	0.21	-1.32
隧道收敛	4#SLR405	-2	-1	4#SLL435	-1	-3

表 12.19　累计沉降表 8(1 月 10 日,上午)

项　　目	本次最大变化量(mm)			累计最大变化量(mm)		
	点号	本次变量	累计值	点号	本次变量	累计值
周边地表垂直位移	4#SD450-03	-1.34	-1.14	4#SD443-04	-1.05	-10.83
非压力管线垂直位移	4#Wc1	-0.79	0.65	4#Wc1	-0.79	0.65

2. 管片应变监测

应变计、测缝计、焊缝应变数据汇总见表 12.20 ~ 表 12.22。

表 12.20　应变计数据汇总表(2018 年 1 月 10 日 14:30)

点位编号	元器件编号	标定系数 K	初始值 f_0	测定值 f_i	应变值	控制值
38-15	109955	4.10×10^{-4}	2 044.7	2 046.55	3.10	-2 000 ~ 200
33-01	109947	4.30×10^{-4}	2 546.94	2 548.52	3.46	
33-02	109945	4.20×10^{-4}	3 508.53	3 511.45	8.61	
33-03	109941	4.05×10^{-4}	2 364.82	2 364.49	-0.63	
33-04	109949	5.26×10^{-4}	2 132.29	2 132.14	-0.34	
33-06	109935	3.80×10^{-4}	2 522.18	2 521.77	-0.79	
33-07	109934	4.79×10^{-4}	2 381.05	2 380.77	-0.64	
33-08	109951	4.33×10^{-4}	1 884.53	1 798.21	-0.65	
33-09	109962	4.36×10^{-4}	2 542.75	2 543.32	1.26	
33-10	109946	3.98×10^{-4}	3 371.86	3 371.46	-1.07	
33-11	109943	4.22×10^{-4}	3 106.82	3 110.95	10.84	

续上表

点位编号	元器件编号	标定系数 K	初始值 f_0	测定值 f_i	应变值	控制值
33-12	109937	4.83×10^{-4}	1 709.99	1 709.29	-1.16	-2 000 ~ 200
33-13	109944	3.99×10^{-4}	2 883.01	2 879.85	-7.27	
33-15	109942	4.19×10^{-4}	2 042.44	2 031.64	-18.44	
33-16	109964	4.68×10^{-4}	2 047.2	2 040.71	-12.42	

表 12.21 测缝计数据汇总表(2018 年 1 月 10 日 14:30)

点位编号	元器件编号	标定系数 K	初始值 f_0	测定值 f_i	接缝张开量(mm)	控制值(mm)
38-11	21210	6.39×10^{-6}	1 940.45	1 943.35	0.08	4.5
38-12	20704	6.14×10^{-6}	1 893.19	1 893.37	0.00	
38-13	20690	5.67×10^{-6}	2 154.22	2 154.34	0.00	
38-14	20641	5.23×10^{-6}	2 037.22	2 037.66	0.01	

表 12.22 焊缝应变数据汇总表(2018 年 1 月 10 日 14:30)

点位编号	应变值	控制值	点位编号	应变值	控制值
3	-37	335(3 倍安全系数)	16	-22	335(3 倍安全系数)
4	0		17	-26	
6	8		19	14	
7	3		20	-22	
8	11		21	11	
9	3		24	13	
12	5		27	10	
13	49		31	-8	
14	-22		34	0	
15	-36				

管片应变计与测缝计监测点布设、焊缝应变监测点布设分别如图 12.15、图 12.16 所示。

3. 主隧道受力监测

始发端内支撑油缸压力及位移统计见表 12.23。

表 12.23 始发端内支撑油缸压力及位移统计表(2018 年 1 月 10 日 14:30)

位　　置	位移(mm)	顶力(t)	位　　置	位移(mm)	顶力(t)
顶撑油缸左前	0.00	15.51	顶撑油缸右前	405.69	26.60
顶撑油缸左后	436.22	9.03	顶撑油缸右后	449.87	26.96
后部油缸左上	286.26	1.53	后部油缸右上	259.32	1.28
后部油缸左下	265.74	1.59	后部油缸右下	281.34	1.53
前部油缸 1 左上	210.67	0.69	前部油缸 2 右上	203.72	0.59
前部油缸 1 左下	206.22	0.90	前部油缸 2 右下	201.61	0.92

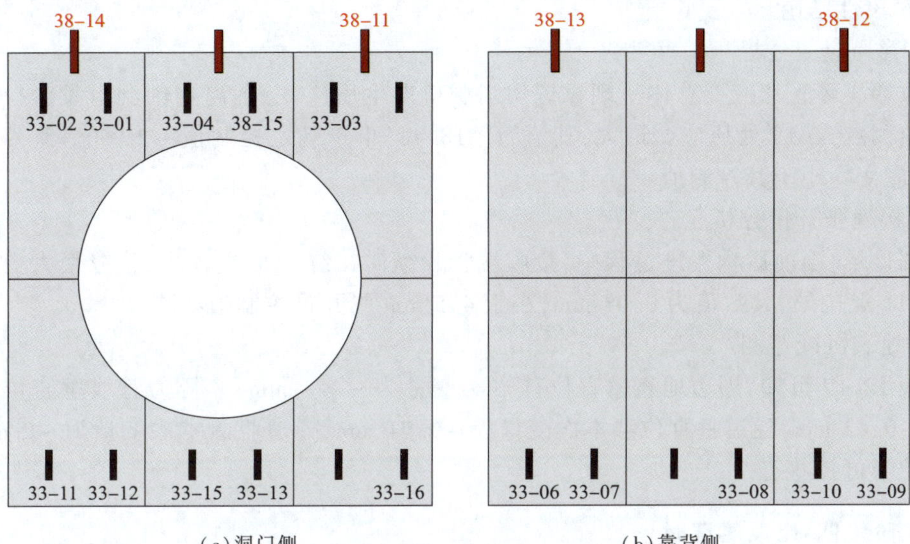

图 12.15　管片应变计与测缝计监测点布设图

注:未编号监测点已被破坏。

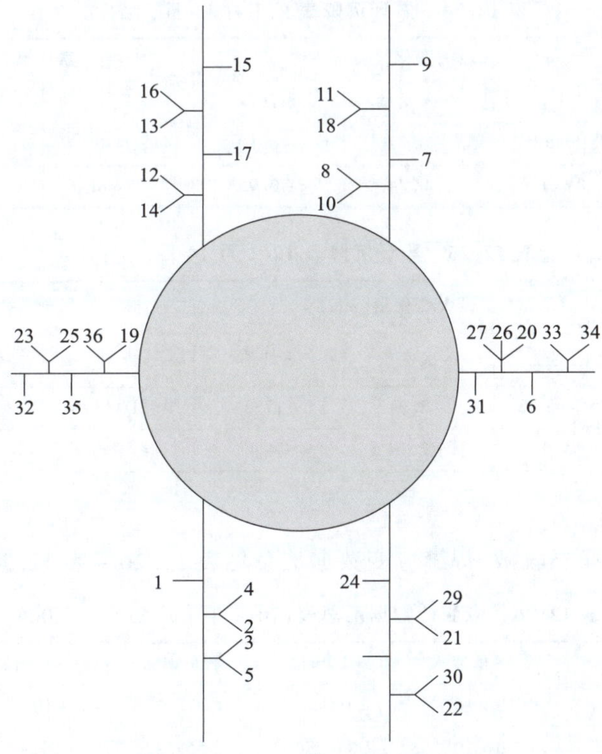

图 12.16　焊缝应变监测点布设图

注:未编号监测点已被破坏。

4. 阶段性结论

(1)管片应变分析

接收端3环管片应变总体呈现靠近切削洞口发生压应变、远离切削洞口发生拉应变的规律。监测点33-15处压应变最大,其值为-18.44,小于既定控制值-2 000。管片所发生的拉、压应变均小于其控制值。

(2)接缝张开量分析

数据显示:当前盾构掘进过程中,接收端管片纵向接缝变形量较小,接缝最大变形量出现在38-11点位处,其数值为0.08 mm,小于4.5 mm张开量控制值。

(3)地表沉降监测

由表12.17可知,周边地表垂直位移本次变量为-1.1 mm,非压力管线垂直位移本次变量为-0.42 mm,隧道垂直位移本次变量为-0.71 mm,隧道收敛本次变量为-2 mm。地表沉降处于可控状态。

12.3.4 阶段四:出洞磨环时

1. 地表沉降及隧道收敛监测

累计沉降详见表12.24、表12.25。

表12.24 累计沉降表9(1月11日,上午)

项　　目	本次最大变化量(mm)			累计最大变化量(mm)		
	点号	本次变量	累计值	点号	本次变量	累计值
周边地表垂直位移	4#SD445-04	-0.72	-6.10	4#SD443-04	-0.07	-12.71
非压力管线垂直位移	4#Wc1	-0.24	-0.95	4#Wc1	-0.24	-0.95

表12.25 累计沉降表10(1月14日,上午)

项　　目	本次最大变化量(mm)			累计最大变化量(mm)		
	点号	本次变量	累计值	点号	本次变量	累计值
周边地表垂直位移	4#SD443-03	-2.91	-17.34	4#SD443-04	-2.65	-21.48
非压力管线垂直位移	4#Wc1	-2.24	-7.47	4#Wc1	-2.24	-7.47

2. 管片应变监测

应变计、测缝计、净空收敛、焊缝应变数据汇总见表12.26~表12.29。

表12.26 应变计数据汇总表(2018年1月11日16:00)

点位编号	元器件编号	标定系数 K	初始值 f_0	测定值 f_i	应变值	控制值
38-15	109955	4.10×10^{-4}	2 044.7	1 978.27	-109.57	-2 000~200
33-01	109947	4.30×10^{-4}	2 546.94	2 559.43	27.42	
33-02	109945	4.20×10^{-4}	3 508.53	3 507.26	-3.74	
33-03	109941	4.05×10^{-4}	2 364.82	2 365.28	0.88	
33-04	109949	5.26×10^{-4}	2 132.29	2 141.12	19.85	

续上表

点位编号	元器件编号	标定系数 K	初始值 f_0	测定值 f_i	应变值	控制值
33-06	109935	3.80×10^{-4}	2 522.18	2 521.26	-1.76	-2 000 ~ 200
33-07	109934	4.79×10^{-4}	2 381.05	2 378.89	-4.92	
33-08	109951	4.33×10^{-4}	1 884.53	1 940.85	93.29	
33-09	109962	4.36×10^{-4}	2 542.75	2 543.15	0.89	
33-10	109946	3.98×10^{-4}	3 371.86	3 371.34	-1.40	
33-11	109943	4.22×10^{-4}	3 106.82	3 120.69	36.45	
33-12	109937	4.83×10^{-4}	1 709.99	1 705.73	-7.03	
33-13	109944	3.99×10^{-4}	2 883.01	2 895.17	28.03	
33-15	109942	4.19×10^{-4}	2 042.44	2 052.81	17.79	
33-16	109964	4.68×10^{-4}	2 047.2	2 040.59	-12.65	

表 12.27　测缝计数据汇总表(2018 年 1 月 11 日 16:00)

点位编号	元器件编号	标定系数 K	初始值 f_0	测定值 f_i	接缝张开量(mm)	控制值(mm)
38-11	21210	6.39×10^{-6}	2 040.45	2 049.64	0.24	4.5
38-12	20704	6.14×10^{-6}	1 893.19	1 893.71	0.01	
38-13	20690	5.67×10^{-6}	2 154.22	2 153.98	-0.01	
38-14	20641	5.23×10^{-6}	2 037.22	2 051.91	0.31	

表 12.28　净空收敛数据汇总表(2018 年 1 月 11 日 16:00)

点位编号	初始值(mm)	上次测值(mm)	本次测值(mm)	累计变量(mm)	本次变量(mm)	累计变量控制值(mm)
SL01-01	5 508	5 508	5 509	1.00	1.00	10
SL01-02	5 503	5 504	5 504	1.00	0.00	

表 12.29　焊缝应变数据汇总表(2018 年 1 月 11 日 16:00)

点位编号	应变值	控制值	点位编号	应变值	控制值
3	131	335(3 倍安全系数)	16	-77	335(3 倍安全系数)
4	39		17	-233	
6	93		19	-58	
7	28		20	-91	
8	50		21	-20	
9	70		24	1	
12	189		27	49	
13	-19		31	-249	
14	-27		34	1	
15	-73				

管片应变计与测缝计监测点布设、焊缝应变监测点布设分别如图 12.17、图 12.18 所示。

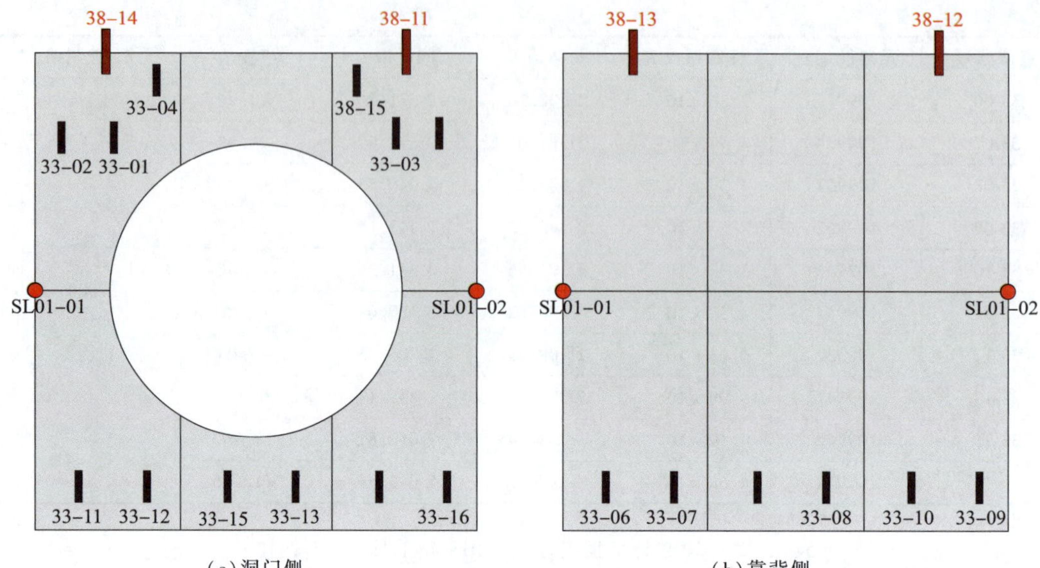

图 12.17　管片应变计与测缝计监测点布设图

注:未编号监测点已被破坏。

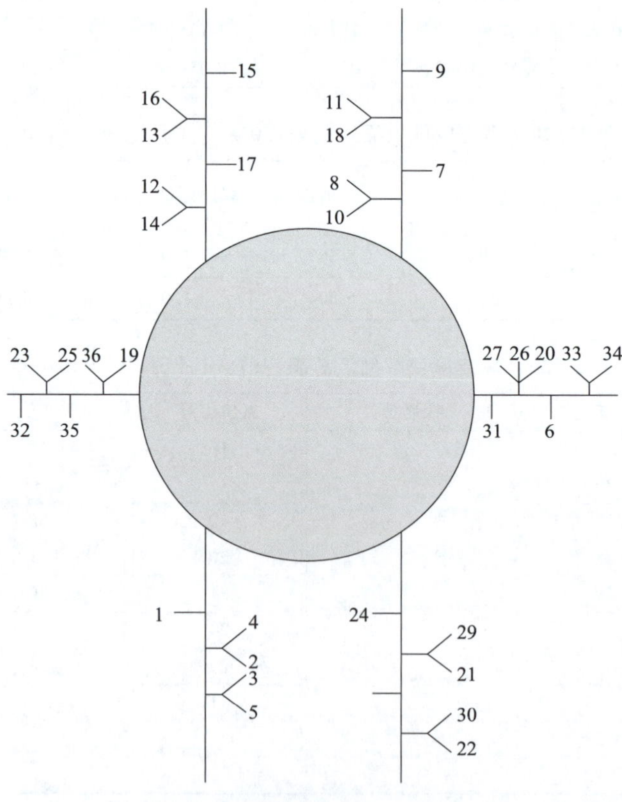

图 12.18　焊缝应变监测点布设图

注:未编号监测点已被破坏。

3. 主隧道受力监测

接收端内支撑油缸压力及位移统计见表 12.30。

表 12.30　接收端内支撑油缸压力及位移统计表(2018 年 1 月 11 日 16:00)

位　　置	位移(mm)	顶力(t)	位　　置	位移(mm)	顶力(t)
顶撑油缸左前	432.86	18.49	顶撑油缸右前	427.86	17.38
顶撑油缸左后	414.87	18.57	顶撑油缸右后	407.14	19.28
后部油缸左上	214.51	6.28	后部油缸右上	230.44	6.88
后部油缸左下	211.04	7.45	后部油缸右下	213.88	6.24
前部油缸 1 左上	261.12	9.65	前部油缸 2 右上	255.34	9.31
前部油缸 1 左下	258.17	9.40	前部油缸 2 右下	255.88	10.02

4. 阶段性分析

(1)管片应变分析

接收端 3 环管片应变总体呈现靠近切削洞口发生压应变、远离切削洞口发生拉应变的规律。监测点 38-15 处压应变最大,其值为 -109.57,小于既定控制值 -2 000。管片所发生的拉、压应变均小于其控制值。

(2)接缝张开量分析

数据显示:盾构掘进过程中,接收端管片纵向接缝变形量较小,接缝最大变形量出现在 38-14 点位处,其数值为 0.31 mm,小于 4.5 mm 张开量控制值。

(3)水平净空收敛监测

水平收敛最大累计变量为 1.00 mm,小于 10.00 mm 的控制值。结合前期数据分析认为管片结构水平向基本未发生变形,管片结构变形处于安全可控状态。

(4)地表沉降监测

由表 12.24 可知,周边地表垂直位移本次变量为 -0.72 mm,非压力管线垂直位移本次变量为 -0.24 mm。由表 12.25 可知,周边地表垂直位移本次变量为 -2.91 mm,非压力管线垂直位移本次变量为 -2.24 mm。地表沉降处于可控状态。

12.3.5　阶段五:出洞后

1. 地表沉降及隧道收敛监测

累计沉降见表 12.31、表 12.32。

表 12.31　累计沉降表 11(1 月 19 日,上午)

项　　目	本次最大变化量(mm)			累计最大变化量(mm)		
	点号	本次变量	累计值	点号	本次变量	累计值
周边地表垂直位移	4#SD447-04	1.94	-15.15	4#SD443-04	1.13	-15.93
非压力管线垂直位移	4#Wc1	-0.40	-3.72	4#Wc1	-0.40	-3.72
压力管线垂直位移						
隧道垂直位移	4#GDR395	0.46	-1.48	4#GDR395	0.46	-1.48
隧道收敛	4#SLL395	2	1	4#SLL425	-1	-3

表 12.32　累计沉降表 12(1 月 23 日,上午)

项　　目	本次最大变化量(mm)			累计最大变化量(mm)		
	点号	本次变量	累计值	点号	本次变量	累计值
周边地表垂直位移	4#SD445-04	-1.00	-3.24	4#SD443-06	-0.55	-9.98
非压力管线垂直位移	4#Wc1	-0.71	0.32	4#Wc1	-0.71	0.32
压力管线垂直位移						
隧道垂直位移	4#GDR437	-0.64	0.15	4#GDR395	0.25	-1.73
隧道收敛	4#SLL425	2	0	4#SLR425	-1	-2

2. 管片应变监测

应变计、测缝计、净空收敛数据汇总见表 12.33 ~ 表 12.35。

表 12.33　应变计数据汇总表(1 月 22 日 00:00)

点位编号	元器件编号	标定系数 K	初始值 f_0	测定值 f_i	应变值	控制值
38-15	109955	4.10×10^{-4}	2 044.70	2 017.21	-45.78	-2 000 ~ 200
33-01	109947	4.30×10^{-4}	2 546.94	2 544.55	-5.23	
33-02	109945	4.20×10^{-4}	2 508.53	2 492.96	-45.79	
33-03	109941	4.05×10^{-4}	2 364.82	2 362.07	-5.26	
33-04	109949	5.26×10^{-4}	2 132.29	2 140.09	17.53	
33-06	109935	3.80×10^{-4}	2 522.18	2 562.00	76.93	
33-07	109934	4.79×10^{-4}	2 381.05	2 386.86	13.27	
33-09	109962	4.36×10^{-4}	2 542.75	2 543.62	1.93	
33-10	109946	3.98×10^{-4}	3 371.86	3 371.18	-1.82	
33-11	109943	4.22×10^{-4}	3 106.82	3 109.40	6.77	
33-12	109937	4.83×10^{-4}	1 709.99	1 691.70	-30.05	
33-13	109944	3.99×10^{-4}	2 283.01	2 217.43	39.66	
33-15	109942	4.19×10^{-4}	2 042.44	2 064.50	37.96	
33-16	109964	4.68×10^{-4}	2 047.2	2 044.02	-6.09	

表 12.34　测缝计数据汇总表(1 月 22 日 00:00)

点位编号	元器件编号	标定系数 K	初始值 f_0	测定值 f_i	接缝张开量(mm)	控制值(mm)
38-11	21210	6.39×10^{-6}	2 040.45	2 049.46	0.24	4.5
38-12	20704	6.14×10^{-6}	1 893.19	1 892.66	-0.01	
38-13	20690	5.67×10^{-6}	2 154.22	2 154.64	0.01	
38-14	20641	5.23×10^{-6}	2 037.22	2 047.82	0.23	

表 12.35　净空收敛数据汇总表(1 月 22 日 00:00)

点位编号	初始值(mm)	上次测值(mm)	本次测值(mm)	累计变量(mm)	本次变量(mm)	累计变量控制值(mm)
SL01-01	5 508	5 509	5 509	1.00	0.00	10
SL01-02	5 503	5 504	5 504	1.00	0.00	

管片应变计与测缝计监测点布设如图 12.19 所示。

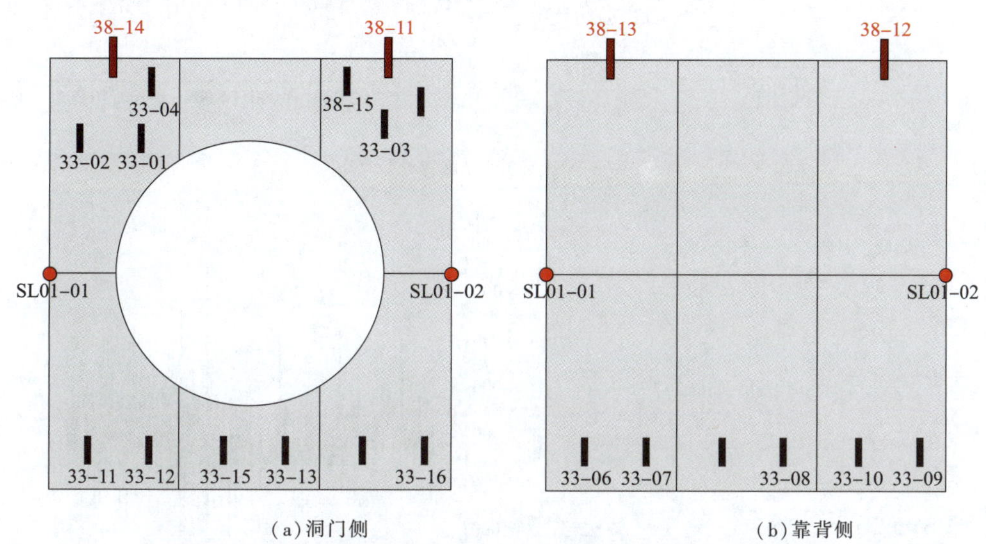

图 12.19　管片应变计与测缝计监测点布设图

注:未编号监测点已被破坏。

3. 阶段性分析

(1)净空收敛监测

收敛最大累计变量为 -1.00 mm,小于 10.00 mm 的控制值。结合前期数据分析认为管片结构未发生变形,管片结构变形处于安全可控状态。

(2)由表 12.31 可知,周边地表垂直位移本次变量为 1.94 mm,非压力管线垂直位移本次变量为 -0.4 mm,隧道垂直位移本次变量为 0.46 mm,隧道收敛本次变量为 2 mm。地表沉降处于可控状态。

12.3.6　始发端切削时主隧道的管片弯矩时程分析

选取了三组相对完整的管片上数据进行了弯矩分析,用于研究始发端盾构切削管片时对于周围管片的影响。

图 12.20 为中间需要切削的管片附近正线三环隧道管片上的弯矩。从图 12.20(a)可知,整个切削过程中,该处的弯矩在不停地波动,这是由于切削本身有很大的振动作用在管片上。从图 12.20(b)也可以看出弯矩在不停地波动,且波动值比图 12.20(a)还大,主要是该测点离切削洞口更近一些,受到振动影响更大。图 12.20(c)上的弯矩结果与前两个不太一样,可能是应变计测试不太准确的原因。

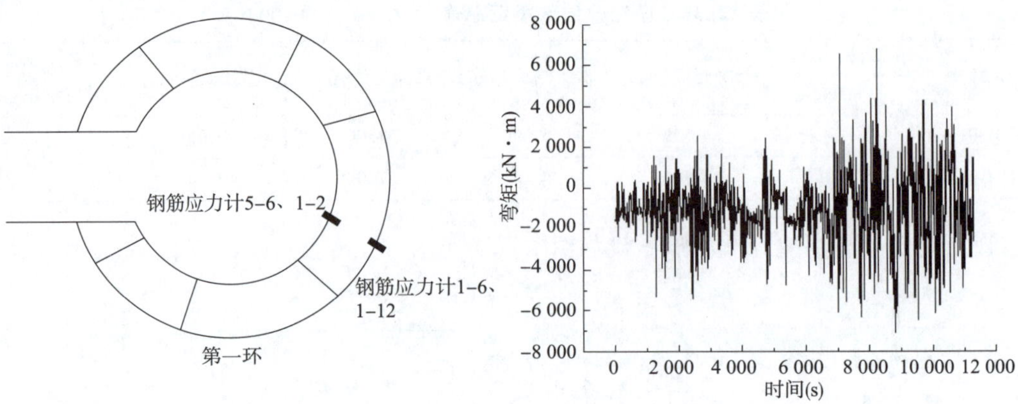

(a)第一环管片(靠背处)

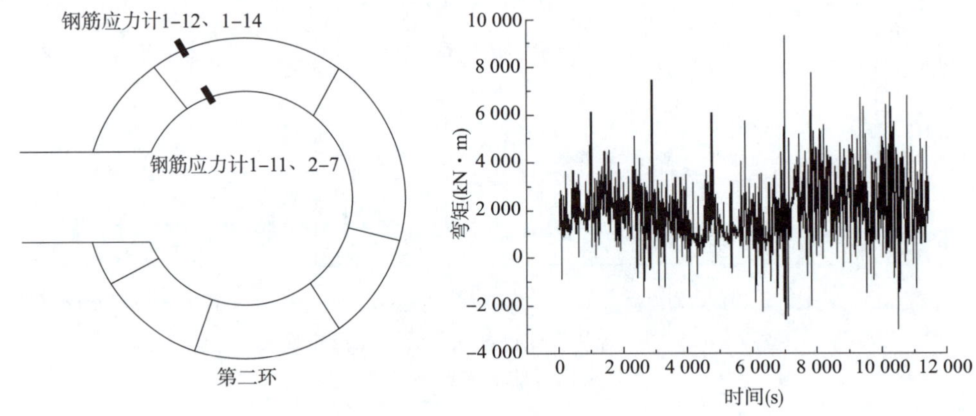

(b)第二环管片(洞门处)

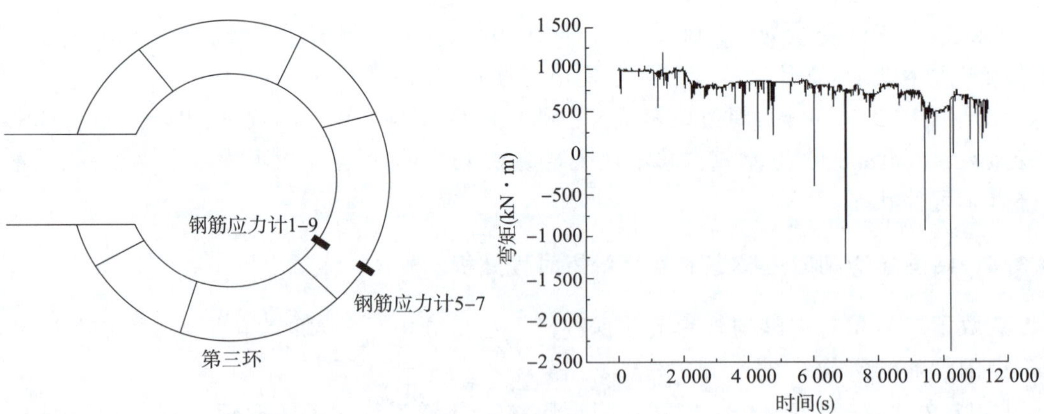

(c)第三环管片(靠背处)

图 12.20　管片弯矩时程

12.3.7　盾构掘进对周边环境影响监测分析

图 12.21 为联络通道地表横向沉降示意图，由图可见横剖面沉降影响宽度约 60 m，纵剖面影响范围约 50 m，整体地表沉降符合预期，效果较好。机械初始掘进时，未进行大面积注浆，地表沉降逐步加大，最大沉降约 22 mm。1 月 18 日开始大面积注浆时，地表沉降有明显回升，直至 1 月 23 日沉降基本回复。

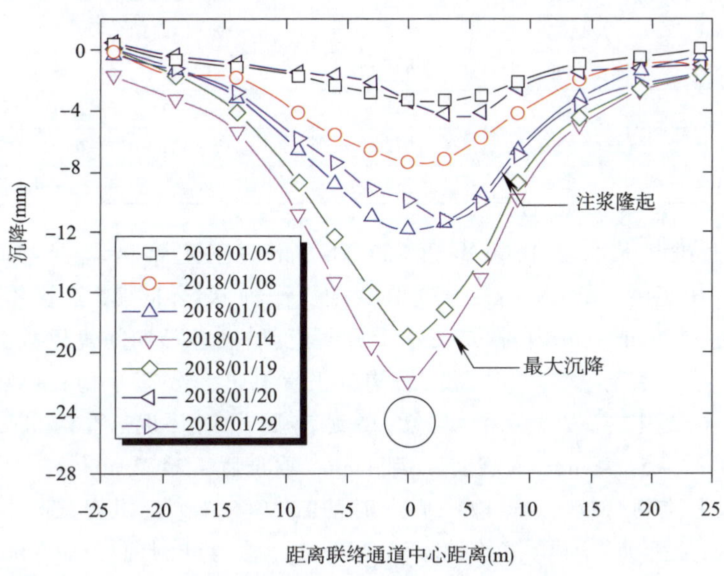

图 12.21　联络通道地表横向沉降示意图

12.4　联络通道掘进机掘进实时监测

12.4.1　机械法联络通道盾构机掘进参数监测

通过盾构机上监测系统对盾构机掘进时油缸位移、推力、扭矩、速度、里程等进行监控，并通过对数据分析提供有价值的技术参考意见。联络通道掘进实时监测数据记录见表 12.36。

表 12.36　联络通道掘进实时监测数据记录表（部分）

环　号	速度（mm/min）	推力（t）	扭矩（kN·m）	盾构机姿态（水平前后；垂直前后）	土压（MPa）
-3	0	170	347	10，-33；3，-18	
-2	0.498	222	163	12，-31；12，-15	0.169
1	5.5	219	178	3，-30；13，-10	0.213
2	4.5	210	180	5，-29；5，-3	0.19
3	6.7	232	173	5，-30；8，-3	0.12
4	2.8	228	167	4.2，-31；8.5，-12	0.21

续上表

环　号	速度(mm/min)	推力(t)	扭矩(kN·m)	盾构机姿态 (水平前后;垂直前后)	土压(MPa)
5	6.67	241	172	9,-33;6,-13	0.233
6	5	246	179	15,-38;17,-32	0.245
7	3.794	250	167	18,-36;20,-40	0.24
8	2.174	253	180	10,-37;12,-40	0.23
9	3.46	253	165	12,-37;15,-42	0.24
17	0.556	366	530	-1,-37;-6,-26	0.241
18	0.4	330	351	-6,-41;-29,-63	0.23
21	1.9	353	579	4,-46;-41,-68	0.04
24	1	231	190	-4.2,-50.4;-24.9,-75	

扭矩控制:掘进机最大工作扭矩约 800 kN·m。于正常区段掘进时,波峰扭矩约 590 kN·m,波谷扭矩为 200 kN·m,推进平稳;逐渐开始磨环时,由于管片强度过高,如不将推进速度控制在 1 mm/min 内,扭矩波动十分明显,始发磨环期间发生数次停机情况。

盾构机自带导向系统结合人工复测,盾构机正常掘进时姿态平稳;接收端开始磨环时,盾构机刀盘顶进,盾构机发生下沉现象;最终出洞门钢环时,盾构机姿态为:水平前 -2.45 mm,水平后 -51.4 mm,垂直前 -34.4 mm,垂直后 -74.2 mm。

通过盾构机上监测系统,对盾构机掘进时油缸位移、推力、扭矩、速度、里程等进行监控,并通过对数据分析提供有价值的技术参考意见。盾构进洞前处于导轨之上,前进趋势无法调整,当盾构机全部进入土体后,盾构机司机通过姿态分析,对推进油缸行程及推力进行调整,确保盾构机按既定轴线掘进。实际施工过程中,扭矩波动剧烈,司机依据显示屏反馈参数及时降低掘进速度,保证盾构机安全出洞。

图 12.22 为始发端切削管片时盾构机扭矩示意图。整个切削过程如图 12.22(a)所示,切削时盾构机扭矩一直在变化,包括现场出现暂时性停工等现象,整个切削过程大约需要 51 h。在平稳切割时,扭矩一般在 200 kN·m 到 600 kN·m 之间,能保证混凝土管片顺利地被切削,只是比较耗费时间。

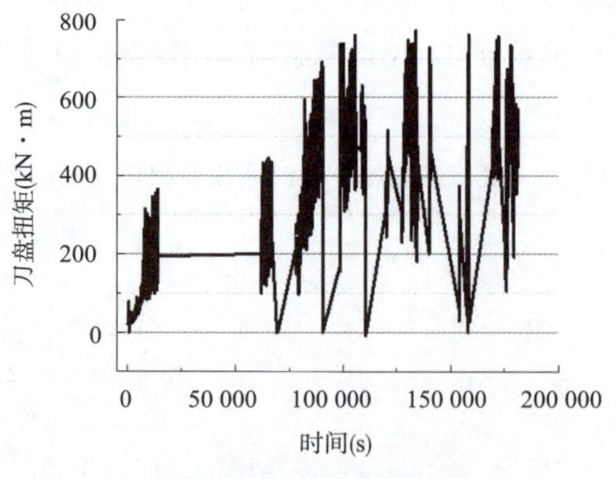

(a)始发端整个过程切削扭矩

图　12.22

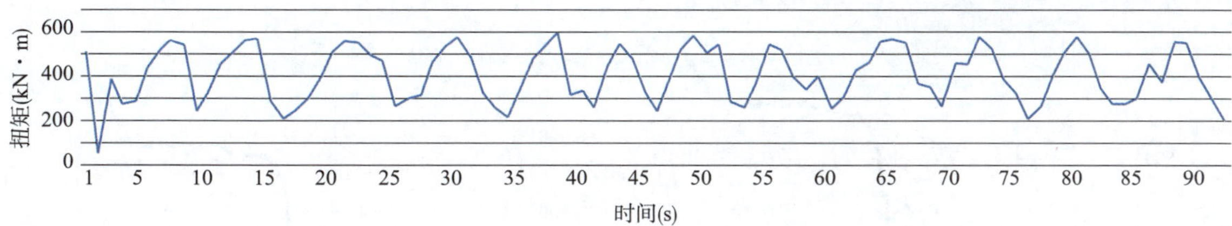

(b)平稳切削时切削扭矩

图 12.22　始发端切削时盾构机扭矩波动示意图

图 12.23 为始发端切削时盾构机切削总推力的时程曲线。从图 12.23 可以看到,盾构机推力平稳切削时一直维持在 1 500 kN 上下波动,中间出现几次反复切削的情况,导致之后的总推力也有很大的波动。

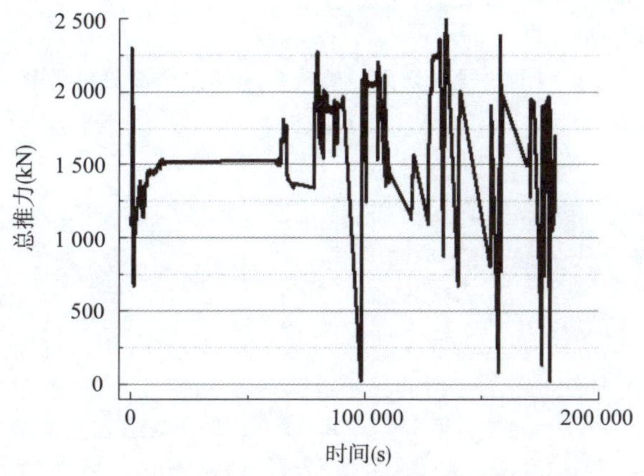

图 12.23　始发端切削时盾构机切削总推力

图 12.24 为始发端切削时盾构机尾部四个油缸的位移变化时程。由图 12.24 可以看出,油缸的位移在平稳增大,其中出现几次停机休息的情况。油缸的位移反映了切削速度的快慢和切削的平稳程度。

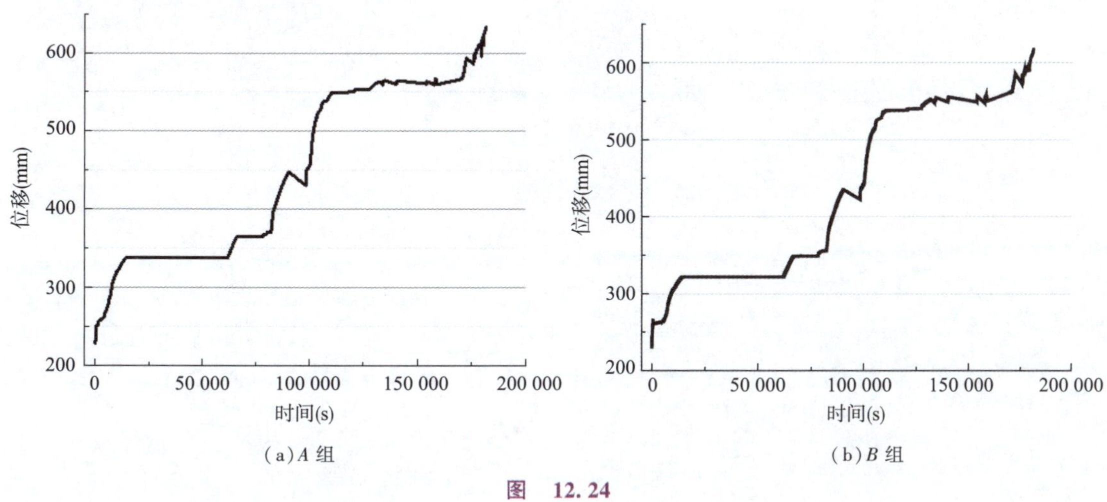

(a)*A* 组　(b)*B* 组

图　12.24

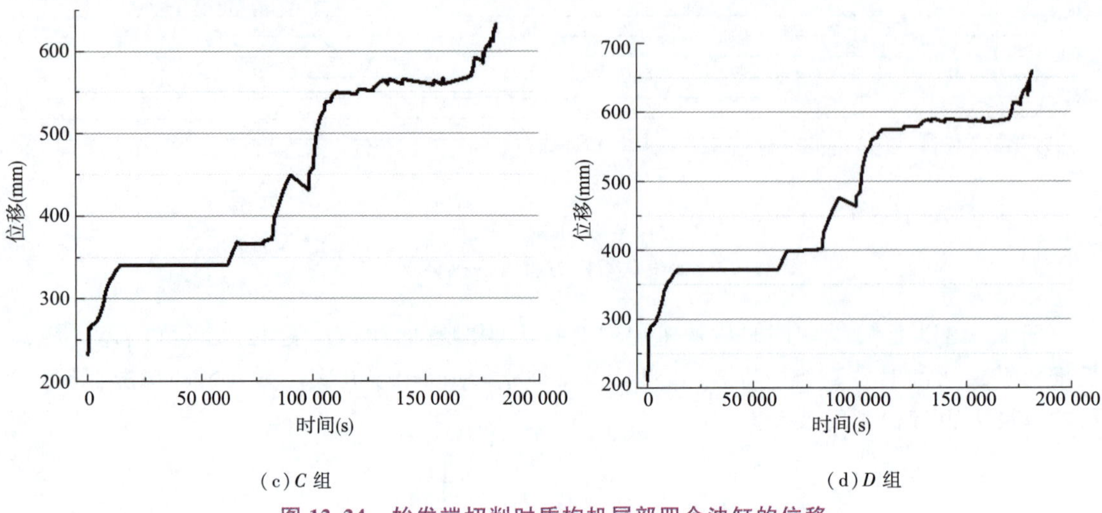

图 12.24 始发端切削时盾构机尾部四个油缸的位移

第 13 章　列车荷载下联络通道—隧道动力有限元分析

13.1　概　　述

对地铁列车引起的环境振动进行数值计算或解析计算之前，首要的是要确定列车的振动荷载。由于地铁列车振动涉及车辆、轨道、隧道、地基等多个子系统，在确定荷载计算模型时需做必要的简化。根据车辆、轨道、地基的简化形式不同，荷载计算模型又有所不同。机械法联络通道施工工艺要求主隧道与联络通道之间的连接处采用钢板焊接成一体，这样连接处就成为一个完全刚性的连接形式。在地铁振动荷载下，联络通道处于复杂受力状态，有必要分析地铁隧道运行阶段地铁振动荷载引起的变形及受力情况。列车在隧道内移动时存在不同的工况，联络通道处的动力响应与列车运行状况有关。本章利用动力有限元软件，考虑主隧道与横向联络通道刚性连接和半刚性连接两种情况，计算分析两种较常见工况，一种工况为单隧道内存在列车移动荷载作用，另一种工况为左右隧道内列车荷载相向移动时，不同连接形式对主联络通道振动响应的影响。

13.2　三维有限元模型

采用 PLAXIS 3D 有限元软件，建立三维有限元模型，模型宽度为 60 m，长度为 80 m，深度为 29.5 m，初始地下水位设在地下 1 m 处。模型底面完全固定，模型表面为自由边界。两条主隧道中心相距 17 m，主隧道顶面距土体表面的埋深为 12.3 m，主隧道外径为 6.2 m，管片厚 0.35 m，小隧道外径为 3.15 m，管片厚度为 0.25 m。主隧道长度为 80 m，处在模型中间对称布置，小隧道设在主隧道中间 40 m 处。根据勘察报告，计算模型取7 层土体，土层深 29.5 m，每层土深分别为 3.4 m、2.8 m、3.9 m、4.3 m、6.0 m、3.6 m 和 5.5 m。隧道结构及土层分布如图 13.1 所示。

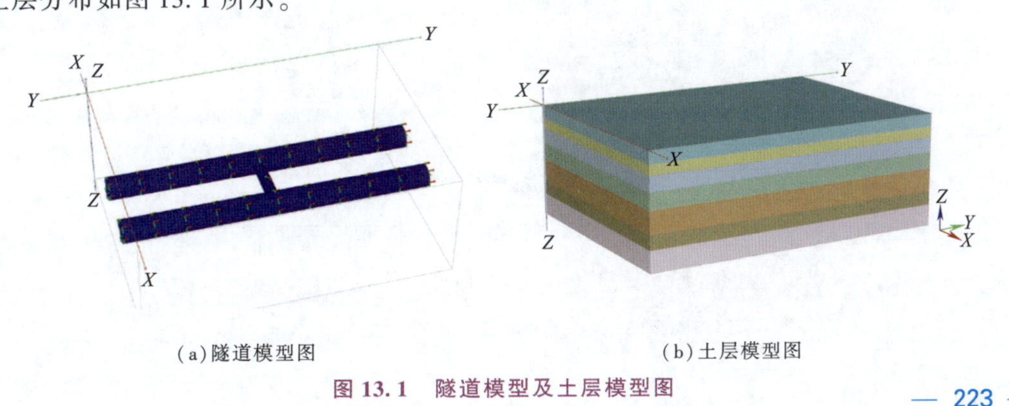

(a) 隧道模型图　　(b) 土层模型图

图 13.1　隧道模型及土层模型图

13.2.1 网格划分

PLAXIS 3D 软件程序自动划分网格，隧道结构和土体结构的网格划分如图 13.2 所示。

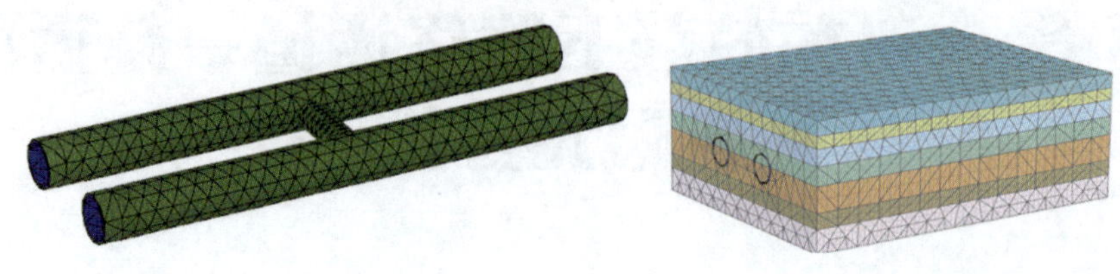

(a)隧道网格图　　(b)土层网格图

图 13.2 三维有限元模型

13.2.2 模型材料参数

1. 土体模型参数

南鄞区间土体本构模型选择 HSS 模型，具体土层参数详见表 10.12。

2. 隧道结构参数

隧道结构参数同本书第 10.6 节。

3. 主隧道与联络通道之间的连接形式

主隧道与联络通道之间设置特殊连接：一种是刚性连接，两个板之间不可以转动，且交界处不能分离产生位移，是一个整体性的变形；另一种是半刚性连接，两个板之间可以有一定的转动，且交界处能分离产生一定的位移，但是其连接形式也是整体性连接。

4. 地铁列车荷载

列车荷载选取了最大时速 80 km 下的列车运行中的振动荷载，为了简化整节列车的荷载，选取了单节车厢的相应列车荷载作为本次分析的列车荷载。由于地铁轨道上有两条钢轨，为简化模拟，将两条钢轨上的荷载并在一起施加在隧道底部，荷载曲线如图 13.3 所示。

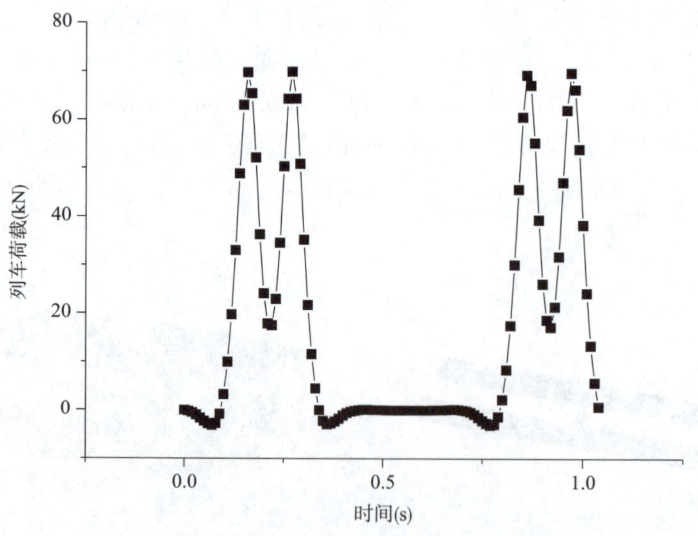

图 13.3 地铁列车作用荷载时程

5. 施工步和计算工况

由于研究目的不在隧道的开挖上,而是在列车荷载对不同联络通道连接方式上,所以前期隧道的开挖就按照最简单施工步进行,把建模重点放在列车荷载的作用上。

步骤一:地应力平衡;

步骤二:主隧道施工;

步骤三:联络通道施工;

步骤四:位移清零;

步骤五:静力部分计算;

步骤六:列车荷载计算。

从研究目的出发,本次试验需要研究的不同因素主要有两点,一点是不同的列车荷载工况,另一点是主隧道与联络通道连接接头的形式不同。具体分为 4 个工况,见表 13.1。

表 13.1　工况说明

工况一	单线列车荷载,刚性连接
工况二	单线列车荷载,半刚性连接
工况三	双线对开列车荷载,刚性连接
工况四	双线对开列车荷载,半刚性连接

13.3　结果分析

在列车荷载作用下,分别分析隧道的加速度响应、隧道的位移和联络通道接头附近的剪力、弯矩等力学指标。在模型中选择图 13.4 所示的节点,用于分析列车荷载作用下,不同接头形式对于加速度响应传递、位移响应传递及隧道的相应力学指标。

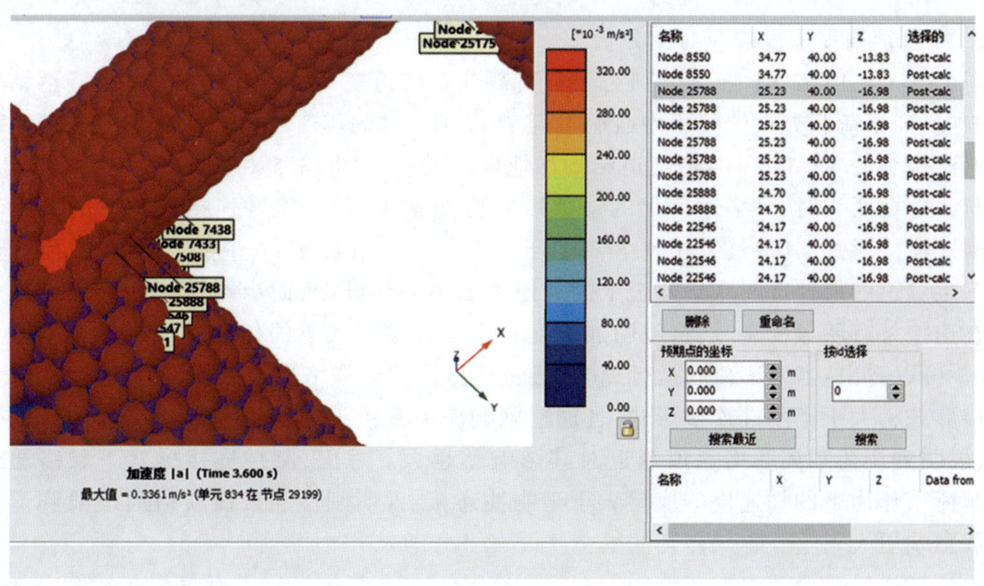

(a)模型内选点 1

图　13.4

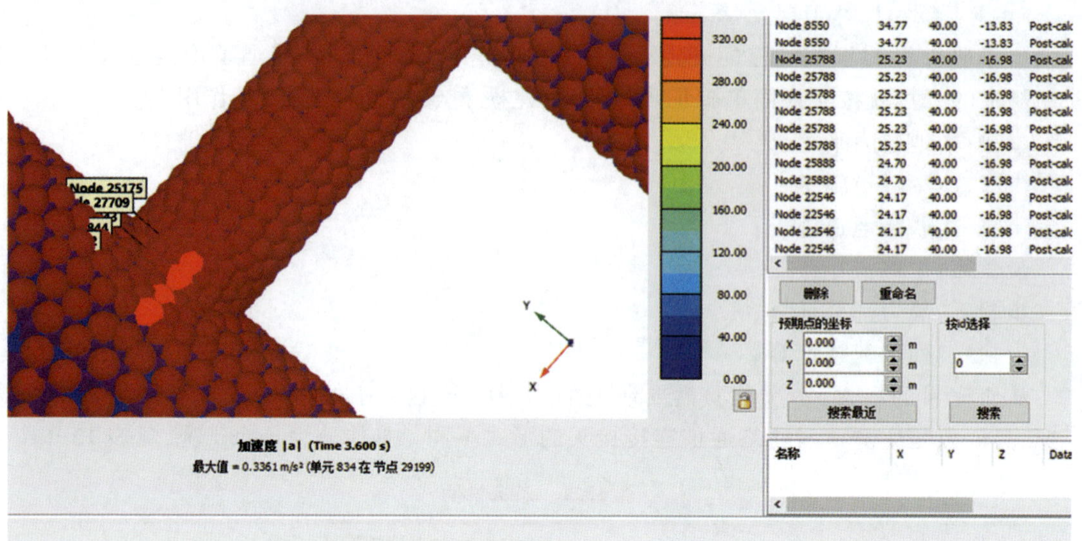

(b)模型内选点 2

(c)选点标记顺序

图 13.4　拟分析节点位置示意图

13.3.1　单线列车荷载

1. 隧道结构加速度响应对比分析

图 13.5、图 13.6、图 13.7 分别为列车荷载处在隧道端头处 $T=1.08$ s 时的隧道结构加速度响应、列车荷载处在中间联络通道附近 $T=2.0$ s 时的隧道结构加速度响应和列车荷载处在隧道端头处 $T=3.6$ s 时的隧道结构加速度响应。从图 13.5 和图 13.6 中可以看出，当列车荷载处在两头时，联络通道上的加速度响应非常小，但是刚性连接形式下的加速度大于半刚性连接形式，其数量级相差 7～10 倍。在图 13.5 和图 13.6 中能明显看出，刚性连接形式下主隧道的加速度与联络通道上的加速度云图整体渐变，而半刚性连接形式下加速度云图在连接处有明显的衰减，这说明加速度在不同连接形式下的传递方式与效率不同。从图 13.7 可以看出：当列车荷载运行到联络通道附近，此时联络通道上的加速度响应增大，刚性连接形式稍大于半刚性连接形式，且加速度响应值都接近主隧道上加速度响应值的一半左右，说明列车荷载离联络通道越近对其影响就越大。综上，刚性连接形式下联络通道段在列车荷载作用下的加速度响应要大于半刚性连接，说明刚性连接使联络通道段隧道受列车荷载影响更大。

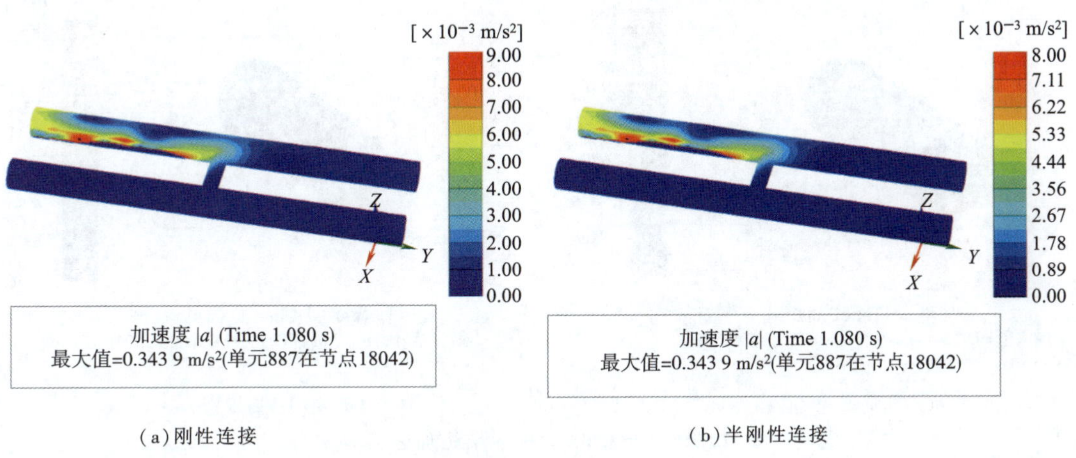

(a)刚性连接　　(b)半刚性连接

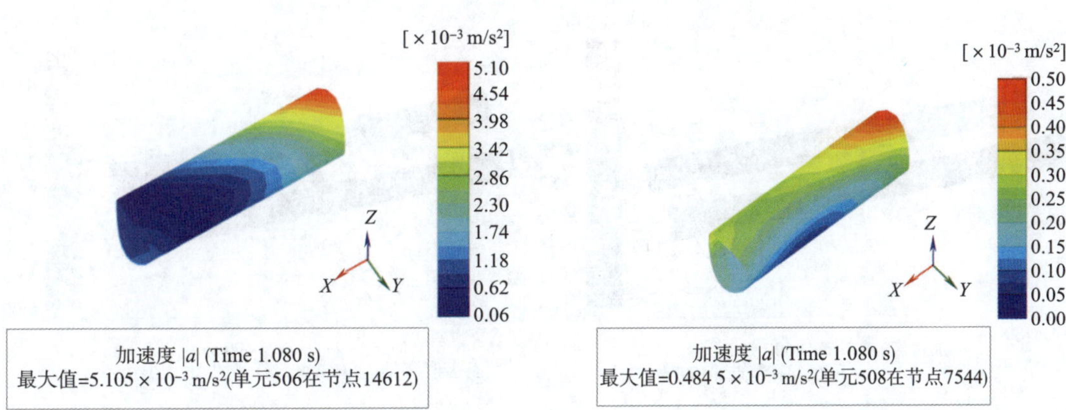

(c)刚性连接　　(d)半刚性连接

图 13.5　$T=1.08$ s 时隧道结构加速度响应

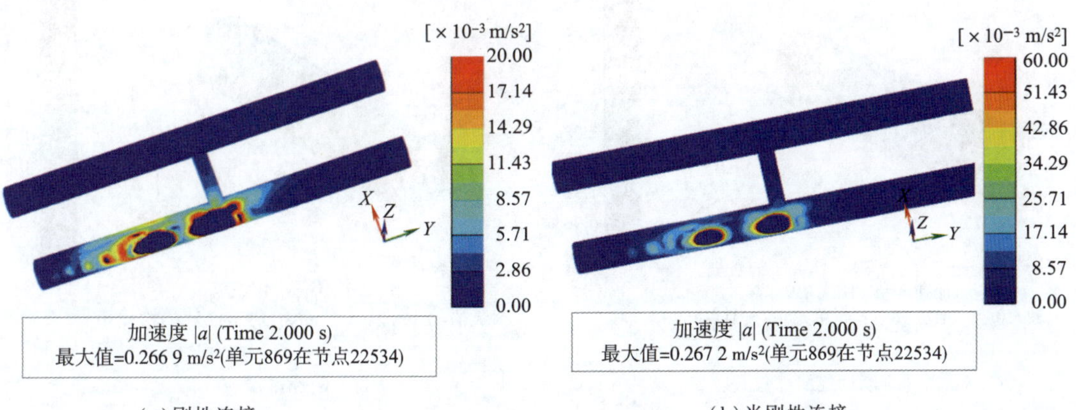

(a)刚性连接　　(b)半刚性连接

图　13.6

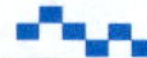

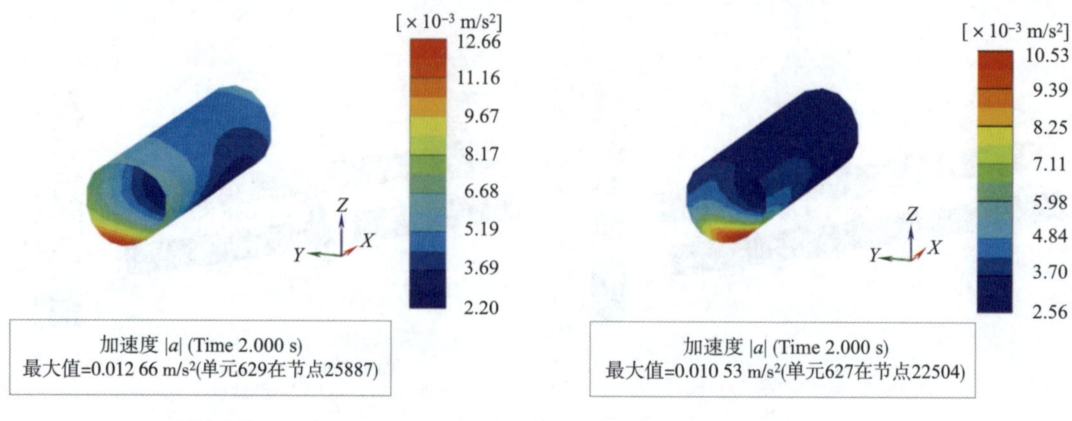

[×10⁻³ m/s²]
12.66
11.16
9.67
8.17
6.68
5.19
3.69
2.20
Z
X
Y
加速度 |a| (Time 2.000 s)
最大值=0.012 66 m/s²(单元629在节点25887)

（c）刚性连接

[×10⁻³ m/s²]
10.53
9.39
8.25
7.11
5.98
4.84
3.70
2.56
Z
X
Y
加速度 |a| (Time 2.000 s)
最大值=0.010 53 m/s²(单元627在节点22504)

（d）半刚性连接

图 13.6 $T=2.0$ s 时隧道结构加速度响应

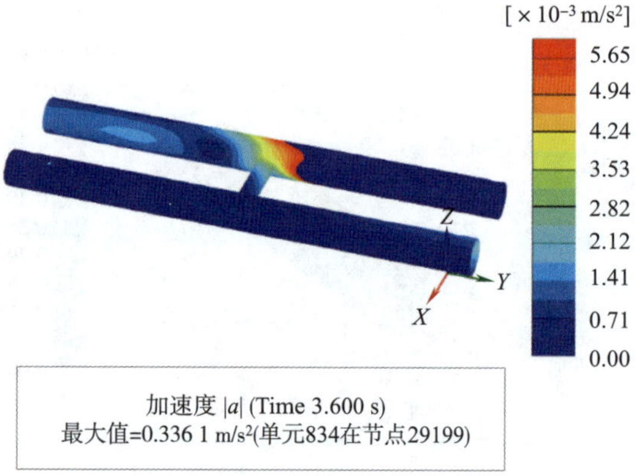

[×10⁻³ m/s²]
5.65
4.94
4.24
3.53
2.82
2.12
1.41
0.71
0.00
Z
Y
X
加速度 |a| (Time 3.600 s)
最大值=0.336 1 m/s²(单元834在节点29199)

（a）刚性连接

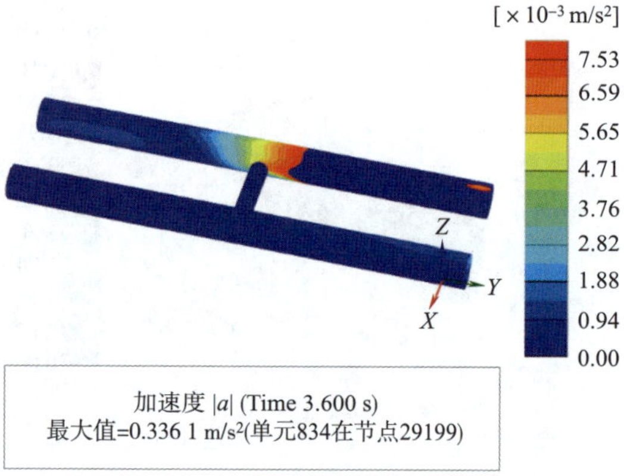

[×10⁻³ m/s²]
7.53
6.59
5.65
4.71
3.76
2.82
1.88
0.94
0.00
Z
Y
X
加速度 |a| (Time 3.600 s)
最大值=0.336 1 m/s²(单元834在节点29199)

（b）半刚性连接

[×10⁻³ m/s²]
3.56
3.19
2.82
2.45
2.08
1.70
1.33
0.96
0.59
Z
X
Y
加速度 |a| (Time 3.600 s)
最大值=3.747×10⁻³ m/s²(单元508在节点7509)

（c）刚性连接

[×10⁻³ m/s²]
0.49
0.46
0.44
0.42
0.39
0.37
0.35
0.32
0.30
Z
X
Y
加速度|a|(Time 3.600 s)
最大值=0.498 2×10⁻³ m/s²(单元637在节点21880)

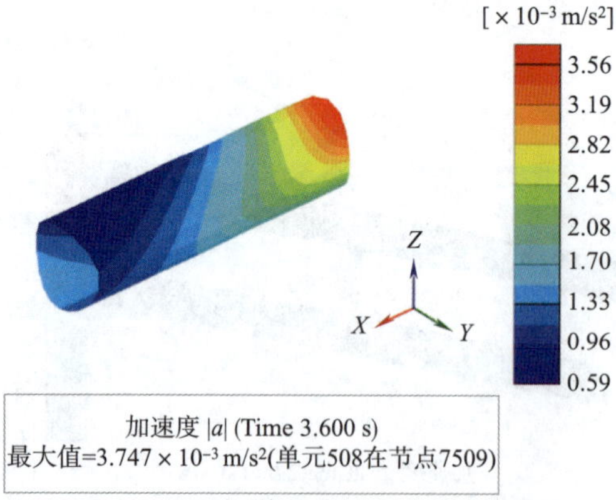

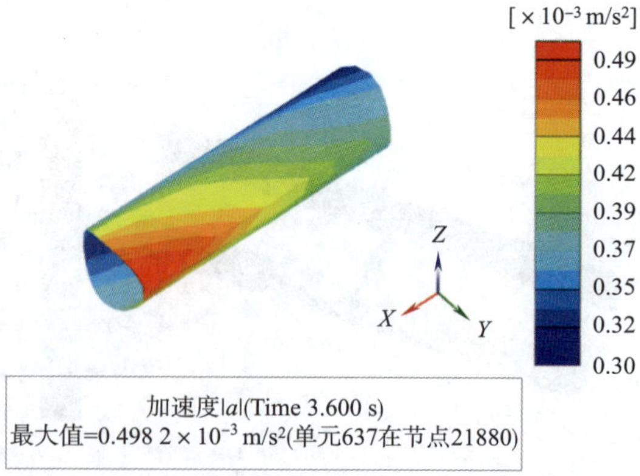

（d）半刚性连接

图 13.7 $T=3.6$ s 时隧道结构加速度响应

在列车荷载作用下，图 13.4 给出的主隧道和联络通道连接处第 1 ~ 12 节点的加速度时

程曲线如图 13.8 所示。

从图 13.8(a) ~ (c)可知,图 13.8(b)上的加速度响应值最大,最大值达到 0.011 6 m/s^2,图 13.8(c)次之,最大值达到 0.011 5 m/s^2,图 13.8(a)最小为 0.010 7 m/s^2,这说明离列车荷载越近的节点,其加速度响应就越大。从图 13.8(a)可知,半刚性连接形式的主隧道加速度响应要大于刚性连接形式。但是通过连接处传递之后,从图 13.8(b)和(c)反映了半刚性连接形式的联络通道加速度明显减小,而刚性连接形式的联络通道加速度有小幅度减小,使得刚性连接形式下联络通道上的加速度大于半刚性连接形式。这是由于半刚性连接形式有较好的吸收加速度的效果,从而减小了加速度的传递。而刚性连接形式下隧道的整体性过强,主隧道与联络通道作为一个刚性的整体,使得联络通道上加速度的响应也较大。

此外,从图 13.8(d) ~ (f)可以看出,半刚性连接方式使得主隧道的加速度响应要明显大于刚性连接方式,造成这种现象的原因是半刚性连接形式的主隧道和联络通道的连接性不强,主隧道受到约束小,列车荷载引起了主隧道的加速度响应反而较大。当加速度通过不同连接方式传递到联络通道之后,发现半刚性连接使得加速度传递骤减,从 0.065 35 m/s^2 减到 0.012 99 m/s^2。而刚性连接递减得较小,这使得刚性连接形式的联络通道上节点加速度反而比半刚性连接的大,说明通过不同的接头连接形式后加速度传递也大为不同。刚性连接因为其是一个刚性整体,能传递大部分加速度;而半刚性连接接头可以起到吸收加速度的效果,减小了加速度的传递。

从图 13.8(g) ~ (l)可以看出,经过联络通道和不同接头连接方式后,加速度都有一定的减小。从图 13.8(g)节点到图 13.8(h)节点,刚性连接形式下加速度的传递有明显减小,半刚性连接形式下加速度没有明显改变;而从图 13.8(h)节点到图 13.8(i)节点可以看出,刚性连接形式下加速度的传递没有太大变化,而半刚性连接形式下加速度有明显改变,并且比刚性连接形式下小得多。从图 13.8(j) ~ (l)可以发现刚性接头传递加速度效率比半刚性强,半刚性接头处加速度有明显的衰减现象。这说明半刚性接头能削弱加速度的传递,而刚性接头整体性强,对加速传递效率高。

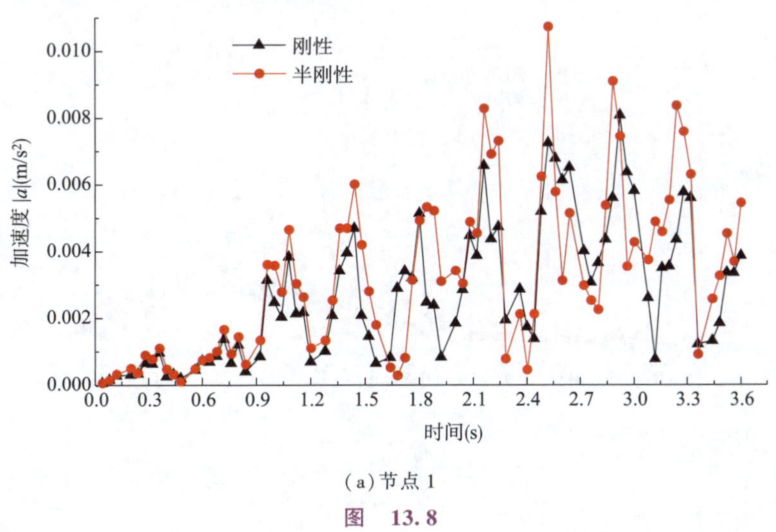

(a)节点 1

图　13.8

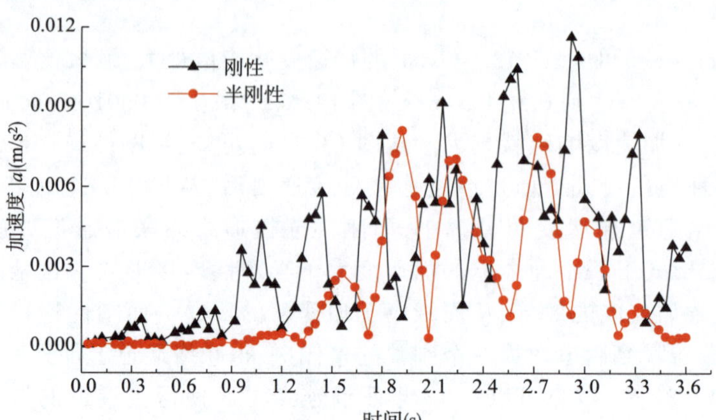

(b)节点 2

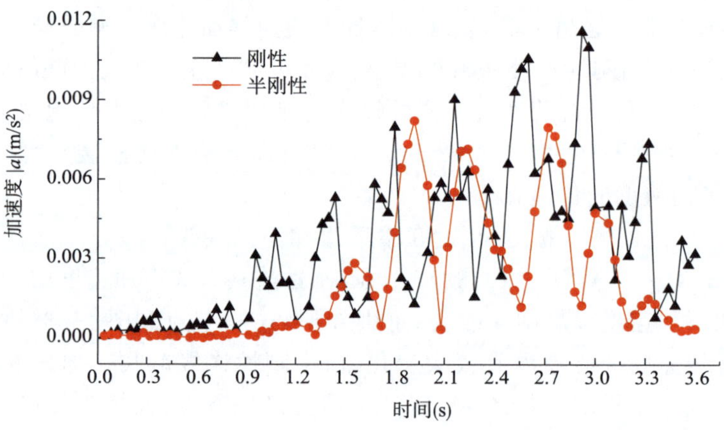

(c)节点 3

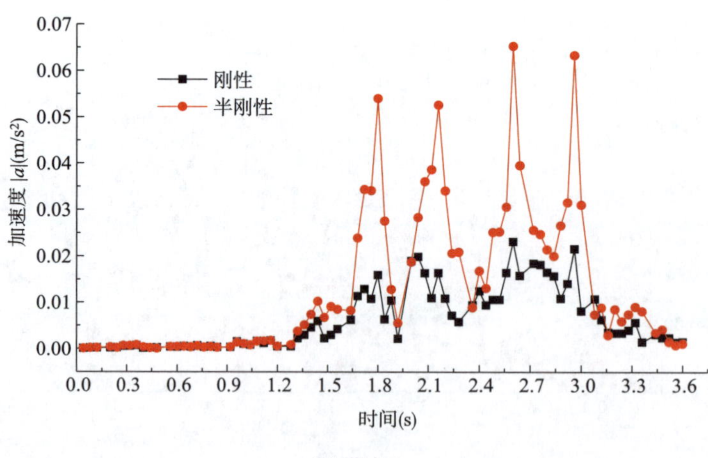

(d)节点 4

图 13.8

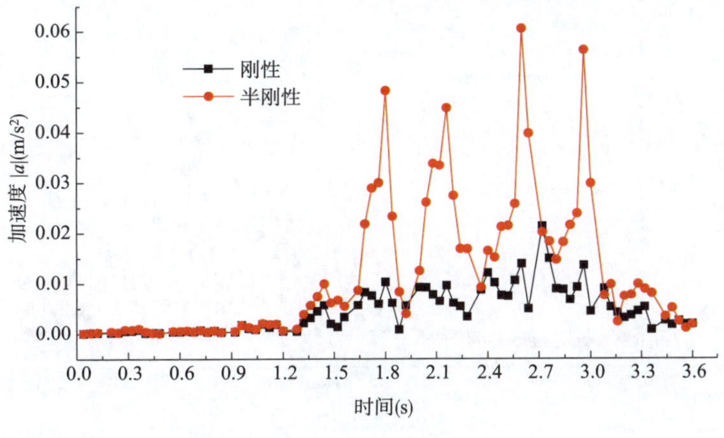

（e）节点 5

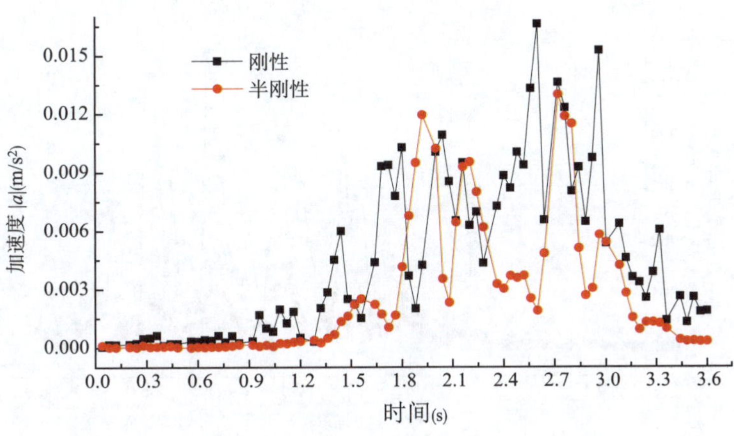

（f）节点 6

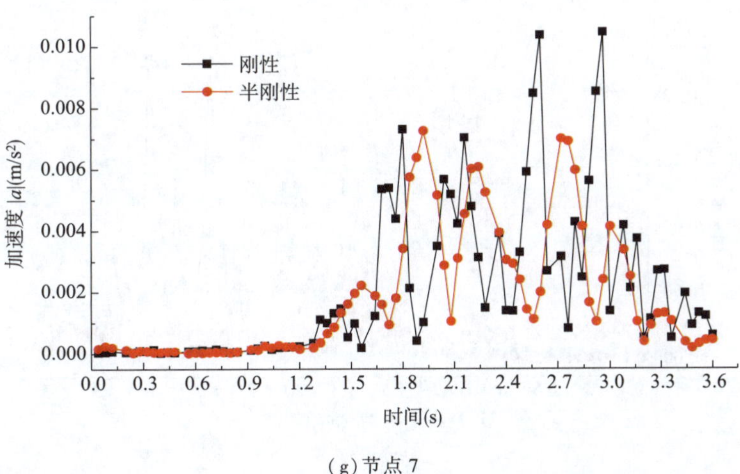

（g）节点 7

图　13.8

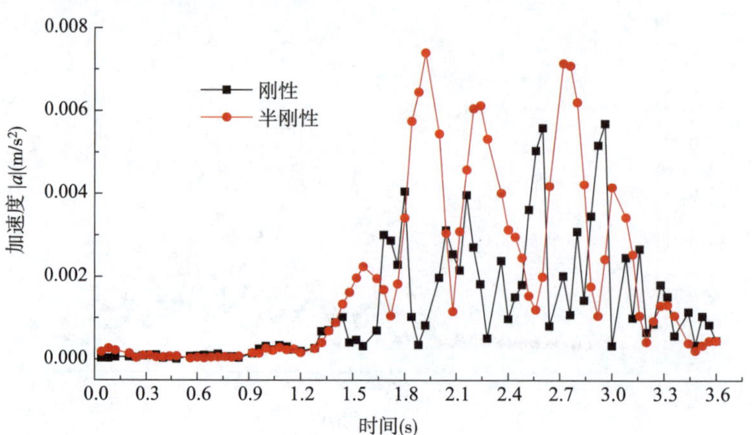

(h)节点 8

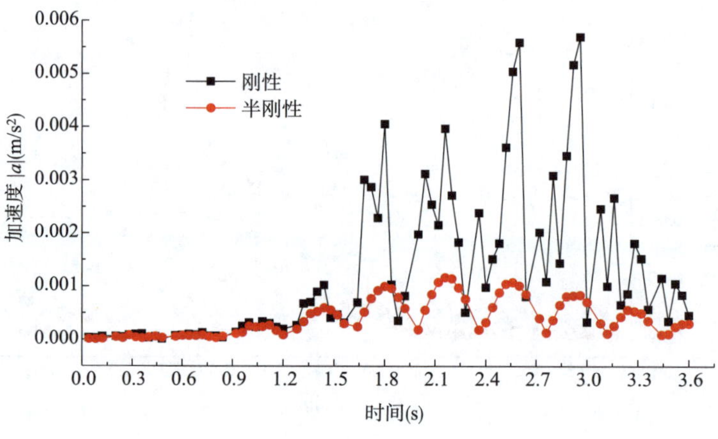

(i)节点 9

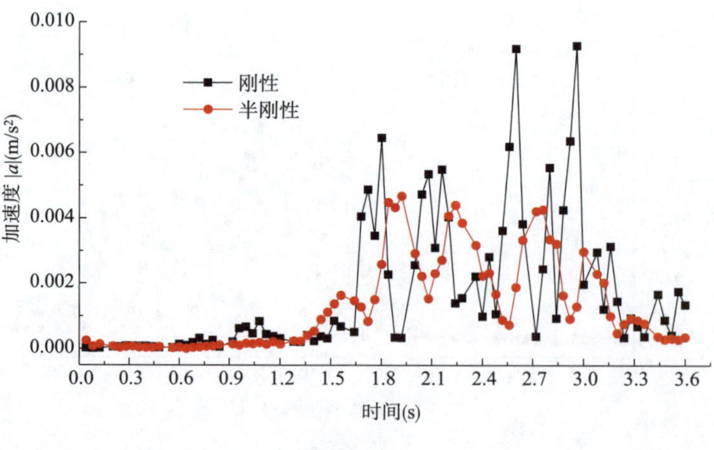

(j)节点 10

图 13.8

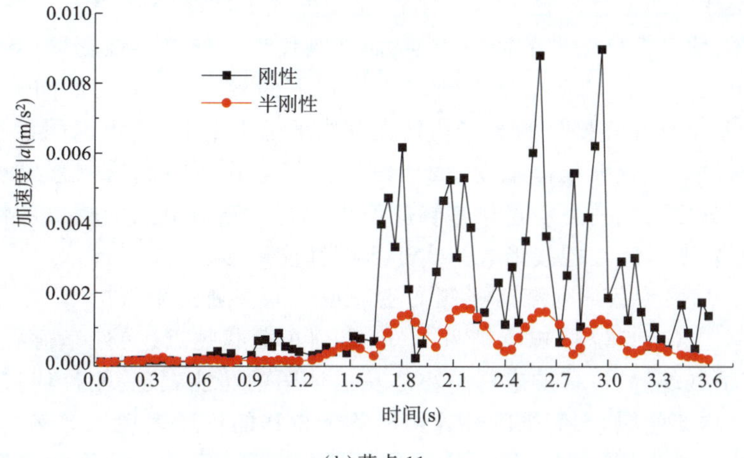

(k) 节点 11

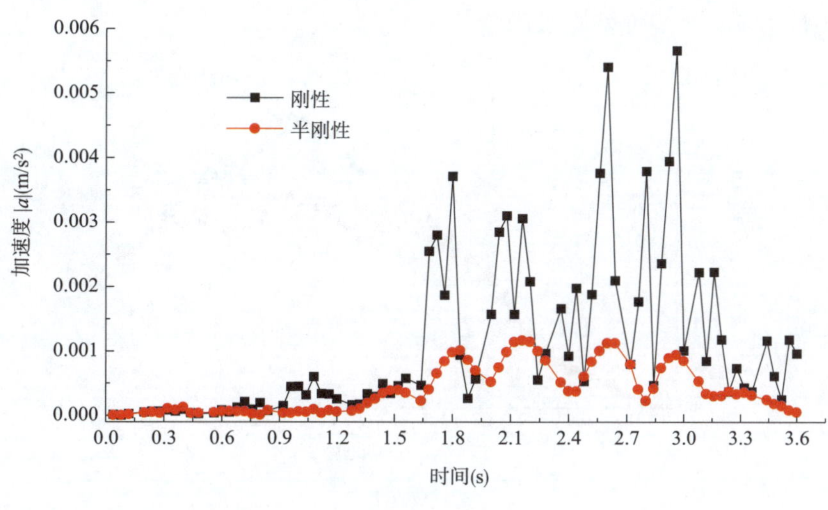

(l) 节点 12

图 13.8　隧道特征点的加速度响应

2. 隧道位移响应对比分析

取点分析列车荷载下隧道总位移响应，所取的点与前述对应，具体如图 13.9 所示，其中包含了 12 个隧道上的节点，用于分析不同连接形式下不同隧道位置处总位移的响应。

图 13.9(a)是主隧道上的节点，图 13.9(b)为连接处的节点，图 13.9(c)为联络通道上的节点。从图 13.9(a)可以看出，刚性连接形式下主隧道上节点的位移响应在列车荷载靠近联络通道时，峰值增长得较快，并且达到 0.035 8 mm。半刚性连接形式下，主隧道上节点的位移响应在列车荷载靠近联络通道时，其增速也较快，但是相比刚性连接形式下的小一些，最大峰值达到将近 0.026 mm。图 13.9(b)和(c)中曲线走势相近，可能是因为两个节点取得太近，刚好反映的结果也类似。从图中可以明显看出刚性接头形式下受列车荷载的位移响应明显大于半刚性形式，这是由于不同接头形式对于位移响应的传递效率也不相同。

图 13.9(d) ~ (f)点是离列车荷载最近的位置，其总位移也最大。图 13.9(d)和(e)分别为主隧道上的节点和连接处的节点，由图可知半刚性连接形式下主隧道上的位移大于刚

性连接形式下主隧道的位移。这是因为刚性连接形式下联络通道将左右两条主隧道连成一个刚性的整体,使其抵抗变形的能力更强;而半刚性连接的整体性弱些,导致列车荷载对主隧道的影响更大。位移响应经过不同连接形式下的接头后,出现不同的传递情况。图13.9(e)、(f)分别是处在连接处的节点和处在联络通道上的节点,可以明显看出,刚性连接形式下节点位移没有出现大幅度减弱,而半刚性连接形式下节点的位移出现了骤减,位移减幅达到将近三分之二。并且使得位移响应值出现与主隧道节点上相反的情况,在联络通道上节点的位移转变为刚性连接形式下大于半刚性连接形式。

图13.9(g)~(l)为远离列车荷载侧的主隧道与联络通道附近的节点上所反映出的位移响应。对比上述各节点位移响应结果可知,离列车荷载越近,受列车荷载引起的位移响应越大;离列车荷载越远,位移响应就越小。从上述图中还能发现,刚性连接形式对于位移的传递表现为较均衡的减小,而半刚性连接形势下位移的传递表现出突然的骤减。是因为半刚性连接形式下接头能吸收一部分位移传递,有利于隧道整体结构的安全;刚性接头则整体性较强,位移不会出现突然骤减的情况。

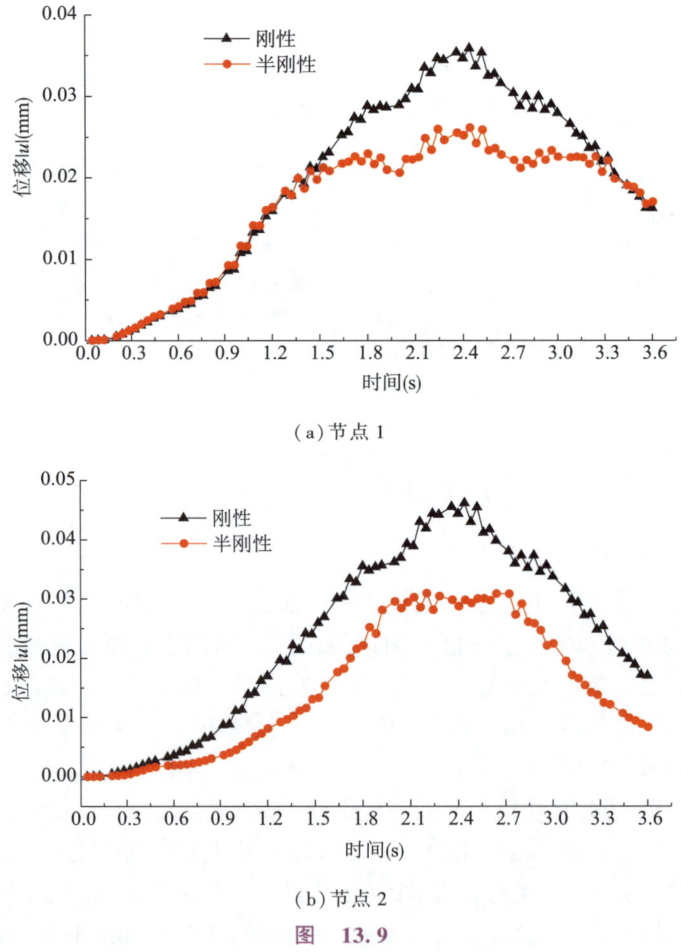

(a)节点1

(b)节点2

图 13.9

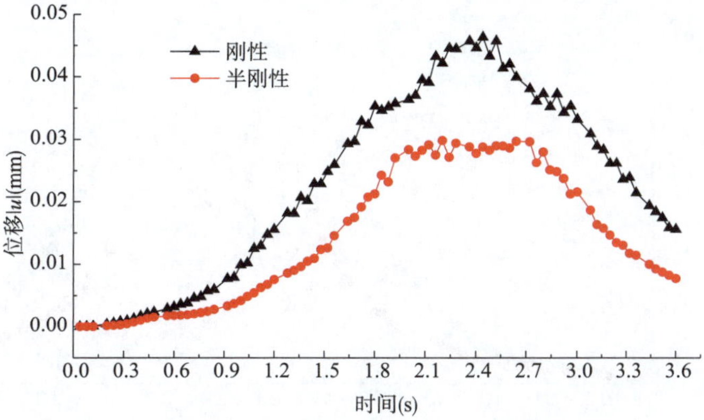

(c) 节点 3

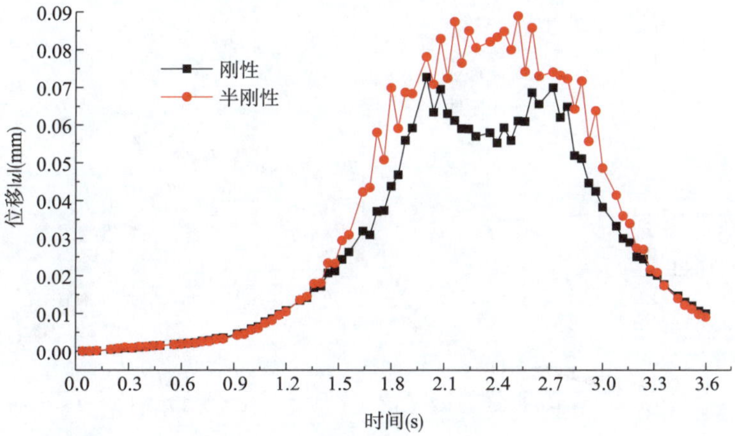

(d) 节点 4

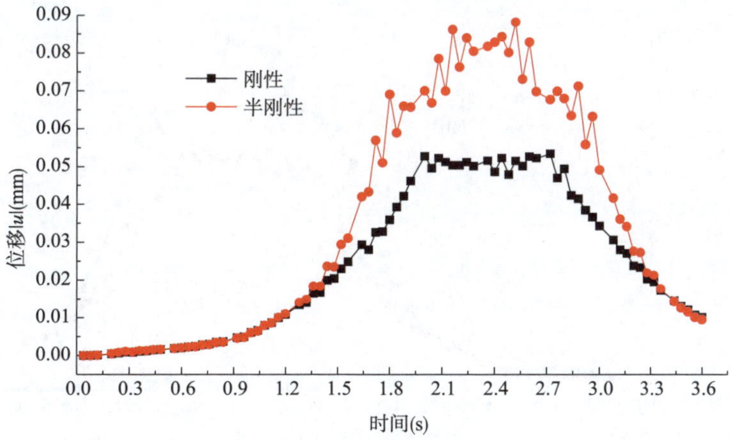

(e) 节点 5

图　13.9

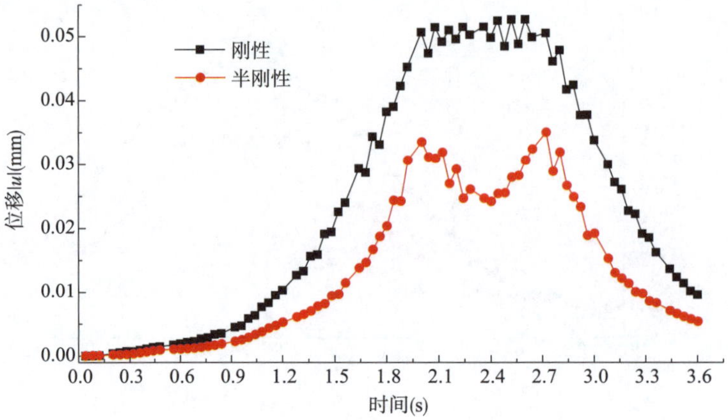

(f)节点 6

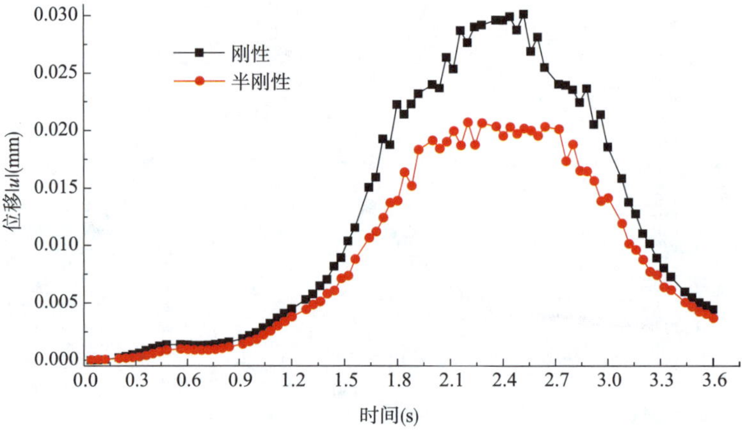

(g)节点 7

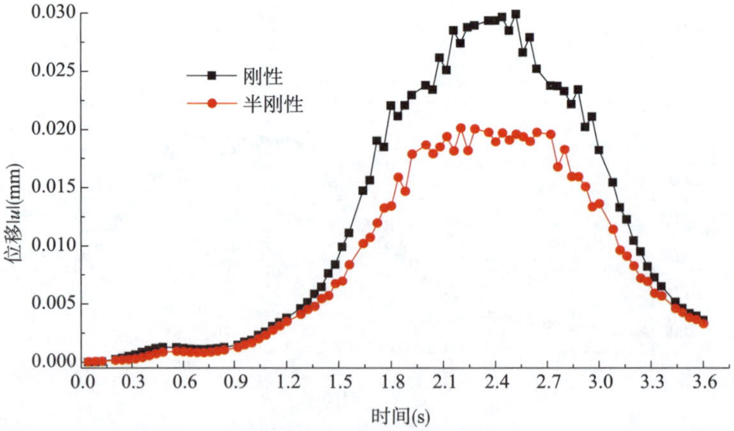

(h)节点 8

图 13.9

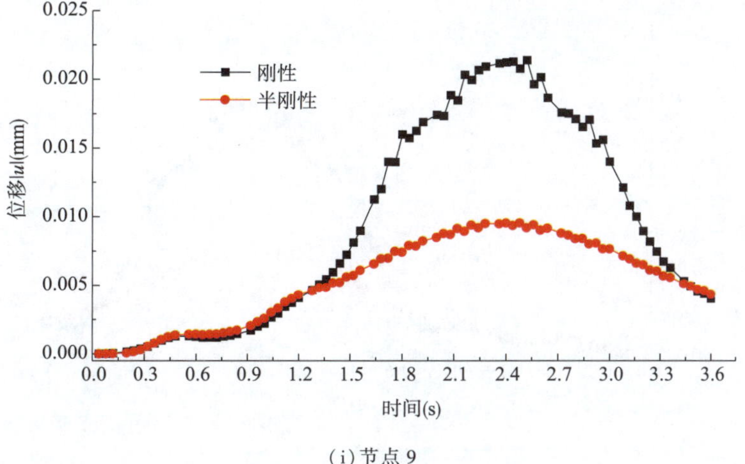

(i)节点 9

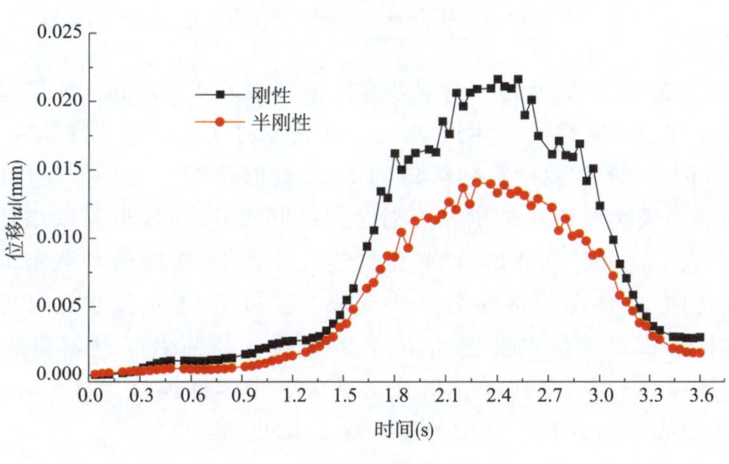

(j)节点 10

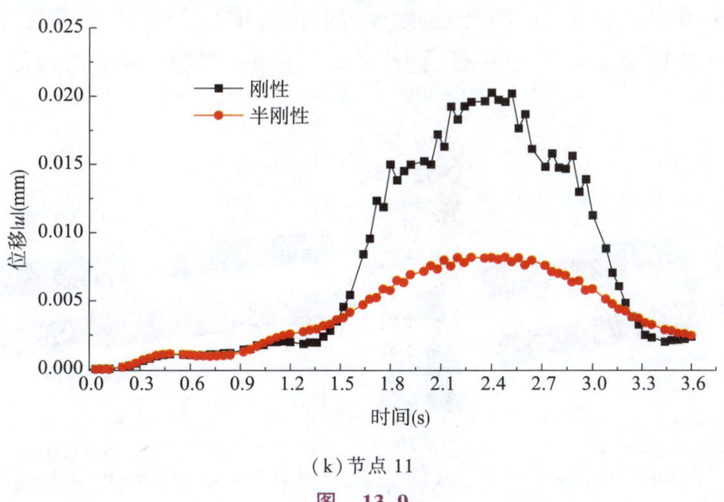

(k)节点 11

图　13.9

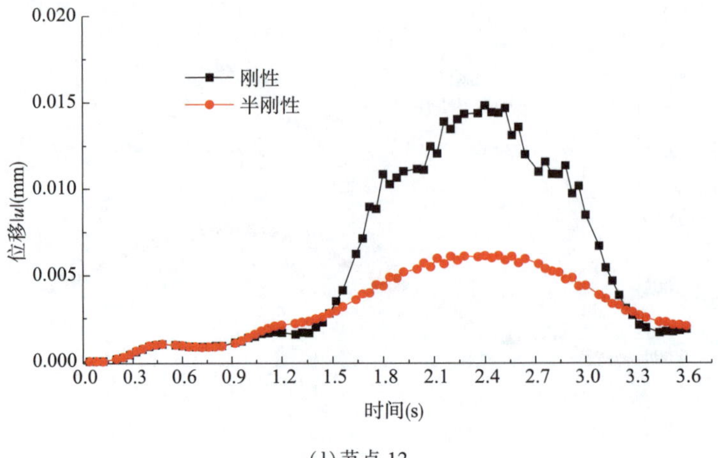

(1) 节点 12

图 13.9　隧道特征点的位移 |u| 响应

图 13.10 和图 13.11 分别为列车荷载处在隧道端头处 $T=1.08$ s 时隧道结构的总位移响应和列车荷载处在中间联络通道附近 $T=2.0$ s 处隧道结构的总位移响应。

当 $T=1.08$ s 时,列车荷载处在主隧道的端头,此时从图 13.10(a)和(b)可以看出,由列车荷载引起的隧道最大位移几乎相等。刚性连接形式下,主隧道与联络通道之间的位移传递是一个整体,它们一起共同变形;而半刚性连接形式下,主隧道与联络通道之间的位移会出现断裂式的传递,位移在连接处会突然衰减。这与图 13.9 各节点时程得出的结论相同。说明不同连接形式对于位移的传递不同,半刚性连接有利于缓解隧道的位移响应传递。联络通道上的位移响应,刚性连接形式远远大于半刚性连接形式,但是两者的位移响应值都非常小,本身列车荷载对于结构的影响就非常小。

当 $T=2.0$ s 时,列车荷载运动到联络通道附近,此时联络通道上的位移响应值接近最大值,但从数值来看也比较小,且两种连接形式下位移响应的最大值差距不大。这说明当荷载在近处时,刚性连接形式与半刚性连接形式下隧道的位移响应相接近,刚性连接形式稍大一些。

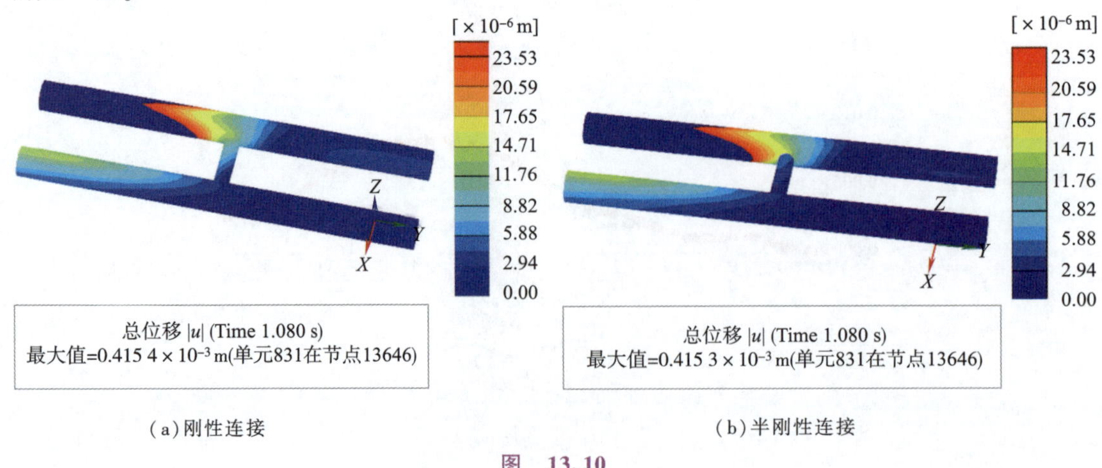

(a) 刚性连接　　(b) 半刚性连接

图　13.10

[×10⁻⁶ m]
14.00
12.00
10.00
8.00
6.00
4.00
2.00
0.00
Z
X
Y
总位移 |u| (Time 1.080 s)
最大值=0.014 04×10⁻³ m(单元508在节点7544)
[×10⁻⁶ m]
5.72
5.09
4.47
3.84
3.22
2.59
1.96
1.34
0.71
Z
X
Y
总位移 |u| (Time 1.080 s)
最大值=6.030×10⁻⁶ m(单元508在节点7544)

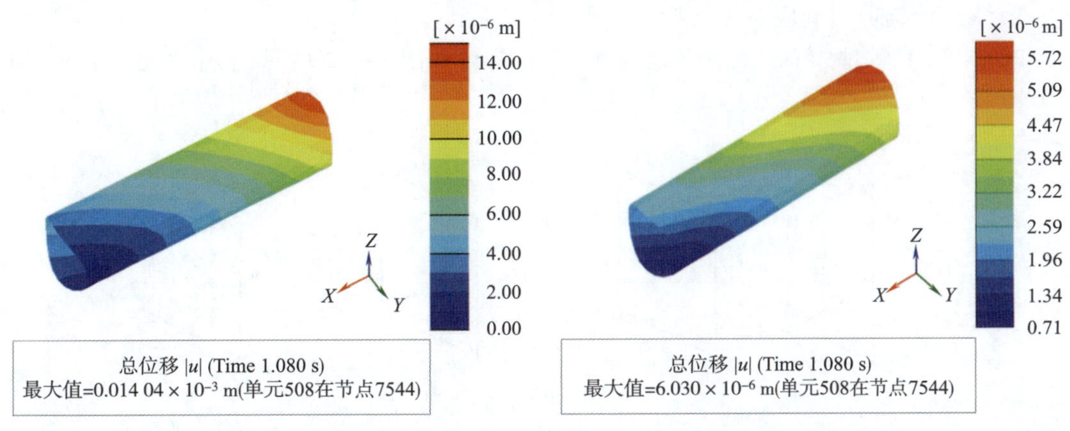

(c) 刚性连接　　　　(d) 半刚性连接

图 13.10　$T=1.08$ s 时隧道结构总位移响应

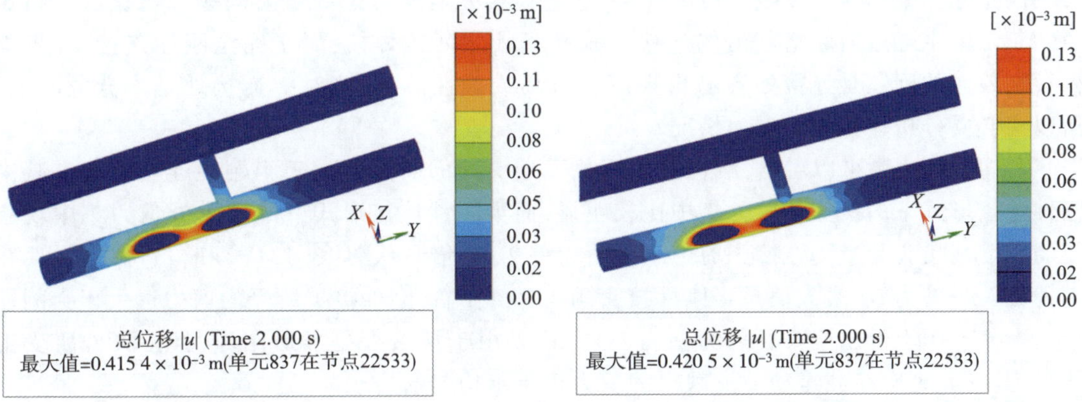

[×10⁻³ m]
0.13
0.11
0.10
0.08
0.06
0.05
0.03
0.02
0.00
X Z
Y
总位移 |u| (Time 2.000 s)
最大值=0.415 4×10⁻³ m(单元837在节点22533)
[×10⁻³ m]
0.13
0.11
0.10
0.08
0.06
0.05
0.03
0.02
0.00
X Z
Y
总位移 |u| (Time 2.000 s)
最大值=0.420 5×10⁻³ m(单元837在节点22533)

(a) 刚性连接　　　　(b) 半刚性连接

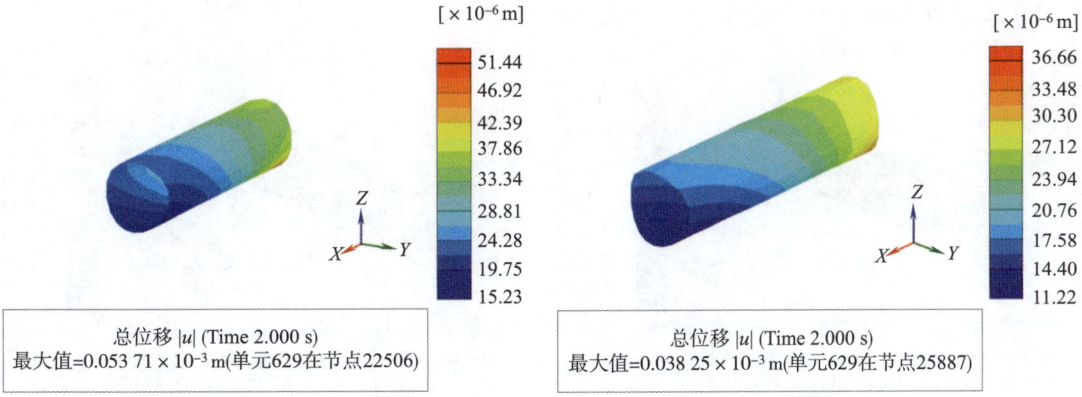

[×10⁻⁶ m]
51.44
46.92
42.39
37.86
33.34
28.81
24.28
19.75
15.23
Z
X
Y
总位移 |u| (Time 2.000 s)
最大值=0.053 71×10⁻³ m(单元629在节点22506)
[×10⁻⁶ m]
36.66
33.48
30.30
27.12
23.94
20.76
17.58
14.40
11.22
Z
X
Y
总位移 |u| (Time 2.000 s)
最大值=0.038 25×10⁻³ m(单元629在节点25887)

(c) 刚性连接　　　　(d) 半刚性连接

图 13.11　$T=2.0$ s 时隧道结构总位移响应

3. 隧道结构剪力响应对比分析

PLAXIS 3D 软件中有三种不同方向的剪力，具体如图 13.12 所示，其中隧道结构中轴向为 1，切向为 2，径向为 3。

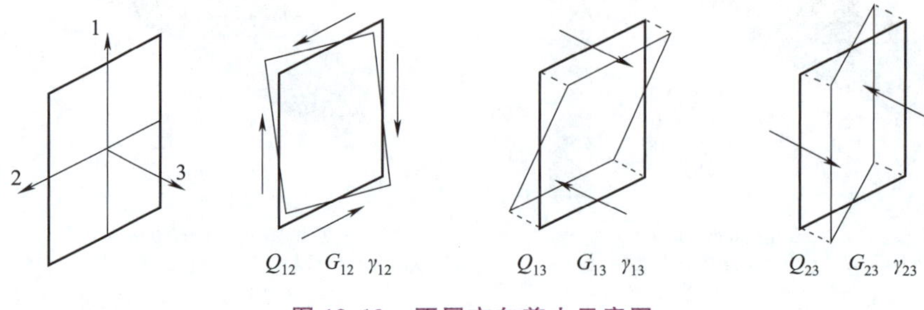

图 13.12 不同方向剪力示意图

根据三种剪力的定义可知，对于联络通道连接处的剪力影响最大的是 Q_{13} 剪力，该剪力反映的是连接处是否会发生错位的断裂，这是连接处需要考虑的重要问题。机械法联络通道的工法中主隧道与联络通道的连接形式是钢板之间的焊接，属于完全刚性连接，并且焊接存在最大的问题是连接处容易出现疲劳破坏或脆性破坏，这对于连接处是十分危险的，所以有必要分析连接处的受力情况。

从图 13.13 中可以看出，刚性连接形式下接头处的剪力都大于半刚性连接形式。其中刚性连接形式下的接头处剪力集中比较明显，而半刚性连接形式下的接头处剪力集中现象较弱。刚性接头与半刚性接头剪力最大值相差 2 ~5 倍。从图 13.13(e)和(f)可以看出，在刚性接头下剪力 Q_{13} 最大值是半刚性接头的 4.3 倍左右，刚性接头所受的剪力远大于半刚性接头。从云图上看出接头处剪力受力不均，这是由于接头处是异形圆环，且接头处所受土体压力不同，列车荷载运动下反映出的剪力也是不均匀的。

4. 隧道结构弯矩响应对比分析

PLAXIS 3D 软件中有三种不同方向的弯矩，具体方向定义如图 13.14 所示。其中隧道上的局部坐标为轴向为 1，切向为 2，径向为 3。

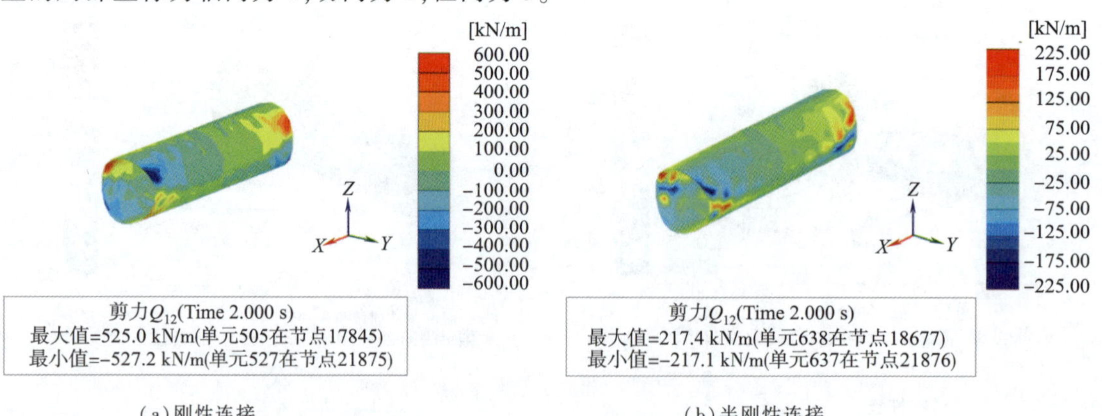

(a) 刚性连接　　(b) 半刚性连接

图 13.13

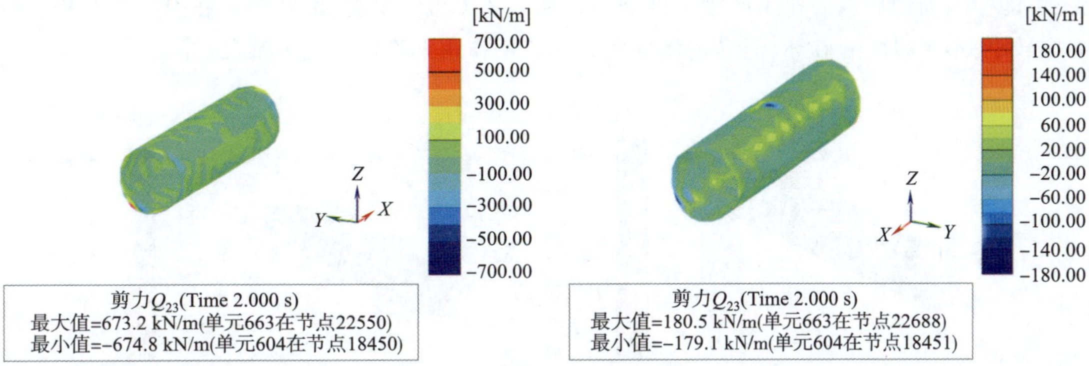

[kN/m]
700.00
500.00
300.00
100.00
−100.00
−300.00
−500.00
−700.00
Z
Y
X
剪力Q_{23}(Time 2.000 s)
最大值=673.2 kN/m(单元663在节点22550)
最小值=−674.8 kN/m(单元604在节点18450)
[kN/m]
180.00
140.00
100.00
60.00
20.00
−20.00
−60.00
−100.00
−140.00
−180.00
Z
X
Y
剪力Q_{23}(Time 2.000 s)
最大值=180.5 kN/m(单元663在节点22688)
最小值=−179.1 kN/m(单元604在节点18451)

(c)刚性连接　　　　(d)半刚性连接

[kN/m]
700.00
500.00
300.00
100.00
−100.00
−300.00
−500.00
−700.00
Z
X
Y
剪力Q_{13}(Time 2.000 s)
最大值=709.0 kN/m(单元629在节点25887)
最小值=−600.4 kN/m(单元508在节点7509)
[kN/m]
180.00
140.00
100.00
60.00
20.00
−20.00
−60.00
−100.00
−140.00
−180.00
Z
X
Y
剪力Q_{13}(Time 2.000 s)
最大值=159.7 kN/m(单元677在节点25785)
最小值=−162.3 kN/m(单元679在节点25433)

(e)刚性连接　　　　(f)半刚性连接

图 13.13　$T=2.0$ s 时联络通道上剪力响应

1
2
3
M_{12} κ_{12}
M_{11} κ_{11}
M_{22} κ_{22}

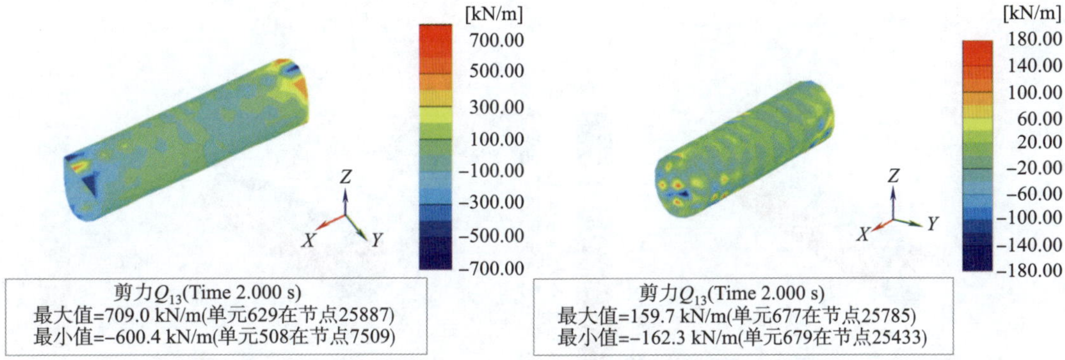

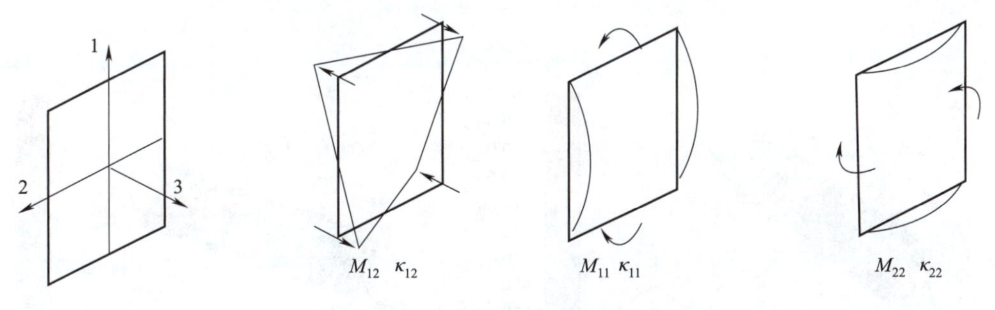

图 13.14　不同方向弯矩示意图

从图 13.15 可以看出,刚性连接形式下接头处的弯矩都大于半刚性连接形式。其中刚性连接形式下的接头处弯矩集中比较明显,而半刚性连接形式下接头处的弯矩集中现象较弱。图 13.15 反映的是隧道上三种不同的弯矩结果,不同弯矩反映了隧道不同方向的受力。其中弯矩 M_{11} 是影响接头处受到剪切破坏的主要弯矩,而其他两个弯矩对接头受力也有一定的影响。图 13.15 列车荷载作用下弯矩出现了不均匀的分布现象,是由于连接处的特殊形状以及四周土压力的不同等因素造成。对于机械法联络通道工法下由钢板焊接形成的接

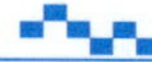

头,可能会因为动荷载的作用产生脆性破坏。从上述模拟结果看,由列车荷载引起的结构弯矩响应较小,不足以引起破坏,但是仍然需要关注长期作用下连接处受力情况。

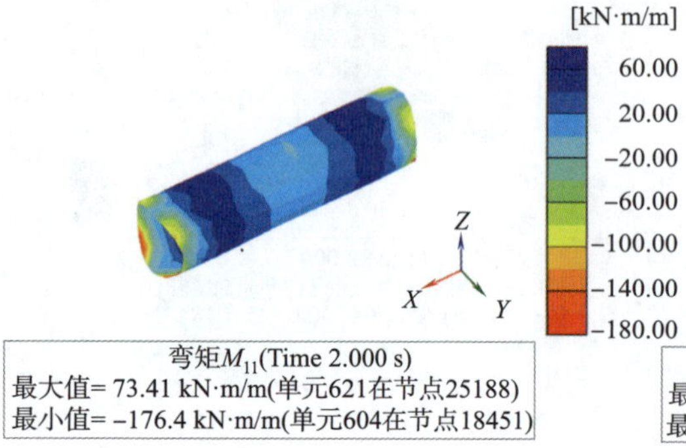
[kN·m/m]
60.00
20.00
−20.00
−60.00
−100.00
−140.00
−180.00
Z
X
Y
弯矩M11(Time 2.000 s)
最大值= 73.41 kN·m/m(单元621在节点25188)
最小值= −176.4 kN·m/m(单元604在节点18451)

(a)刚性连接

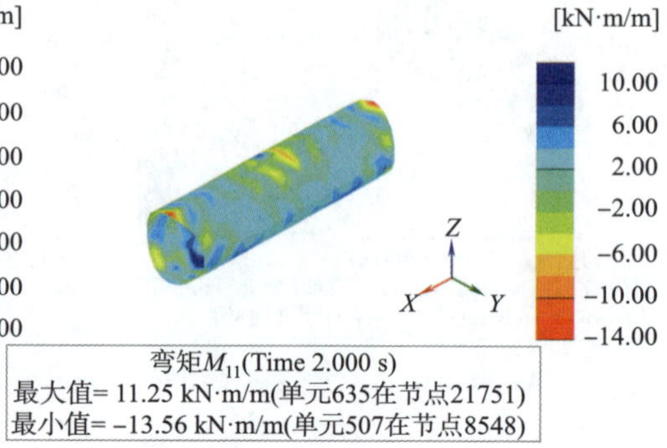
[kN·m/m]
10.00
6.00
2.00
−2.00
−6.00
−10.00
−14.00
Z
X
Y
弯矩M11(Time 2.000 s)
最大值= 11.25 kN·m/m(单元635在节点21751)
最小值= −13.56 kN·m/m(单元507在节点8548)

(b)半刚性连接

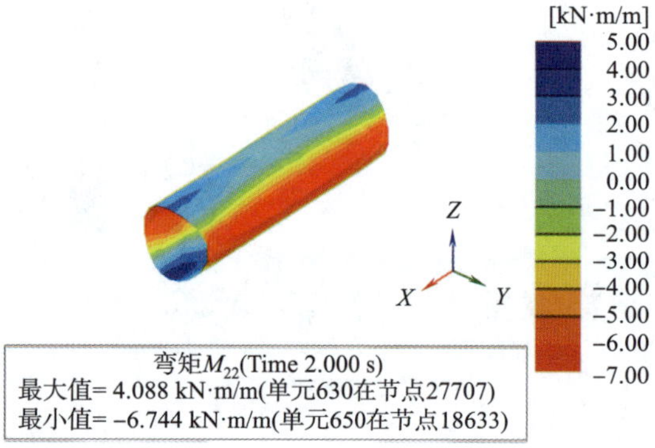
[kN·m/m]
5.00
4.00
3.00
2.00
1.00
0.00
−1.00
−2.00
−3.00
−4.00
−5.00
−6.00
−7.00
Z
X
Y
弯矩M22(Time 2.000 s)
最大值= 4.088 kN·m/m(单元630在节点27707)
最小值= −6.744 kN·m/m(单元650在节点18633)

(c)刚性连接

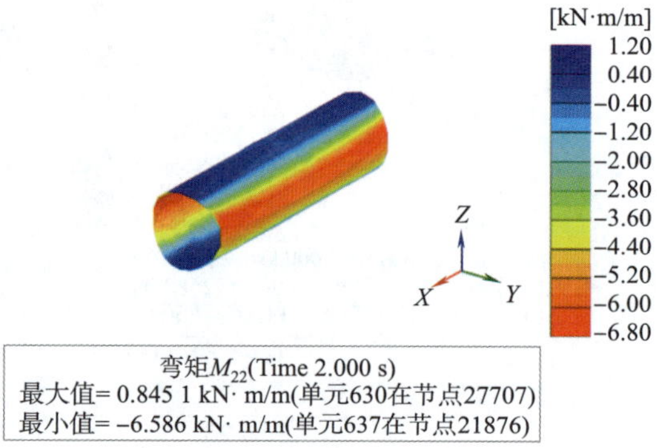
[kN·m/m]
1.20
0.40
−0.40
−1.20
−2.00
−2.80
−3.60
−4.40
−5.20
−6.00
−6.80
Z
X
Y
弯矩M22(Time 2.000 s)
最大值= 0.845 1 kN· m/m(单元630在节点27707)
最小值= −6.586 kN· m/m(单元637在节点21876)

(d)半刚性连接

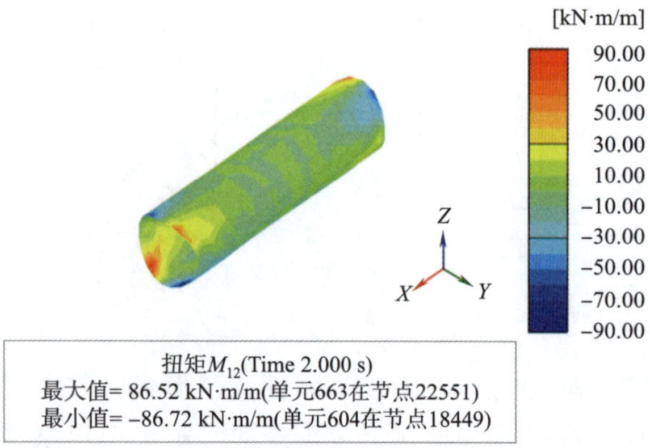
[kN·m/m]
90.00
70.00
50.00
30.00
10.00
−10.00
−30.00
−50.00
−70.00
−90.00
Z
X
Y
扭矩M12(Time 2.000 s)
最大值= 86.52 kN·m/m(单元663在节点22551)
最小值= −86.72 kN·m/m(单元604在节点18449)

(e)刚性连接

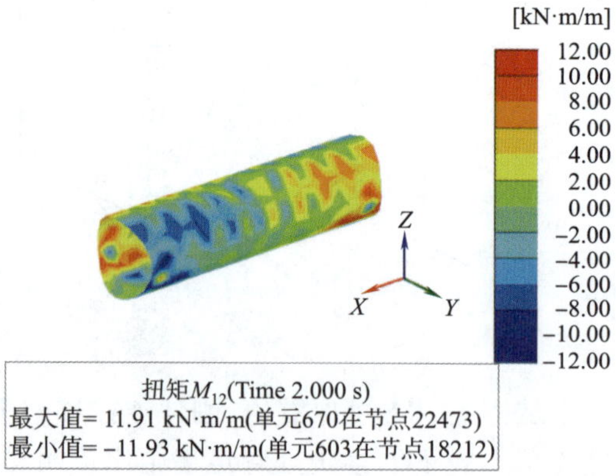
[kN·m/m]
12.00
10.00
8.00
6.00
4.00
2.00
0.00
−2.00
−4.00
−6.00
−8.00
−10.00
−12.00
Z
X
Y
扭矩M12(Time 2.000 s)
最大值= 11.91 kN·m/m(单元670在节点22473)
最小值= −11.93 kN·m/m(单元603在节点18212)

(f)半刚性连接

图 13.15 $T=2.0$ s 时联络通道上弯矩响应

13.3.2　双线对开列车荷载

1. 隧道加速度响应对比分析

图 13.16 为双线对开列车荷载作用下隧道上特征点的加速度响应值,其特征点取值单向列车荷载相同。图 13.16(a)、(b)和(c)为左侧主隧道与联络通道连接处上部的点,图 13.16(a)主隧道上的特征点,半刚性连接工况下的加速响应值大于刚性连接,图 13.16(b)和(c)两幅图比较相似,图上刚性连接工况下的加速度响应值大于半刚性连接。这是因为两种连接形式对于加速度的传递效果不一样,半刚性连接接头处不能完全传递加速度,在接头处加速度有大幅度的衰减,而刚性连接接头可以较好地传递加速度,加速度的衰减量小。

图 13.16(d)、(e)和(f)为左侧主隧道与联络通道连接处下部的点,图 13.16(d)为主隧道上的特征点,半刚性连接工况下的加速度响应值大于刚性连接,图 13.16(e)为主隧道与联络通道接头处的特征点,从图上可知,半刚性连接工况下的加速度响应值要大于刚性连接。从图 13.16(d)到(e)的传递过程中,半刚性连接工况下的加速度响应值几乎未衰减,而刚性连接工况下的加速度响应值有所衰减。图 13.16(f)为联络通道上的特征点,由图可知,刚性连接工况下的加速度响应值稍大于半刚性连接工况。图 13.16(d)、(e)和(f)说明,经过不同连接形式后,加速度传递情况大不相同,刚性连接能较好地传递加速度,而半刚性连接对于加速度有较强的吸收作用,使得加速度经过接头处之后出现大幅度衰减。

图 13.16(g)、(h)和(i)为右侧主隧道与联络通道连接处上部的点,其特点与图 13.16(a)、(b)和(c)三点类似,因为隧道的对称性与荷载的对称性作用,使得左右两侧主隧道与联络通道的连接处受力情况类似,包括加速度的响应值也差不多。同理图 13.16(j)、(k)和(l)特征点与前述的图 13.16(d)、(e)和(f)所反映的变化规律类似。

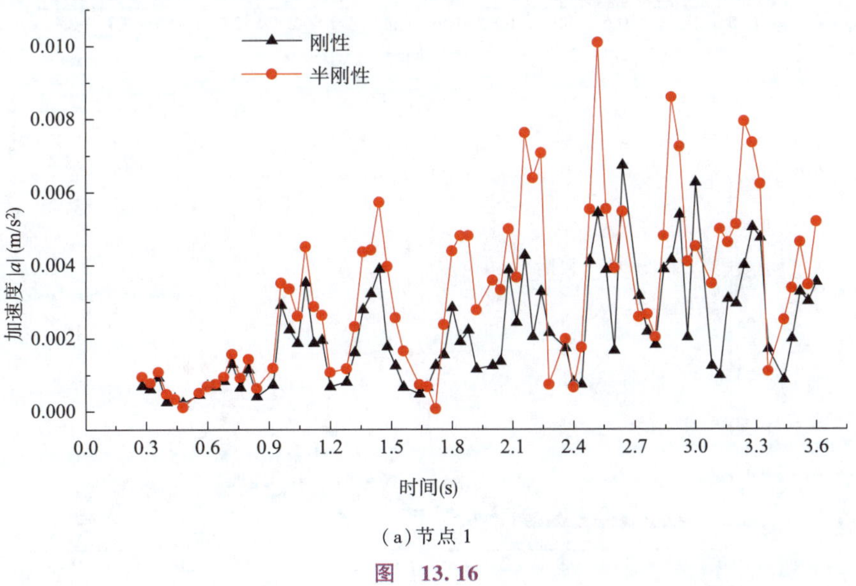

(a)节点 1

图　13.16

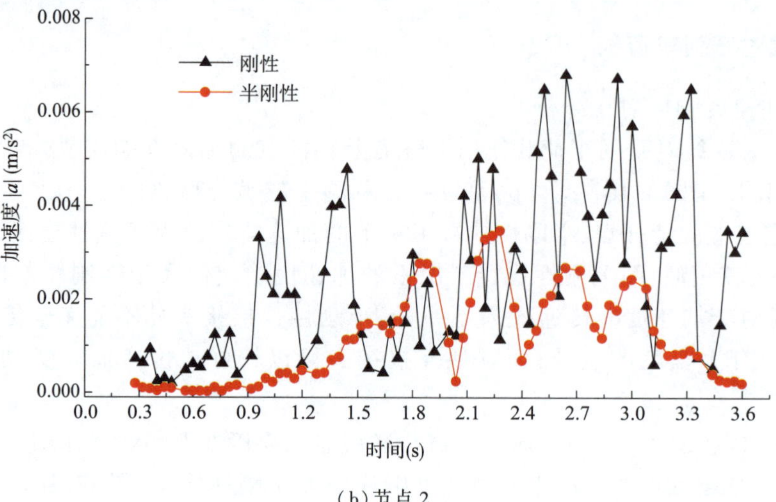

(b) 节点 2

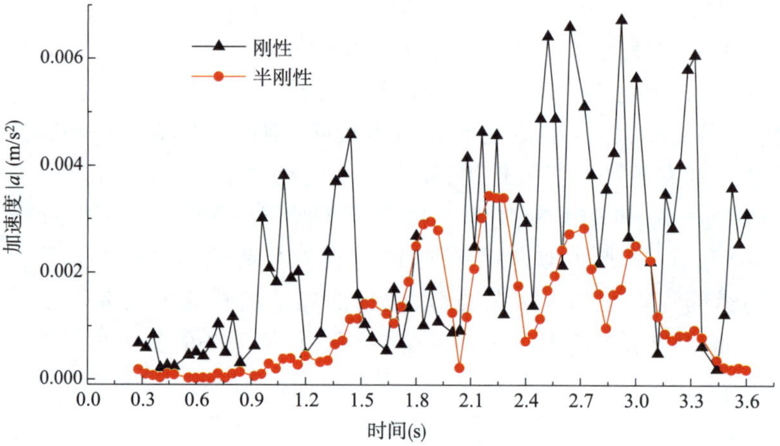

(c) 节点 3

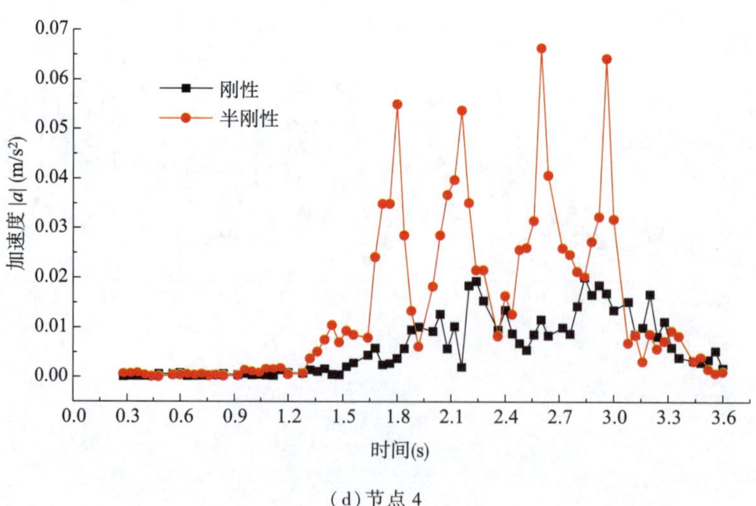

(d) 节点 4

图 13.16

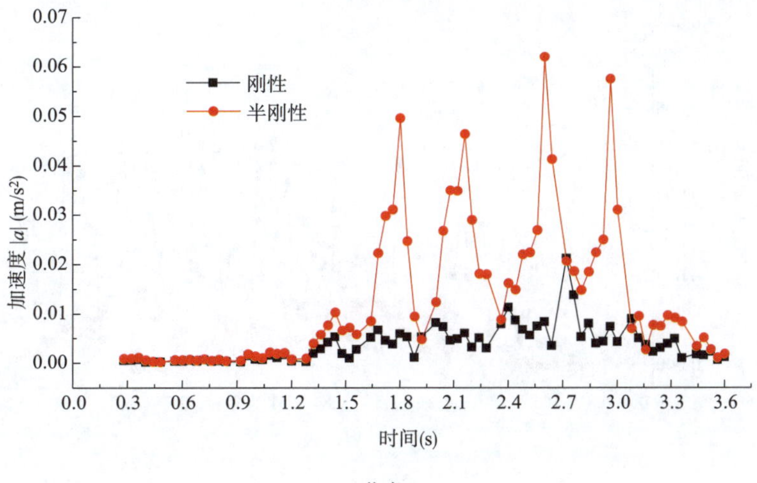

(e)节点 5

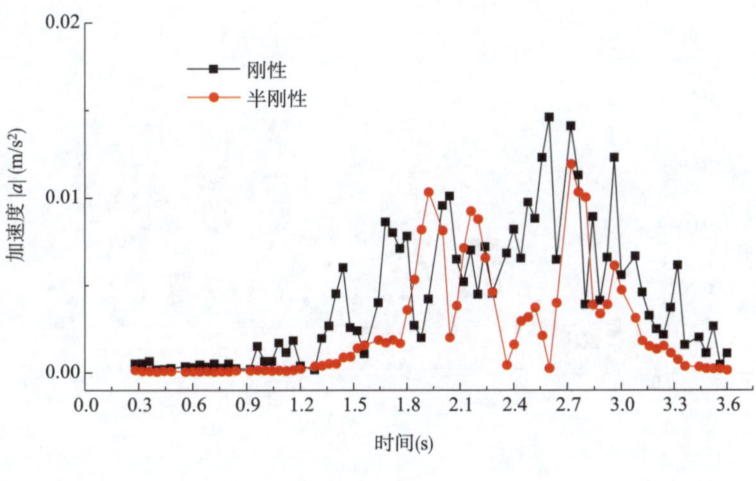

(f)节点 6

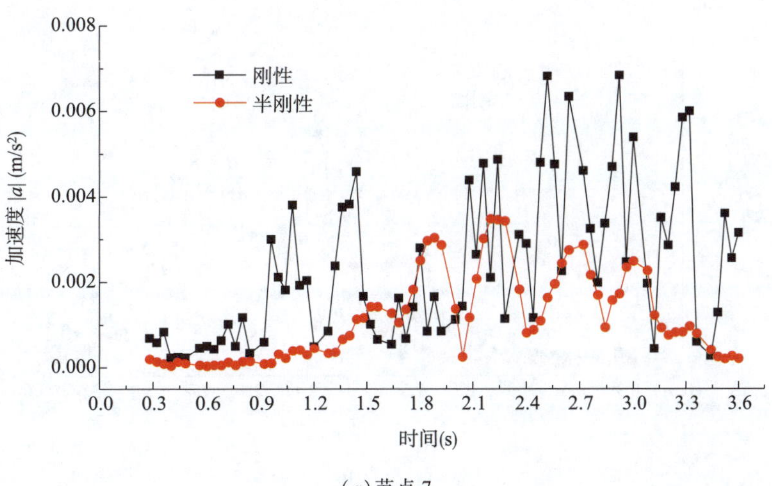

(g)节点 7

图　13.16

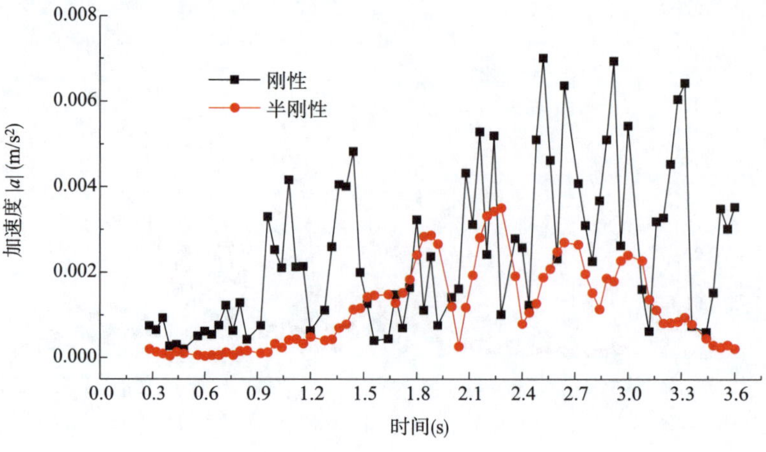

(h) 节点 8

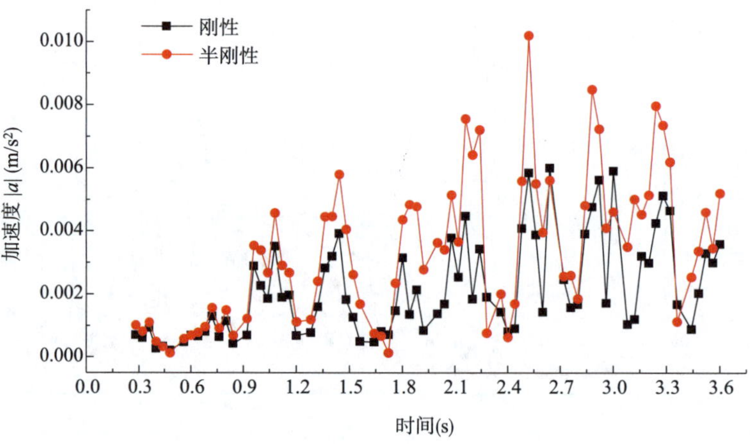

(i) 节点 9

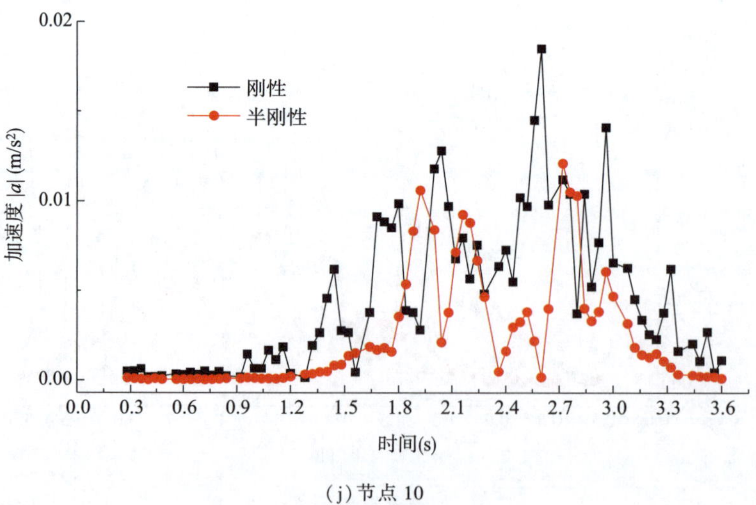

(j) 节点 10

图 13.16

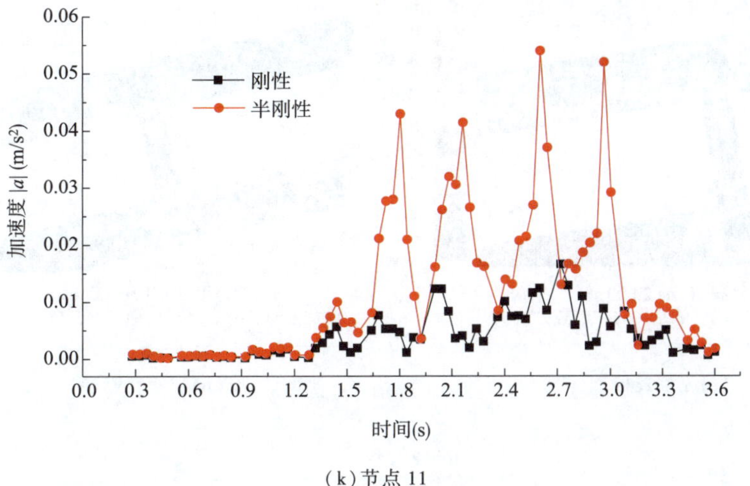

(k) 节点 11

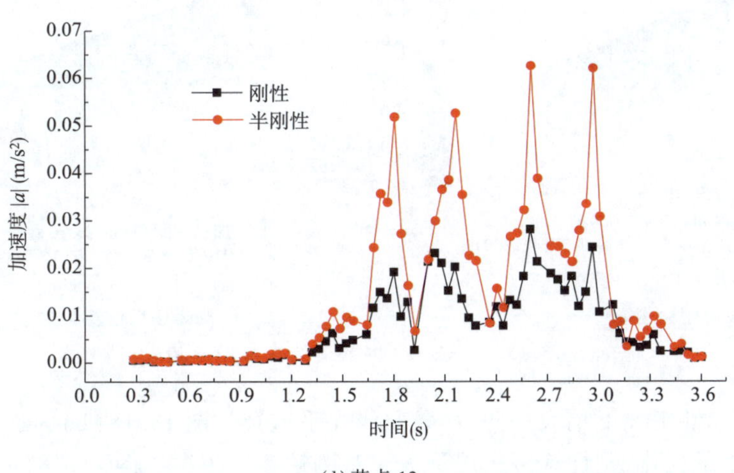

(l) 节点 12

图 13.16　隧道上特征点的加速度响应

图 13.17 为 $T=2.0$ s 时隧道结构加速度响应云图，由图 13.17(a) 和 (b) 可知，刚性连接工况下主隧道与联络通道之间的加速度响应值呈现整体渐变的状况，而半刚性连接工况下主隧道与联络通道之间的加速度响应出现断层式变化。从图 13.17(c) 和 (d) 中看出刚性连接工况下联络通道的最大加速度响应比半刚性连接工况下联络通道的大，两种不同工况下列车荷载产生的加速度响应最大值较为接近。说明当列车荷载离联络通道较近时，两种不同连接方式的情况相似，刚性连接工况下受到的影响大些。

2. 隧道位移响应对比分析

由于列车荷载为双向对开荷载，加上结构本身的对称性，所以左右两侧主隧道上节点的位移响应也是对称的。在双向对开荷载作用下 1 ~ 6 节点处的位移响应如图 13.18(a) ~ (f) 所示，并且分别与 9,8,7,12,11,10 节点的位移响应相同。

图 13.18(a)、(b) 和 (c) 为左侧主隧道与联络通道连接处上部的点，图 13.18(a) 为主隧道上的特征点，该点离荷载最远，从图上可以看出，刚性连接工况与半刚性连接工况下位移

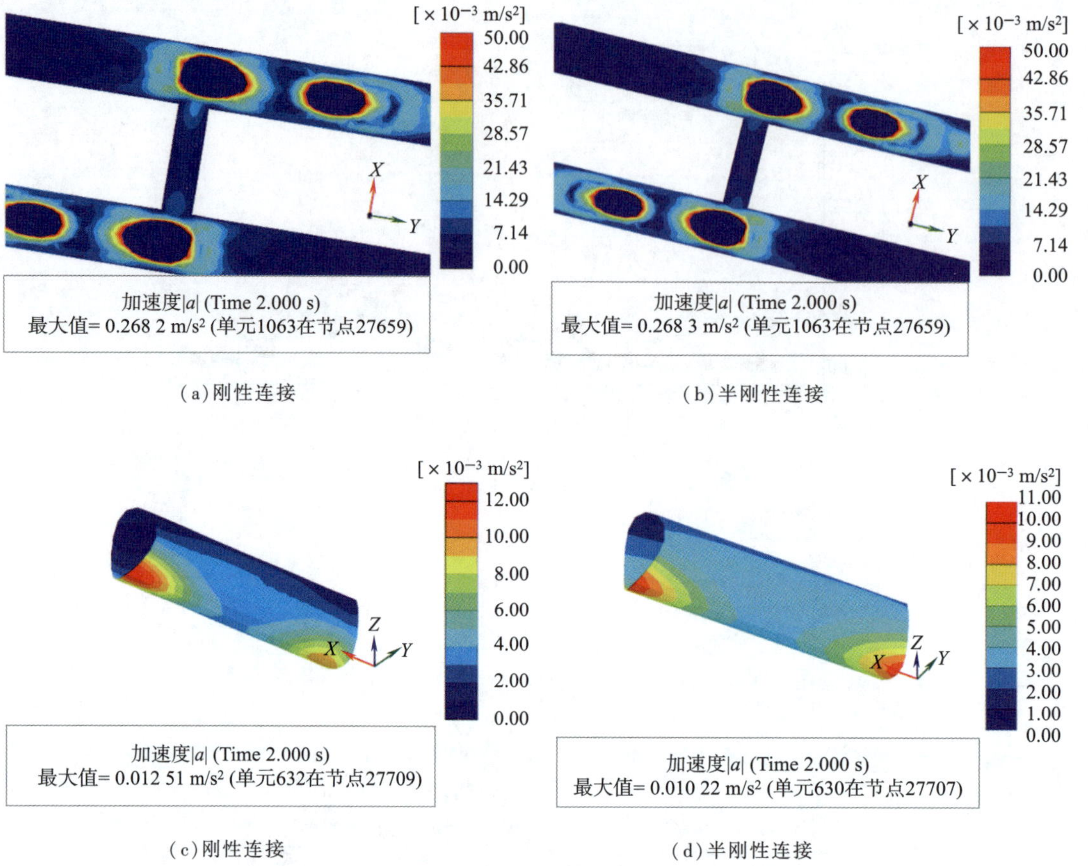

加速度|a| (Time 2.000 s)
最大值= 0.268 2 m/s² (单元1063在节点27659)

(a)刚性连接

加速度|a| (Time 2.000 s)
最大值= 0.268 3 m/s² (单元1063在节点27659)

(b)半刚性连接

加速度|a| (Time 2.000 s)
最大值= 0.012 51 m/s² (单元632在节点27709)

(c)刚性连接

加速度|a| (Time 2.000 s)
最大值= 0.010 22 m/s² (单元630在节点27707)

(d)半刚性连接

图 13.17　*T*=2.0 s 时隧道结构加速度响应

响应值差不多,刚性工况下稍大一些,两条曲线几乎重合。图 13.18(b)为连接处的点,位移响应在该点发生了变化,刚性连接工况下大于半刚性连接工况。图 13.18(c)点为联络通道上的点,该特征点上位移响应值刚性连接工况大于半刚性连接工况,其曲线分布与图 13.18(b)类似。

图 13.18(d)、(e)和(f)为左侧主隧道与联络通道连接处下部的点。其中图 13.18(d)为主隧道上的特征点,由图可知,半刚性连接工况下的位移响应大于刚性连接工况。图 13.18(e)为连接处的点,其与图 13.18(d)的情况一样,不再描述。图 13.18(f)为联络通道上的点,由图可知,刚性连接工况下的位移响应大于半刚性工况下。对比图 13.18(d)、(e)和(f)可知,半刚性连接能阻隔大量列车荷载引起的位移,而刚性连接能传递绝大多数的位移响应。这说明半刚性连接更容易消除位移响应的影响,而刚性连接能传递多数位移响应。

综上所述,当列车荷载运动到联络通道附近时的位移响应值最大;刚性连接工况对于位移传递的效率大于半刚性连接;本次模拟了一节车厢的列车荷载效应,从位移响应来看,前后轮有位移叠加的效果,若是整条列车荷载作用可能引起更大的位移响应值。

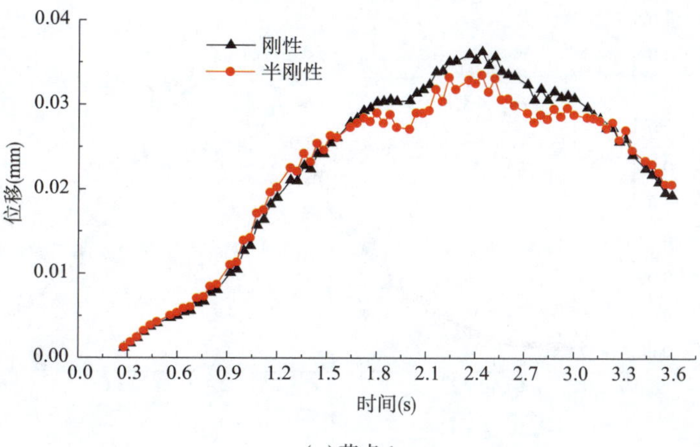

(a) 节点 1

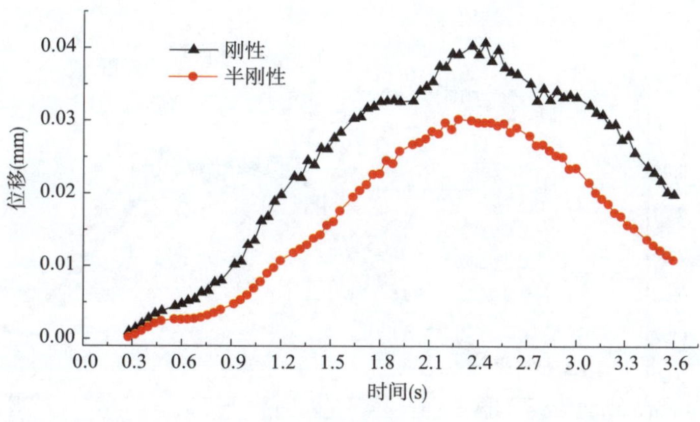

(b) 节点 2

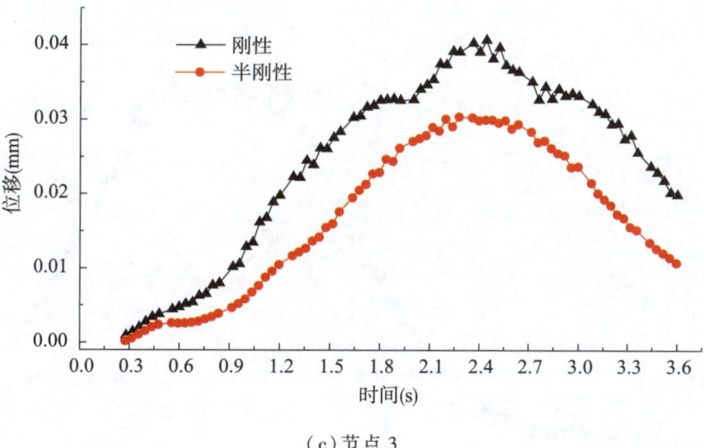

(c) 节点 3

图　13. 18

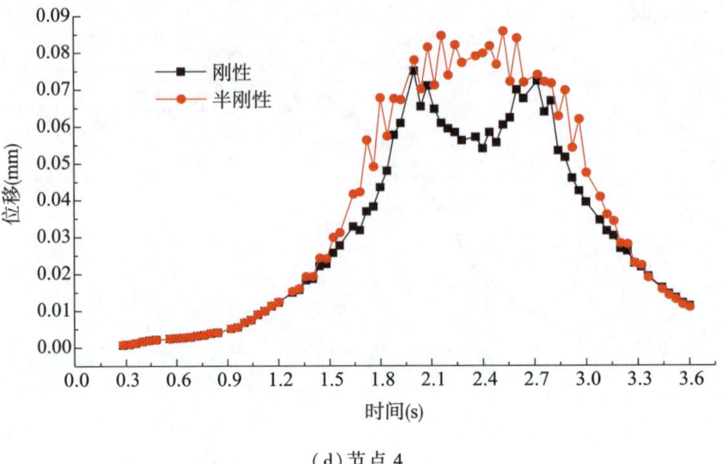

(d)节点 4

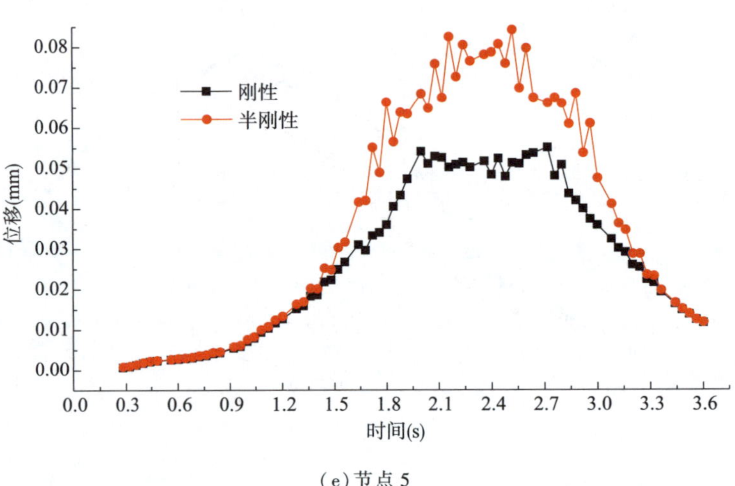

(e)节点 5

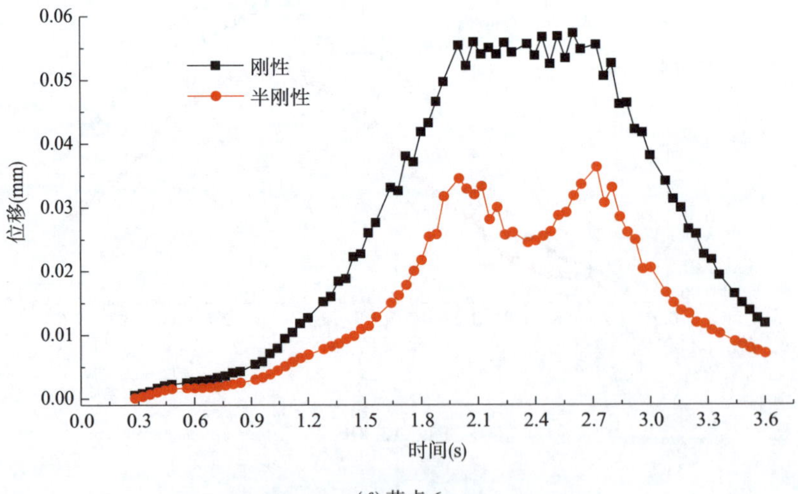

(f)节点 6

图 13.18　隧道特征点的位移响应

图 13.19 为 $T=2.0$ s 时隧道上的位移响应云图,此时列车荷载运动到联络通道附近,联络通道上的位移响应值接近最大值,但是两种连接形式下位移响应的最大值差距不大。这说明当荷载在近处时,刚性连接形式与半刚性连接形式下隧道的位移响应相接近,刚性连接形式稍大一些。

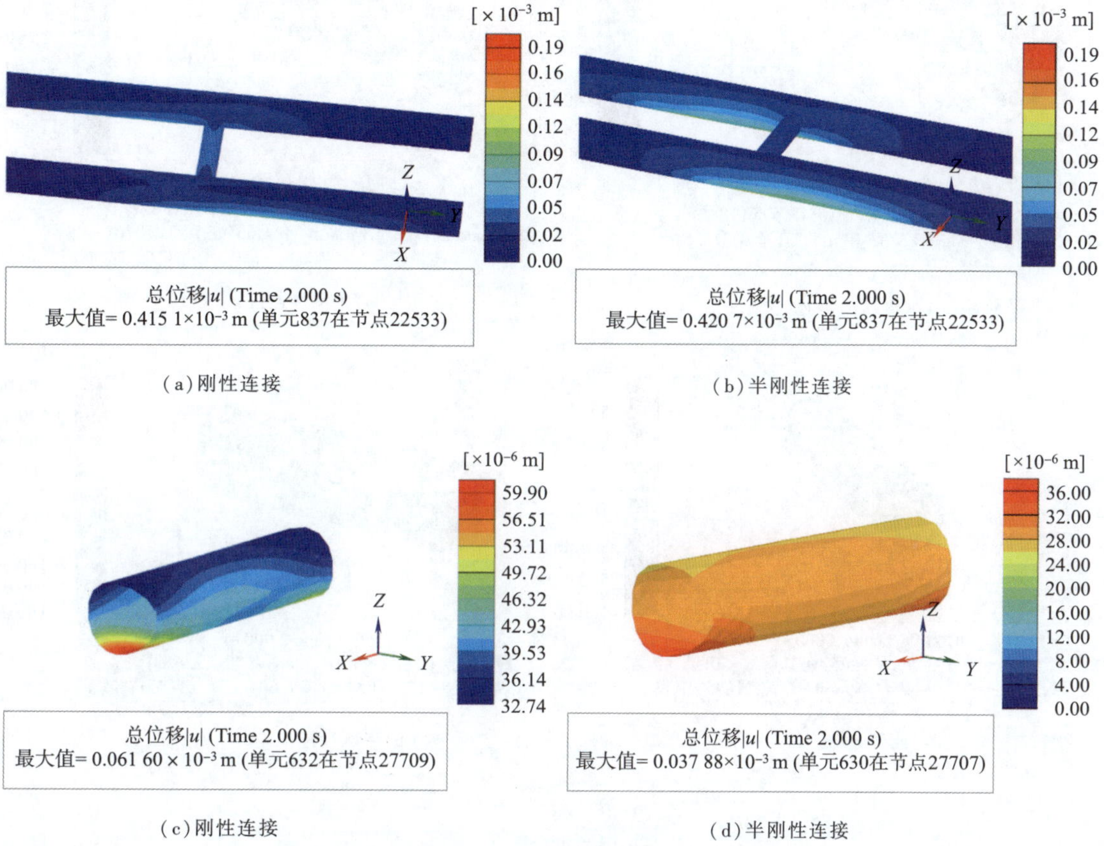
[×10⁻³ m]
0.19
0.16
0.14
0.12
0.09
0.07
0.05
0.02
0.00
总位移|u| (Time 2.000 s)
最大值= 0.415 1×10⁻³ m (单元837在节点22533)
[×10⁻³ m]
0.19
0.16
0.14
0.12
0.09
0.07
0.05
0.02
0.00
总位移|u| (Time 2.000 s)
最大值= 0.420 7×10⁻³ m (单元837在节点22533)
[×10⁻⁶ m]
59.90
56.51
53.11
49.72
46.32
42.93
39.53
36.14
32.74
总位移|u| (Time 2.000 s)
最大值= 0.061 60 × 10⁻³ m (单元632在节点27709)
[×10⁻⁶ m]
36.00
32.00
28.00
24.00
20.00
16.00
12.00
8.00
4.00
0.00
总位移|u| (Time 2.000 s)
最大值= 0.037 88×10⁻³ m (单元630在节点27707)
X
Y
Z

(a)刚性连接　(b)半刚性连接

(c)刚性连接　(d)半刚性连接

图 13.19　$T=2.0$ s 时隧道结构位移响应

3. 隧道结构剪力响应对比分析

根据三种剪力的定义(图 13.12)可知,对于联络通道连接处的剪力影响最大的是 Q_{13} 剪力,该剪力反映的是连接处是否会发生错位的断裂,这是连接处需要考虑的重要问题。机械法联络通道的工法中主隧道与联络通道的连接是钢板之间焊接,属于完全刚性连接,并且焊接存在最大的问题就是连接处容易出现脆性破坏,所以有必要分析连接处的受力情况。由图 13.20 可知,刚性连接形式下接头处的剪力都大于半刚性连接形式。其中刚性连接形式下的接头处剪力集中明显,而半刚性连接形式下接头处剪力集中现象不明显;刚性接头与半刚性接头剪力最大值相差 2 ~ 5 倍左右。从图 13.20(e)和(f)可以看出在刚性接头下剪力 Q_{13} 最大值是半刚性接头的 4.35 倍左右,刚性接头所受的剪力远大于半刚性接头。说明刚性接头可能更容易发生疲劳破坏。从云图上看出接头处剪力受力不均,这是由于接头处是异形圆环,且接头处所受土体压力不同,导致列车荷载运动下反映出的剪力也是不均匀的。

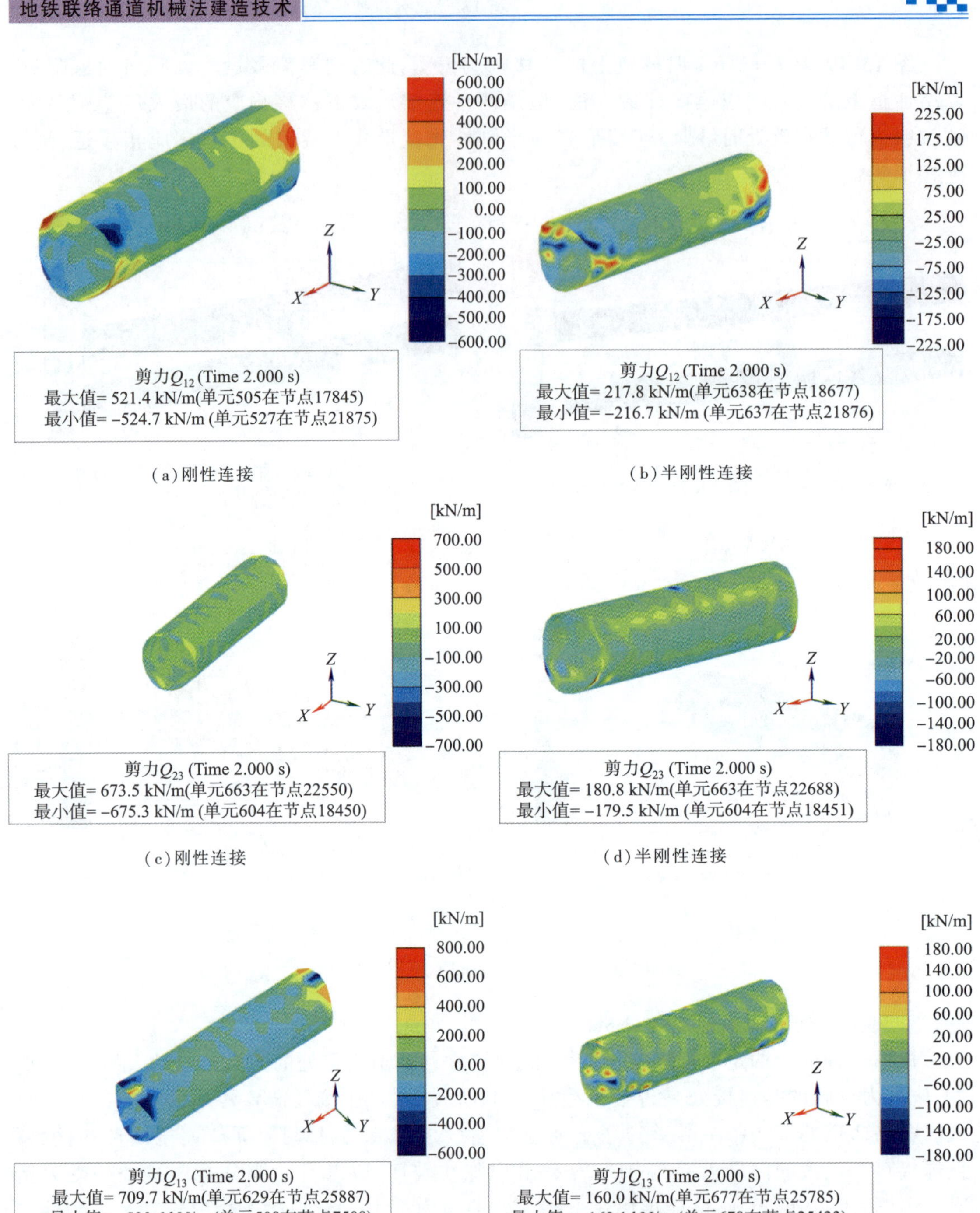

(a) 刚性连接　(b) 半刚性连接

(c) 刚性连接　(d) 半刚性连接

(e) 刚性连接　(f) 半刚性连接

图 13.20　$T=2.0$ s 时联络通道上剪力响应

4. 隧道结构弯矩响应对比分析

图 13.21 反映的是隧道上三种不同方向的弯矩结果(弯矩方向定义如图 13.14 所示),不同弯矩反映了隧道不同方向的受力。其中弯矩 M_{11} 是影响接头处受到剪切破坏的主要弯

矩。图 13.21 列车荷载作用下弯矩出现了不均匀的分布现象,是由于连接处的特殊形状以及四周土压力的不同等因素造成。其中刚性连接形式下接头处的弯矩集中现象显著,需引起注意。特别对于机械法联络通道工法下由钢板之间焊接形成的接头,可能会因为动荷载的作用产生脆性破坏。从数值模拟结果看到,由列车荷载引起的结构弯矩响应较小,不足以引起破坏,但是长期作用下还是存在一定危险,需引起关注。

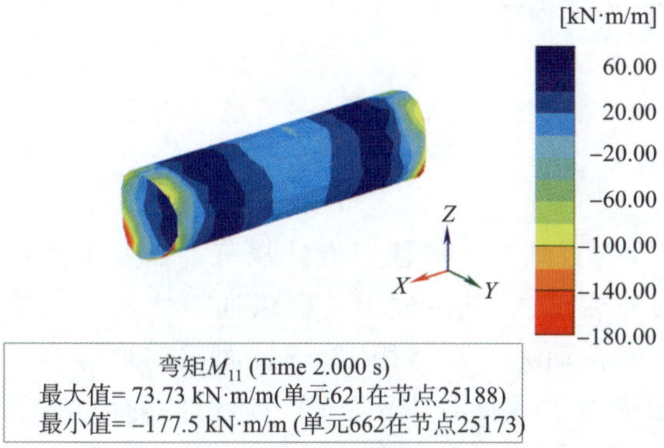
[kN·m/m]
60.00
20.00
−20.00
−60.00
−100.00
−140.00
−180.00
Z
X
Y
弯矩M_{11} (Time 2.000 s)
最大值= 73.73 kN·m/m(单元621在节点25188)
最小值= −177.5 kN·m/m (单元662在节点25173)

(a) 刚性连接

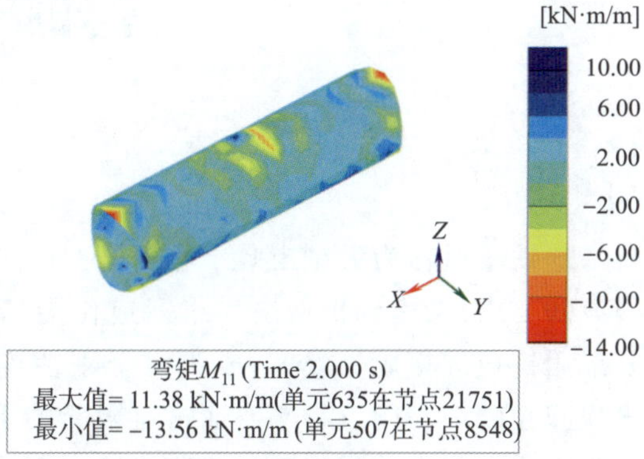
[kN·m/m]
10.00
6.00
2.00
−2.00
−6.00
−10.00
−14.00
Z
X
Y
弯矩M_{11} (Time 2.000 s)
最大值= 11.38 kN·m/m(单元635在节点21751)
最小值= −13.56 kN·m/m (单元507在节点8548)

(b) 半刚性连接

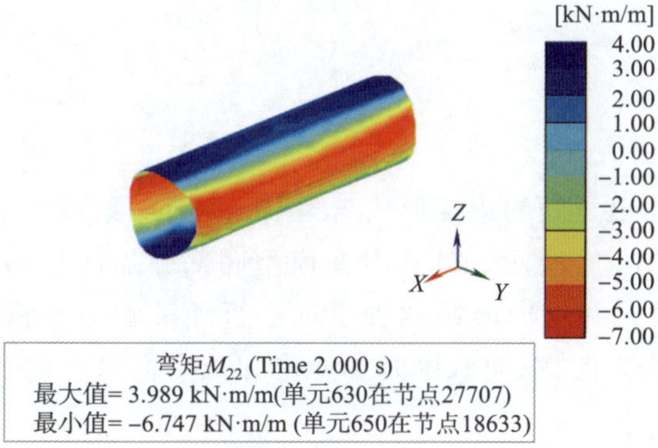
[kN·m/m]
4.00
3.00
2.00
1.00
0.00
−1.00
−2.00
−3.00
−4.00
−5.00
−6.00
−7.00
Z
X
Y
弯矩M_{22} (Time 2.000 s)
最大值= 3.989 kN·m/m(单元630在节点27707)
最小值= −6.747 kN·m/m (单元650在节点18633)

(c) 刚性连接

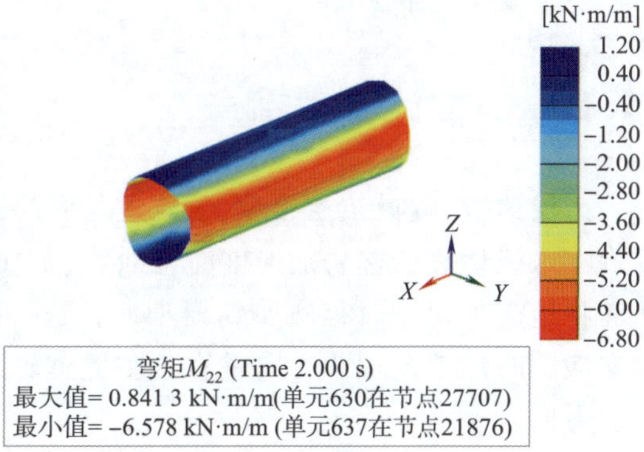
[kN·m/m]
1.20
0.40
−0.40
−1.20
−2.00
−2.80
−3.60
−4.40
−5.20
−6.00
−6.80
Z
X
Y
弯矩M_{22} (Time 2.000 s)
最大值= 0.841 3 kN·m/m(单元630在节点27707)
最小值= −6.578 kN·m/m (单元637在节点21876)

(d) 半刚性连接

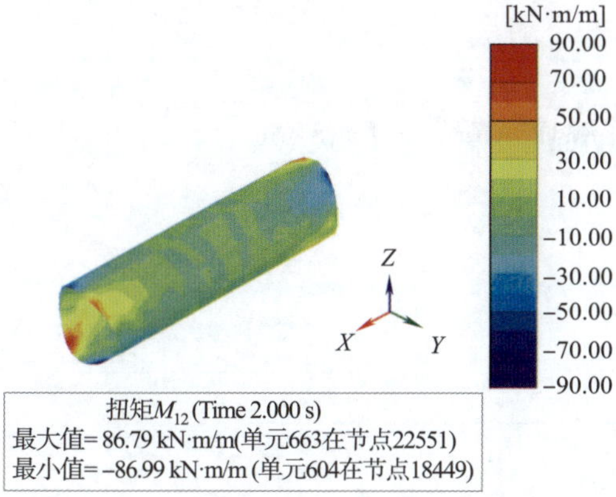
[kN·m/m]
90.00
70.00
50.00
30.00
10.00
−10.00
−30.00
−50.00
−70.00
−90.00
Z
X
Y
扭矩M_{12} (Time 2.000 s)
最大值= 86.79 kN·m/m(单元663在节点22551)
最小值= −86.99 kN·m/m (单元604在节点18449)

(e) 刚性连接

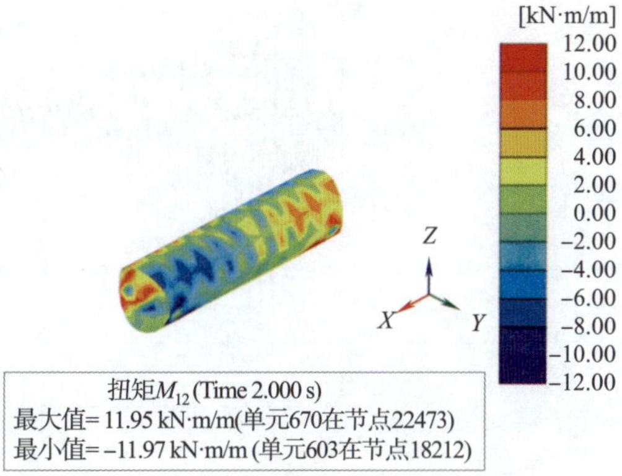
[kN·m/m]
12.00
10.00
8.00
6.00
4.00
2.00
0.00
−2.00
−4.00
−6.00
−8.00
−10.00
−12.00
Z
X
Y
扭矩M_{12} (Time 2.000 s)
最大值= 11.95 kN·m/m(单元670在节点22473)
最小值= −11.97 kN·m/m (单元603在节点18212)

(f) 半刚性连接

图 13.21　T = 2.0 s 时隧道结构加速度响应

第 14 章　地震荷载下联络通道—隧道动力有限元分析

14.1　概　　述

地铁隧道作为大型市政工程，其设计年限为一百年。一般按照设计规范都需要考虑地震设防要求，考虑到机械法联络通道作为新的施工工艺，其主隧道与联络通道之间的连接处采用钢板焊接成为整体，成为完全刚性连接。在动力荷载作用下，焊接而成的焊缝容易出现脆性破坏。所以有必要通过有限元的手段研究地震荷载作用下联络通道的受力情况，分析不同方向的地震荷载对于联络通道影响情况。特别需要注意连接处的受力情况，研究不同连接接头的变形及受力情况，为考虑地震荷载设计提供一定的参考及借鉴意义，使得结构更加安全可靠。

14.2　模型计算参数

土层参数、隧道结构参数、主隧道与联络通道之间的连接形式与第 13 章相同，地震波选用现实八级地震的基岩加速度时程曲线，如图 14.1 所示。计算时在模型底部施加面位移，从而将地震加速度时程施加到模型底面，分横向和纵向激励两种工况进行地震响应分析，横向激励时加速度加载方向垂直于主隧道轴线方向，纵向激励时加速度加载方向沿主隧道轴线方向。

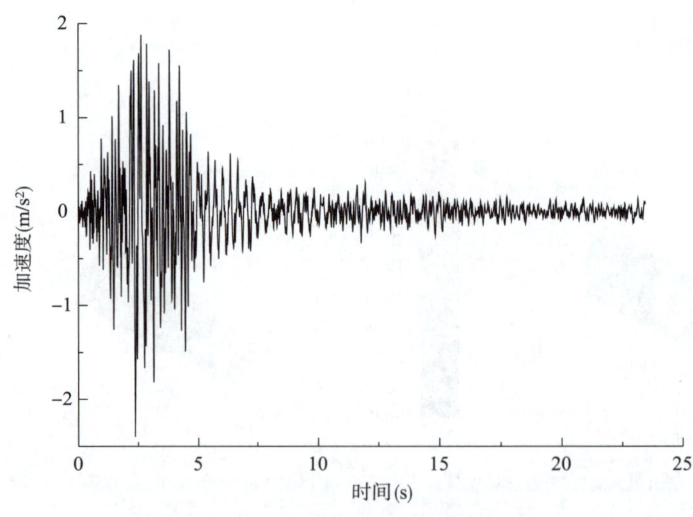

图 14.1　八级地震加速度时程曲线

由于研究目的不在隧道的开挖上，而是在不同地震荷载对不同联络通道连接方式上，所以前期隧道的开挖就按照最简单施工步进行，把计算重点放在不同方向的地震荷载作用上。

步骤一：地应力平衡；

步骤二：主隧道施工；

步骤三：联络通道施工；

步骤四：位移清零；

步骤五：地震作用计算。

本次试验需要研究的不同因素主要有两点，一点是不同方向的地震荷载，另一点是主隧道与联络通道连接接头的形式不同。具体分为 4 个工况，见表 14.1。

表 14.1　工况说明

工况一	x 方向地震荷载，刚性连接
工况二	x 方向地震荷载，半刚性连接
工况三	y 方向地震荷载，刚性连接
工况四	y 方向地震荷载，半刚性连接

14.3　结果分析

在地震荷载作用下，分别分析隧道的加速度响应、隧道的位移响应和联络通道接头附近的剪力、弯矩等力学指标。在模型中选择如图 14.2 所示的节点，用于分析地震荷载作用下不同接头形式对于加速度响应、位移响应及隧道的相应力学指标的影响。由于结构的对称性，仅取左半边的节点进行相应分析。

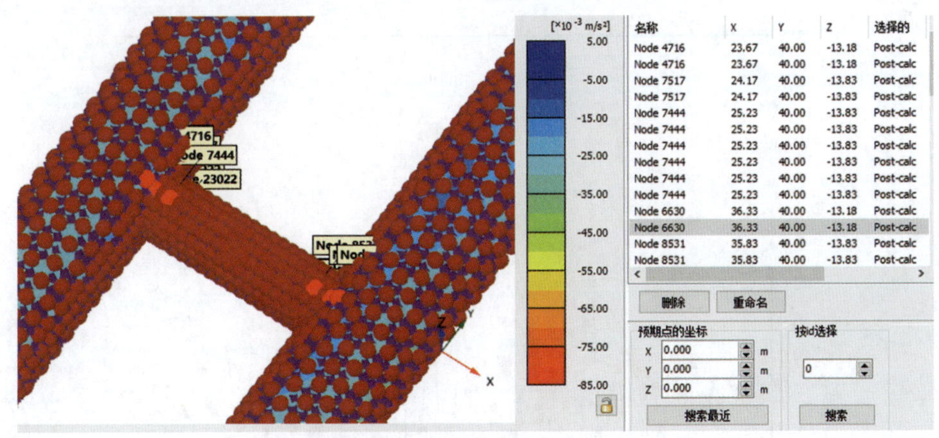

(a)模型内选点

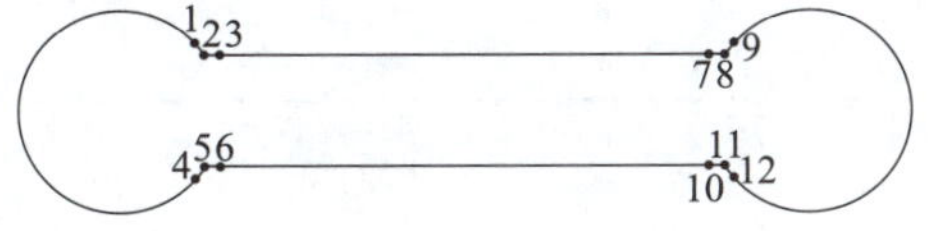

(b)选点标记顺序示意图

图 14.2　节点的位置示意图

14.3.1 x 方向地震荷载作用

1. 加速度响应值分析

计算结果表明,在 x 向激振作用下,盾构隧道和联络通道主要产生的加速度响应为 x 方向,而在其他方向的加速度很小就不作分析。由于结构的对称性,给出左侧隧道相应节点的加速度响应时程曲线,如图 14.3 所示。图 14.3(a)、(b)和(c)分别为左侧隧道上部连接处的节点,可以看出:主隧道上的节点刚性连接工况下的加速度响应最大值大于半刚性连接,其加速度响应随着地震波的变化而变化。在联络通道及连接处的节点,由地震荷载引起的加速度响应值半刚性连接工况下的大于刚性连接工况。图中还能看出联络通道上的节点加速度响应要大于主隧道上的节点。

图 14.3(d)、(e)和(f)分别为左侧隧道下部连接处的节点,主隧道上的节点在两种不同连接工况下反映出的加速度响应值几乎相等,但联络通道上的节点则表现出半刚性连接工况下的加速度响应值大于刚性连接。结论与上部连接处的相同,这说明地震荷载作用引起联络通道的加速度响应值要大于主隧道。

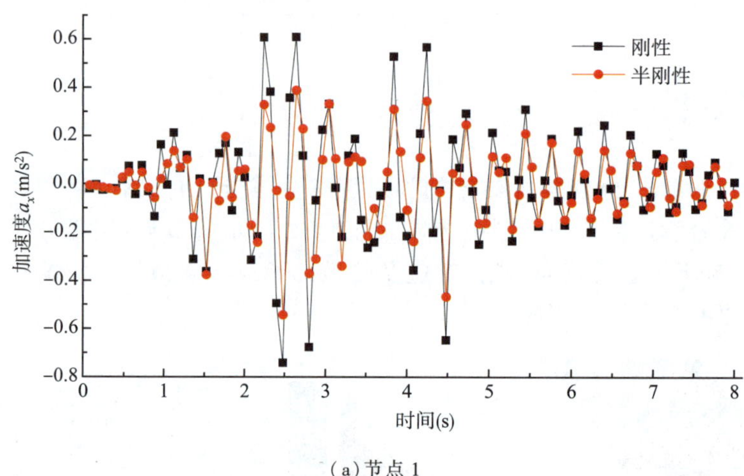

(a)节点 1

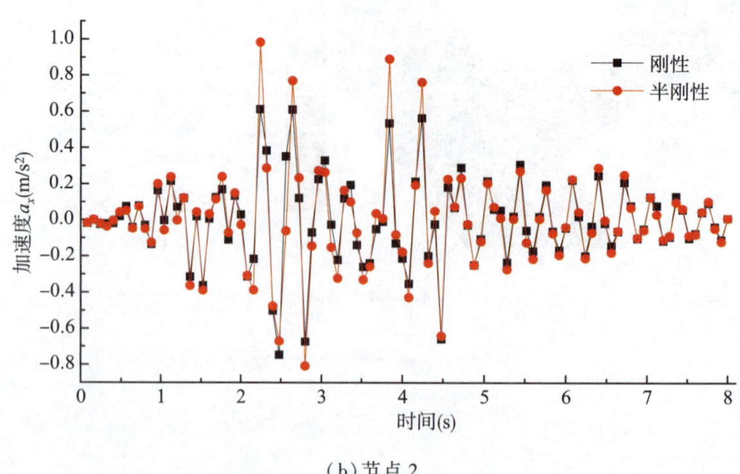

(b)节点 2

图 14.3

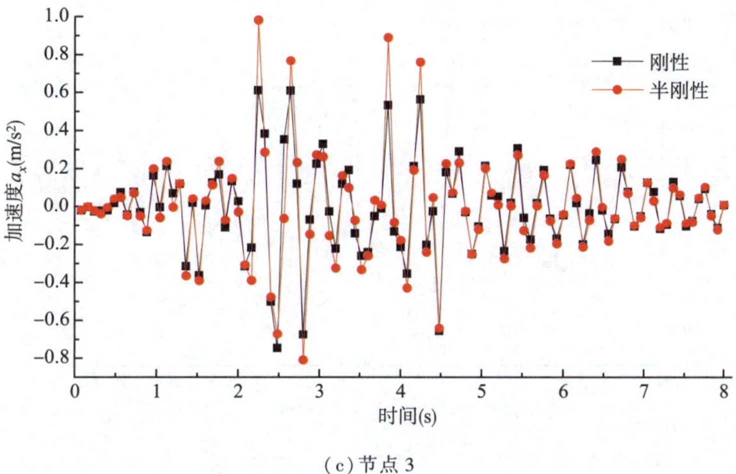

(c)节点 3

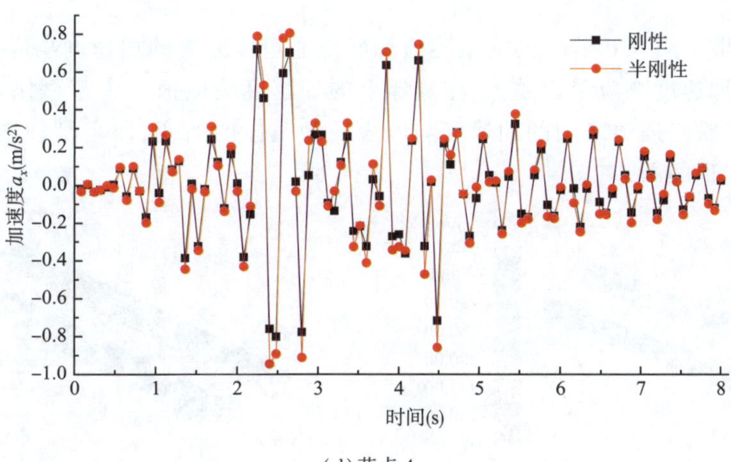

(d)节点 4

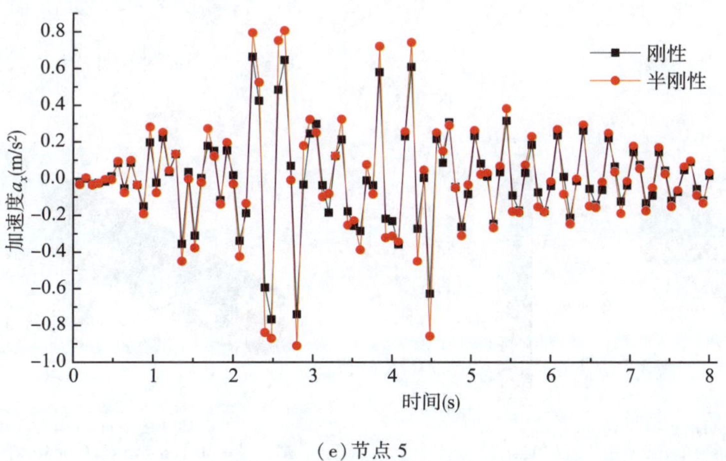

(e)节点 5

图　14.3

1.0
0.8
0.6
0.4
0.2
0.0
−0.2
−0.4
−0.6
−0.8
−1.0
0
1
2
3
4
5
6
7
8
加速度a_x(m/s²)
时间(s)
刚性
半刚性

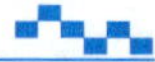

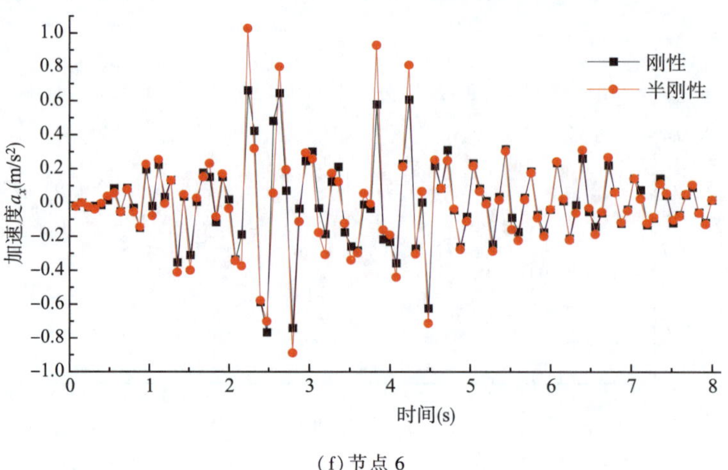

(f) 节点 6

图 14.3　x 方向地震荷载作用下节点加速度 a_x 响应时程曲线

图 14.4 给出了第 4.0 秒时刻的主隧道和联络通道 x 方向的加速度响应分布云图，离震源越近的点，其加速度响应值也越大；主隧道上的加速度响应值略大于联络通道；刚性连接工况下主隧道与联络通道之间的加速度响应表现为整体的渐变，而半刚性连接工况下接头处加速度响应出现间断。

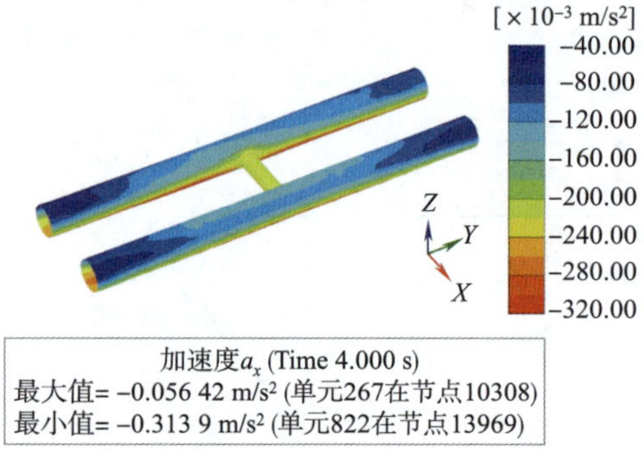

[×10⁻³ m/s²]
−40.00
−80.00
−120.00
−160.00
−200.00
−240.00
−280.00
−320.00
Z
Y
X
加速度a_x (Time 4.000 s)
最大值= −0.056 42 m/s² (单元267在节点10308)
最小值= −0.313 9 m/s² (单元822在节点13969)

(a) 刚性连接

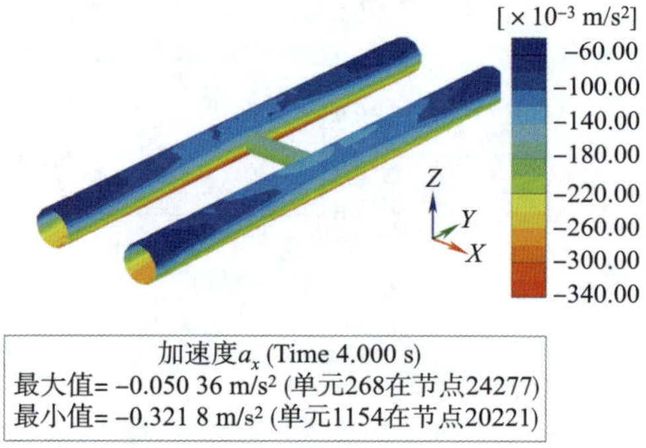

[×10⁻³ m/s²]
−60.00
−100.00
−140.00
−180.00
−220.00
−260.00
−300.00
−340.00
Z
Y
X
加速度a_x (Time 4.000 s)
最大值= −0.050 36 m/s² (单元268在节点24277)
最小值= −0.321 8 m/s² (单元1154在节点20221)

(b) 半刚性连接

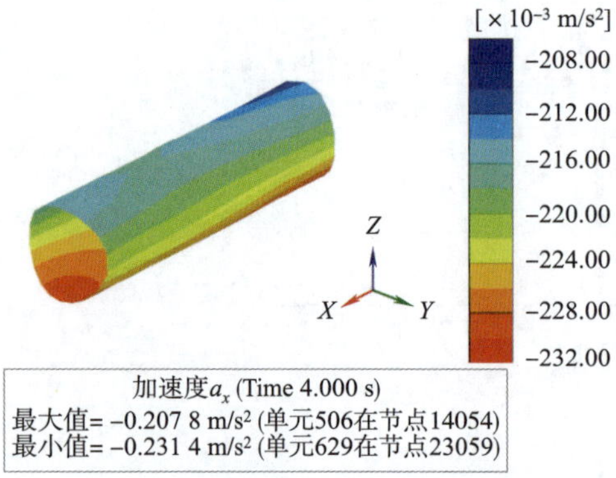

[×10⁻³ m/s²]
−208.00
−212.00
−216.00
−220.00
−224.00
−228.00
−232.00
Z
X
Y
加速度a_x (Time 4.000 s)
最大值= −0.207 8 m/s² (单元506在节点14054)
最小值= −0.231 4 m/s² (单元629在节点23059)

(c) 刚性连接

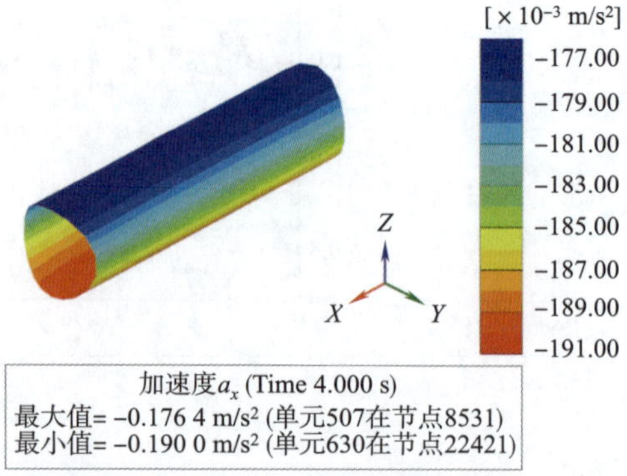

[×10⁻³ m/s²]
−177.00
−179.00
−181.00
−183.00
−185.00
−187.00
−189.00
−191.00
Z
X
Y
加速度a_x (Time 4.000 s)
最大值= −0.176 4 m/s² (单元507在节点8531)
最小值= −0.190 0 m/s² (单元630在节点22421)

(d) 半刚性连接

图 14.4　T = 4.0 s 时隧道结构加速度响应

2. 位移响应值分析

图 14.5 为 x 方向的地震荷载作用下不同节点在 x 方向的位移响应时程曲线。图 14.5(a)、(b)和(c)为上部连接处的节点,图 14.5(d)、(e)和(f)为下部连接处的节点,上述节点都反映了随着地震荷载的作用,隧道上的位移响应值在一直增大,而对于刚性连接工况与半刚性连接工况下节点在 x 方向的位移响应值几乎相等。出现上述原因是因为震源是 x 方向的地震荷载,联络通道与地震荷载同向,并且受到主隧道的约束,所以会表现出与主隧道共同的位移响应作用,而 x 方向的位移响应与连接方式的不同没有多大的关系。由图 14.5 还可知,下部节点的位移响应值要大于上部节点,是因为下部节点更加靠近震源。由地震荷载引起的位移响应一直在累计,并且最大值达到将近 4 cm 之多。

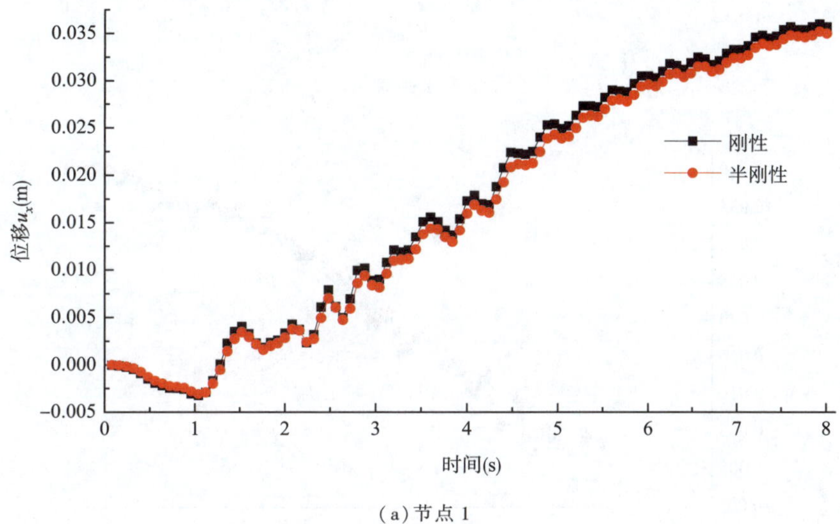

(a) 节点 1

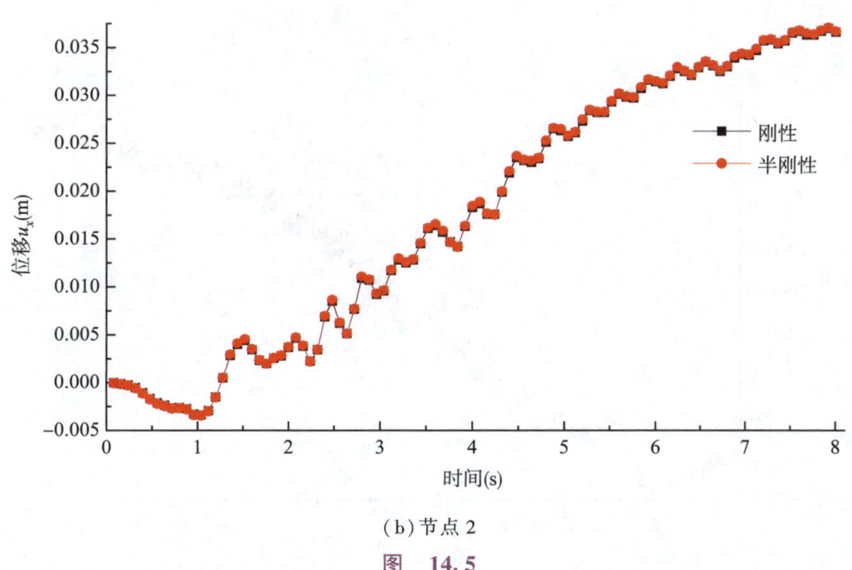

(b) 节点 2

图　14.5

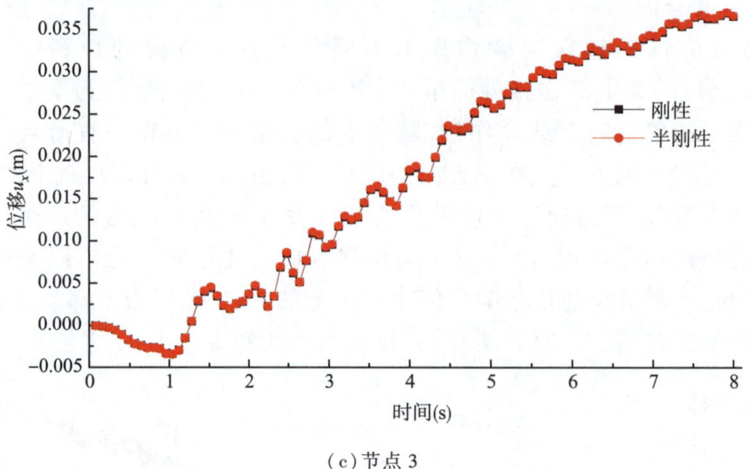

(c)节点 3

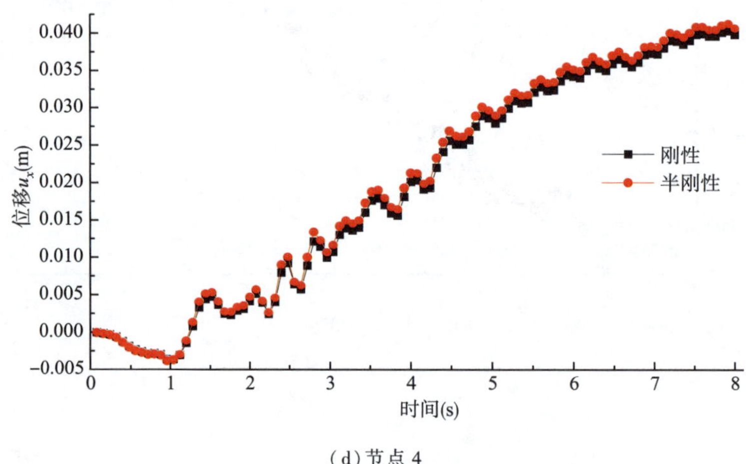

(d)节点 4

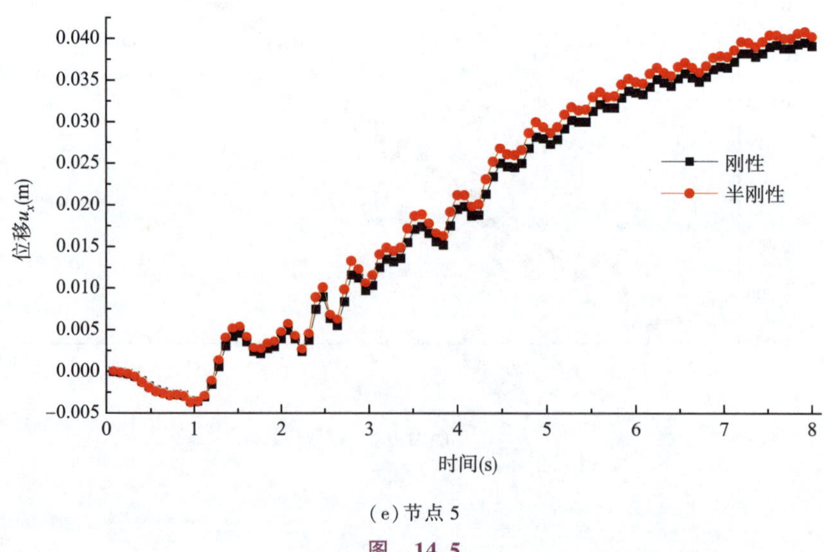

(e)节点 5

图 14.5

0.040
0.035
0.030
0.025
0.020
0.015
0.010
0.005
0.000
−0.005
位移u_x(m)
0
1
2
3
4
5
6
7
8
时间(s)
刚性
半刚性

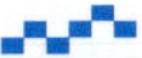

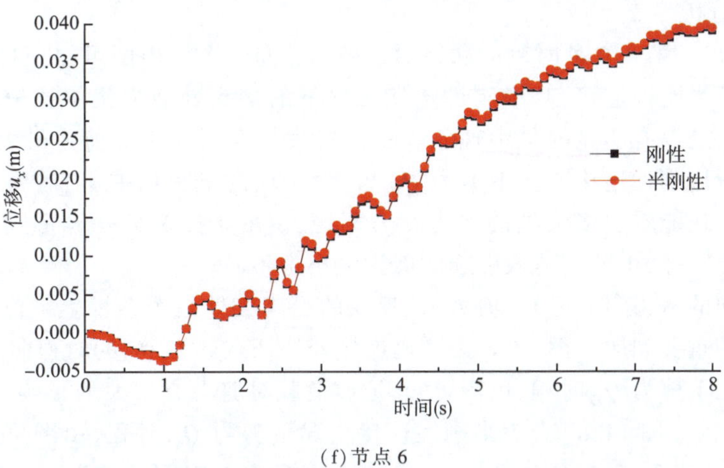

(f)节点 6

图 14.5　x 方向地震荷载作用下节点位移 u_x 响应时程曲线

图 14.6 给出了第 4.0 秒时刻的主隧道和联络通道 x 方向的位移响应分布云图。由图可知,主隧道上的位移响应值略大于联络通道;隧道底部的位移响应值要大于隧道顶部;对比刚性连接工况与半刚性连接工况,两者 x 方向的加速度响应值几乎相等。这和节点位移时程图 14.5 的结论一致,其原因也与上述的一致。

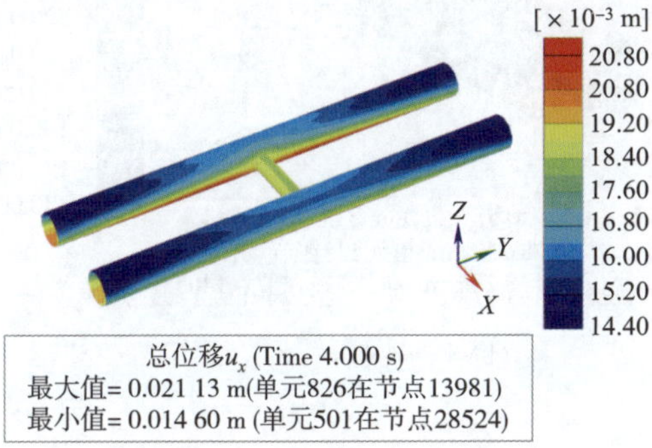

[×10⁻³ m]
20.80
20.80
19.20
18.40
17.60
16.80
16.00
15.20
14.40
Z
Y
X
总位移u_x (Time 4.000 s)
最大值= 0.021 13 m(单元826在节点13981)
最小值= 0.014 60 m (单元501在节点28524)

(a)刚性连接

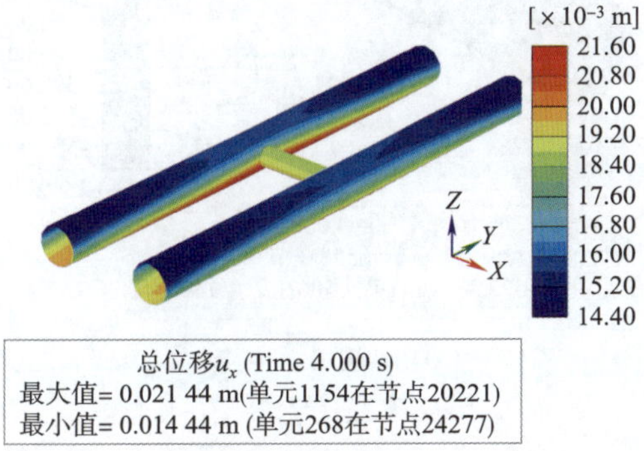

[×10⁻³ m]
21.60
20.80
20.00
19.20
18.40
17.60
16.80
16.00
15.20
14.40
Z
Y
X
总位移u_x (Time 4.000 s)
最大值= 0.021 44 m(单元1154在节点20221)
最小值= 0.014 44 m (单元268在节点24277)

(b)半刚性连接

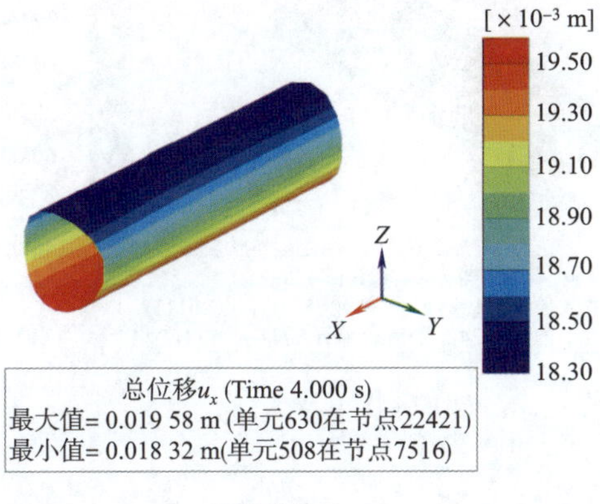

[×10⁻³ m]
19.50
19.30
19.10
18.90
18.70
18.50
18.30
Z
X
Y
总位移u_x (Time 4.000 s)
最大值= 0.019 58 m (单元630在节点22421)
最小值= 0.018 32 m(单元508在节点7516)

(c)刚性连接

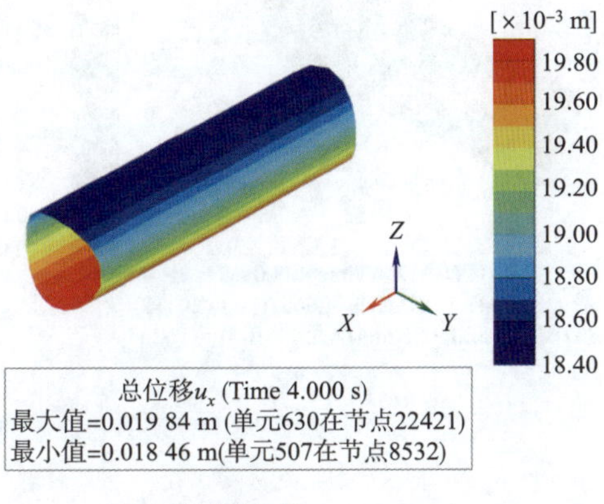

[×10⁻³ m]
19.80
19.60
19.40
19.20
19.00
18.80
18.60
18.40
Z
X
Y
总位移u_x (Time 4.000 s)
最大值=0.019 84 m (单元630在节点22421)
最小值=0.018 46 m(单元507在节点8532)

(d)半刚性连接

图 14.6　T = 4.0 s 时隧道结构位移 u_x 响应云图

3. 剪力值分析

图 14.7 给出了第 4.0 秒时刻的联络通道剪力分布云图。由图可知，刚性连接工况下的三种剪力都大于半刚性连接，其中刚性连接工况下的接头处剪力集中比较明显，而半刚性连接形式下接头处没有明显的集中现象。刚性接头与半刚性接头剪力最大值相差 2.5～6 倍。图中可以看出刚性连接工况下剪力 Q_{13} 与剪力 Q_{23} 的最大值差不多，剪力 Q_{12} 最大值小一些。从云图上还能看出接头处的剪力受力不均，是由于接头处是异形圆环，且接头处所受土体压力也不一样，由地震荷载引起的剪力大小也不同。

由不同方向的剪力定义可知，剪力 Q_{13} 反映的是连接处是否会发生错位的断裂，这是连接处需要考虑的重要问题。图 14.8 为隧道连接处特征点剪力 Q_{13} 的时程曲线。图 14.8(a)为刚性连接工况下剪力 Q_{13} 时程，由图可知，地震荷载对剪力有较大的影响，剪力 Q_{13} 的波动值在 400 kN/m 内。图 14.8(b)为半刚性连接工况下剪力 Q_{13} 时程，由图可知，地震荷载对其影响非常小，其波动范围只有 4 kN/m。这说明地震荷载对刚性接头的影响远远大于半刚性接头。

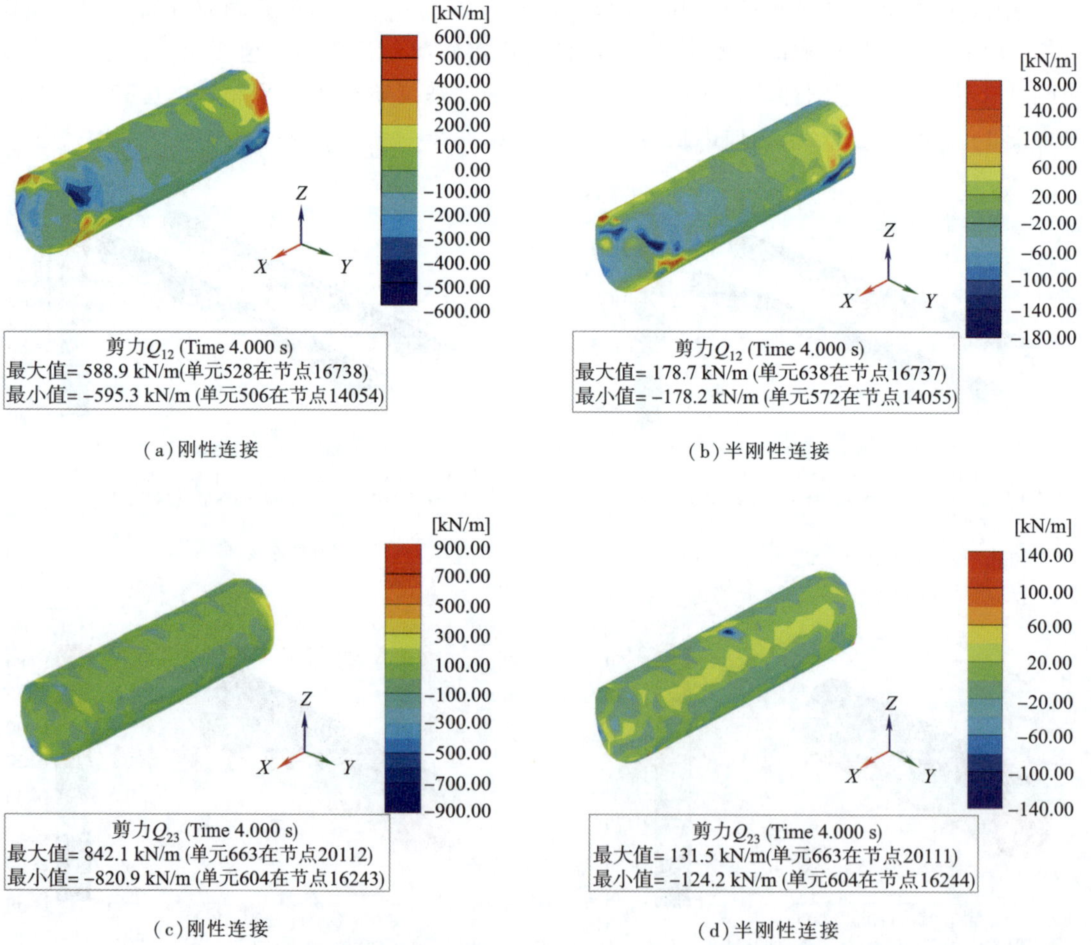

剪力Q_{12} (Time 4.000 s)
最大值= 588.9 kN/m(单元528在节点16738)
最小值= −595.3 kN/m (单元506在节点14054)

(a)刚性连接

剪力Q_{12} (Time 4.000 s)
最大值= 178.7 kN/m (单元638在节点16737)
最小值= −178.2 kN/m (单元572在节点14055)

(b)半刚性连接

剪力Q_{23} (Time 4.000 s)
最大值= 842.1 kN/m (单元663在节点20112)
最小值= −820.9 kN/m (单元604在节点16243)

(c)刚性连接

剪力Q_{23} (Time 4.000 s)
最大值= 131.5 kN/m(单元663在节点20111)
最小值= −124.2 kN/m (单元604在节点16244)

(d)半刚性连接

图 14.7

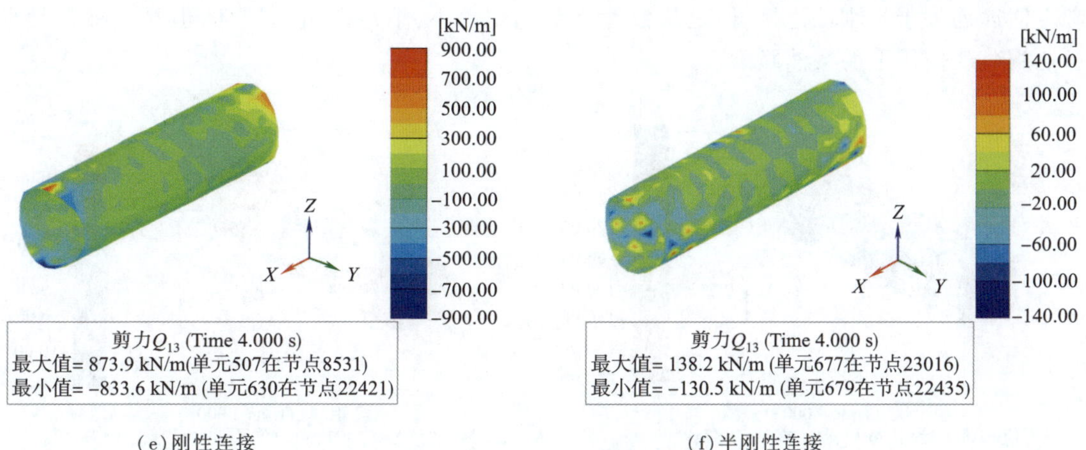

(e)刚性连接　　　　(f)半刚性连接

图 14.7　$T=4.0$ s 时联络通道剪力响应

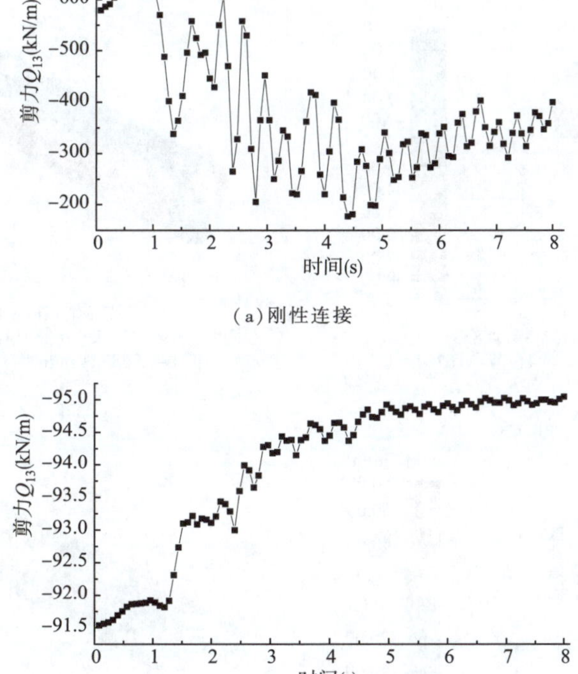

(a)刚性连接

(b)半刚性连接

图 14.8　隧道上特征点剪力 Q_{13} 响应时程曲线

4. 弯矩值分析

图 14.9 为 $T=4.0$ s 时联络通道上三种不同弯矩响应云图,其中弯矩 M_{11} 是影响接头处受到剪切破坏的主要弯矩。由图可知,刚性连接工况下的弯矩值都大于半刚性连接工况,且刚性连接工况下的弯矩集中现象明显。由于机械法联络通道施工在接头处的连接为钢板之间的焊接,在动力荷载作用下容易发生脆性破坏。从图 14.9 反映出刚性连接工况下的

弯矩值远远大于半刚性连接，但是从数值上看都非常小，不足以引起破坏，但是仍然需要留意地震荷载作用下的突然脆裂。

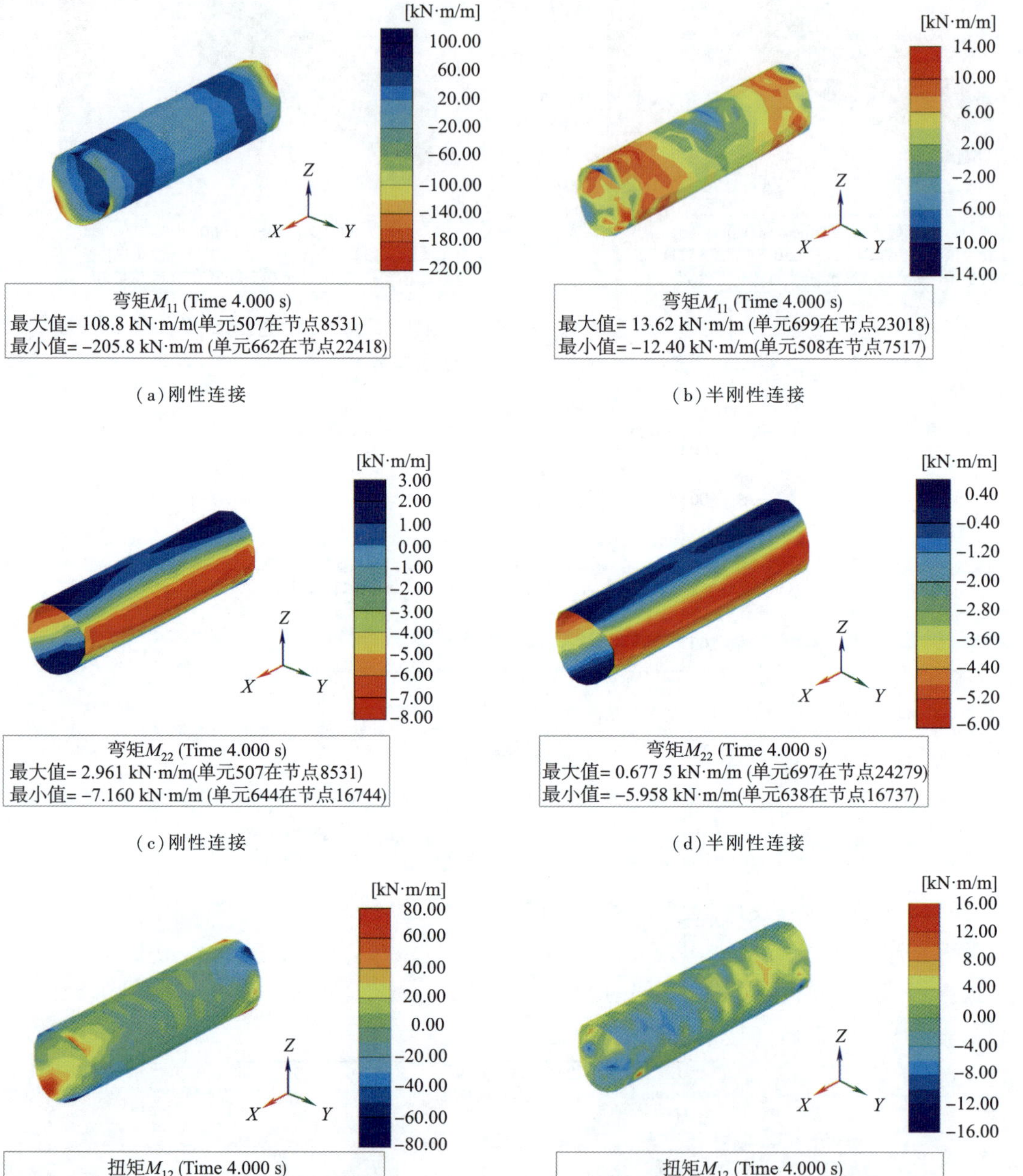

弯矩M_{11} (Time 4.000 s)
最大值= 108.8 kN·m/m(单元507在节点8531)
最小值= −205.8 kN·m/m (单元662在节点22418)

(a)刚性连接

弯矩M_{11} (Time 4.000 s)
最大值= 13.62 kN·m/m (单元699在节点23018)
最小值= −12.40 kN·m/m(单元508在节点7517)

(b)半刚性连接

弯矩M_{22} (Time 4.000 s)
最大值= 2.961 kN·m/m(单元507在节点8531)
最小值= −7.160 kN·m/m (单元644在节点16744)

(c)刚性连接

弯矩M_{22} (Time 4.000 s)
最大值= 0.677 5 kN·m/m (单元697在节点24279)
最小值= −5.958 kN·m/m(单元638在节点16737)

(d)半刚性连接

扭矩M_{12} (Time 4.000 s)
最大值= 79.46 kN·m/m (单元663在节点20113)
最小值= −78.01 kN·m/m(单元604在节点16242)

(e)刚性连接

扭矩M_{12} (Time 4.000 s)
最大值= 14.10 kN·m/m (单元611在节点20092)
最小值= −14.10 kN·m/m(单元677在节点23017)

(f)半刚性连接

图 14.9　$T=4.0$ s 时联络通道弯矩响应

根据不同方向的弯矩定义可知，弯矩 M_{11} 反映的是连接处是否会发生错位的断裂。图 14.10 为隧道连接处特征点弯矩 M_{11} 的时程曲线。地震荷载对于刚性连接接头下弯矩 M_{11}

的影响较大,弯矩变化幅度达到 100 kN · m/m 左右,而对于半刚性连接工况下的影响只有 1 kN · m/m 不到。可见刚性连接与半刚性连接的受力状况截然不同,刚性连接接头处的受力远大于半刚性连接。

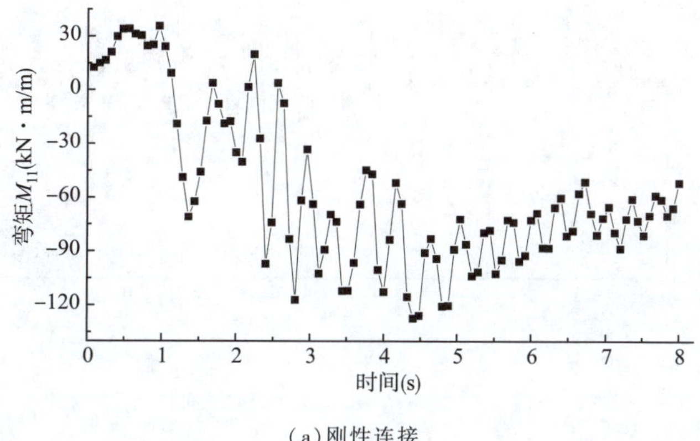

(a)刚性连接

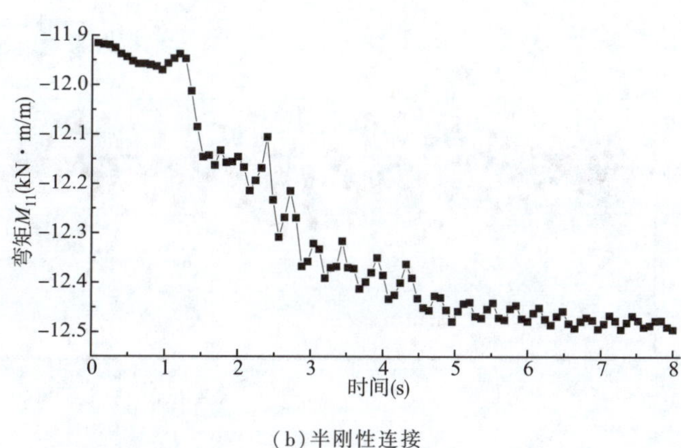

(b)半刚性连接

图 14.10　隧道上某特征点弯矩 M_{11} 响应时程曲线

14.3.2　y 方向地震荷载作用

1. 加速度响应值分析

模拟结果表明,在 y 向激振作用下,主隧道和联络通道主要产生的加速度响应为 y 方向,而在其他方向的加速度很小就不作分析。由于结构的对称性,给出隧道左侧相应节点的加速度响应时程曲线,如图 14.11 所示。

图 14.11(a)、(b)和(c)为左侧隧道连接处上部节点的 y 方向加速度响应,图 14.11(a)为主隧道上的节点,可以看出刚性连接工况下的加速度响应值略大于半刚性工况。图 14.11(b)和(c)分别为连接处和联络通道上的节点,两点较为接近,其加速度响应时程曲线相似,都表现为半刚性连接工况下的大于刚性连接工况。刚性连接工况的加速度响应值波动较小,而半刚性连接工况下加速度波动较大。对比三幅图可知,主隧道上受地震荷载的加速度响应的最大值比联络通道上大一倍。

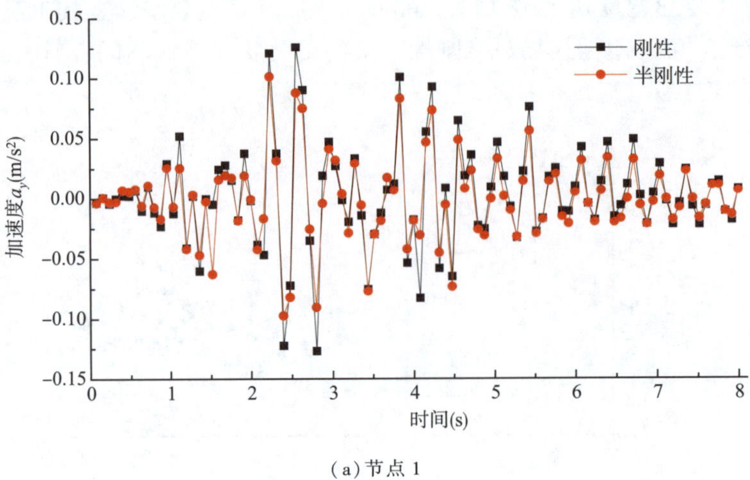

(a) 节点 1

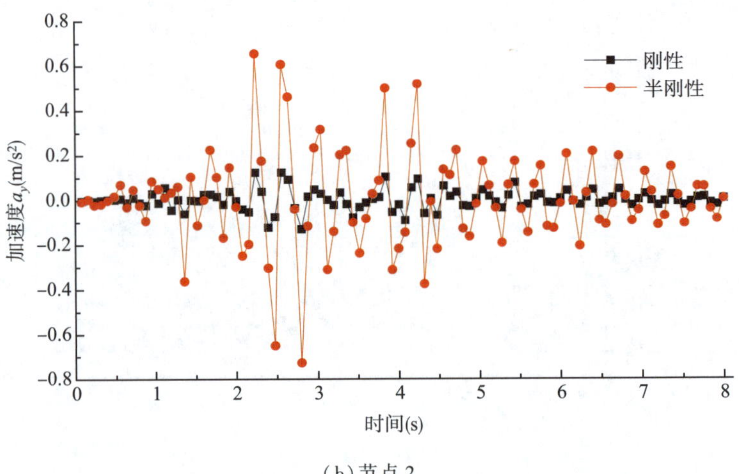

(b) 节点 2

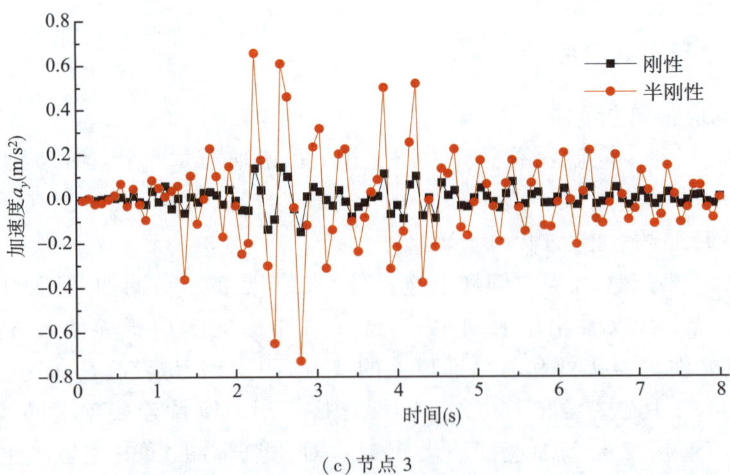

(c) 节点 3

图 14.11

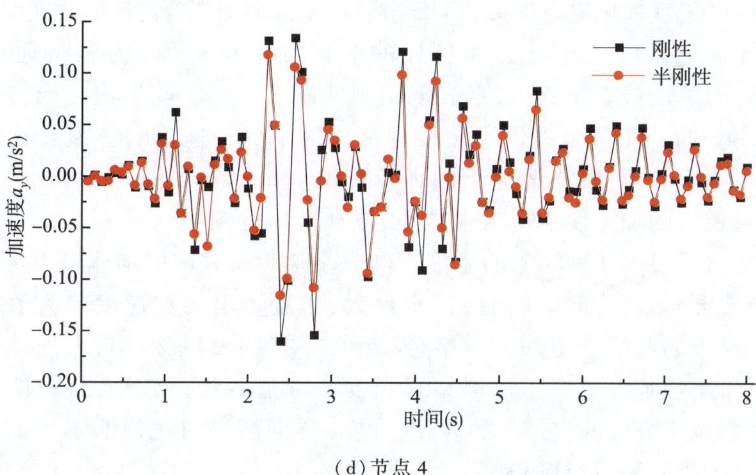

(d)节点 4

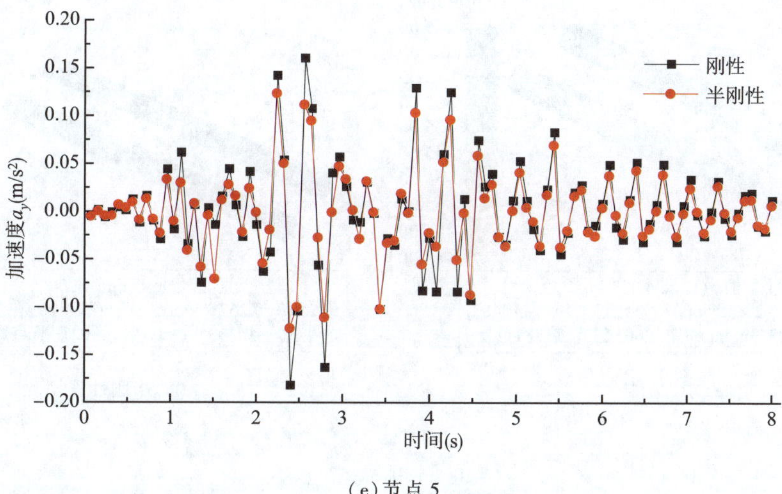

(e)节点 5

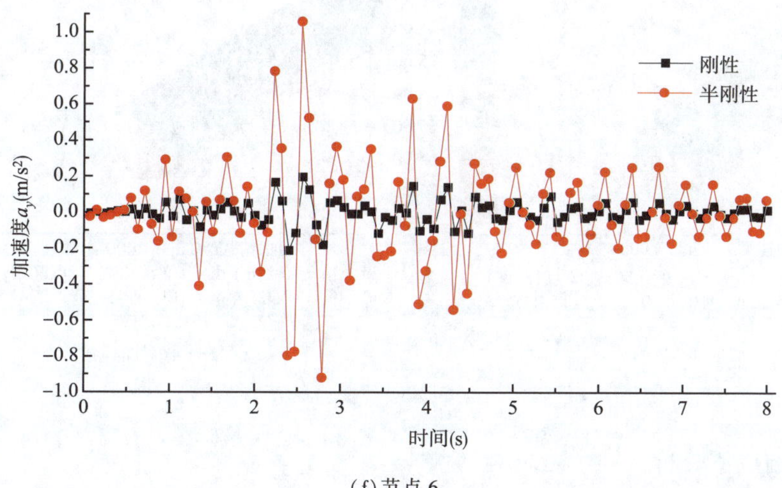

(f)节点 6

图 14.11 y 方向地震荷载作用下节点加速度 a_y 响应时程曲线

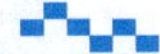

图 14.11(d)~(f)为左侧隧道连接处下部节点的 y 方向加速度响应时程曲线。图 14.11(d)为主隧道上的节点,图 14.11(e)为连接处的节点,图 14.11(f)为联络通道上的节点。图 14.11(d)与(e)的曲线非常相似,都表现出刚性连接工况下的加速度响应略大于半刚性连接工况。图 14.11(f)上可以看出半刚性连接工况下的加速度响应值要比刚性连接工况大。对比上述三幅图发现,联络通道上的加速度响应值都比主隧道上的小,尤其是刚性连接工况下联络通道上的加速度响应大大减小,波动范围也较小。

图 14.12 给出了第 4.0 秒时刻的主隧道和联络通道 y 方向的加速度响应分布云图。上述结果表明,离震源越近其加速度响应值也越大;主隧道上的加速度响应值略大于联络通道;刚性连接工况下的联络通道加速度响应受到主隧道的约束作用,表现出图14.12(c)所示的云图结果;半刚性连接工况下的联络通道受主隧道的约束较小,其上的加速响应值很大,表现出随着震源 y 方向的整体激振作用。与 x 方向激振对比说明不同的激振方向对于联络通道的影响大为不同,设计时需要考虑不同方向的地震响应。

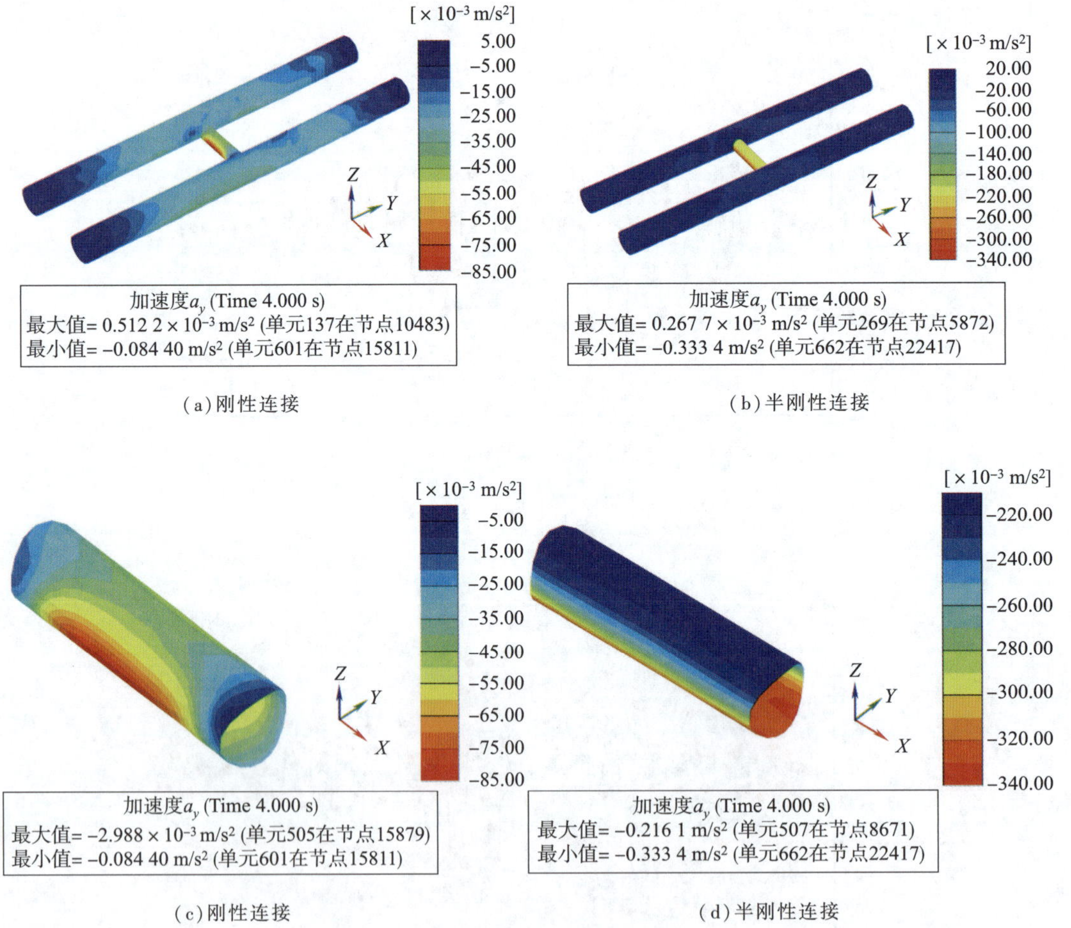
[×10⁻³ m/s²]
5.00
−5.00
−15.00
−25.00
−35.00
−45.00
−55.00
−65.00
−75.00
−85.00
Z
Y
X
加速度a_y (Time 4.000 s)
最大值= 0.512 2×10⁻³ m/s² (单元137在节点10483)
最小值= −0.084 40 m/s² (单元601在节点15811)
[×10⁻³ m/s²]
20.00
−20.00
−60.00
−100.00
−140.00
−180.00
−220.00
−260.00
−300.00
−340.00
Z
Y
X
加速度a_y (Time 4.000 s)
最大值= 0.267 7×10⁻³ m/s² (单元269在节点5872)
最小值= −0.333 4 m/s² (单元662在节点22417)
(a)刚性连接
(b)半刚性连接
[×10⁻³ m/s²]
−5.00
−15.00
−25.00
−35.00
−45.00
−55.00
−65.00
−75.00
−85.00
Z
Y
X
加速度a_y (Time 4.000 s)
最大值= −2.988×10⁻³ m/s² (单元505在节点15879)
最小值= −0.084 40 m/s² (单元601在节点15811)
[×10⁻³ m/s²]
−220.00
−240.00
−260.00
−280.00
−300.00
−320.00
−340.00
Z
Y
X
加速度a_y (Time 4.000 s)
最大值= −0.216 1 m/s² (单元507在节点8671)
最小值= −0.333 4 m/s² (单元662在节点22417)
(c)刚性连接
(d)半刚性连接

图 14.12 $T=4.0$ s 时隧道结构加速度响应

2. 位移响应值分析

图 14.13 为 y 方向的地震荷载作用下不同节点在 y 方向的位移响应时程曲线。

图 14.13(a)～(c)为上部连接处的节点,图 14.13(d)～(f)为下部连接处的节点。图 14.13(a)为主隧道上部的节点,随着 y 方向的地震荷载作用下,其位移也在不停地波动,但影响值较小只有 1.5 mm 左右。图 14.13(b)和(c)分别为连接处和联络通道上的节点,从图中可以看出,半刚性连接工况下位移响应值表现为一直增大的波动,最大值稳定在 8.5 mm 左右;而刚性连接工况下的位移响应值则一直很小,在正负1 mm 左右波动。这说明 y 方向的激振对于半刚性连接工况下联络通道的位移影响较大,而刚性连接工况下主隧道与联络通道为一个整体,联络通道的变形受到主隧道的约束较强。

图 14.13(d)和(e)分别为主隧道和连接处的节点,两图的位移波动趋势一致,主隧道上节点的位移稍大于连接处,两者都呈现出波动增大的趋势,最大值在 3～4 mm 之间。图 14.13(f)为联络通道上的节点,由图可知,半刚性连接工况下位移响应值在不停地波动增大,最大值达到 15 mm;而刚性连接工况下位移响应值波动较小,最大值只有 3 mm 左右。

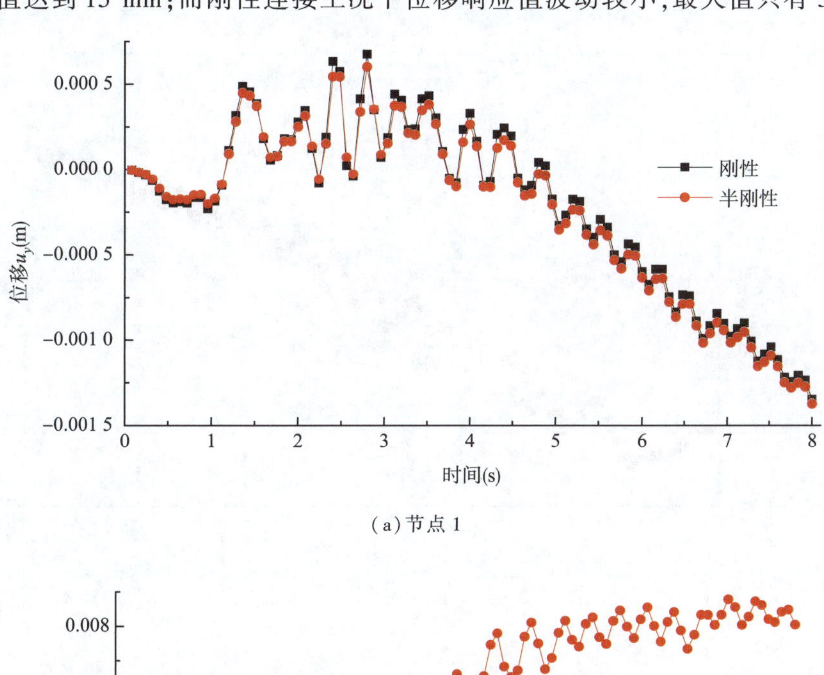

(a)节点 1

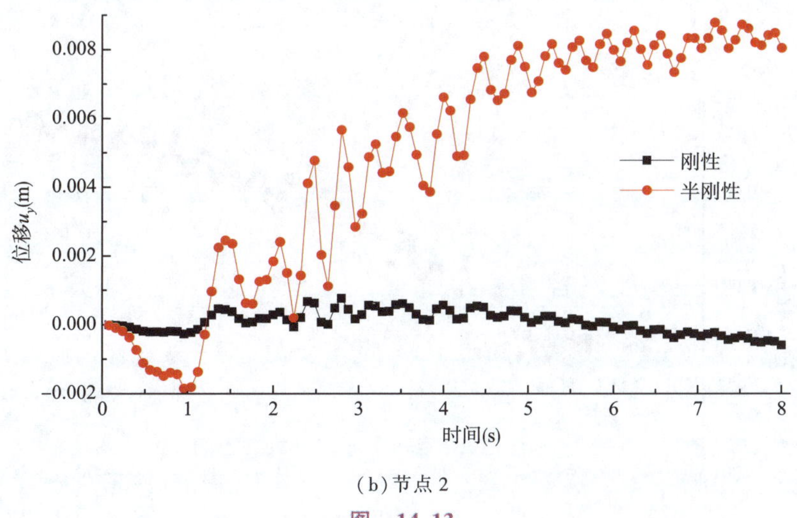

(b)节点 2

图　14.13

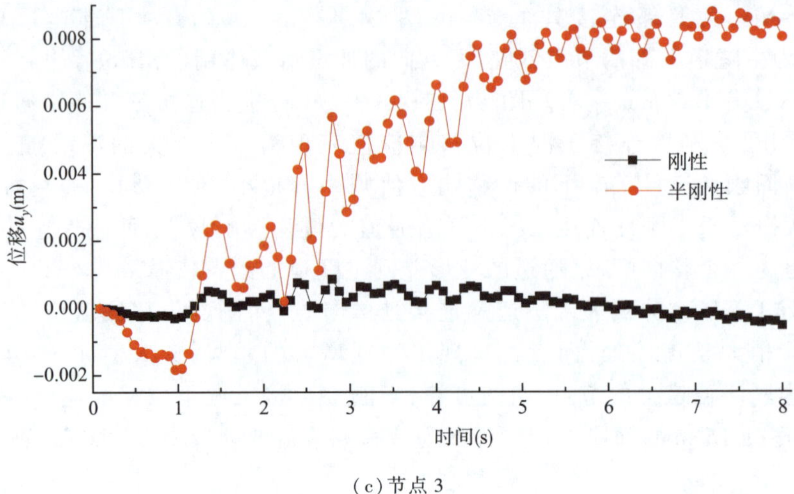

(c) 节点 3

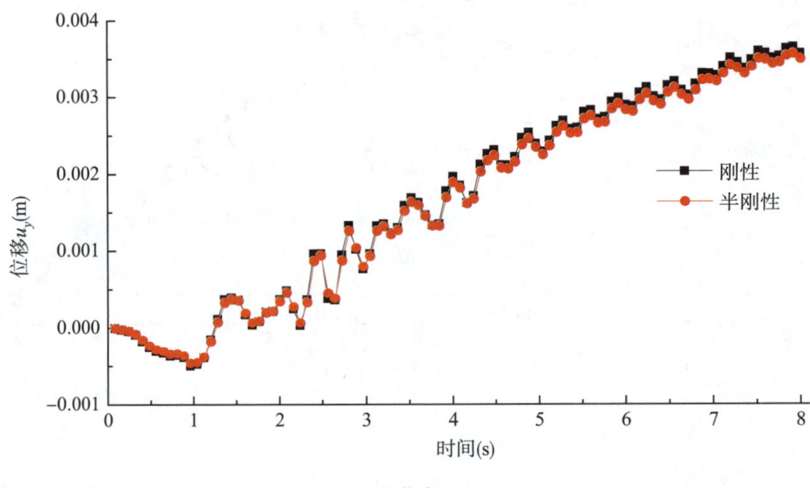

(d) 节点 4

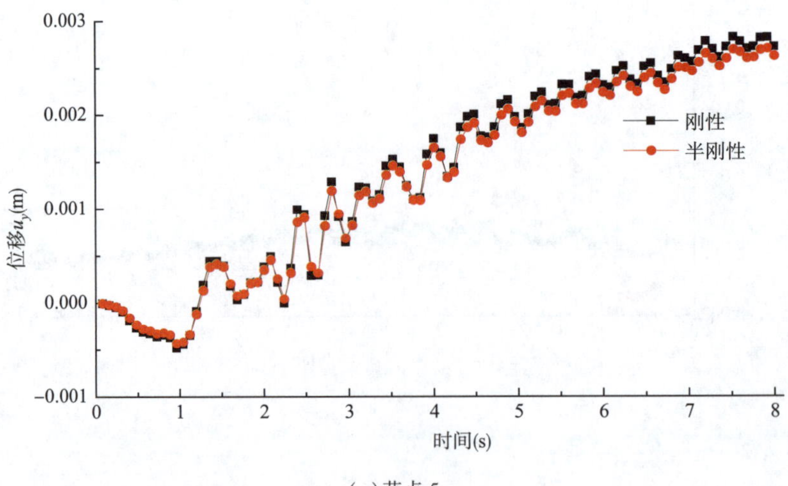

(e) 节点 5

图 14.13

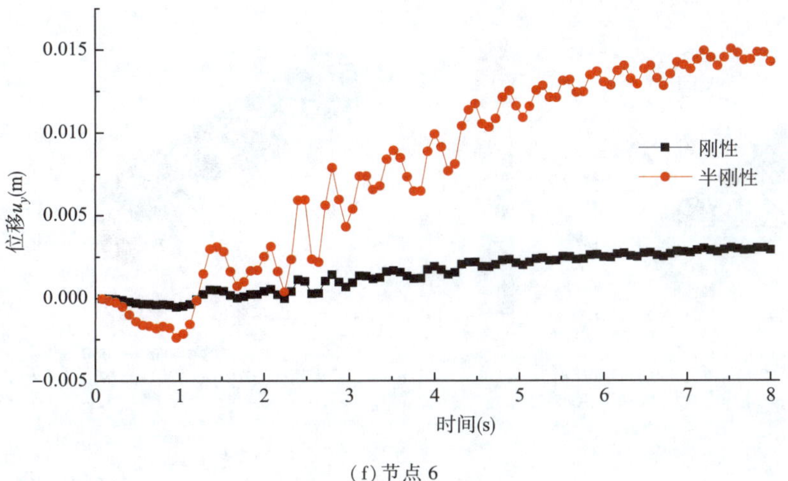

(f) 节点 6

图 14.13　x 方向地震荷载作用下节点位移 u_x 响应时程曲线

综上,在 y 方向激振作用下,由于联络通道垂直于 y 方向,其受到地震的影响明显增大,尤其是半刚性连接工况下联络通道在 y 方向的位移响应值。而刚性连接工况下由于主隧道对联络通道有较强的约束作用,使得联络通道上的位移响应大大减小。

图 14.14 给出了第 4.0 秒时刻的主隧道和联络通道 y 方向的位移响应分布云图。由图可知,y 方向位移响应的最大值出现在联络通道上,而不是主隧道上;隧道底部的位移响应值要大于隧道顶部;由图 14.14(c)和(d)可知,刚性连接对于联络通道有较大约束,而半刚性连接对于联络通道的约束不强。这说明不同的连接形式对于地震荷载产生的位移响应也有很大影响。

3. 剪力值分析

图 14.15 给出了第 4.0 秒时刻的联络通道剪力分布云图。由图可知,刚性连接工况下的三种剪力都大于半刚性连接,其中刚性连接工况下的接头处剪力集中比较明显,而半刚

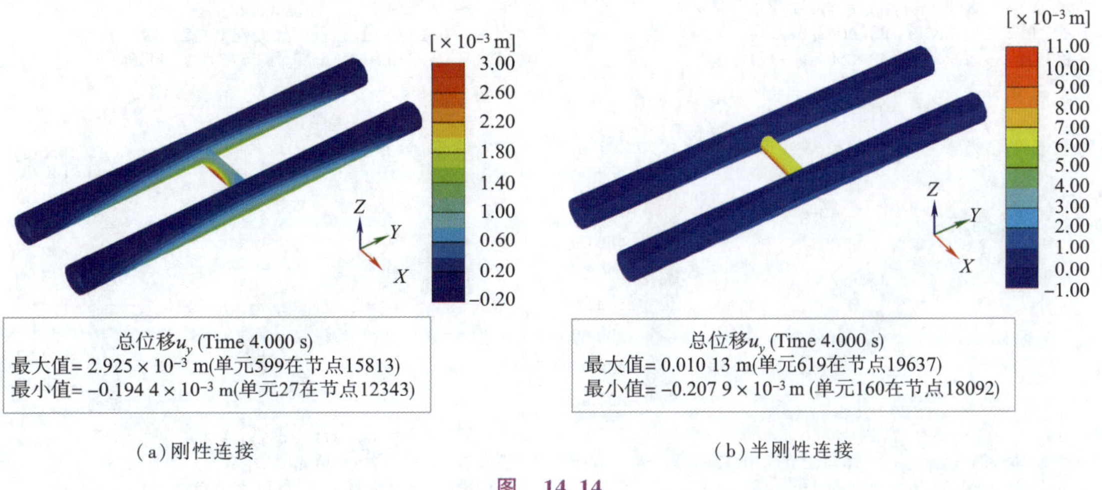

(a) 刚性连接　　(b) 半刚性连接

图　14.14

[×10⁻³ m]
2.80
2.40
2.00
1.60
1.20
0.80
0.40
Z
Y
X
总位移u_y (Time 4.000 s)
最大值= 2.925×10⁻³ m(单元599在节点15813)
最小值= 0.567 6×10⁻³ m(单元508在节点7517)
[×10⁻³ m]
10.00
9.60
9.20
8.80
8.40
8.00
7.60
7.20
6.80
6.40
总位移u_y (Time 4.000 s)
最大值= 0.010 13 m (单元619在节点19637)
最小值= 6.434×10⁻³ m(单元529在节点8535)

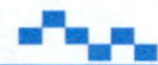

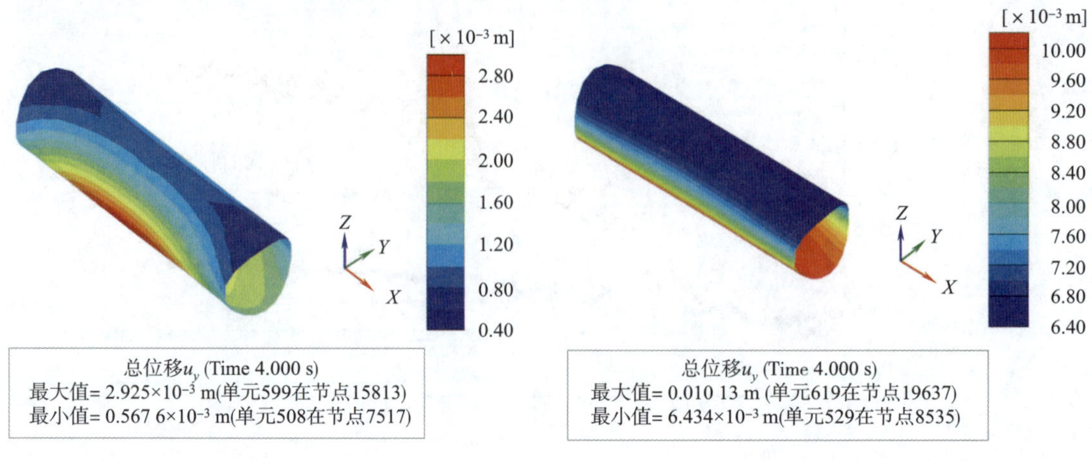

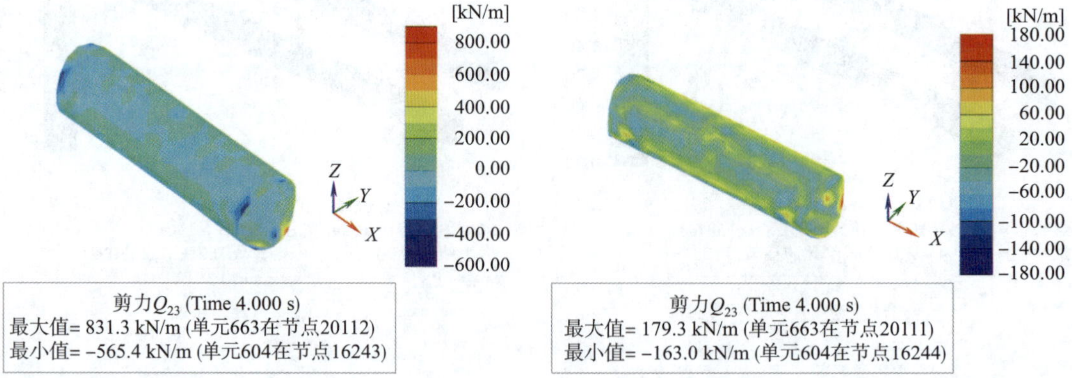

(c) 刚性连接　　　　(d) 半刚性连接

图 14.14　T = 4.0 s 时隧道结构位移 u_y 响应云图

性连接形式下接头处没有明显的集中现象。刚性接头与半刚性接头剪力最大值相差 3 ~ 4.5 倍。图中可以看出刚性连接工况下剪力 Q_{13} 与剪力 Q_{23} 的最大值相差不大,剪力 Q_{12} 最大值稍微小些。从云图上还能看出接头处的剪力受力不均,是由于接头处是异形圆环,且接头处所受土体压力也不一样,由地震荷载引起的剪力大小也不同。

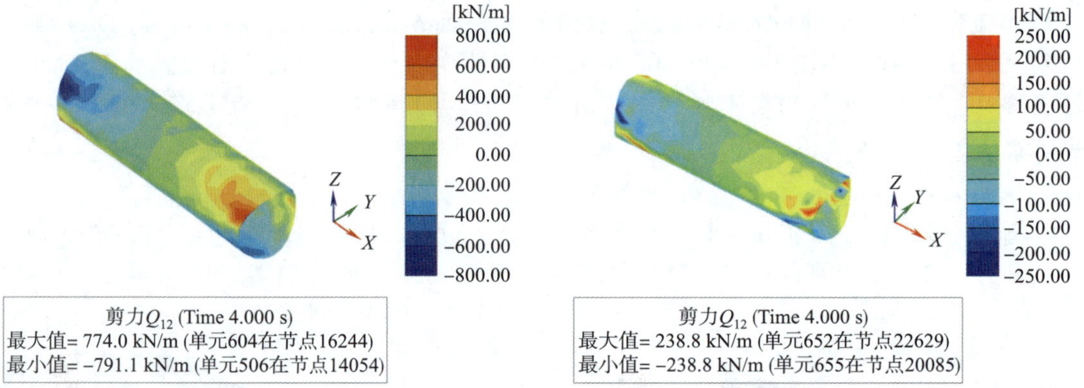

[kN/m]
800.00
600.00
400.00
200.00
0.00
−200.00
−400.00
−600.00
−800.00
剪力Q_{12} (Time 4.000 s)
最大值= 774.0 kN/m (单元604在节点16244)
最小值= −791.1 kN/m (单元506在节点14054)
[kN/m]
250.00
200.00
150.00
100.00
50.00
0.00
−50.00
−100.00
−150.00
−200.00
−250.00
剪力Q_{12} (Time 4.000 s)
最大值= 238.8 kN/m (单元652在节点22629)
最小值= −238.8 kN/m (单元655在节点20085)

(a) 刚性连接　　　　(b) 半刚性连接

[kN/m]
800.00
600.00
400.00
200.00
0.00
−200.00
−400.00
−600.00
剪力Q_{23} (Time 4.000 s)
最大值= 831.3 kN/m (单元663在节点20112)
最小值= −565.4 kN/m (单元604在节点16243)
[kN/m]
180.00
140.00
100.00
60.00
20.00
−20.00
−60.00
−100.00
−140.00
−180.00
剪力Q_{23} (Time 4.000 s)
最大值= 179.3 kN/m (单元663在节点20111)
最小值= −163.0 kN/m (单元604在节点16244)

(c) 刚性连接　　　　(d) 半刚性连接

图　14.15

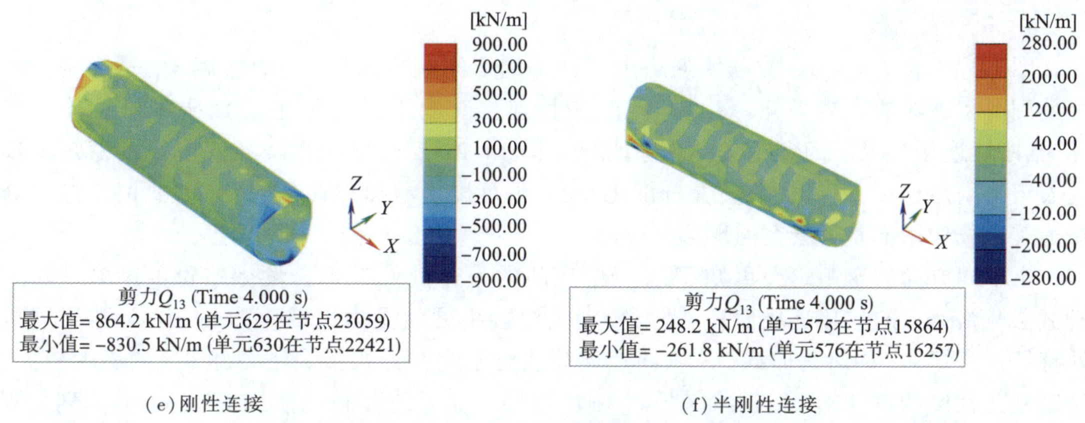

(e)刚性连接　　　　(f)半刚性连接

图 14.15　$T=4.0$ s 时隧道结构剪力响应

由不同方向的剪力定义可知,剪力 Q_{13} 反映的是连接处是否会发生错位的断裂,这是联络通道连接处需要考虑的重要问题。图 14.16 为隧道连接处特征点剪力 Q_{13} 的时程曲线。由图 14.16(a)可知,地震荷载对剪力有较大的影响,剪力 Q_{13} 的波动值在 200 kN/m 内。由图 14.16(b)可知,地震荷载对其影响较小,其波动范围在 100 kN/m 左右。这说明地震荷载对刚性接头的影响远远大于半刚性接头。刚性接头受力要大于半刚性接头,其接头可能更容易发生破坏。

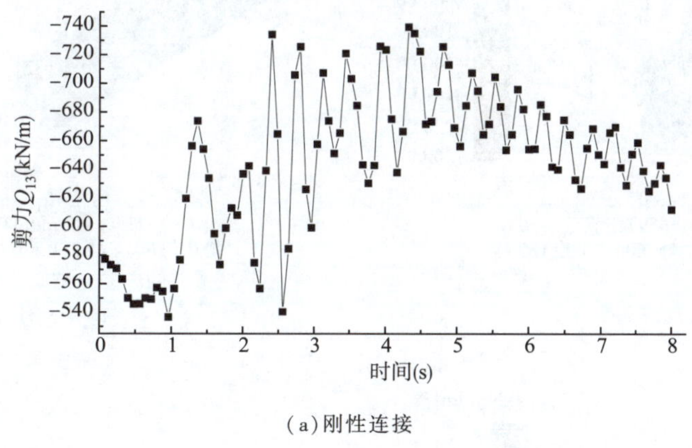

(a)刚性连接

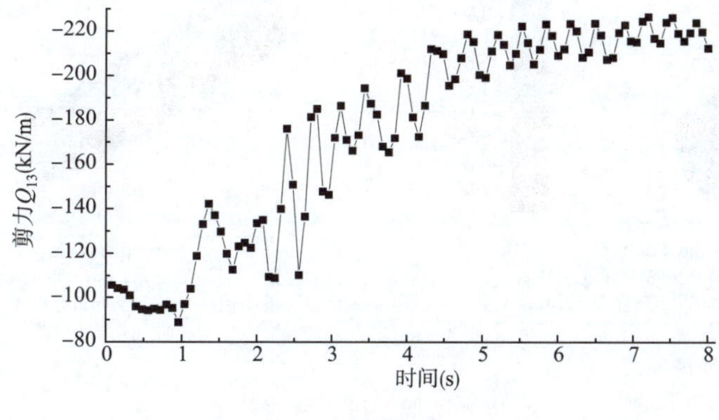

(b)半刚性连接

图 14.16　隧道上某特征点剪力 Q_{13} 响应时程曲线

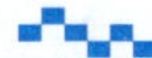

4. 弯矩值分析

图 14.17 为 $T=4.0$ s 时联络通道上三种不同弯矩响应云图，其中弯矩 M_{11} 是影响接头处受到剪切破坏的主要弯矩。由图可知，刚性连接工况下的弯矩值都大于半刚性连接工况，且刚性连接工况下的弯矩集中现象明显。图 14.21 反映出刚性连接工况下的弯矩值远远大于半刚性连接，但是从数值上看都比较小，不足以引起突然破坏，但是需要留意连接处在地震荷载作用下是否会突然断裂。

由不同方向的弯矩定义可知，弯矩 M_{11} 反映的是连接处是否会发生错位的断裂。对于机械法联络通道的焊接连接而言，需要特别关注接头处的受力情况。图 14.18 为隧道连接处特征点弯矩 M_{11} 的时程曲线。y 方向地震荷载对于刚性连接接头下弯矩 M_{11} 的影响较大，弯矩变化幅度约 60 kN · m/m，而对于半刚性连接工况下的影响只有 35 kN · m/m 不到。刚性连接工况下的弯矩响应达到将近 290 kN · m/m，而半刚性连接工况下的弯矩最大值为 110 kN · m/m 左右，比刚性连接工况下小得多。

对于机械法联络通道的特殊连接形式，其工艺本身的焊接连接属于刚性连接，接头处在地震荷载作用下的受力比较大，因此接头可能会出现突然破坏的情况，该连接方式需要引起注意。

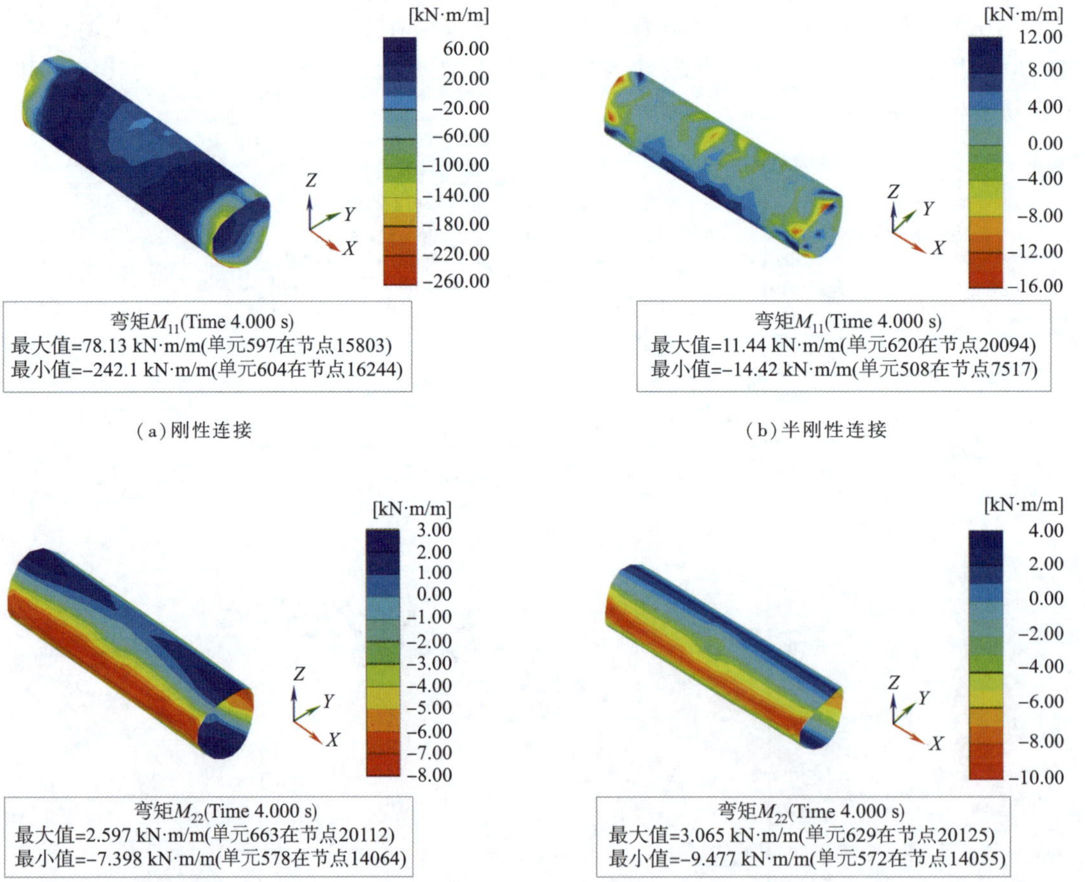
[kN·m/m]
60.00
20.00
-20.00
-60.00
-100.00
-140.00
-180.00
-220.00
-260.00
Z
Y
X
弯矩M_{11}(Time 4.000 s)
最大值=78.13 kN·m/m(单元597在节点15803)
最小值=-242.1 kN·m/m(单元604在节点16244)
[kN·m/m]
12.00
8.00
4.00
0.00
-4.00
-8.00
-12.00
-16.00
弯矩M_{11}(Time 4.000 s)
最大值=11.44 kN·m/m(单元620在节点20094)
最小值=-14.42 kN·m/m(单元508在节点7517)
[kN·m/m]
3.00
2.00
1.00
0.00
-1.00
-2.00
-3.00
-4.00
-5.00
-6.00
-7.00
-8.00
弯矩M_{22}(Time 4.000 s)
最大值=2.597 kN·m/m(单元663在节点20112)
最小值=-7.398 kN·m/m(单元578在节点14064)
[kN·m/m]
4.00
2.00
0.00
-2.00
-4.00
-6.00
-8.00
-10.00
弯矩M_{22}(Time 4.000 s)
最大值=3.065 kN·m/m(单元629在节点20125)
最小值=-9.477 kN·m/m(单元572在节点14055)

(a) 刚性连接　(b) 半刚性连接

(c) 刚性连接　(d) 半刚性连接

图 14.17

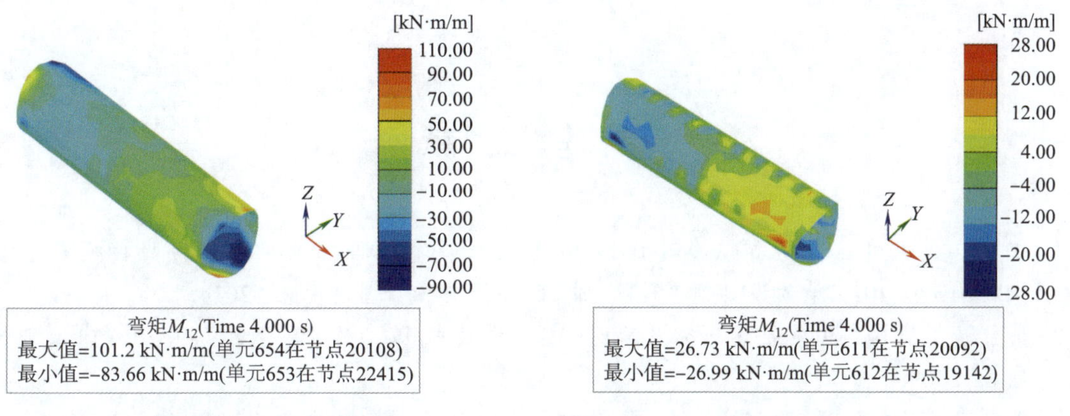

(e)刚性连接　　　　(f)半刚性连接

图 14.17　$T=4.0$ s 时隧道结构弯矩响应

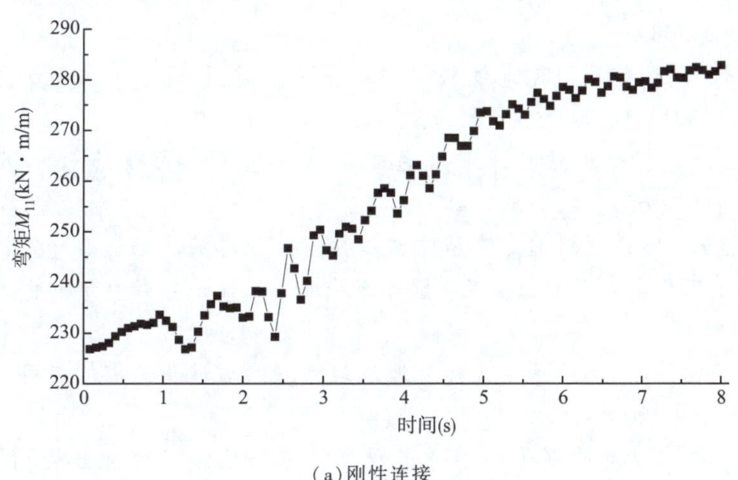

(a)刚性连接

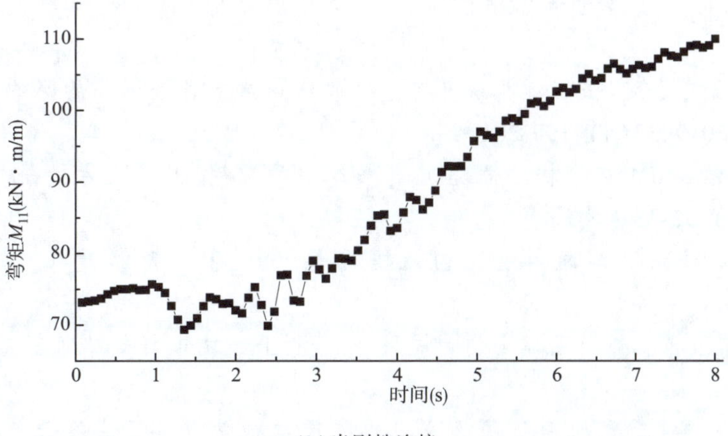

(b)半刚性连接

图 14.18　隧道上某特征点弯矩 M_{11} 响应时程曲线

参考文献

[1]中华人民共和国住房和城乡建设部,中华人民共和国国家质量监督检验检疫总局.GB 50157—2013 地铁设计规范[S].北京:中国建筑工业出版社,2014.

[2]小泉淳.盾构隧道的抗震研究及算例[M].张稳军,袁大军,译.北京:中国建筑工业出版社,2009.

[3]小泉淳.盾构隧道管片设计——从容许应力设计法到极限状态设计法[M].官林星,译.北京:中国建筑工业出版社,2012.

[4]李大勇,王晖,张庆贺.南京地铁联络通道冻结法施工措施分析[J].岩土力学,2003(S2):365-368.

[5]张志强,何川.用冻结法修建地铁联络通道施工力学研究[J].岩石力学与工程学报,2005,24(18):3211-3217.

[6]孙成伟,仇培云.广州地铁隧道联络通道冻结法施工技术研究[J].现代隧道技术,2012,49(3):161-165.

[7]周志勇,胡向东.隧道联络通道冻结法施工数值模拟与实测分析[C]//中国土木工程学会.中国土木工程学会第十三届年会暨隧道及地下工程分会第十五届年会论文集.2008:275-277.

[8]张志,张勇,陆路,等.冻结法在强扰动地层地铁联络通道施工中的应用[J].隧道建设,2011,31(1):114-120.

[9]武亚军,杨建波,李大勇.隧道联络通道及泵站冻结法施工数值分析[J].土木工程学报,2011(S2):144-147.

[10]陈沙,杨文武.联络通道冻结法施工三维力学分析[J].隧道建设,2008,28(3):271-276.

[11]孙龙飞,陈振雷,李坚成.盾构法开挖地铁联络通道对地表沉降的影响研究[J].岩土工程技术,2019,33(4):197-201.

[12]黄尊,丁修恒.BIM 在机械法联络通道修建中的应用[J].土木建筑工程信息技术,2018,10(6):32-38.

[13]宁波地铁机械法联络通道创国内最快贯通纪录[J].隧道建设(中英文),2019,39(4):570.

[14]朱瑶宏.宁波市轨道交通建设创新成果与展望[J].城市轨道交通研究,2018,21(5):51-58.

[15]朱瑶宏,高一民,董子博,等.顶管法 T 接隧道结构受力足尺试验研究[J].隧道建设(中英文),2019,39(9):1392-1401.

[16]朱瑶宏,王靖禹,董子博,等.盾构法联络通道密封垫设计及防水试验研究[J].隧道建

设(中英文),2019,39(1):110-118.

[17]中华人民共和国住房和城乡建设部.GB/T 50299—2018 地下铁道工程施工及验收规范[M].北京:中国建筑工业出版社,2018.

[18]浙江省质量技术监督局,浙江省住房和城乡建设厅.DB 33/1067—2013 建筑工程消防验收规范[S].2013.

[19]中华人民共和国住房和城乡建设部.GB 50016—2014 建筑设计防火规范(2018 年版)[S].北京:中国计划出版社,2018.

[20]中华人民共和国住房和城乡建设部.GB 50108—2008 地下工程防水技术规范[S].北京:中国计划出版社,2008.

[21]孙钧,侯学渊.地下结构(上、下册)[M].北京:科学出版社,1987.

[22]朱世友.国内地铁盾构区间隧道管片结构设计的现状与发展[J].现代隧道技术,2002,39(6):23-28.

[23]唐志成,何川,林刚.地铁盾构隧道管片结构力学行为模型试验研究[J].岩土工程学报,2005,27(1):85-89.

[24]郑心铭.盾构隧道管片结构的理论研究及计算分析[D].成都:西南交通大学,2005.

[25]刘涛.盾构隧道管片结构参数化设计研究[J].中国市政工程,2016(3):117-119.

[26]何川,刘川昆,王士民,等.裂缝数量对盾构隧道管片结构力学性能的影响[J].中国公路学报,2018,31(10):210-219.

[27]张少辉,林刚,何川.地铁盾构隧道管片结构受力特征模型试验研究[C]//中国土木工程学会.地下铁道新技术文集 2003:中国土木工程学会隧道及地下工程学会地下铁道专业委员会第十五届学术交流会论文选集.2003:467-470.

[28]张银屏.地面出入式盾构隧道修正惯用法计算参数研究[J].隧道建设,2014,34(2):101-106.

[29]彭益成,丁文其,闫治国,等.修正惯用法中弯曲刚度有效率的影响因素分析及计算方法[J].岩土工程学报,2013,35(S1):495-500.

[30]黄正荣.基于壳—弹簧模型的盾构衬砌管片受力特性研究[D].南京:河海大学,2007.

[31]张健儒.南京地铁暗挖隧道防水设计[J].隧道建设,2005,25(2):21-23.

[32]张健儒.南京地铁暗挖隧道防水设计与施工技术[J].铁道工程学报,2004(2):18-20,30.

[33]张勇,贾逸.南京地铁十号线越江段盾构隧道接缝防水设计[J].中国建筑防水,2013(16):18-25.

[34]冯欢欢.不同工法条件下的水下隧道防水设计技术研究[J].施工技术,2017(S1):1167-1171.

[35]石修巍,向科,藏延伟.盾构法隧道管片接缝密封垫设计及试验研究[C]//中国土木工程学会.中国土木工程学会隧道与地下工程分会防排水专业委员会第十三届学术交流会论文汇编.2007:40-42.

[36]施虎,龚国芳,杨华勇,等.隧道盾构掘进机推进系统设计[J].工程机械,2008,

39(7):44-47.

[37]孟晓宁,刘国威,刘曙光. 基于Creo的土压平衡盾构机整机Top-Down设计[J]. 现代制造技术与装备,2018(9):22-24.

[38]薛广记,董艳萍,范磊,等. 超大断面马蹄形盾构盾体系统研究设计及应用[J]. 隧道建设(中英文),2017,37(9):1179-1186.

[39]张稳军,金明明,苏忍,等. 盾构隧道钢混复合管片的力学性能试验[J]. 中国公路学报,2016,29(5):84-94.

[40]李咏今. 动力学曲线拟合的经验公式及其参数估计的计算机方法[J]. 橡胶工业,1991,38(11):680-685.

[41]李咏今. 氯丁橡胶硫化胶老化性能变化与老化温度和时间之间关系的研究[J]. 橡胶工业,1993(2):103－106

[42]张伟伟,金先龙,曹露芬,等. 列车动载下双线隧道联络通道动力响应数值分析[J]. 铁道学报,2013,35(4):110-116.

[43]王建炜,金先龙,曹露芬,等. 列车载荷下隧道联络通道动态响应的并行计算[J]. 上海交通大学学报,2012(4):591-595.

[44]王建炜,金先龙,王新,等. 双线隧道联络通道地震响应的并行数值分析[J]. 上海交通大学学报,2011,45(10): 1557-1561.

[45]HEIJMANS R W M G, JANSEN J A G. Design Features of the Pannerdensch Kanaal Tunnel in the Betuweroute[J]. Tunnelling and Underground Space Technology, 1999, 14(2):151-160.

[46]ENGELBRETH K. Tunnel Stress Analysis[J]. Géotechnique, 1961, 11(3):246-248.

[47]MORGAN H D. A Contribution to the Analysis of Stress in a Circular Tunnel[J]. Géotechnique, 1961, 11(1):37-46.

[48]MUIR WOOD A M. The Circular Tunnel in Elastic Ground[J]. Géotechnique, 1975(1): 231-237.

[49]EINSTEIN H H, SCHWARTZ C W. Simplified Analysis for Tunnel Supports[J]. Journal of the Geotechnical Engineering Division, 1979, 105(4):499-517.

[50]TAKAAKI NISHIMURA, YUKINORI KOYAMA. The Design of Lining Segment of Shield Tunnel Using a Beam-Spring Mo-del[J]. Quarterly Reports of RTRI, 1998, 39(1): 23-27.

[51]SMERZINI C, AVILÉS J, PAOLUCCI R, et al. Effect of Underground Cavities on Surface Earthquake Ground Motion under SH Wave Propagation[J]. Earthquake Engineering and Structure Dynamics, 2009, 38(12): 1441-1460.

[52]高峰,李德武. 隧道三维地震反应分析若干问题的研究[J]. 岩土工程学报,1998(4): 51-56.

[53]李廷春,殷允腾. 汶川地震中隧道结构的震害分析[J]. 工程爆破,2011,17(1):24-27.

[54]晏启祥,陈文宇,陈行,等. 近距离垂直交叠盾构隧道的列车振动响应特性及损伤规律[J]. 中国铁道科学,2018,39(4):78-84.

[55]孔弋,周健,王绍博,等. 盾构隧道联络通道地震响应规律研究[J]. 地震工程与工程振

动,2009,29(3):101-107.

[56] YOUSSEF M A HASHASH, JEFFREY J HOOK, BIRGER SCHMIDT, et al. Seismic Design and Analysis of Underground Structures[J]. Tunnelling and Underground Space Technology, 2001, 16(4):247-293.

[57] HUVAZ O, VARDAR M. Assessing the Efficiency and Applicability of Contact Grouting in the Istanbul Subway[J]. Bulletin of Engineering Geology & the Environment, 2001, 60:13-17.

[58] 梁发云,贾亚杰,丁钰津,等. 上海地区软土 HSS 模型参数的试验研究[J]. 岩土工程学报,2017,39(2):269-278.

[59] 王海波,徐明,宋二祥. 基于硬化土模型的小应变本构模型研究[J]. 岩土力学,2011,32(1):39-43.

[60] 王卫东,王浩然,徐中华. 上海地区基坑开挖数值分析中土体 HS-Small 模型参数的研究[J]. 岩土力学,2013,34(6):1766-1774.

[61] LEE K M, GE X W. The Equivalence of a Jointed Shield Driven Tunnel Lining to a Continuous Ring Structure[J]. Canadian Geotechnical Journal, 2001, 38(3):461-483.